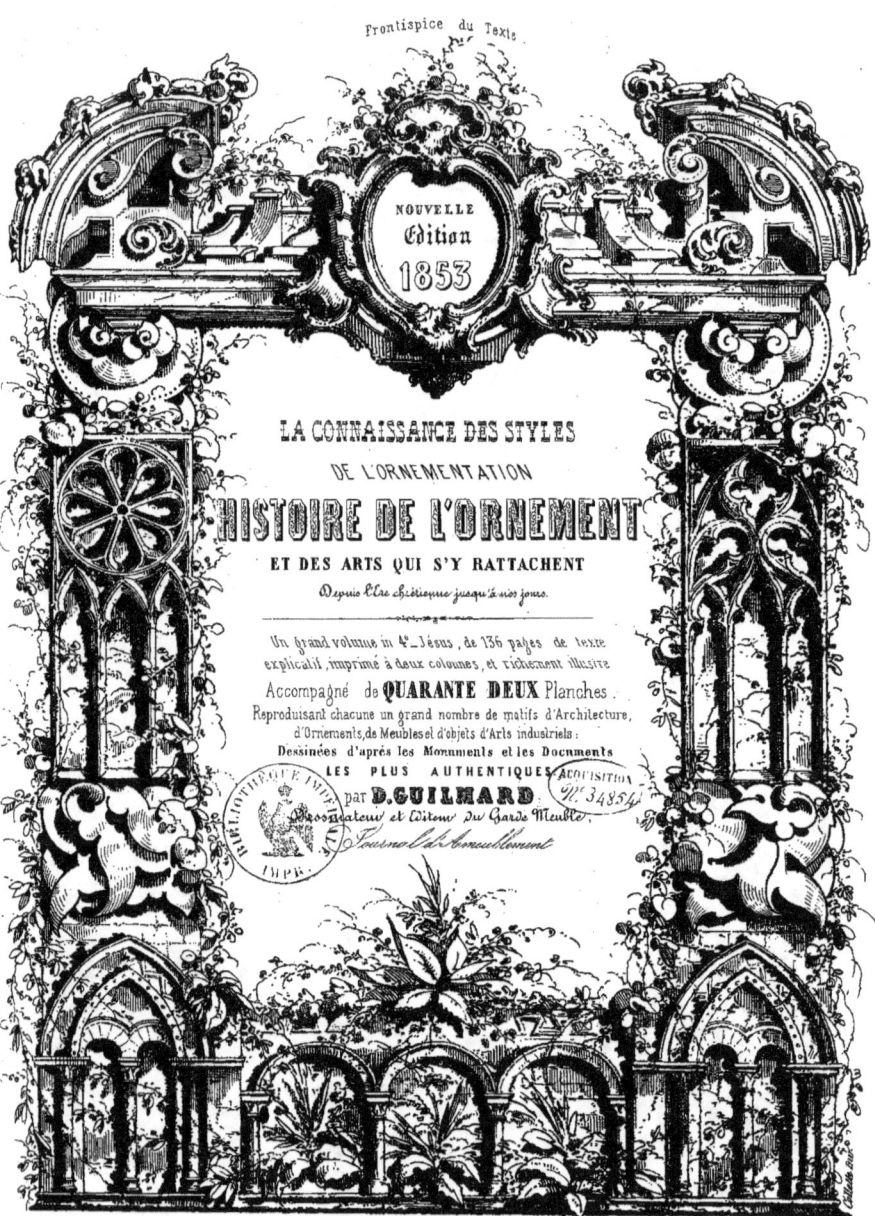

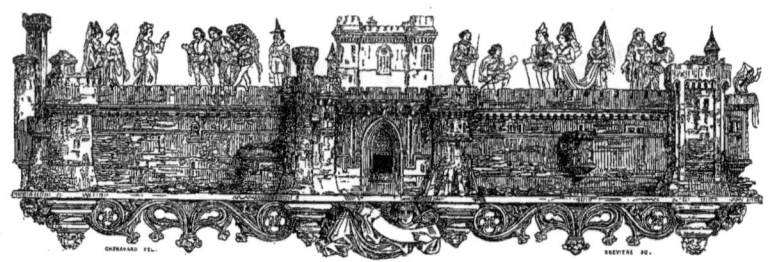

AVANT-PROPOS.

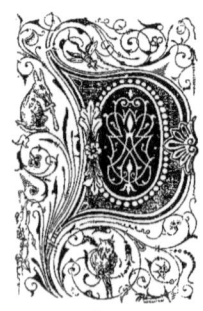INNOMBRABLES volumes ont été publiés sur les arts de la Grèce, de l'Egypte et de l'Italie; depuis quelques années, seulement, on a commencé à s'occuper sérieusement de l'archéologie nationale. Les monuments encore debout ont été explorés minutieusement; sur tous les points du pays, le sol est fouillé sans cesse, et l'on exhume, chaque jour, de précieux vestiges des arts de nos pères. — Malheureusement, les études, les recherches faites dans ces dernières années sont disséminées dans un tel nombre de volumes, recueils ou brochures, qu'il est presque impossible, à moins de se

livrer exclusivement à ce travail spécial, de les suivre et de les résumer. La quantité, les prix souvent élevés de ces livres, les rendent inabordables. Ecrits, pour la plupart, au point de vue des personnes déjà familiarisées avec la science archéologique, ils ne s'adressent qu'au plus petit nombre, et deviendront difficilement populaires.

Avant tout, les loisirs, trop rares, de la laborieuse Industrie ne lui permettent guère de se livrer, dans les bibliothèques publiques, dans les musées, dans les églises, à des études sérieuses, à des recherches longues et suivies. Et, cependant, elle ne peut rester en arrière du mouvement imprimé par la littérature, les beaux-arts et la mode : il lui faut s'initier, bon gré, mal gré, aux allures des arts anciens, soit pour les imiter franchement, soit pour les approprier intelligemment aux usages modernes.

Nous sommes sûrs de répondre aux besoins de notre époque en publiant, surtout pour l'Industrie, le livre élémentaire qui lui manque et qu'elle réclame incessamment.

Ce livre a pour but principal L'ORNEMENTATION.

Nous résumons les grandes phases de l'architecture et des arts industriels, dans six chapitres principaux qui correspondent à peu près aux styles architectoniques employés depuis l'ère chrétienne jusqu'à nos jours.

1er chap. STYLES ROMAN, BYSANTIN, ET DE TRANSITION.	5e chap. STYLE DU RÈGNE DE LOUIS XV.
2e — STYLE OGIVAL. — *Trois périodes.*	6e — STYLES DU RÈGNE DE LOUIS XVI, DE LA RÉPUBLIQUE, DU CONSULAT, DE L'EMPIRE ET DE LA RESTAURATION.
3e — STYLE DE LA RENAISSANCE.	
4e — STYLE DU RÈGNE DE LOUIS XIV.	

Nos études sur les différents styles de l'Architecture et de l'Ornementation sont précédées d'une *Introduction* contenant : 1° Un *Abrégé chronologique* de l'histoire de France depuis les temps les plus reculés jusqu'au règne de Charlemagne ; 2° Une histoire sommaire de l'Architecture et de l'Ornementation pendant le même espace de temps. Nous indiquons succinctement les grands mouvements politiques et religieux, afin de faire ressortir les influences qui ont dominé, développé et modifié les Arts et l'Industrie pendant ces époques peu connues. Si l'on nous demandait compte de l'importance que nous avons accordée à ce travail, nous répondrions que : de toutes les histoires, celle du peuple français étant la moins connue en France, nous avons pensé qu'il était au moins utile de lui donner une petite place dans ce livre que nous voulons rendre assez complet, non pour dispenser nos lecteurs d'études historiques plus avancées, mais pour leur faire embrasser, dans un rapide coup-d'œil, les phases obscures de notre histoire et pour leur éviter encore de fastidieuses recherches de dates et de faits.

Cette Introduction historique s'arrête au règne de Charlemagne, époque à laquelle commencent la Langue et l'Architecture romane. — Nos études sur chaque style seront seulement précédées d'un sommaire chronologique.

AVANT-PROPOS.

L'Architecture est divisée seulement en deux parties :

Dans la première, nous traitons élémentairement de l'Architecture à chaque époque, nous indiquons les principes qui régissent chaque style, les dispositions générales des constructions et les monuments les plus remarquables construits selon ces principes.

La seconde est entièrement consacrée à l'analyse des principaux motifs d'Ornementation employés dans chaque style. Chaque ornement typique est décrit, et les dessins nombreux, exécutés d'après les monuments et les modèles les plus authentiques que contiennent nos planches, viennent en aide au texte et complètent la connaissance des styles de l'Ornementation.

Dans un dernier chapitre réservé à l'Industrie, spécialement, nous constatons l'état et les progrès des arts industriels pendant chaque période ; nous donnons les dates des inventions, des importations ; nous signalons les noms les plus illustres des artistes et des industriels qui ont vécu pendant chaque période et que l'histoire nous a transmis.

En un mot, ce livre renferme tout ce que l'industrie, en général, a besoin de connaître de l'histoire, de l'architecture, de l'ornement et des arts industriels.

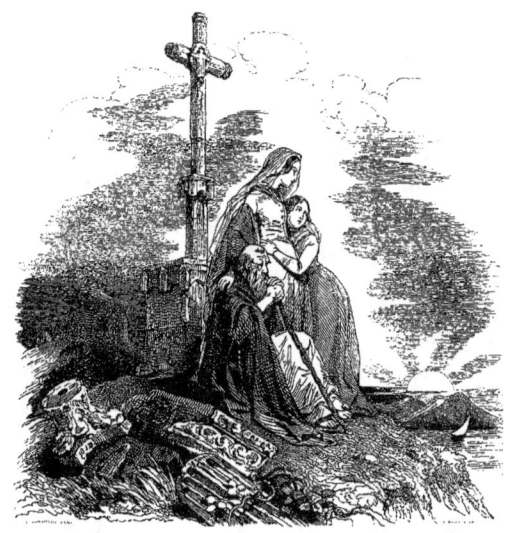

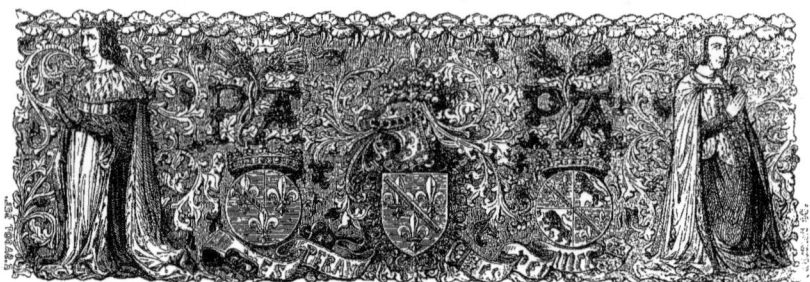

LA CONNAISSANCE DES STYLES
DE
L'Ornementation.
Introduction.

PREMIÈRE PARTIE.

ABRÉGÉ CHRONOLOGIQUE
DE L'HISTOIRE DE FRANCE (1).

ÈRE CELTIQUE.

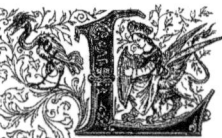'ORIGINE des Celtes ou Gaulois se perd dans la nuit la plus sombre de l'histoire. Ce qu'on sait de plus avéré, c'est qu'environ six siècles avant l'ère chrétienne, la race gauloise avait son grand foyer dans la belle et vaste contrée qui s'étend entre le Rhin, l'Océan, la Méditerranée, les Alpes et les Pyrénées. Elle était divisée, au temps de Jules César, en trois branches principales : on trouvait au nord les Belges ou Belges, au centre les Celtes, au sud-ouest les Aquitains. — Ces peuples se subdivi-

saient en une multitude de tribus inégales et toujours en proie à des guerres intestines.

Leurs rois, simples chefs militaires, s'occupaient spécialement de la guerre ; mais les Druides, à la fois prêtres, législateurs et juges, étaient les véritables maîtres du pouvoir politique. Ils avaient, entre leurs mains, l'intendance du culte et de la religion, l'administration de la justice, la direction des affaires publiques et particulières et l'instruction de la jeunesse.

Les croyances religieuses des Gaulois nous sont à peu près inconnues ; les monuments informes, élevés à ces époques ténébreuses, restent muets et laissent un vaste champ aux

---

(1) Une partie de ce travail est extraite succinctement du magnifique ouvrage que M. Adolphe Michel,

l'un de nos historiens les plus estimés, élève à la gloire de l'Arvernie. Les premiers temps de notre histoire sont racontés dans l'Ancienne Auvergne (Moulins, P.-A. Desrosiers, éditeur. 1844. — 3 vol. in-folio avec atlas), avec une grande hauteur de vues, avec une impartialité courageuse et sévère ; c'est pourquoi nous n'avons pas hésité à puiser dans ce livre, qui a nos sympathies à tous les titres, les éléments principaux de notre abrégé. — D'ailleurs, si le luxe typographique de ce beau livre doit contribuer à sa popularité, le style grave et coloré, les allures rapides et brillantes, les recherches savantes et consciencieuses de l'auteur lui ont déjà conquis un rang des plus élevés dans la littérature sérieuse de ce temps-ci.

— L'*Abrégé chronologique* du président Hénault, justement estimé, nous a servi de guide pour le complément de ce chapitre.

faiseurs d'hypothèses. — Selon M. Amédée Thierry (1), « la religion nationale des Gaulois rappelait le polythéisme de la Grèce et de Rome. — C'était l'adoration de la matière brute, des phénomènes et des agents naturels, tels que les pierres, les arbres, les vents, les lacs, les rivières, le tonnerre, le soleil, etc. » Lors de l'invasion des Kimris dans la Gaule; *Hû*, *Heus* ou *Hésus*, surnommé le Puissant, chef de cette race sacerdotale, avait implanté, sur le territoire qu'il avait conquis, le système religieux et politique du druidisme. Après sa mort, Hésus fut adoré comme le dieu de la guerre, *Tarann* devint le dieu du ciel; sous le nom de *Bélénus*, le soleil fut une divinité bienfaisante qui faisait croître les plantes salutaires et présidait à la médecine. — *Teutatès*, inventeur des arts et protecteur des chemins, personnifiait le commerce. — La poésie, l'éloquence, les arts libéraux furent déifiés sous le nom d'*Ogmius*; les arts manuels avaient leurs divinités particulières.

Les auteurs ne sont pas d'accord sur les doctrines religieuses des Druides. — Quelques-uns prétendent que leur religion était une religion de philosophes ; Jules César dit qu'ils enseignaient la métempsycose ou la transmigration des âmes ; mais comment concilier ces principes d'une philosophie douce et éclairée avec des superstitions ridicules et cruelles, avec ces sacrifices horribles qu'ils accomplissaient dans l'ombre des forêts vierges ou sur la faîte des montagnes abruptes, en l'honneur de quelques-unes de leurs innombrables divinités ? — C'est ce que nous n'essayerons pas de faire.

« La race gauloise, dit M. Adolphe Michel, se fit remarquer, dans le monde ancien, par sa beauté physique, par son courage et par la générosité de son caractère. C'était la plus expansive et la plus éminemment sociale de toutes les races humaines ; aussi voit-on se mêler sans difficultés à toutes les autres, et s'assimiler sans efforts ce qu'elles avaient de supérieur dans les idées, dans les institutions, dans les mœurs. — Tandis que les races sémitiques de l'Orient, passives et obstinées, s'éteignaient une à une dans leur immobilité, elle, admirablement active et mobile, se perpétuait en se transformant, en changeant de place, au gré des évènements et des idées, mais portant toujours en elle, comme type caractéristique et ineffaçable, le génie du progrès et de la liberté. »

On conçoit qu'avec un tel génie national, les émigrations durent être fréquentes ; mais elles eurent souvent pour cause l'irruption des tribus kimriques sur la frontière septentrionale des Gaules. — Refoulés vers le midi, les Celtes franchissaient les Alpes et les Apennins, et se livraient à des guerres d'aventure et de pillage sur le territoire plantureux de l'Italie. Ils finirent par s'établir dans la vaste plaine que parcourt le Pô, occupant les deux rives du fleuve jusqu'à son embouchure dans l'Adriatique, et ne tardèrent pas à s'étendre jusqu'à l'embouchure de l'Arno.

Pendant six siècles, les peuples de la Gaule ont plus d'une fois décimé les légions romaines. — Les Gaulois cisalpins, conduits par Brennus, brisent les portes de Rome après la célèbre bataille d'Allia ; ivres de sang et de carnage, ils secouent leurs torches incendiaires dans le sein de la ville éternelle.

Plus tard, alliés d'Annibal, ils laissent quatre mille des leurs dans les plaines de Cannes ; mais Rome, un instant abattue, se relève et se retourne contre ses vainqueurs. A son tour elle envahit la Gaule ; bientôt elle conquiert la Narbonnaise, elle étend incessamment sa domination vers les provinces du nord et de l'ouest ; enfin Jules César apparaît entouré de ses lieutenants, et devant ce colosse couronné par la fortune et par le génie, la vieille nationalité gauloise, — comme naguères la vieille Venise devant notre dernier César, — va périr dans sa lutte avec l'heureux dictateur du monde. *An de Rome 695. Avant J.-C. 58.*

Cette lutte, féconde en beaux et grands dévouements, — trop oubliés jusqu'ici par nos historiens, — se continue pendant huit années. Le noble chef des Arvernes, Vercingétorix, marche à la tête de tous les peuples confédérés. En vain il oppose son énergie et son activité à l'astuce profonde du général romain ; vaincu sans combat, lâchement abandonné par ses alliés, le dernier défenseur de la Gaule succombe sous les murs d'Alesia. — Chargé de chaînes, il languit, durant six années, dans les cachots de Rome. Il est égorgé sans pitié, — flétrissure éternelle pour la mémoire de César, — immédiatement après avoir été traîné devant le char triomphal de son ennemi. *An de R. 705 Av. J.-C. 50*

César sut se faire pardonner ce triomphe, en devenant le bienfaiteur de la Gaule. Il ouvre des routes dans tout le pays conquis, creuse des ports dans les criques de l'Océan, fonde partout des villes semblables à celles de l'Italie, les embellit de temples, de palais, de cirques, de théâtres et de villas. Il fait dessécher les marais, exploiter les landes, cultiver les forêts ; le pays tout entier reçoit de lui une nouvelle vie. Il posséda l'estime et l'affection des peuples soumis, et, quand il tomba, à Rome, au milieu du sénat, sous les poignards des conjurés, la Gaule pleura son vainqueur. *An de R. 70. Av. J.-C.*

ÈRE GALLO-ROMAINE.

La Gaule n'est plus désormais qu'une province romaine.

---

(1) Histoire des Gaulois.

La république romaine expire, à Philippes, avec Brutus et Cassius. — Marc-Antoine perd la bataille d'Actium, et Rome salue du titre d'empereur le fils adoptif de Jules César, Octave, qui, sous le nom d'Auguste, devient le maître du monde. Dans la Gaule, Auguste ruine habilement la religion des Druides et lui substitue les lois et les divinités de Rome.

Au de R. 754.
An de J.-C. 1.

C'est sous le règne d'Auguste que les historiens chrétiens placent l'heure de la naissance de Jésus-Christ.

An de J.-C.
14 à 68.

Tibère, fils adoptif d'Auguste, Caïus Caligula, petit-neveu de Tibère, Claude, l'honnête, mais faible époux de Messaline, Néron, ce lâche couronné qui eut à peine le courage du suicide, règnent tour à tour sur Rome et sur la Gaule.

Claude réduit les Druides au simple rôle de devins et de magiciens. — Néron, élevé dans le goût des beaux arts et des lettres, active l'essor intellectuel de la Gaule, et l'imprègne plus profondément de l'extrême civilisation de Rome. — Selon les écrivains ecclésiastiques, Néron est le premier empereur qui ait persécuté les chrétiens ; les apôtres Pierre et Paul subissent le martyre sous son règne.

69 à 96.

Après les règnes éphémères de Galba, d'Othon et de Vitellius, l'empire se repose sous Vespasien et sous l'excellent Tite son fils ; mais Domitien arrive, et Tibère et Néron sont égalés. Domitien fait arracher la plus grande partie des vignes de la Gaule, sous le prétexte que la culture de la vigne nuisait à celle du blé ; mais son but était plus politique ; il espérait triompher plus facilement du caractère irascible et turbulent des Gaulois, en les sevrant d'une liqueur généreuse qu'ils aimaient jusqu'à l'abus.

98 à 180.

A Trajan, grand guerrier, succèdent Adrien, grand constructeur de ponts, d'aqueducs et de routes, le gaulois Tite Antonin, surnommé *le Pieux*, et Marc Aurèle, *le Sage et le Philosophe*, qui laissent tous trois des noms vénérés.

192.

Commode, l'indigne fils de Marc-Aurèle, est massacré par sa maîtresse et ses courtisans. — Après la mort de Commode, l'empire, livré à l'anarchie militaire, mis à l'encan par les prétoriens, est disputé vivement, à main armée, entre Niger, C. Albinus et Septime Sévère. Sévère défait ses rivaux sous les murs de Lyon, et victorieux à la fois en Syrie, en Gaule et dans la Grande-Bretagne, il égale presque Jules César comme conquérant.

211.

222 à 235.

La dignité et les vertus privées d'Alexandre Sévère font oublier les règnes courts et odieux de Caracalla et d'Héliogabale ; mais en voulant rétablir la discipline militaire fort relâchée, il soulève les mécontents qui le massacrent sans pitié, ainsi que sa mère, aux portes de Mayence.

235 à 257.

Le goth Maximin, Maxime et Balbin, Gordien le jeune, Philippe, Dèce, Gallus, Emilien, occupent tour à tour le trône impérial. Proclamés par les armées, ils sont bientôt égorgés par elles. — Chaque province, chaque légion fait un empereur, et Rome même ne connaît plus les noms et le nombre de ceux qui se disputent la pourpre traînée dans le sang par la soldatesque en fureur.

Tandis que Rome, changeant de maîtres, au gré de la garde prétorienne, méprise le pouvoir de ses empereurs et ne croit plus aux dieux qu'elle encense encore, le Christianisme, longtemps obscur, poursuit le cours de ses conquêtes. — Après avoir fait de rapides progrès dans la Gaule méridionale, il s'introduit incessamment dans les provinces du nord. — Malgré les persécutions qui, depuis Domitien, s'attachent à l'Église persévérante, elle est fécondée par le sang des confesseurs de Jésus-Christ. Le sort de Pothin, évêque de Lyon, sous le règne de Marc Aurèle, celui d'Irénée et de ses compagnons, martyrisés par Septime Sévère, n'arrêtent pas, dans les Gaules, le zèle des propagateurs de la foi nouvelle. Sept évêques, envoyés par le pape Fabien, propagent l'Évangile dans le 11e siècle. — Saturnin prêche à Toulouse, Gatien à Tours, Trophime à Arles, Paul à Narbonne, Denys à Paris, Austremoine à Clermont et Martial à Limoges. — Denys et Saturnin subissent le martyre ; mais les autres saints prélats, après avoir répandu partout la foi du Christ, sortent de ce monde en confessant paisiblement leurs croyances.

Le monde romain, désolé par l'anarchie et par la peste, s'abîme de toutes parts. En ces temps-là, s'avancent, menaçant l'empire affaibli, les hordes sauvages venues du nord de l'Europe et du fond de l'Asie. Les Allamans de la Germanie et les Goths, un instant arrêtés dans leurs courses par l'or que leur jette Caracalla, recommencent à inonder l'Europe. « Ils formaient, dit M. Ad. Michel, l'avant-garde de la « Barbarie, qui flairait de loin cette vaste proie que sem- « blaient lui livrer d'avance la lâcheté et l'impéritie des « empereurs, l'abâtardissement des mœurs et la lassitude « des peuples. »

Les provinces gauloises, exposées plus que les autres aux incursions de ces Barbares, secouent la sujétion de Rome, et constituent sous les empereurs Valérien et Gallien, un véritable *empire gaulois*, dont dépendent l'Ile de Bretagne et une partie de l'Espagne. Valérien, en partant pour l'orient, où il allait combattre Sapor, roi des Perses, confie le soin de l'occident à son fils Gallien, et donne au gaulois Postume le gouvernement général des Gaules. — Valérien tombe au pouvoir de Sapor, et les Gaulois, méprisant la mollesse de Gallien, font un empereur de Postume qui sait commander et combattre. — Après avoir régné pendant dix années avec l'impératrice Victorine, célèbre par son courage et par son génie, Postume est massacré. Les deux Victorin, son fils et son petit-fils, règnent tour à tour. — Un ancien armurier, tribun d'une légion, revêt, à Arles, la pourpre, qui devient bientôt son linceul; enfin Tétricus, élu par les Gaulois, se voyant menacé par l'empereur de Rome, au moment de combattre, passe dans les rangs de l'armée romaine. — Ainsi, après une existence de seize années, l'empire des Gaules, fondé sur une révolte, s'écroule par une trahison.

An de J.-C. 274. 276 à 282.

Aurélien, Claude Tacite et Florien sont tués aussitôt qu'élus. Probus, général de l'armée d'Orient, reconnu par tous comme le plus illustre et le plus digne, est appelé à l'empire. La Gaule se loue particulièrement de lui. Il repousse avec vigueur les incessantes incursions des peuples germaniques : Franks, Burgondes et Allamans; il les poursuit au-delà du Neker et de l'Elbe, et porte la guerre jusque dans leur propre pays.

Quatre cent mille de ces barbares sont taillés en pièces, et seize mille de leurs plus vigoureux cavaliers sont enrôlés dans les cohortes romaines. — Probus encourage les travaux de l'agriculture, fait replanter les vignes, dans la Gaule, par ses légions; il fait aussi restaurer les temples et les théâtres, les ponts, les aqueducs et les murailles des villes; mais, pour le malheur de la Gaule qui le bénissait, il est indignement massacré près de Sirmium, en Pannonie, où il était né. Ainsi périt, de la même mort que d'horribles monstres, l'homme le plus recommandable de tous ceux qui avaient porté la pourpre depuis deux siècles.

282 à 285.

L'armée, honteuse de son forfait, donne l'empire à Carus. — Il va en Orient combattre les Perses avec Numérien, son second fils, tandis qu'il oppose aux ennemis, du côté du nord, son fils aîné Carinus, auquel il donne le titre de César. — Un coup de foudre le frappe au milieu de ses victoires. A force de le pleurer, Numérien, près de perdre les yeux, fut assassiné par son beau-père Aper. Dioclétien le vengea.

286 à 305.

Soldat de fortune, Dioclétien est élu par l'armée. Il est combattu et vaincu par Carinus; mais celui-ci est tué par un des siens dont il avait outragé la femme. Dioclétien s'adjoint à l'empire Maximilien Hercule. L'un, adroit politique, veille sur la frontière d'orient; l'autre, soldat rude et grossier, s'installe à Trèves, ville impériale, et défend vaillamment la frontière d'occident. — Ne pouvant, malgré leur activité, et en raison de l'immensité de l'empire, suffire à tous les besoins du moment, ils font deux Césars : l'un, Galérius, qui, dans sa jeunesse, avait été gardien de troupeaux, commande aux bords du Danube; l'autre, Constance Chlore, ou *le Pâle*, a pour département l'île de Bretagne, la Gaule et l'Espagne.

— Maximilien Hercule lui cède sa résidence de Trèves et va s'établir à Milan, tandis que Dioclétien habite Nicomédie, en Asie.

Déjà Rome a cessé d'être le centre politique du monde.

Dioclétien et Maximilien Hercule ayant abdiqué, le même jour, la puissance impériale, C. Chlore et Galérius sont élevés à la dignité d'*Augustes*. — En vertu de la nouvelle constitution adoptée par Dioclétien, deux Césars, Sévère et Maximin Daïa, leur sont adjoints. — Constance Chlore, qui avait conservé, pour sa part de l'empire, les Gaules, l'Espagne et l'île de Bretagne, meurt regretté après quinze ans de règne.

Constantin, fils aîné de C. Chlore et de la princesse Hélène, est proclamé empereur par ses soldats; mais Galérius le force à s'en tenir au titre de César; il fixe, comme son père, sa résidence à Trèves, qu'il agrandit et décore. — Par sa sagesse et l'équité de son administration, il mérite l'estime et l'affection des Gaulois.

An de J.-C. 306.

Ici, les luttes entre les empereurs et les Césars se compliquent tellement, que nous n'essayerons pas même de les résumer. Après avoir remporté, sur les Franks, une victoire signalée, qui mit ces peuples hors d'état de ne rien entreprendre de longtemps, Constantin se rend en Italie pour combattre l'usurpateur Maxence; mais, avant de quitter la Gaule, il embrasse publiquement le christianisme, en inscrivant la croix et le monogramme de Jésus-Christ sur le *labarum* ou étendard impérial. Victorieux au pont de Milvius, il entre dans Rome, aux acclamations du peuple, comme un véritable triomphateur. Quinze ans plus tard, Constantin, resté seul possesseur de l'empire, élève sa ville chérie sur les rives du Bosphore, et Rome, à jamais déshéritée de son titre et de ses prérogatives de métropole impériale, voit la chaire de saint Pierre prendre la place du trône des Césars.

310.

312.

330.

Près de mourir, Constantin partage l'empire entre ses trois enfants, Constantin, Constance et Constant. Inhabiles et divisés, ils consument leur règne en discussions sur l'Arianisme et en guerres civiles. Après eux, l'Empire est gouverné par deux empereurs, l'un d'Orient, l'autre d'Occident, au milieu de l'anarchie militaire et religieuse.

337.

357.

Un résumé, même succinct, de l'histoire du Bas-Empire, nous entraînerait au-delà des limites de cet abrégé. Pendant cette période, c'est-à-dire pendant près d'un siècle, l'Empire se défend sous l'étreinte de la Barbarie, qui l'enserre de toutes parts, et il succombe enfin dans la lutte. Refoulés par les armées impériales au delà du Rhin et du Danube, les peuples de la Germanie reprennent courage et s'avancent incessam-

475.

ment. Un instant contenues par la valeur de Théodose le Grand, ces tribus, déplacées elles-mêmes par d'autres peuplades accourues du fond de l'Asie, se précipitent, en se poussant les unes sur les autres, sur le territoire gaulois, et le couvrent de ruines des Alpes aux Pyrénées, du Rhin à l'Océan. — Les Vandales se font remarquer par leur rage de destruction. Les Burgondes s'installent dans la Séquanaise. — Les Visigoths ou Goths d'Occident, après avoir désolé l'Italie, se tournent vers les Gaules et fondent le royaume d'Aquitaine, qui s'étend depuis la Loire jusqu'à la péninsule espagnole. Enfin les Franks, depuis près d'un siècle alliés des Romains, descendant de l'embouchure de la Moselle, occupent les provinces belgiques et étendent chaque jour leur domination sur le nord de la Gaule.

An de J.-C. 407 à 420.

Attila, roi des Huns, franchit le Danube, entraîne avec lui toutes les hordes féroces qu'il rencontre depuis le Volga jusqu'au Rhin, et se rue sur la Gaule éperdue, en portant partout le fer et la flamme. Arrêté sous les murs d'Orléans, il est bientôt vaincu dans les plaines de Châlons-sur-Marne par les peuples confédérés, que commandaient Aétius, patrice des Romains, Théodoric, roi des Visigoths, et Mérovée, chef des Franks.

451.

Chlodion, père ou parent de Mérovée, l'un des fondateurs de la première dynastie franke, avait déjà conquis sur les Romains Cambrai et Amiens ; Mérovée consolide ces acquisitions frankes dans la Gaule, et les étend du côté de la mer et du côté du Rhin, aux dépens des Romains et des Allamans. Childéric, son fils, s'avance de la Somme à la Seine, puis de la Seine à la Loire, laissant à son fils Chlovis le soin et la gloire de franchir le grand fleuve gaulois, et de montrer aux provinces du midi les véritables héritiers de la puissance césarienne. A la mort de Childéric, il n'y avait plus d'empire d'Occident ; Rome appartenait à un Hérule, et c'est de Constantinople que les chefs Barbares, qui avaient mis cet empire en pièces, recevaient les titres pompeux, mais vides, de *patrice* et de *consul*, avec quelque lambeau de pourpre dont ils croyaient devoir se couvrir quelquefois pour déguiser aux yeux des peuples la barbarie de leur origine.

481.

Ère Chrétienne.

DE CHLOVIS A CHARLEMAGNE.

481. *Dynastie mérovingienne.* — La première guerre d'envahissement de Chlovis fut contre Syagrius, patrice des Romains, qui gouvernait un petit nombre de cités enclavées dans les cantonnements barbares, et qu'il essayait de soustraire à leur domination. Aidé de Ragnacaire, autre roi des Franks, il combat Syagrius, le défait, et tout le pays qui obéissait à ce prince passe sous la domination de Chlovis. Syagrius, après sa défaite, se réfugie à la cour d'Alaric, roi des Visigoths, mais Chlovis menace, et Syagrius est livré lâchement à son ennemi, qui le fait égorger.

An de J.-C. 486.

Chlovis épouse Chlotilde, fille de Gondioc, roi des Burgondes, et s'allie par un autre mariage au roi des Goths d'Italie, Théodoric, devenu l'arbitre de l'Occident, et auquel il fait épouser une de ses sœurs. Le roi frank gagne sur les Allamans la célèbre bataille de Tolbiac. En reconnaissance de cette victoire, il se fait chrétien et catholique, et associe ainsi à son ambition, l'influence toute puissante du clergé gallo-romain. *Le fils aîné* de l'Eglise, que le baptême n'a point dépouillé de sa barbarie, se débarrasse, par des crimes atroces, de tous les petits rois franks, membres, comme lui, de la famille mérovingienne, mais qui représentaient des intérêts rivaux et trop indépendants. Chlovis remporte une grande victoire sur les Visigoths, dans la plaine de Vouglé, près de Poitiers. Alaric, leur roi, est tué de la main même de son rival. Chlovis s'empare de Toulouse et des trésors qu'elle renferme, et les Visigoths perdent l'Aquitaine sans retour.

495.

495.

507.

C'est à partir de cette époque qu'est réellement fondé le royaume des Franks.

Chlovis meurt après avoir partagé ses conquêtes entre ses quatre enfants : Thierry, Chlodomir, Childebert et Chlotaire ; le premier, né d'une concubine avant son mariage avec Chlotilde, les trois autres, fils de cette dernière princesse.

511.

Pendant plusieurs années, les quatre fils de Chlovis se tinrent paisiblement dans leurs royaumes respectifs : Thierry à Metz, Chlodomir à Orléans, Childebert à Paris, et Chlotaire à Soissons.

523.

Chlodomir ayant été tué dans une bataille contre les Bourguignons, ses frères massacrent deux de ses fils à Paris, et le troisième, Chlodoald, s'étant fait moine, Childebert, Chlotaire et Thierry partagent entre eux le royaume d'Orléans.

526.

Thierry meurt. Théodebert, son fils, lui succède. Il conquiert la Bourgogne, qu'il partage avec ses deux oncles. Après un règne de treize années, pendant lequel il se rend maître de Marseille et de la Provence, il laisse le sceptre à Théodebald son fils ; mais ce dernier meurt bientôt sans postérité, et Childebert et Chlotaire se partagent son héritage.

534.

547.

555.

Souvent alliés, souvent divisés, ces deux derniers fils de Chlovis ne font que combattre et se réconcilier ensuite ;

An de J.-C.	
558.	enfin, Childebert étant mort, en ne laissant que deux filles, on applique, pour la première fois, la loi salique, qui exclut les femmes de la succession à la couronne, et Chlotaire I réunit en sa personne toute la monarchie franke.
562.	Chlotaire I meurt à Compiègne dans la cinquante-unième année de son règne, et ses quatre fils, Charibert, Gontran, Sigebert et Chilpéric lui succèdent.
566.	Charibert, roi de Paris, meurt sans postérité, et ses frères se partagent son royaume. Pendant une longue période de cinquante années, toute remplie de luttes sanglantes, d'assassinats et d'empoisonnements, qui déciment la famille mérovingienne, les trois frères et leurs enfants se disputent le pouvoir avec furie ; enfin Chlotaire II, fils de Chilpéric I et de Frédégonde, après s'être défait de ses neveux, réunit en sa personne toute la monarchie franke, ainsi que l'avait fait Chlotaire I son aïeul.
613.	
	Chlotaire II laisse à la Bourgogne et à l'Ostrasie leurs maires, dont l'autorité commence à se faire sentir dans le royaume frank, et tient plusieurs parlements ambulatoires, nommés *plaids* ou audiences. Il donne l'Ostrasie et la Neustrie à Dagobert son fils, avec le titre de roi, et meurt à l'âge de quarante-cinq ans, en laissant deux enfants, Dagobert et Charibert.
622.	
628.	
	Charibert règne pendant quatre années sur l'Aquitaine, et meurt bientôt à Blaye. Dagobert I fait empoisonner l'aîné des fils de son frère, et s'empare de son royaume.
631.	
	Le règne de Dagobert I contient peu d'évènements remarquables. La puissance royale est dominée par l'autorité des *maires du palais*, qui, dans l'origine, n'étaient que chefs de la maison du roi. Peu à peu ils s'emparent de toute la puissance ; les rois ne sont plus que fantômes couronnés qu'on montre de temps en temps au peuple, et qu'on a justement appelés *rois fainéants*. La puissance des maires du palais devient héréditaire dans la famille des Pépin ; cette famille se maintient par une suite de grands hommes. Dagobert fonde l'abbaye de Saint-Denys, à laquelle il lègue huit mille livres de plomb pour en couvrir les toits ; il érige en évêché l'église de Strasbourg, dont Chlovis avait posé la première pierre, et meurt à Epinay, en laissant deux fils :
644.	Sigebert, roi d'Ostrasie, et Chlovis II, roi de Bourgogne et de Neustrie.
	Sigebert, abandonnant le soin de son royaume, d'abord à Pépin, puis à Grimoald, son fils, maires du palais, passe son temps à fonder ou à régler des maisons religieuses. Il meurt à Metz ; mais son fils Dagobert, ayant été emmené en Irlande, est considéré comme mort, et Childéric, un des fils de Chlovis II, succède au royaume d'Ostrasie.
656.	

An de J.-C.	
651.	Chlovis II règne sous la tutelle de Nanthilde, sa mère, qui gouverne de concert avec Ega, maire du palais. Il fait enlever, pour nourrir les pauvres, les lames d'or et d'argent qui couvraient les tombeaux de saint Denys et de ses compagnons. Il meurt peu après son frère Sigebert, en laissant trois enfants : Chlotaire III, qui lui succède, Childéric II, qui régnait sur l'Ostrasie, et Thierry, qui n'eut alors aucun partage.
656.	
	Bathilde, mère de Chlotaire III, qui n'avait que cinq ans, gouverne le royaume de son fils avec une grande sagesse ; mais bientôt elle se retire, par dévotion, dans le monastère de Chelles, qu'elle avait fondé, et laisse le royaume à la merci d'Ebroïn, maire du palais. Chlotaire III meurt et est enterré à Chelles. Thierry, son second frère, qui n'avait point eu de part à la succession de son père, devient roi, à sa place, par les soins d'Ebroïn ; mais la haine que les sujets avaient pour le ministre rejaillit sur le roi lui-même, et Thierry est enfermé dans l'abbaye de Saint-Denys.
670.	
	Par la mort de Chlotaire III et par la retraite forcée de Thierry, Childéric II règne seul sur toute la monarchie franke. Il abandonne une partie de l'Ostrasie à Dagobert, ce fils de Sigebert qu'on croyait mort en Irlande. Childéric II gouverne avec les conseils de Léger, évêque d'Autun ; mais ayant cessé de suivre ces conseils, il tombe dans le mépris. Bodillon, seigneur frank, qu'il avait brutalement traité, l'assassine dans la forêt de Livry. Sa femme Bilihilde et son fils Dagobert éprouvent le même sort.
675.	
	Thierry, tiré de Saint-Denys, où il était renfermé, monte sur le trône. Il est contraint, par les armes, à recevoir de nouveau Ebroïn comme maire du palais. Dagobert II, qui régnait sur une partie de l'Ostrasie, meurt assassiné. L'Ostrasie, repoussant la domination d'Ebroïn, ne veut plus reconnaître de rois. Pépin Héristal, petit-fils de Pépin le Vieux et père de Charles-Martel, s'en fait déclarer duc, sous l'autorité apparente de Thierry III. Les mécontents du gouvernement de Thierry passent en Ostrasie ; Pépin, qui ne demande qu'un prétexte de guerre, les appuie. — Thierry veut en avoir raison ; un combat décide de l'empire. Thierry est défait, et Pépin, qui redevient maire du palais, s'empare de toute l'autorité.
678.	
688.	
	Après la mort de Thierry, ses deux fils, Chlovis III et Childebert III règnent tour à tour ; le premier pendant cinq années, le second pendant seize années, tandis que Pépin gouverne pour eux. Ce grand homme meurt après avoir installé son fils légitime, Théodebald, encore enfant, comme maire du palais de Dagobert III, qui avait succédé à Childebert III son père. Charles-Martel, fils de Pépin et d'une concu-
690.	
714.	

An de J.-C.	
719.	bine nommée Alpaïde, est arrêté par la mère de Théodebald; mais il s'échappe de sa prison, et les Ostrasiens le reconnaissent comme duc d'Ostrasie.
	Chilpéric II, aidé de Rainfroi, maire du palais, s'oppose à Charles-Martel, mais il est défait dans différents combats. Il meurt à Noyon, et le fils de Dagobert III monte sur le
725.	trône sous le nom de Thierry IV, tandis que Charles-Martel, qui veut bien n'être que maire du palais, gouverne avec vigueur et habileté, bat le duc d'Aquitaine qui avait rompu
731.	la paix faite avec les Franks, défait Abdérame, chef des
732 à 733.	Sarrasins, entre Tours et Poitiers, dompte les Frisons et les Saxons, et donne une paix glorieuse à son pays, dont il étend les frontières jusqu'aux Pyrénées.
737.	— Thierry étant mort, Charles-Martel continue de régner sous le titre de duc des Franks.
741.	Après la mort de Charles-Martel, qui fut enterré à Saint-Denys, Carloman et Pépin, ses enfants, se partagent entre eux le gouvernement du royaume et sont toujours unis. Pépin croit qu'il est plus avantageux de faire cesser l'inter-
742.	règne, et fait proclamer roi Childéric III, fils de Chilpéric II.
	Carloman aide son frère à repousser les Bavarois, les Allamans, les Saxons et les Esclavons; puis il abandonne son gouvernement et se retire à Rome, où il embrasse la vie
746.	religieuse.
	Pépin, dit le Bref, duc des Franks, après avoir consulté le pape Zacharie, détrône Childéric III, le fait raser et renfermer dans le monastère de Saint-Bertin, où il meurt en 754, en laissant un fils qui végète dans l'obscurité du cloître. Avec Childéric III finit la dynastie mérovingienne, qui possédait la monarchie franke pendant deux cent soixante-dix années, à compter depuis Chlovis Ier, son véritable fondateur.
751.	*Dynastie Carlovingienne.* — Pépin-le-Bref est proclamé roi des Franks à Soissons. Le fils de Charles-Martel est investi de la royauté à l'âge de 37 ans. C'est le premier des rois de France qui se soit fait couronner et sacrer avec les cérémonies de l'Église. Cette cérémonie fut faite dans l'église de Soissons par saint Boniface, légat du pape et archevêque de Mayence. Pépin défait les Saxons qui, malgré les traités
755.	faits avec ce prince, refusent de reconnaître son autorité. Il fait don au pape Étienne III de l'exarchat de Ravennes, qu'il avait repris sur Astolphe, roi des Lombards, et commence à établir la puissance temporelle de l'église romaine. Après avoir chassé les Sarrasins de toute la Gothie, vaincu les
768.	Saxons, les Bavarois et les Esclavons, Pépin meurt d'une hydropisie à Saint-Denys, le 24 septembre 768, âgé de cinquante-quatre ans, dans la dix-septième année de son règne. Charlemagne et Carloman, fils de Pépin-le-Bref, succèdent

	An de J.-C.
à leur père. La mort de Carloman rend Charlemagne maître de toute la monarchie franke.	771.
Charlemagne est un des plus grands hommes qui aient régné. Il remplit le monde entier de son nom. Selon la pittoresque expression d'un poète moderne, *le crâne de Charlemagne a été le moule d'une Europe nouvelle.* C'était un homme de la plus grande taille et le plus fort de son temps, mais ces avantages corporels ne l'ont point empêché d'aimer, de protéger et d'encourager les lettres, les sciences et les arts.	
En peu d'années, Charlemagne porte l'empire frank des bords de l'Oder et du Raab à ceux de l'Èbre et du Tibre. Les seuls ennemis qui lui résistent sont les Saxons et leur chef Vitikind; il les dompte après trente-trois années d'une guerre terrible, dans les champs de Paderborn.	
Charlemagne recommence l'empire d'Occident, qui avait fini en l'an 476, et dont le titre est encore aujourd'hui conservé dans la maison d'Autriche.	800.
Il est couronné à Rome empereur, roi d'Italie et patrice des Romains. Il arrête avec Nicéphore, empereur d'Orient, les limites des empires d'Orient et d'Occident.	803.
Charlemagne tient à Aix-la-Chapelle, dont il avait fait sa résidence, après l'avoir édifiée avec une noble magnificence, une grande assemblée où furent dressés ses admirables *Capitulaires.* Il partage ses États entre ses trois enfants, et fait son testament, par lequel il laisse aux peuples la liberté de se choisir un chef, après la mort des princes, pourvu qu'il soit du sang royal.	806.
Après avoir associé à l'empire son fils Louis Ier, dit le *Débonnaire*, qui était roi d'Aquitaine depuis son enfance, Charlemagne meurt d'une pleurésie, le 28 janvier 814, dans la soixante-onzième année de son âge, et dans la quarante-septième de son règne, en laissant son œuvre inachevée. Comme l'éclair qui rayonne dans une nuit sombre, le génie de Charlemagne a illuminé la nuit de ces temps barbares. C'est à ce génie civilisateur que l'on doit l'introduction en France du chant grégorien, la fondation d'écoles de sciences et de lettres, la manière de compter par livres, sols et deniers, et les premières lois somptuaires; mais après la mort de ce grand homme, tout retombe dans la barbarie: son fils, Louis-le-Débonnaire, incapable de porter un si noble fardeau, devient le maître triste et faible de cette vaste et vigoureuse monarchie fondée par le puissant empereur.	813. 814.
Jusqu'à Charlemagne, le latin était la langue commune; il commença, sous ce prince, à se mêler avec la langue celtique ou des Franks, mélange d'où résulta un idiome qu'on appela *langue romance* ou *romane.*	

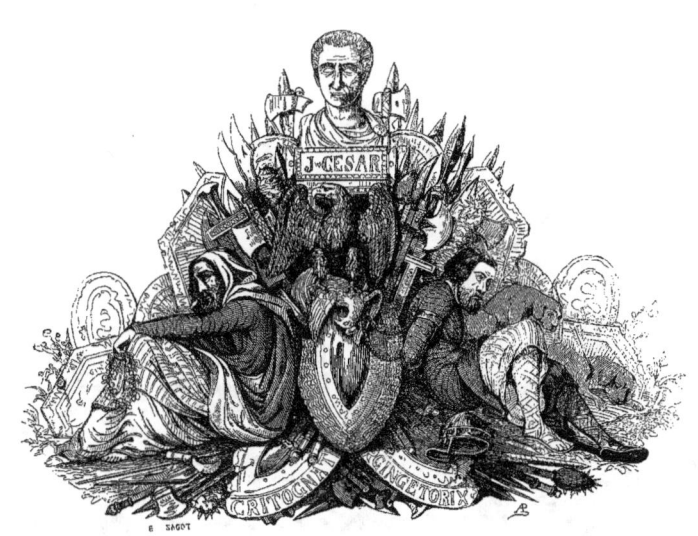

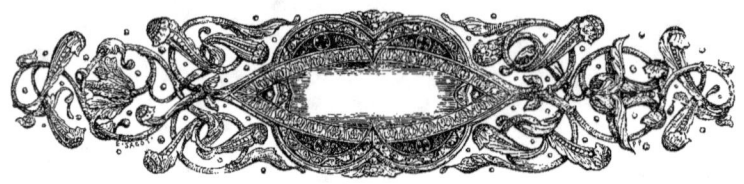

DEUXIÈME PARTIE.

ARCHITECTURE.

ÈRE CELTIQUE.

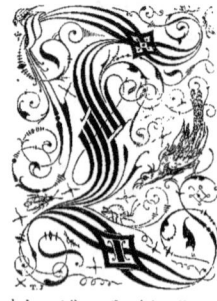A science reconnaît un caractère religieux aux monuments celtiques, que l'on rencontre en grand nombre sur le sol de la France; mais comme elle n'a pu pénétrer le mystère des croyances des premiers Gaulois, il lui est à peu près impossible de donner une signification, un sens précis aux grossiers symboles qu'elle attribue à la religion des Celtes et des Druides.

Les écrivains spéciaux, notamment les auteurs des *Instructions du Comité historique des Arts et Monuments*, donnent la nomenclature suivante des monuments qui offrent un caractère assez distinct pour les faire reconnaître comme appartenant à l'ère celtique.

Les MEN-HIRS, peulvans, ou hautes bornes, sont de longues pierres, isolées, plantées en terre, debout comme des bornes. Ces pierres affectent diverses formes et s'élèvent quelquefois jusqu'à quinze mètres. Sur quelques-unes, on croit entrevoir des traces d'inscriptions, des ornements; d'autres, dégrossies à leur extrémité supérieure, semblent présenter des formes de têtes. — On pense qu'après avoir été dépouillés de leur caractère religieux, ces monuments barbares ont pu servir à fixer les limites des territoires occupés par les peuplades gauloises, antérieurement à la domination romaine.

Les men-hirs ne sont pas toujours isolés; quand ils sont groupés en cercle, leur ensemble est appelé CROMLECH. S'ils sont rangés en lignes droites, comme des arbres, cette disposition est désignée par les noms d'ALIGNEMENTS, d'ALLÉES NON COUVERTES; la plus considérable réunion de ces monolithes existe à Carnac et à Ardeven, en Bretagne.

On nomme LICHAVEN deux men-hirs rapprochés et supportant une troisième pierre posée horizontalement sur les deux autres, en manière d'architrave.

Les rochers placés en équilibre sur d'autres rochers solides; les pierres qui tournent comme sur un pivot, sont connues sous les noms de PIERRES BRANLANTES OU TOURNANTES.

Les monuments religieux que l'on rencontre en plus grande quantité sont les DOL-MENS ou tables de pierre. Ils sont composés de deux pierres de quelques pieds d'élévation, — d'une épaisseur moindre que leur largeur, — et qui portent une masse plate, ayant la forme d'un carré allongé, souvent horizontale, quelquefois inclinée. Cette table est considérée comme un autel de sacrifices. Les petits bassins circulaires creusés sur ces tables et communiquant entre eux par des rigoles, paraissent destinés à faire écouler les libations ou le sang des victimes. Parfois un trou est pratiqué dans la table du dol-men, et l'on suppose qu'en se plaçant au-dessous on pouvait être arrosé par les libations ou recevoir le baptême de sang, lorsqu'une victime était immolée sur l'autel.

Quand l'un des piliers supportant la table manque avec intention ou par accident, et que l'une des extrémités de cette table repose sur le sol, le dolmen incomplet devient un DEMI-DOLMEN.

Le nom d'ALLÉES COUVERTES est donné à de longues suites parallèles de pierres dressées et portant des masses placées horizontalement pour former un toit. Ces galeries sont fermées à l'une des extrémités, divisées quelquefois à l'intérieur par des quartiers de rochers, et sont dirigées souvent d'occident en orient.

Enfin les sépultures des Celtes, des Kimris et des Gaulois étaient protégées par des monticules ou tombeaux en terre, qu'on appelle BARROWS, TOMBELLES OU TUMULUS. — Quand ils sont faits avec des pierres, on les appelle GAL-GALS. Les dimensions et l'élévation de ces collines factices varient en raison du nombre ou de l'importance des individus qui y furent inhumés. Leur forme est allongée à la base, lorsqu'on a voulu faire des sépultures communes, nommées depuis ossuaires; elle est arrondie, quand l'inhumation est simple.— Les corps des morts étaient déposés, soit sur des dalles, soit sur un lit de cailloux. Dans les grands tombelles, on trouve quelquefois des chambres sépulcrales formées de pierres brutes, renfermant un ou plusieurs individus, couchés ou assis. Près des squelettes, sont placés, suivant la dignité ou la fortune des individus inhumés, des bijoux, des anneaux, des armes, des haches en silex ou en bronze, des poteries de couleur noire, et quelquefois le cheval ou le chien du défunt. Certaines de ces collines factices étaient considérées comme sacrées; dans certaines autres, on croit reconnaître un but militaire. Dans ce cas, elles sont tronquées par le haut pour recevoir un grand nombre de combattants, et sont entourées par un large fossé. Ce mode d'inhumation a été employé par tous les peuples de l'antiquité. Dans toutes les parties du monde, on retrouve des tumulus analogues à ceux que le sol de la Gaule a conservés. S'il est difficile de préciser l'époque à laquelle les Celtes et les Gaulois commencèrent à élever ces monuments, il est très présumable qu'ils cessèrent d'en ériger après la conquête romaine, surtout après les règnes d'Auguste, de Tibère et de Claude.

Tels sont les monuments religieux appartenant à l'ère celtique.

On ne sait rien de précis sur les constructions militaires et civiles des Gaulois; on suppose que les vastes enceintes qu'on trouve dans quelques provinces sont les enveloppes extérieures des châteaux (*oppida*) dans lesquels se réfugiaient les populations en temps de guerre; mais il n'est pas prouvé que les Gaulois se soient abrités dans des villes fortifiées. Quant à leurs habitations, c'était tout simplement des cabanes, bâties en bois, murées avec de l'argile et couvertes de chaume, et peu différentes des rustiques demeures, si nombreuses encore, des habitants de nos départements éloignés de la capitale.

ÈRE GALLO-ROMAINE.

Longtemps avant la conquête de la Gaule par les Romains, les colonies grecques, venues de l'Asie mineure, et qui s'établirent sur le littoral de la Méditerranée, fondèrent, dans ces contrées, des villes dont Marseille fut une des plus riches. Les artistes grecs élevèrent, dans cette ville, de nombreux temples que les écrivains romains décrivent et signalent comme appartenant à la plus belle époque de l'art antique. Ces édifices, épargnés par les Romains victorieux, disparurent dans la tourmente qui emporta l'empire romain. Parmi les rares fragments qui ont survécu, on cite les ruines d'un temple élevé à Vernègues, près de Lambesc, en Provence, dont les détails rappellent le caractère de l'architecture grecque, et quelques tombes conservées à Marseille; mais ces débris sont si rares et si incomplets qu'ils ne peuvent aider à reconstruire, d'une manière sérieuse, le style d'architecture dans lequel ces monuments ont été conçus.

La magnificence de la ville d'Autun, dont la fondation est, — dit-on —, antérieure à celle de Rome, témoignait que les Gaulois, à la suite de leurs excursions en Italie, en Grèce et en Asie, avaient dû s'inspirer aux sources fécondes de l'antiquité; mais ce rare exemple, dont J. César n'a laissé aucune trace, ne saurait faire présumer de l'état des arts chez les peuples gaulois.

« L'arrivée de Jules César sur le sol de la Gaule détermina une brillante période de l'histoire de l'art. Les Romains y apportèrent une civilisation qui changea la face de toutes les productions antérieures.

« De toutes parts, des camps s'établirent pour étendre et conserver la conquête ; des silos, des magasins militaires furent placés sous leur protection, et les premiers autels des divinités romaines s'élevèrent devant les tentes consulaires. Les alliances avec plus d'une république gauloise commencèrent les mélanges de religion et de mœurs, et l'art italique, prêtant son secours aux Druides, interpréta leurs idées religieuses et les traduisit sur des monuments durables. Les soldats romains, exercés dans l'art de bâtir, et dirigés par d'habiles artistes, en imposant aux Gaulois la théogonie, les lois, les usages de l'Italie, les dotèrent de nombreux édifices analogues à ceux de la métropole, et toutes les constructions de la Gaule furent soumises au niveau d'une même équerre, à la liaison d'un même ciment (1). »

Installés d'abord dans les provinces méridionales, les Romains s'avancèrent bientôt dans celles du nord. Ils pratiquèrent des voies de communication dans tout le pays conquis, percèrent les montagnes, aplanirent les collines, desséchèrent les marais, exhaussèrent le sol des vallées et construisirent sur les fleuves, les torrents et les rivières, ces magnifiques ponts qui nous étonnent encore par leur hardiesse et leur solidité. Ils fondèrent des villes qu'ils entourèrent d'épaisses murailles ; des portes, pratiquées toujours entre deux tours qui en défendaient l'entrée, furent élevées sur les voies principales. Pour la consommation des habitants, pour les bains, d'un usage général chez les Romains et aussi pour les cérémonies religieuses, des eaux abondantes étaient nécessaires ; les sources furent recherchées, et, malgré leur grand éloignement, on n'hésita pas à les conduire dans les cités au moyen de ces aqueducs merveilleux que n'interrompaient ni les torrents ni les rochers. — Des bains ou thermes furent construits dans les villes et auprès des lieux où les Romains rencontrèrent des sources minérales. « Ils réunirent dans ces édifices tout ce qui peut flatter les yeux et récréer l'imagination, dit M. Louis Bâtissier (2). Ainsi, outre les chambres propres aux bains, on trouvait des salles spacieuses et des portiques pour se promener à couvert et aussi des exèdres, c'est-à-dire des lieux munis de bancs, où les savants s'assemblaient pour discuter ; on y transportait de riches bibliothèques. Enfin,

(1) *Instructions du comité des arts et monuments*. — 1er Cahier.
(2) *Éléments d'archéologie nationale*.

dans le grand espace que comprenaient les thermes, on donnait au peuple des représentations dramatiques et des combats de gladiateurs. — L'ensemble de leur décoration était splendide. On y voyait de magnifiques pavés en mosaïque et des plafonds couverts des peintures les plus brillantes. On plaçait là des tableaux, des bas-reliefs, des statues, des bustes, en un mot les chefs-d'œuvre de tous les arts. » Tels étaient ces établissements que les Gaulois adoptèrent facilement.

Parmi les monuments religieux élevés sur le sol de la Gaule par les Romains vainqueurs, il faut signaler surtout les nombreux temples dédiés aux divinités païennes, aux empereurs et à leurs familles. Ces monuments, plus remarquables par leur ordonnance élégante que par leur grande dimension, empruntaient leurs dispositions à l'architecture grecque. Généralement, ils avaient la forme d'un parallélogramme ou carré long, d'une longueur double de la largeur ; leur sol était élevé sur une base de gradins ou degrés qui conduisaient sous les portiques. Le nombre et la disposition des colonnes de la façade, la largeur des entre-colonnements font prendre aux temples différents noms dont le simple énoncé nécessiterait de longues pages qu'on pourra lire dans les écrivains spéciaux que nous indiquerons à la fin de cet ouvrage. Isolés des autres édifices ou des habitations par une enceinte sacrée, ces monuments offraient et offrent encore, — mais sous les climats méridionaux principalement —, des perspectives élégantes et harmonieuses. Les ornements étaient fort riches, si l'on en juge par les statues et les bas-reliefs de bronze et de marbre, les frontons sculptés et couronnés de groupes, les peintures des plafonds, les pavés en mosaïque qu'on retrouve près des lieux où les Romains construisirent leurs temples.

Pour consacrer le souvenir des grands évènements, ou la gloire des chefs vainqueurs, les Romains élevèrent, à l'entrée des villes, sur les voies publiques ou sur les ponts, des arcs de triomphe, des trophées militaires, des colonnes historiques, monuments dans lesquels l'architecture et la sculpture déployèrent leurs plus ingénieuses combinaisons, selon l'importance des faits ou des hommes qu'ils devaient glorifier. Les plus simples portes triomphales étaient ouvertes d'une seule arcade ; les plus riches étaient percées de trois grandes arcades d'égales dimensions ou d'une grande arcade et de deux latérales plus petites que celle du milieu. Des bas-reliefs, des statues, des attributs de marbre ou de bronze, ornaient ces portiques dont le peuple romain était assez prodigue. Des colonnes *milliaires* ou *itinéraires* furent placées sur les voies pour indiquer les distances. Ces colonnes, rondes ou carrées, hautes de deux à trois mètres, étaient assez dépourvues d'ornementation et n'ont guère d'intérêt que pour l'étude de la géographie des Gaules.

Les villes importantes de la Gaule furent dotées de théâtres, d'amphithéâtres et de cirques, et leurs jeux furent conservés jusqu'aux premiers siècles de la monarchie. Le théâtre des Romains, emprunté aux Grecs, se composait de deux parties bien distinctes : la première, tracée sur un plan demi circulaire, contenait les bancs des spectateurs ; cette portion de cercle était le plus souvent établie sur la pente d'une colline, afin de rendre plus facile et plus économique la pose des gradins, et, pour éviter aux spectateurs les ardeurs du soleil, on choisissait de préférence l'exposition au nord. La seconde partie du théâtre comprenait la façade, le *proscenium* ou avant-scène, les salles des mimes et toutes les dépendances nécessaires aux spectacles. Toute cette partie était richement décorée de marbres, de bas-reliefs, de colonnes et de statues. Les représentations dramatiques étaient données au milieu du jour, c'est ce qui nécessita souvent l'usage de tendre une toile au-dessus du théâtre ; mais quand ce moyen n'était pas employé, les spectateurs se couvraient la tête d'un chapeau à larges bords, d'un capuchon et même d'un parasol.

« Double théâtre par sa forme et par sa superficie, l'amphithéâtre, commun en France, présentait une construction immense sur un plan elliptique. Placés près de l'enceinte des villes, pour faciliter l'introduction des animaux qui devaient combattre, ainsi que pour le transport des victimes au-delà des murailles, ces monuments offraient, à l'extérieur, plusieurs étages d'arcades continues sur une longue courbe décorée de piliers ou de colonnes (1). »

L'espace vide, conservé au centre de l'édifice, était appelé *arène* parce qu'on le couvrait de sable pour absorber le sang des animaux et aussi celui des hommes après les combats et les horribles boucheries qui faisaient les délices du peuple romain. On entrait dans l'arène par deux portes ouvertes aux grandes extrémités. Autour de l'arène, sous les gradins inférieurs, étaient des cachots dans lesquels on renfermait les animaux réservés pour les luttes. Au-dessus étaient les gradins, divisés en plusieurs étages, ayant chacun leurs escaliers et leurs vomitoires ou galeries de dégagement. Les consuls, les sénateurs, les vestales et les autres magistrats occupaient les sièges des rangs inférieurs, tandis que le peuple se tenait dans les rangs supérieurs. Dans l'espace compris entre le dessous des gradins et le mur extérieur de l'amphithéâtre, on pratiquait plusieurs étages de galeries voûtées, occupées, pendant la journée, par des marchands

(1) *Instructions du comité des arts et monuments.* — Ier Cahier.

qui offraient leurs marchandises aux promeneurs. Les consoles en pierre, qu'on remarque dans l'attique de la plupart des amphithéâtres, donnent lieu de croire que ces édifices étaient couverts, pendant les jeux, d'une grande toile ou voile (*velarium*) retenue par des cordes qu'on tendait sur des chevilles cylindriques fixées aux consoles.

Parfois les amphithéâtres étaient transformés en naumachies. L'eau, alors, remplissait l'arène, et des galères, montées par des gladiateurs, donnaient le simulacre de scènes et de combats nautiques.

Les cirques étaient destinés aux courses de toute espèce et particulièrement à celles des chars et des chevaux. Deux lignes parallèles de gradins ou de talus en terre, peu élevés, se développaient en forme d'ovale extrêmement allongé ; les spectateurs prenaient place dans l'ordre établi pour les amphithéâtres. L'aire du cirque était divisée, dans sa longueur, par un mur assez large, mais peu élevé, qu'on décorait de statues, d'autels, d'obélisques et qu'on appelait l'*épine*. A chaque extrémité de l'épine, trois bornes en marbre, isolées entre elles et enrichies de sculptures, guidaient les courses et devaient être doublées un certain nombre de fois. A l'une des extrémités du cirque était la porte *triomphante* par laquelle devaient sortir les vainqueurs ; à l'opposé on trouvait un bâtiment oblique qui contenait les remises et écuries pour les chars et pour les chevaux. L'hyppodrome, tenté récemment à Paris près de l'Arc-de-Triomphe-de-l'Étoile, est une imitation, dans de petites proportions, des cirques et hyppodromes des Romains.

Tels étaient, avec les basiliques ou bourses dont nous nous occuperons bientôt, les principaux monuments religieux ou civils dont l'art romain enrichit la Gaule. Nous n'entrerons pas plus avant dans le détail des monuments gallo-romains ; les tombeaux, les cippes, les autels, les camps, aussi bien que les systèmes de construction et de distribution des habitations, enseignés par les Romains aux Gaulois, ont été analysés souvent et réclament une étude particulière.

Les architectes romains ont mis en œuvre cinq ordres d'architecture : un, le *Toscan*, était d'origine étrusque ; trois appartenaient à l'art grec : le *Dorique*, l'*Ionique*, le *Corinthien* ; enfin le *Composite* était une modification apportée par les artistes romains. Le progrès évident de l'art romain sur les arts antérieurs, fut l'application de l'arcade et de la voûte que les Etrusques avaient connues, dit-on. On sait qu'en Grèce, les colonnes étaient jointes aux colonnes voisines par une poutre ou par des pierres plates.

Il nous serait difficile de garder un silence absolu sur les caractères distinctifs de chacun de ces ordres ; cependant, les bornes de ce chapitre ne nous permettant pas de définir complètement l'architecture romaine, nous donnerons seulement ici une idée générale des cinq ordres, en nous réservant d'insister sur certains détails, lorsque nous étudierons l'architecture en France, à l'époque de la Renaissance. Nous suivrons, dans cet aperçu, le résumé clair et précis de M. A. Mallay, l'habile architecte chargé de la restauration des précieuses églises romanes de l'Auvergne(1).

« Chaque ordre se compose de trois divisions principales qui se subdivisent chacune en trois parties. La première se nomme le piédestal, la seconde la colonne, la troisième l'entablement.

« Le piédestal comprend la base, le dé et la corniche. La colonne est formée d'une base, d'un fût et d'un chapiteau; enfin l'entablement se subdivise en architrave, en frise et en corniche. Voici les caractères distinctifs de chaque ordre.

« Le Toscan est l'ordre le plus simple; la hauteur de la colonne est de sept fois son diamètre; la base, le chapiteau et l'entablement sont dépourvus d'ornement.

« L'ordre Dorique a huit diamètres de hauteur; les membres des moulures sont plus nombreux, mais le caractère distinctif de cet ordre est un ornement placé dans la frise et que l'on nomme triglyphe (trois gravures).

« L'Ionique, dont la hauteur est de neuf diamètres, se reconnaît facilement à la grace de ses proportions, à sa base et surtout à son chapiteau composé d'un léger tailloir, surmonté de deux ornements que l'on nomme volutes; son entablement est quelquefois orné de denticules; les feuilles d'eau et les raies de cœur couvrent souvent les doucines et les talons.

« L'ordre Corinthien, plus élégant et plus riche, a dix diamètres de hauteur; le piédestal, dont la hauteur est calculée, comme dans les autres ordres, d'après les proportions de la colonne, est orné de sculptures; la base est composée d'un plus grand nombre de moulures, et le chapiteau, en forme de vase, est décoré de feuilles d'acanthe, de feuilles d'olivier, et plus tard, de feuilles frisées profondément refouillées; l'architrave a ses membres garnis de perles ou de raies de cœur; la frise est remplie par des rinceaux ou des bas-reliefs; et la corniche, dont le larmier est supporté par des modillons, se couvre d'ornements riches et variés.

« Le Composite, plus rarement employé, a les mêmes proportions que l'ordre Corinthien ; c'est dans le chapiteau que consiste la différence; il est composé des feuilles d'acan-

(1) *Cours d'archéologie sacrée* à l'usage des élèves du Grand-Séminaire de Clermont-Ferrand, 1 vol. in-8° 1844.

the du chapiteau corinthien, surmonté des volutes du chapiteau ionique. On aperçoit également, dans les proportions de l'entablement, des changements qui ne sont pas heureux.

« Les trois ordres grecs qui sont: le Dorique, l'Ionique et le Corinthien, sont remarquables par la grace de leurs proportions; le Toscan et le Composite ne peuvent leur être comparés.

« A ces caractères principaux viennent se rattacher des règles qui, quoique secondaires, ont cependant une grande importance. Ainsi, l'entre-colonnement a des limites dont on peut s'écarter, lorsque le besoin l'exige, mais qui doivent être suivies si l'on veut s'astreindre aux préceptes de l'art antique.

« L'espacement des colonnes doit être, pour le Toscan, de quatre diamètres, de deux diamètres trois quarts pour le Dorique, de deux diamètres un quart pour l'Ionique, de deux diamètres pour le Corinthien, d'un diamètre et demi pour le Composite.

« La hauteur de l'entablement varie du quart au cinquième, et l'ajustement des différentes moulures a donné lieu à une infinité de modifications de détails. »

Tous ces ordres, à l'exception du Toscan, dont il ne reste aucun exemple et qu'on ne connaît que par quelques mots de Pline et de Vitruve, ont été importés par les artistes romains dans la Gaule; mais ces types, mesurés par les architectes anciens, n'ont point été reproduits d'une façon absolue par le génie inventif des Gallo-Romains, ils ont été appropriés ingénieusement à la destination des édifices et aux exigences des lieux choisis; — condition trop méconnue de nos jours et sans laquelle le grand art de l'architecture n'est plus qu'un vulgaire métier.

La France est riche encore en monuments qui appartiennent à l'ère gallo-romaine; partout le sol offre des fragments de voies, des murailles ruinées, des débris de colonnes, de statues, de bas-reliefs, des bijoux, des poteries, des verres, des tuiles, des briques, des pavés, des mosaïques et des monnaies; les musées départementaux, les collections particulières regorgent d'objets d'art et d'industrie, dûs à la civilisation romaine; mais quelques villes privilégiées montrent, avec orgueil, de beaux édifices qui sont restés debout, en dépit des ravages du temps et des colères des hommes. Les départements du midi possèdent les plus intacts. Nîmes est encore une ville romaine; ses portes élevées sous Auguste, l'admirable pont du Gard, le temple de Diane, les bains, la Maison-Carrée que l'on considère comme le chef-d'œuvre de l'architecture gallo-romaine, l'amphithéâtre, connu sous le nom vulgaire des *Arènes,* et qui, bien qu'inférieur à celui de Vérone, ne mérite pas moins une grande admiration, témoignent assez du rang qu'occupait la ville de Nîmes parmi les colonies romaines établies dans les Gaules. Fréjus, Saintes, Luynes, Metz, Lyon et le village d'Arcueil près de Paris, ont conservé de solides parties de leurs beaux aqueducs. A Sommières, dans le département du Gard, existe un pont fort remarquable dont on fait remonter la construction au règne de Tibère. Paris est fier de ses thermes de la rue de La Harpe ; on a découvert des hypocaustes à Saintes, à Lillebonne, à Etretat ; deux des plus zélés fossoyeurs de la Normandie, M. Feret et M. l'abbé Cochet, poursuivent, chaque jour, leurs laborieuses exhumations sur le littoral du pays de Caux. Néris, Bourbon, Vichy, Royat, le Mont-Dore laissent apercevoir quelques vestiges de leurs thermes romains. — Rheims, Cavaillon, Carpentras, Saint-Remy possèdent des arcs de triomphe, mais le plus complet, le plus charmant est, sans contredit, celui d'Orange que les savants, qui n'ont pu tomber d'accord sur son origine, veulent regarder comme un monument de la décadence. Les temples sont plus rares encore ; après la *Maison-Carrée,* on ne connaît guère que le temple de Livia, à Vienne, en Dauphiné, et celui de Vernègues. On cite les théâtres de Vienne, de Néris, de Fréjus, de Saintes, d'Arles, d'Orange, qu'on dit un des mieux conservés, et celui de Lillebonne dont les ruines, couvertes pendant plusieurs siècles de terrains et d'habitations, sont dignes d'un grand intérêt. Arles, Nîmes, Saintes et Fréjus possèdent encore leurs amphithéâtres. Plusieurs tombeaux existent à Vienne, à Aix, à Saint-Remy, à Aubagne. On a fouillé plusieurs cimetières à Bordeaux, à Poitiers, auprès d'Autun, aux Eliscamps, près d'Arles ; on les a trouvés semés de tombeaux de pierre, d'urnes funéraires. Dans les sépultures qu'on découvre chaque jour, on rencontre en abondance des lampes, des vases de terre et de bronze, des armes en bronze, en fer, en acier, des jouets d'enfants en os, en ivoire, en bois, en terre cuite, des amulettes, des dés et des cornets à jouer, des anneaux, des colliers, des camées, des pendants d'oreille, des glands, des épingles, des comestibles et jusqu'à des instruments de table et de cuisine. Chaque individu était inhumé avec les objets propres à son sexe, à son âge, à son état, avec les symboles et les simulacres de sa religion. Si, pendant la domination romaine, les lettres et les arts furent cultivés avec ardeur dans les Gaules, l'industrie prit aussi un vigoureux essor. Les dorures et les ciselures de Rheims et d'Arles étaient célèbres ; on vantait les étoffes peintes de Narbonne et de Toulouse ; Mâcon fabriquait des flèches ; Soissons, des boucliers ; Autun, des cuirasses, et Amiens, des épées. « Les Gaulois, dit M. Bâtissier (1), avaient déjà inventé des espèces d'émaux, une manière d'étamer et d'appliquer l'argent sur le cuivre. Appollodore dit que les Romains ont reçu d'eux la plupart de leurs armes et en particulier les cuirasses en mailles de fer. — Plusieurs savants prétendent, aujourd'hui, qu'il a dû exister, en Gaule, des académies pour l'enseignement des beaux-arts, car l'architecture qui, avant Auguste, était tombée dans une véritable décadence, se rapprocha un peu de sa perfection primitive. Il est certain que sa chûte complète fut moins rapide dans les provinces qu'à Rome. »

ÈRE CHRÉTIENNE.

De Chlovis à Charlemagne. — Art latin.

L'art romain marchait vers une décadence complète, lorsque le Christianisme, protégé par Constantin, s'établit victorieusement dans tout l'empire romain. Les apôtres de la religion triomphante fondent des églises dans les Gaules ou élèvent la croix de Jésus-Christ sur les ruines des temples dédiés aux divinités du paganisme. Ils s'emparent surtout des basiliques romaines et les transforment en églises.

« Les basiliques, dit M. de Caumont (2), servaient à la fois de tribunaux et de bourses de commerce. On s'y réunissait pour parler d'affaires ; quelques-unes pouvaient aussi contenir des étalages de marchandises, comme nos halles ou nos bazars.

« A l'extérieur, elles se distinguaient par une très grande simplicité ; les murs, percés de fenêtres semi circulaires régulièrement espacées, n'étaient pas décorés de colonnes ni de sculptures comme ceux des temples.

« A l'intérieur, deux rangs parallèles de colonnes ou de pilastres divisaient l'édifice en trois parties inégales dans le sens de la longueur. La galerie centrale était la plus large et la plus élevée ; elle était occupée en partie par les marchands, les plaideurs, les avocats, en partie par le peuple. Les plaideurs et les curieux se plaçaient aussi à droite et à gauche dans les deux ailes latérales.

« A l'extrémité des trois galeries, il y avait un espace peu profond qui, comme dans nos tribunaux actuels, était réservé exclusivement aux avocats, aux greffiers et aux autres officiers de justice, et qui se terminait par un enfoncement semi

---

(1) *Eléments d'archéologie.*
(2) *Histoire sommaire de l'architecture religieuse, civile et militaire, au moyen-âge* — 1857.

circulaire placé vis à vis de la galerie centrale. C'était au milieu de cet hémicycle que s'asseyait le président ou premier juge, ayant à ses côtés les juges assesseurs. »

La disposition de ces édifices convenait parfaitement au nouveau culte; leurs proportions, beaucoup plus grandes que celles des temples, permettaient aux chrétiens de se réunir dans la même enceinte, afin de participer tous aux cérémonies sacrées, et, selon que le fait remarquer M. de Caumont, « l'éloignement que les premiers chrétiens avaient pour tout ce qui rappelait l'ancien culte, influa sans doute aussi sur le choix qu'ils firent des basiliques, car ces édifices ayant une destination toute civile, étaient, à leurs yeux, exempts de la souillure dont ils croyaient les temples entachés. »

L'évêque et son clergé prirent la place du juge et de ses assesseurs dans la tribune circulaire ou abside qui formait le fond de l'édifice; les chantres et les ecclésiastiques s'installèrent dans l'espace compris entre l'hémicycle et les nefs (transsepts), et cette partie, autrefois réservée aux plaideurs, prit le nom de chœur; l'autel fut placé au centre, en face de la nef principale; l'autel était souvent le sarcophage du martyr, patron de l'église, que surmontait un baldaquin soutenu par quatre colonnes, et sous lequel était suspendue la colombe qui contenait l'hostie destinée au sacrifice de la messe. A droite et à gauche, en avant de l'autel, les deux chaires de marbre (ambons) où plaidaient les avocats, serviront de pupitres aux diacres pour la lecture des épîtres et évangiles. Les nefs étaient remplies par les fidèles; les hommes occupaient celle de droite et les femmes se tenaient dans celle de gauche. La nef centrale était réservée aux cathécumènes. Les veuves et les vierges furent reléguées dans les galeries supérieures formées par le second ordre de colonnes de la nef centrale.

Afin de rappeler les temps de persécution et les mystères célébrés, dans les catacombes, sur les tombes des premiers martyrs, on creusa sous l'autel un caveau qu'on appela confession, et dans lequel on déposa les reliques et les restes des chrétiens morts en odeur de sainteté.

L'abside seule des basiliques était voûtée; une toiture formée de charpentes transversales et surmontée de tuiles, couvrait le reste.

La plus grande simplicité avait présidé à l'érection de ces édifices. A l'exception des colonnes antiques qui supportaient les arcades, les basiliques n'offraient que des murs nus, percés de fenêtres cintrées ou rectangulaires et fermées par des tables de pierre, tournant sur des pivots, ainsi que nous l'avons remarqué personnellement à l'extérieur de l'église de la petite île de Torcello, près de Venise.

On peut juger, par cette analyse sommaire, de la forme et de la disposition des basiliques qui servirent de types à presque toutes les églises construites en Occident depuis le quatrième siècle.

Une grande obscurité enveloppe l'histoire de l'art pendant les premières périodes de la monarchie française. Aucun édifice n'est resté debout pour témoigner de l'état de l'architecture à ces époques. Les monuments que l'on prétend faire remonter au IVe siècle, sont la crypte de Saint-Gervais, à Rouen, celle, bien maladroitement restaurée, du cimetière de Jouarre, que nous avons étudiée récemment (1), et celles de Lyon, d'Agen et de Montmajour; mais rien n'est moins justifié que cette supposition. Les tombeaux qui sont renfermés dans la crypte de Jouarre appartiennent aux septième et huitième siècles, et les chapiteaux et colonnes de marbre qui supportent les voûtes, sont identiquement semblables à ceux du cloître de la cathédrale du Puy en Velay, dont la construction n'est point antérieure au onzième siècle.

La plupart des églises, des monastères et des palais élevés pendant ces époques, étaient en bois, et leur construction était si négligée qu'ils ne purent subsister longtemps, au milieu des luttes et des invasions qui accompagnèrent l'établissement de la monarchie franke. Sur la seule affirmation des anciens historiens, on constate que Chlovis fit élever les basiliques de Saint-Pierre et de Saint-Paul, depuis consacrée à Sainte-Geneviève, à Paris, l'abbaye de Saint-Pierre à Chartres, celle de Saint-Mesmin près d'Orléans, et qu'il fit rétablir en bois la cathédrale de Strasbourg. C'est à Childebert que l'on doit la fondation de l'abbaye de Saint-Germain-des-Prés qui fut, dit-on, construite sous la direction de saint Germain. Sous Chlotaire on bâtit l'église de Saint-Médard à Soissons et le couvent de Sainte-Croix à Poitiers.— « Omatius donne le plan de l'église des Saints-Gervais et Protais à Paris. Léon , évêque de Tours, et saint Germain, évêque de Paris, sont envoyés par Childebert pour veiller sur la construction des deux églises, l'une à Angers et l'autre au Mans; enfin, Avitus attache son nom aux églises de Thiers et de Notre-Dame-du-Port à Clermont.(2)» Grégoire de Tours signale particulièrement la basilique de Saint-Julien, près de Clermont, élevée par Namatius, et celle de Saint-Simphorien qu'Euphronius fit construire près d'Autun vers la fin du cinquième siècle. Les savants donnent encore une longue nomenclature des édifices religieux qui appartiennent à cette période obscure de l'histoire de l'art. — Ainsi, ce serait à

---

(1) *Pèlerinage à Jouarre*, par F.Bourquelot et A. Dauvergne, *L'Art en Province*, tome 8, 1843; Moulins, Desrosiers, éditeur.

(2) L. Batissier, *Histoire de l'art monumental*, 439.

saint Eloy, orfèvre renommé avant de parvenir à l'épiscopat, qu'on devrait le plan de l'église de Saint-Paul et de Saint-Martin à Paris. On lui doit beaucoup d'autres monuments. C'est Dagobert Ier qui fit bâtir l'abbaye de Saint-Denys qu'il fit décorer de marbres, de peintures et de bas-reliefs. L'église des Basses-OEuvres à Beauvais, — celle de Saint-Jean-de-Poitiers, considérée, par certains antiquaires, comme un temple élevé sous Auguste, par d'autres comme un édifice du troisième siècle, prise par les uns pour un tombeau romain, reconnue, enfin, pour un baptistère chrétien; l'église de Savenières, près d'Angers, Saint-Martin-d'Angers et plusieurs autres édifices qui ne sont point encore définitivement classés, présentent les caractères distinctifs du style latin ou roman primordial. — Ces caractères, il faut l'avouer, résultent de l'appareil, de l'emploi de la brique et de la forme des colonnes et des fenêtres, plus que de l'ornementation; c'est pourquoi nous ne poursuivrons pas davantage une analyse inutile aux fins du présent travail; d'ailleurs, nous retrouverons les rares ornements du style latin,—empruntés à l'art gallo-romain, — en étudiant particulièrement l'ornementation de l'architecture romane, et les planches qui se rattacheront à ce chapitre rendront plus intelligibles nos descriptions.

« Dans cette première période de siècles, qui suivit l'anéan-
« tissement de la puissance romaine dans les Gaules,—répé-
« terons-nous avec M. Albert Lenoir (1),—et qui fut signalée
« par le triomphe du Christianisme, on conçoit que l'art se
« soit uniquement concentré dans les monuments religieux;
« — car quelles autres constructions cette société à demi
« barbare et toujours guerroyante pouvait-elle songer à en-
« treprendre? Quant aux monuments d'utilité, elle s'appro-
« pria, sans doute, ceux dont les Romains avaient abondam-
« ment pourvu ses riches provinces; enfin, les monuments
« de luxe lui étaient inconnus. Aussi, ne faut-il pas s'étonner
« si, moins riches que dans l'époque romaine, les exemples
« que nous sommes maintenant obligés de choisir se rédui-
« sent à peu près aux édifices consacrés au culte. »

(1) Etudes d'architecture en France. Magasin pittoresque, 1859, p. 199.

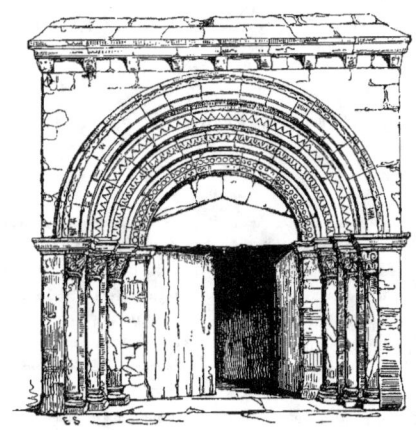

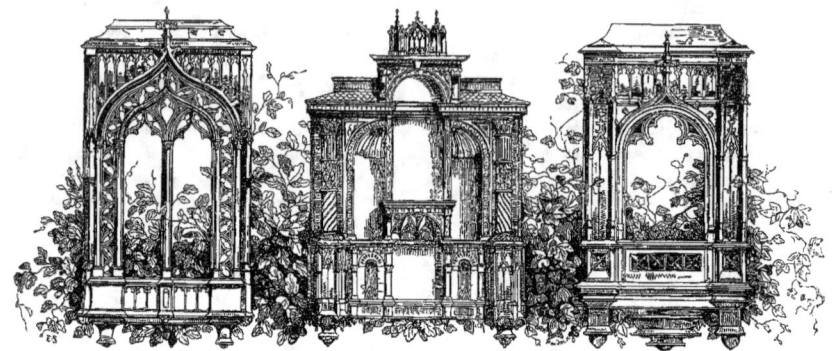

TROISIÈME PARTIE.

CLASSIFICATION DES STYLES ARCHITECTONIQUES

DU MOYEN AGE ET DES TEMPS MODERNES.

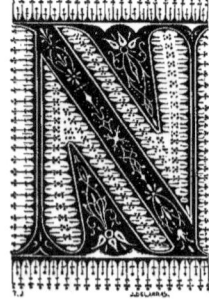ous avons constaté, au début de ce livre, que l'étude comparée de nos monuments nationaux, n'avait commencé à jouir de quelque faveur, qu'il y a vingt-cinq ans environ, — lors des premiers essors tentés par l'école littéraire et artiste, qu'on appelle *romantique*, par opposition à l'école qui, depuis la fin du dix-huitième siècle, dominée par l'influence gréco-romaine, avait mérité la qualification de *classique*.—Avant cette époque, les écrivains qui avaient traité de l'archéologie nationale, désignaient l'architecture postérieure à la chûte de l'empire romain et antérieure au règne de saint Louis, par les noms de *Gothique ancienne*, de *Normande* pour la Neustrie, de *Saxonne* pour la Grande-Bretagne, de *Teutonique* pour l'Allemagne, de *Lombarde* pour l'Italie, de *Mérovingienne* et *Carlovingienne* pour celle des anciens monuments que l'on supposait avoir été bâtis pendant ces deux premières périodes de la monarchie. — L'architecture qui a l'ogive pour principe, avait particulièrement reçu le nom de *Gothique*, dénomination impropre que

les gens du monde, les arts et l'industrie, lui conservent obstinément, malgré les enseignements multipliés de la science.

Ces dénominations, résultats d'hypothèses qui n'étaient appuyées sur aucun fait positif, étaient trop variées et trop obscures pour être conservées. Aussi, M. de Gerville, le premier, considérant qu'on appelait *romane* la langue latine dégénérée qui commençait à se mêler à la langue des Franks, au temps de Charlemagne, proposa de remplacer les divers synonymes employés jusqu'alors, par un nom qui les résumât tous et indiquât l'origine même du style d'architecture qu'il désignait. Il appela donc *roman* le style d'architecture dans lequel ont été conçus tous les monuments antérieurs au treizième siècle.

Plus tard, vers 1823, M. A. de Caumont,— le plus fervent apôtre de l'archéologie nationale, celui dont les incessants travaux ont le plus contribué à populariser l'amour et l'étude des monuments élevés en France pendant le moyen âge, — adopta cette dénomination et la consacra dans son tableau chronologique des styles d'architecture. Dans le même tableau, M. de Caumont, le premier, a appelé *architecture à ogives* ou *style ogival* l'architecture dont l'ogive est le principal caractère et qui a été employée depuis le milieu du douzième siècle jusqu'au seizième : le savant antiquaire, en proposant cette dénomination, fait remarquer que c'était principalement l'architecture à ogives qui avait reçu le nom de *gothique*, dénomination que rien ne justifiait, puisque les Goths, les Vandales et les autres peuples barbares n'avaient fait qu'imiter les constructions romaines, et que d'ailleurs les nations gothiques avaient disparu depuis longtemps de la scène du monde, quand le style ogival commença à s'y montrer. « Le nom de style ogival, dit avec « raison M. de Caumont (1), fait allusion au principal carac- « tère du genre qui est l'arcade en ogive ; mais il n'a aucune « relation avec l'origine de cette forme, c'est en quoi je le « trouve préférable aux autres. » Ce nom de style ogival, judicieusement proposé, a été généralement adopté. Voici le tableau chronologique dressé par M. A. de Caumont, avec les subdivisions d'époques :

ARCHITECTURE ROMANE.
- Primordiale. — Depuis le Ve siècle jusqu'au Xe.
- Secondaire. — Depuis la fin du Xe siècle jusqu'au commencement du XIe.
- Tertiaire ou de transition. — Fin du XIe et XIIe siècles.

ARCHITECTURE OGIVALE.
- Primitive. — XIIIe siècle.
- Secondaire. — XIVe siècle.
- Tertiaire. — XVe siècle.
- Quartaire. — XVIe, 1re moitié.

Depuis quelques années, on a proposé quelques modifications à cette chronologie de styles architectoniques. M. Albert Lenoir, dans les *Instructions du comité des arts et monuments* et dans ses *Études d'architecture en France* (1) a appliqué la dénomination de *style latin* à tous les monuments imités directement de l'architecture romaine, et qui sont compris entre le cinquième et le douzième siècle, c'est-à-dire avant que le goût byzantin se fût introduit dans l'Occident, de manière à produire de notables modifications dans le style primitif de l'art chrétien. Néanmoins, M. A. Lenoir a conservé la qualification de *roman* au style d'architecture des monuments élevés pendant les onzième et douzième siècles. D'autres archéologues ont fait remarquer que l'ornementation des édifices du douzième siècle étant empruntée aux Grecs de Byzance, la dénomination de style *romano-byzantin* devait être appliquée au style d'architecture qui réunissait l'élément romain dégénéré et la décoration byzantine.

M. L. Bâtissier, dans ses *Éléments d'archéologie nationale*, avait d'abord indiqué cette qualification ; mais dans un nouvel ouvrage (2), il l'a repoussée comme n'ayant pas une application assez générale et étant trop absolue. Il a donc conservé la qualification de style roman, donnée par M. de Caumont aux différents modes de bâtir, usités aux onzième et douzième siècles, en faisant observer toutefois « que par cette expression générale d'architecture romane, il entendait désigner l'architecture romaine dégénérée, transformée par le goût particulier à chacun des peuples de la France et par diverses influences locales et étrangères »

Voici de quelle manière il établit le tableau chronologique des divers styles et de leurs principales subdivisions :

PREMIÈRE PÉRIODE. Architecture à plein cintre.
- Style latin. — Du IVe au XIe siècle.
- Style roman. — XIe et première moitié du XIIe siècle.

DEUXIÈME PÉRIODE. Architecture à plein cintre et à ogive.
- Style romano-ogival ou roman de transition } Deuxième moitié du XIIe siècle.

TROISIÈME PÉRIODE. Architecture à ogive.
- Style ogival primaire ou en lancette — XIIIe siècle.
- Style ogival secondaire ou rayonnant. — XIVe siècle.
- Style ogival tertiaire ou flamboyant, ou fleuri. —XVe siècle et commencement du XVIe.

---

(1) *Histoire sommaire de l'architecture religieuse, civile et militaire au moyen âge.*

(1) *Magasin pittoresque*, année 1839.
(2) *Histoire de l'art monumental*, 1845.

On voit que les modifications apportées par M. Bâtissier au tableau chronologique proposé par M. de Caumont, ne sont que d'un intérêt secondaire ; c'est toujours la même division d'époques sous des dénominations différentes. Le style latin n'est pas autre chose que le style roman primordial ; le style roman de M. Bâtissier est appelé *secondaire* par l'ingénieux antiquaire normand, enfin le style romano-ogival reste toujours le style roman de transition.

Ainsi, qu'on l'appelle latine ou romane, l'architecture employée depuis le cinquième siècle jusqu'à la fin du dixième est l'architecture romaine dégénérée.

Bien que ces subtilités nous semblent importer peu à nos études, nous les indiquons afin que nos lecteurs connaissent l'état de la science et de la langue, encore incomplète, qu'elle parle. Les savants sont d'accord quant aux faits ; bientôt sans doute ils n'emploieront plus que les dénominations récemment proposées. C'est dans ce but que le *Comité des arts et monuments* a été institué. En suivant les *Instructions* émanées de ce comité, on évitera les contradictions qui résultent de systèmes différents, l'indécision et l'obscurité qu'amènent les expressions différentes et les phraséologies particulières.

Résumons les phases de l'architecture et de l'ornementation en France depuis l'ère chrétienne jusqu'à nos jours.

44.

de J.-C. 330.

ÈRE GALLO-ROMAINE. Sous le règne d'Auguste et depuis cet empereur jusqu'à Adrien et aux Antonins, l'architecture gallo-romaine atteint une grande perfection, mais elle laisse s'altérer la noble simplicité de l'art grec qui lui servait de point de départ ; plus tard, elle emprunte à l'Asie la surabondance des ornements, et elle dégénère rapidement ; elle se dégrade tout à fait sous le règne de Constantin.

50 à 850.

ÈRE LATINE. Les chrétiens, protégés par cet empereur, sortent des catacombes et des cryptes dans lesquelles ils célébraient leurs mystères, s'emparent des basiliques romaines et les transforment en églises qui deviennent les modèles de la plupart des églises élevées en Occident pendant le quatrième siècle. On s'écarte peu de ces dispositions jusqu'à la fin du dixième siècle.

L'art de bâtir décline depuis le cinquième siècle jusqu'au huitième, mais il se relève sous le règne de Charlemagne. On ne sait rien de bien positif sur le caractère des monuments de cette époque, mais on peut supposer que l'impulsion donnée aux arts et aux lettres par le grand empereur, dut s'étendre à l'architecture. Il paraît certain que les monuments acquièrent de la grandeur et de l'élégance, et il est probable que les relations nombreuses établies avec l'Italie et avec Byzance, favorisèrent les premières importations, en France, du style byzantin, qui était formé lui-même d'éléments romains modifiés d'une manière originale dans la ville de Constantin. La forme latine, dénaturée par l'ornementation byzantine, engendre alors le style roman.

Après la mort de Charlemagne, tout s'éteint, la civilisation et les arts. Les hordes normandes brisent tout sur leur passage, et la guerre civile achève ce qu'elles ont épargné. Les peuples, attendant la fin du monde, n'osent plus bâtir d'édifices nouveaux, et laissent s'écrouler les constructions des siècles précédents.

ÈRE ROMANE. Mais l'an 1003 passe et le monde n'a pas changé de place. Une nouvelle ère s'ouvre pour la civilisation et les arts ; l'architecture fait des pas de géant, et le style byzantin est complètement associé au style roman primordial.

An 1000.

Pendant un siècle et demi, l'architecture se maintient vigoureusement. Au milieu du douzième siècle, l'ogive apparaît et vient se mêler à l'arc roman, d'où résulte une physionomie particulière qu'on caractérise par le nom de style romano-ogival ou de transition.

1150.

ÈRE OGIVALE. Enfin l'ogive l'emporte au treizième siècle sur le plein cintre, et les architectes l'emploient exclusivement depuis saint Louis jusqu'à François Ier, mais en la modifiant, en la soumettant à des combinaisons que nous étudierons successivement.

1200.

RENAISSANCE. L'Italie, toujours fidèle aux traditions de l'art antique, avait peu goûté l'architecture ogivale ; aussi, dès le quatorzième siècle, elle entre dans une ère nouvelle qu'on appelle la Renaissance italienne. Ce nouveau style s'introduit peu à peu en France, à la suite des guerres en Italie de Charles VIII, de Louis XII et de François Ier. Le style de la Renaissance devient individuel en France sous les règnes de François Ier et Henri II, mais il s'altère insensiblement sous les règnes qui suivent. Il devient tout à fait lourd sous les règnes de Henri IV et de Louis XIII. Le règne longtemps glorieux de Louis XIV lui imprime une allure grandiose, quelquefois sévère, mais s'il s'est nourri d'éléments riches et variés, il est totalement privé de cette exquise élégance qui imprègne de tant de charmes le style primitif de la Renaissance.

1490.

1560.

1660 à 1720.

Les archéologues contemporains n'ont pas poussé leurs études au-delà des commencements du quinzième siècle. En effet, la grande transformation de l'art à la fin du seizième siècle est le dernier effort de l'architecture monumentale. L'élan cesse avec le seizième siècle, et depuis cette époque, l'architecture n'a plus de caractère individuel, elle imite plus ou moins judicieusement, avec les préoccupations mondaines de chaque siècle, et sous l'influence toute puissante des rois et des cours, l'architecture antique dégénérée ou mal comprise.

On ne peut raisonnablement accorder la dénomination de *styles* aux goûts qui règnent tour à tour. — La grandeur et l'héroïsme quelque peu factices de la monarchie de Louis XIV, déteignent sur ce temps, et l'architecture se maintient encore mâle et sévère, mais elle perd toute pudeur, toute dignité sous le règne efféminé de Louis XV. L'art oublie ses principes et ses règles et se livre follement à la fantaisie, aux caprices les plus dévergondés.

La moralité de Louis XVI met fin à cette longue orgie de la société et des arts, et les arts, comme les mœurs, se revêtent de formes plus sévères et plus honnêtes.

Avec la République, l'art, devenu républicain, redemande encore à la Grèce et à l'Italie de nouveaux enseignements. Il se colore d'héroïsme militaire pendant la grande épopée impériale; enfin, il languit, pâle et décoloré, pendant les quinze années de la Restauration.

L'opinion est unanime pour juger sévèrement l'art monumental des deux derniers siècles, au point de vue de la noblesse, de la grandeur et de l'élégance véritable; mais elle serait injuste en enveloppant d'une égale sévérité les arts industriels qui ont progressé vigoureusement. Certes, elle peut désapprouver le choix des formes, les allures frivoles imposées à toutes les productions de l'industrie, pendant les dix-septième et dix-huitième siècles, mais elle doit reconnaître que l'industrie n'a pas cessé, alors comme autrefois, d'être habile, ingénieuse, souvent pittoresque, souvent spirituelle et toujours digne de la grande nation qui lui doit un des plus beaux fleurons de sa couronne glorieuse.

FIN DE L'INTRODUCTION.

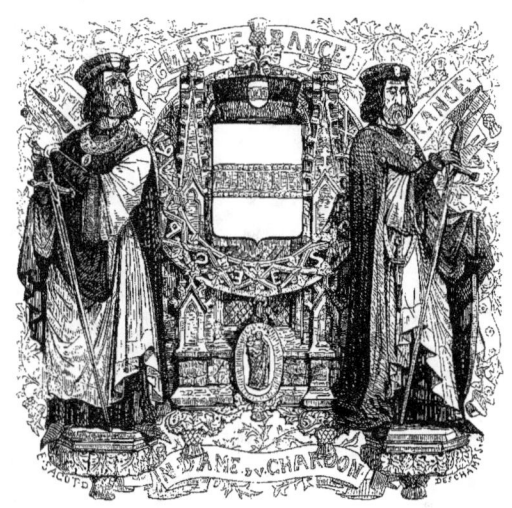

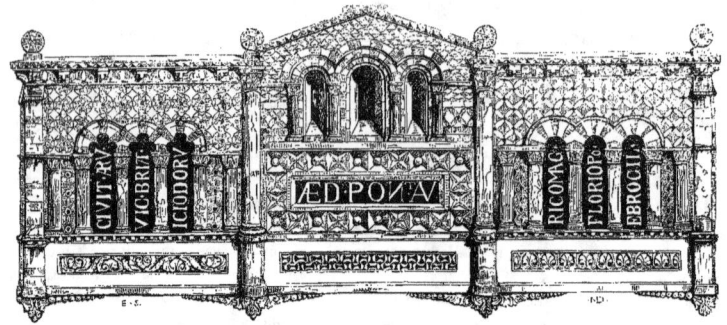

Style Roman.

Tableau chronologique des Règnes.

Iʳᵉ ÉPOQUE.

DURÉE DES RÈGNES.

Charlemagne.	768 —	814.	— VIIIᵉ siècle.
Louis-le-Débonnaire	814 —	840.	
Charles-le-Chauve	840 —	877.	
Louis-le-Bègue.	877 —	879.	IXᵉ siècle.
Louis III et Carloman	879 —	884.	
Charles-le-Gros	884 —	888.	
Eudes	888 —	898.	
Charles-le-Simple	898 —	923.	
Raoul.	923 —	936.	
Louis IV d'*Outre mer*	936 —	954.	Xᵉ siècle.
Lothaire	954 —	986.	
Louis-le-Fainéant.	986 —	987.	

DYNASTIE CAPÉTIENNE.

DURÉE DES RÈGNES.

Hugues Capet	987 —	996.	— Xᵉ siècle.

IIᵉ ÉPOQUE.

Robert-le-Pieux	996 —	1031.	
Henri I	1031 —	1060.	XIᵉ siècle.
Philippe I	1060 —	1108.	
Louis VI, dit *le Gros*.	1108 —	1137.	

IIIᵉ ÉPOQUE. — TRANSITION.

			XIIᵉ siècle.
Louis VII, dit *le Jeune*	1137 —	1180.	
Philippe-Auguste.	1180 —	1223.	— XIIᵉ et XIIIᵉ sièc.

CONSIDÉRATIONS GÉNÉRALES.

ARCHITECTURE.

PREMIÈRE PARTIE.

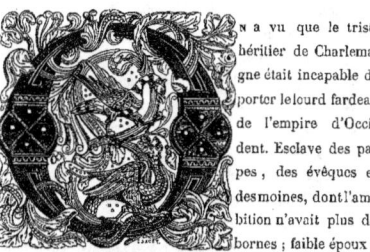 n a vu que le triste héritier de Charlemagne était incapable de porter le lourd fardeau de l'empire d'Occident. Esclave des papes, des évêques et des moines, dont l'ambition n'avait plus de bornes ; faible époux, faible père, Louis-le-Débonnaire eût été mieux placé dans un cloître que sur le trône. Sa pusillanimité engendre de longues discordes civiles ; la famine et la peste ajoutent encore aux malheurs de ces temps.

Deux grands évènements dominent l'histoire des derniers rois Carlovingiens : l'établissement de la Féodalité et les invasions des Normands.

Les historiens anciens, ceux du XVIIIe siècle notamment, — considèrent l'établissement de la féodalité, comme fatal à la nation et à la monarchie. Expliquons rapidement ce que c'était que le régime féodal.

Charlemagne avait envoyé des Ducs pour régir certaines divisions du territoire, — des Comtes pour gouverner les provinces ou les villes, des Marquis pour veiller sur les marches ou frontières. Ces officiers et leurs subordonnés étaient amovibles. Les rois avaient attaché à ces diverses charges, comme récompenses des services militaires, — des terres dépendantes de la Couronne, mais temporairement et en s'en réservant la suzeraineté. On nommait ces terres *Bénéfices* ou *Fiefs ;* les domaines fixes ou héréditaires s'appelaient *Aleux.* Au mépris de l'autorité royale qui s'affaiblissait de jour en jour, les ducs, les comtes, les marquis, les officiers d'un ordre inférieur, rendirent héréditaires dans leurs familles, des titres que, jusque là, ils n'avaient possédé qu'en usufruit, et s'érigèrent eux-mêmes en seigneurs propriétaires des lieux dont ils n'étaient que les magistrats militaires ou civils. Les évêques et les abbés les imitèrent en s'emparant des terres qu'ils possédaient à titre de bénéfices. — Ainsi commença, avec cette nouvelle seigneurie, la noblesse, ignorée en France jusqu'à ces temps ; la possession des terres fit les nobles, parce qu'elle leur donna des espèces de sujets nommés vassaux, qui s'en donnèrent à leur tour par des *sous-inféodations.* Les fiefs se multiplièrent à l'infini, et cet abus enfanta un chaos de droits, de titres et de prétentions qui apporta le plus grand désordre dans la société. Réduit à l'esclavage le plus abject, le peuple semblait n'être que l'instrument des guerres privées, sans cesse renaissantes, entre cette multitude de grands et de petits seigneurs qui ne reconnaissaient d'autre loi que celle de la force.

Pendant plus de trois siècles, la féodalité pesa, de toute son insolence, sur la royauté et la nation. — Louis-le-Gros, conseillé par l'abbé Suger, lui porta le premier coup, en opposant au gouvernement féodal le gouvernement municipal, en établissant les communes, en affranchissant les serfs, en restreignant les justices seigneuriales ; plus tard, Louis XI, ennemi de la noblesse, sut la tenir en respect à l'aide de son compère Tristan ; plus tard encore, le cardinal de Richelieu courba les plus hautes têtes sous la hache du bourreau ; enfin, les murs de la Bastille, en s'écroulant sous les canons de la nation, annoncèrent à l'Europe que l'heure de l'affranchissement était venue.

L'école historique contemporaine considère, au contraire, l'établissement de la société féodale, comme une assurance mutuelle entre les grands et les petits, entre les forts et les faibles, comme la première application de l'idée d'association. Elle dit que ce fut le classement des individus d'après leur capacité. « Sous la féodalité, dit M. de Chateaubriand (1) la servitude germanique remplaça la servitude romaine. Le servage prit la place de l'esclavage ; c'est le premier pas d'affranchissement de la race humaine, et, chose étrange, on le doit à la féodalité. Le serf, devenu vassal, ne fut plus qu'un soldat armé, et les armes délivrent ceux qui les portent. Du servage on a passé au salaire et le salaire se modifiera encore, parce qu'il n'est pas une entière liberté. » L'illustre écrivain explique ainsi le régime féodal. « La monarchie féodale était une véritable république aristocratique fédérative ou plutôt une démocratie noble, car il n'y avait point de peuple dans cette aristocratie ; il n'y avait point de sujets, il n'y avait que des serfs. Le nom de *peuple* ne se trouve point à cette époque dans les chroniques, parce qu'en effet le peuple n'existait point. Le peuple commence à renaître sous Louis-le-Gros, dans les villes par les *bourgeois*, dans les campagnes par les serfs affranchis et par la recomposition successive de la petite et de la moyenne propriété. »

Tandis que les fils et les neveux de Charlemagne se disputaient les lambeaux du grand empire d'Occident, les Normands, pirates venus de la Scandinavie, se répandirent sur les côtes de l'Océan, remontèrent le cours des fleuves à l'aide de barques légères et envahirent presque tout le pays. Ces hordes se ruaient sur les villes, saccageaient les monastères et brûlaient les moissons. — La prévoyance de Charlemagne avait créé une marine pour s'opposer aux incursions de ces barbares ; mais Louis-le-Débonnaire ne sut les empêcher de ravager les bords de la Loire, et Charles-le-Chauve, plutôt que de les combattre, préféra leur acheter une paix qu'ils se gardèrent bien d'observer. Ils mirent à feu et à sang la Neustrie, la Bretagne, l'Anjou, l'Aquitaine, la Picardie, les Flandres et la Champagne, chassant devant eux les prêtres et les moines, qui fuyaient chargés des reliquaires et des vases sacrés. — Ils portèrent l'incendie jusque dans Paris en l'an 845.

Irrités par une perfidie de Charles-le-Gros, les Normands revinrent assiéger Paris en 885 ; mais, cette fois, les Parisiens, excités par le comte Eudes et l'évêque Gozlin, résistèrent et se défendirent pendant plus d'une année. L'empereur fit lever le siège au moyen d'un traité honteux. Cette lâche conduite révolta les peuples de la domination française, et Charles-le-Gros fut déposé, dans une diète, de la dignité impériale qui cessa, dès lors, d'appartenir aux rois de France.

Eudes, élu roi, fut un instant victorieux des Normands ; mais Charles-le-Simple laissa leur chef Rollon s'établir à Rouen et consentit à lui donner en mariage sa fille Giselle, à la seule condition d'embrasser le christianisme ; la Neustrie fut ainsi perdue pour la couronne de France. En même temps l'Italie élevait Béranger, et l'Allemagne reconnaissait pour empereur Conrad, duc de Franconie.

La race indigne de Charlemagne s'effaçait avec l'Empire. — Hugues-Capet attendit à peine la mort du dernier roi fainéant pour prendre le trône et fonder la race des Capétiens.

La France, déchirée par les guerres civiles, désolée par les barbares qui se ruèrent sur elle après la mort de Charlemagne, décimée par la misère, la famine et la peste, vit les arts et l'industrie tomber, comme la société, dans l'abrutissement. Dans les ténébreuses annales des neuvième et dixième siècles, on n'entrevoit que désordre et confusion ; dans cette nuit sombre, les derniers vestiges de la civilisation romaine s'effaçaient. L'ignorance était si profonde qu'on osa prédire la venue prochaine du jugement dernier. Les populations, inertes et misérables, crédules surtout, laissèrent crouler les édifices que les invasions avaient épargnés. Les monuments typiques de l'art gallo-romain étaient ensevelis sous les décombres, et ceux construits dans les premiers siècles de la monarchie franke, mal bâtis pour la plupart, étaient anéantis depuis longtemps ; aussi, est-il difficile de suivre les pas de l'architecture pendant cette période. — Elle resta stationnaire, ignorante ; on ne peut fournir que des hypothèses sur les modifications apportées dans cet art jusqu'au commencement du onzième siècle. S'il faut supposer que, pendant ces deux siècles, peu d'édifices civils et religieux ont été élevés, il en fut, sans doute, autrement de l'architecture militaire ; la féodalité avait créé trop d'intérêts rivaux pour que les seigneurs aient négligé de fortifier et de réparer leurs châteaux.

Hugues-Capet, en s'emparant du trône vermoulu des rois

---
(1) *Considérations sur l'histoire.*

fainéants, affermit l'autorité royale et la rendit respectable. — Avec lui, commence l'œuvre de consolidation de la nationalité française, que ses successeurs continuèrent plus ou moins habilement.

L'an 1003 passa, et l'*Ante-Christ*, qui devait régner sur la chrétienté, n'avait pas paru; la foudre n'avait pas pulvérisé le monde. — Alors, les esprits se réveillèrent, les cœurs, si longtemps contrits, se remplirent de joie; le courage renaissait avec la foi; un saint enthousiasme s'empara des populations : rois, seigneurs, moines, serfs, voulant remercier Dieu de sa clémence, s'associèrent pour l'œuvre de glorification et de salut. Des églises s'élevèrent sur tous les points de la France; le moindre village eut la sienne. On réédifia celles qui avaient été détruites, dans *un style nouveau* « novo ædificandi genere » selon que l'écrit Guillaume de Malesbury, chroniqueur contemporain. « C'est au style de cette nouvelle architecture, qui commença dès-lors à se répandre en France, qu'on applique le nom de *roman*. Cette architecture se forma des anciens principes romains et des nombreux emprunts faits à l'art byzantin, créé sur le Bosphore, sous le règne de Justinien, et déjà adopté à cette époque, non seulement dans tout l'empire d'Orient, mais même en Italie (1). »

Ce mouvement religieux, cette renaissance de l'art se maintinrent pendant tout le onzième siècle et s'accrurent encore à la suite de la première croisade (1090). Les croisades successives qui furent entreprises dans le douzième siècle, familiarisèrent successivement les chrétiens avec les arts de l'Orient. Des croisés ramenèrent sans doute, en France, des artistes grecs qui formèrent des écoles, à l'influence desquelles on doit l'élégance et la richesse qui caractérisent les beaux monuments élevés pendant cette période.

Le style roman a régné en France pendant plus de quatre siècles, en admettant, — comme nous le faisons, — ses commencements au règne de Charlemagne. La première époque, appelée *romane primordiale* par M. de Caumont, — *latine* par d'autres écrivains, comprend de l'an 800 à l'an 1000; la seconde de l'an 1000 à l'an 1150, et la troisième, dite de *transition* ou *romano ogivale*, de l'an 1150 à 1220 environ. — Avec le règne de saint Louis, la forme romane disparaît entièrement.

---

(1) Études d'architecture en France, Albert Lenoir, *Mag. Pittoresque*, année 1859, p. 259.

DISPOSITIONS GÉNÉRALES.

Les monuments romans présentent les mêmes principes dans les dispositions générales; mais l'ornementation varie selon les contrées, selon la nature des matériaux employés. Dans le midi de la France, en Provence notamment, ils ont conservé, presque toujours, une allure romaine, une parenté évidente avec l'art byzantin; la transformation de style fut aussi plus lente à s'opérer dans ces contrées que dans celles du nord et du centre. Dans la Normandie, au contraire, les lignes générales ont une physionomie lourde, et l'ornementation, plus individuelle, est souvent étrange et barbare.

Quelques écrivains prétendent expliquer les différences signalées dans l'ornementation, au moyen d'écoles provinciales qui auraient propagé certains modes d'ornementation dans les provinces principales. Il est probable, en effet, que des centres ont dû se former, où l'on a enseigné certains types, comme on fait encore dans nos Académies; mais il nous semble qu'il faut accorder une petite part au caprice des artistes, à la fantaisie. Aux onzième et douzième siècles, il y avait, sans doute, comme de nos jours, des génies créateurs, toujours disposés à s'affranchir des règles imposées, des formules proclamées immuables.

Le plan des églises élevées en France, à partir du onzième siècle, a conservé la forme primitive des basiliques latines que nous avons analysée dans notre Introduction; la modification la plus importante, fut le prolongement des nefs latérales autour de l'abside, comme on peut le voir à Saint-Germain-des-Prés, à Paris. Cette disposition, qui permettait aux fidèles de circuler autour du chœur sans troubler les cérémonies religieuses, donna naissance aux chapelles secondaires, qui se groupèrent autour du sanctuaire et firent bientôt une couronne au maître autel.

Sur les façades des monuments romans, on voit de belles moulures sculptées qui encadrent les arcs et reposent sur les tailloirs des chapiteaux. Au-dessus des portes, règne une galerie composée de petites arcades portées par des colonnettes; ces colonnades sont figurées et ne servent qu'à la décoration; chaque arcade est ornée d'une statue de saint. La façade de Notre-Dame de Poitiers, charmante imitation du style byzantin, Pl. 5. Fig. 1, offre de beaux exemples de cette riche ornementation. On peut trouver dans ce dessin tous les éléments de décoration des façades romanes au XIIe siècle. La rose de cette église est circulaire et encadrée de moulures ornées de zodiaques ou d'autres sculptures allégoriques ; à l'église de Saint-Etienne-de-Beauvais, au transept nord, on voit une rosace romane avec des meneaux figurant les rais d'une roue, comme sur la Fig. 22. Pl. 1. En général, cette rose existe dans la plupart des façades romanes, et cette ornementation est toujours en harmonie avec la décoration de l'édifice.

Les pignons ou frontons qui couronnent les façades romanes sont plus ou moins aigus, selon l'inclinaison donnée aux toits, — aigus dans le nord, plus obtus et même presque plats dans le midi. Ces frontons sont décorés d'ornements peu saillants, en arcatures, en losanges, en cercles et en imbrications. Les profils des corniches romanes sont plus ou moins larges, mais plus simples que ceux de l'art antique. Ces corniches se composent de moulures séparées, plates ou arrondies, quelquefois de chanfreins décorés de feuillages, de pointes de diamants, de figures et d'animaux fantastiques enlacés. Des supports, en forme de consoles ou de modillons, qu'on appelle corbeaux et fréquemment réunis en arcatures, en soutiennent la saillie. Nous donnons Pl. 3, plusieurs motifs de corbeaux. Voir aussi Pl. 5, Fig. 1.

Les faces latérales ainsi que les absides, sont, à l'époque romane, décorées très-simplement. Cependant, comme ces parties sont les plus importantes de l'édifice, on les a souvent enrichies de colonnes engagées et de moulures, ainsi qu'on le voit à l'abside de Saint-Martin-des-Champs, à Paris.

Vers le XIIe siècle, on éleva considérablement les voûtes et il devint nécessaire de les maintenir à l'extérieur par des arcs-boutans et des contreforts, ce qui donna lieu à de nouveaux motifs d'ornementation.

L'intérieur des édifices romans présente aussi un grand intérêt. Les nefs sont divisées en travées par des piliers ornés de grandes colonnes engagées qui s'élèvent jusqu'à la naissance des voûtes et reçoivent les retombées des nervures en pierre. Dans ces travées sont ouvertes les fenêtres qui éclairent l'intérieur de l'édifice ; les fenêtres inférieures sont percées sous les bas côtés de la nef, les fenêtres intermédiaires éclairent la galerie ou tribune qui règne autour de l'église, et les supérieures sont percées au-dessus du toit des collatéraux, entre les arceaux de la grande voûte de la nef.

Une importation tout orientale et qui peut, en quelque sorte, autoriser à croire que des artistes byzantins ont importé en France leurs systèmes de construction, est la coupole supportée par des pendentifs ou des encorbellements variés, selon qu'un dôme ou un clocher couvre la croix formée par l'intersection des nefs et des transepts.

Notre-Dame du Puy, Notre-Dame-des-Dons, à Avignon, possèdent de ces belles coupoles qu'on avait revêtues de fresques ou de mosaïques représentant le Christ et les Apôtres. En Italie, cette disposition n'est pas rare, et l'admirable basilique ducale de Saint-Marc, à Venise, est le plus bel exemple que nous en puissions citer.

Sous le chœur, dans presque tous les édifices romans de quelque importance, et notamment en Auvergne, on rencontre une crypte ou chapelle souterraine, d'une architecture sévère et trapue, où l'on déposa, en souvenir des catacombes romaines, le corps du martyr, patron de l'église. Souvent l'ornementation de ces cryptes est d'une grande richesse : des chapiteaux très-ornés, des fresques, des mosaïques les décorent.

Celles de Saint-Etienne de Caen, de l'abbaye de Saint-Denys, de Notre-Dame-du-Port, à Clermont, méritent une attention particulière.

Les peintures en mosaïque sont rares en France, mais en revanche, sous l'épais badigeon de chaux ochrée que l'ignorance zélée des pasteurs et des paroissiens a étalée sur les voûtes et sur les murailles des édifices chrétiens, on découvre, chaque jour, des fragments de peintures qui font regretter bien vivement l'anéantissement de ce système de décoration harmonieuse, et dont il est difficile maintenant de reconstituer l'unité. Les verrières peintes fermaient déjà les fenêtres au XIe siècle ; mais il ne reste plus aujourd'hui de ces vitraux, de la période romane, que ceux que l'abbé Suger fit exécuter dans l'abbaye de Saint-Denys, à la fin du XIIe siècle.

Résumons ici ce que nous avancions naguère, avec une conviction bien profonde, en comparant le style roman au style ogival. « L'architecture romane est mâle et sévère à l'extérieur ; élégante, riche quoique sérieuse à l'intérieur. Cette architecture, à notre sens, est le type le plus vrai, le plus complet, le plus rationel de l'art chrétien. Tout sourit à l'esprit dans les basiliques romanes : le cintre élégant, solide, rassérène le cœur et le prépare doucement au calme de la prière ; les perspectives régulières des voûtes charment l'œil au lieu de l'étonner. Nos sympathies personnelles sont pour l'architecture romane, et si nous étions consulté sur le choix de l'art qui doit présider, en général, à l'édification nouvelle des temples français, nous n'hésiterions pas à conseiller l'emploi du style roman du XIIe siècle, comme le type architectural le plus pur, le plus beau et le plus excellemment chrétien (1). »

(1) *Revue de Rouen*. Mai 1846. *Les églises du Havre*, par A. Dauvergne.

MONUMENTS ROMANS.

La France est riche encore en monuments religieux de la période romane. La Normandie, la Champagne, l'Alsace, la Bourgogne, l'Auvergne et la Provence sont fières, avec raison, de leurs plus humbles chapelles, comme des restes des splendides abbayes qui ont survécu aux ravages du temps et aux colères des hommes. Ces monuments, de quelque importance qu'ils soient, sont semblables dans leurs dispositions, mais dissemblables par l'ornementation.

Paris a conservé quelques parties romanes, à Saint-Germain-des-Prés et à Saint-Martin-des-Champs. Une partie de l'abbaye de Saint-Denys appartient à la fin du XII° siècle. — On trouve encore beaucoup d'églises romanes dans les environs de Paris, dans la Brie, dans la Champagne.

Les édifices romans sont nombreux en Normandie. Saint-Loup à Bayeux, les abbayes aux Hommes et aux Dames à Caen, Graville près le Havre, Saint-Georges-de-Boscherville, Jumièges près de Rouen, Saint-Étienne à Beauvais, Notre-Dame à Poitiers.

Dans le Nivernais : — Saint-Étienne à Nevers, — Saint-Agnan à Cosne, — la Charité-sur-Loire. (Transition.)

Dans le Bourbonnais : — Iseure, — Souvigny, — Bourbon-l'Archambault, Saint-Menoux près de Moulins.

Dans l'Auvergne : — Notre-Dame-du-Port, à Clermont, Chamalières, — Royat, — Coudes, — Issoire, — Mozac, — Pont-du-Château, — Brioude.

Dans le Velay : Notre-Dame-du-Puy et le cloître, — la chapelle Saint-Michel, — Saint-Paulien, — et vingt autres églises.

Dans la Provence : — Valence, — Avignon, — Aix, etc.

Enfin, Moissac, — Conques, — Saint-Emilion, etc. etc.

Cette énumération à vol d'oiseau suffira à nos lecteurs pour retrouver les principaux édifices. Il nous serait impossible de donner ici une statistique générale des monuments romans de la France, ce travail est encore à faire, mais on peut consulter avec fruit les Revues provinciales et les publications locales qui, depuis quelques années, apportent de nombreux matériaux à ce grand ouvrage.

DEUXIÈME PARTIE.

ORNEMENTATION.

ARCS.

L'arc en plein cintre ou formé d'un demi cercle, est le type générique de l'architecture romane. L'arcade cintrée et la voûte cintrée — qui n'est elle-même qu'une arcade de grande profondeur, — ont été employées, presque exclusivement par les architectes chrétiens, jusqu'au milieu du XII° siècle.

Plusieurs espèces d'arcs simples ont été employées dans l'architecture romane.

— L'arc roman surbaissé — formé d'un arc moindre que le demi-cercle. V. Planche 1. Figure 1.

L'arc semi-circulaire ou à plein cintre — formé d'un demi-cercle ; type habituel de l'architecture romane qu'il caractérise. Pl. 1. Fig. 2.

— L'arc surhaussé, formé d'un arc semi-circulaire dont les côtés se prolongent parallèlement au-dessous de son centre. Pl. 1. Fig. 3. La forme de l'arc surhaussé varie par le prolongement des côtés, comme on peut le voir par les Figures 4 et 5.

— L'arc roman en fer à cheval ou outrepassé, — formé d'un arc dont la courbure se prolonge au-delà du demi-cercle, appartient plus à l'art de l'Orient qu'à celui de l'Occident. Quelques archéologues regardent cette forme de l'arc comme peu caractérisée; ils avancent même qu'elle résulte le plus souvent de la poussée ou du tassement. Cette opinion n'est pas généralement acceptée. — L'arc outrepassé dont nous donnons un spécimen, Pl. 1. Fig. 6, est emprunté à l'abbaye de Saint-Germain-des-Prés, à Paris.

Les auteurs des *Instructions du comité historique des arts et monuments* n'indiquent qu'une seule forme d'arc roman composé :

— L'arc trilobé, c'est-à-dire dont l'intrados est découpé en trois segments de cercles qu'on appelle *lobes*, Pl. 1. Fig. 7.

Cependant, il faut constater encore : — l'arc dont l'intrados est découpé en plusieurs lobes arrondis, Pl. 1. Fig. 8, ou en contre-lobes, c'est-à-dire en lobes découpés en creux, Figure 9. On trouve aussi des arcs dont l'intrados est découpé plus ou moins profondément, en dents de scie aiguës ou mousses, Fig. 10, et même en zigzags, — mais ces derniers arcs ont été rarement employés en France.

Un système élégant d'ornementation employé, surtout au douzième siècle, consiste dans l'entrelacement des arcades romanes ; — cette intersection des arcades forme des ogives, quelquefois percées de fenêtres aiguës ; — système qui, au dire d'un écrivain anglais, donna naissance à l'ogive. Ces arcatures sont communes dans l'architecture normande. — Un exemple assez remarquable existe aux transepts de l'abbaye de Graville, près du Havre. Nous donnons, Pl. 1, Fig. 11 et 12, deux motifs différents d'arcades *entrelacées* ou *entre croisées*.

L'arcade romane *géminée* ou double, — est composée de deux petites arcades, appuyées sur une colonne placée au centre, et inscrites dans une grande arcade ; quelquefois un œil de bœuf, une rose, un trèfle ou un quatre-feuilles orne le tympan du grand arc. Pl. 1, Fig. 13. Cette disposition se retrouve aussi avec l'arc principal en plein cintre brisé ou ogive romane. Pl. 1, Fig. 16. — L'arcade *géminée angulaire* en *mitre* ou en *fronton*, Fig. 15, est moins commune que les précédentes ; cependant, on la rencontre quelquefois en Bourbonnais et en Auvergne.

Les rangées d'arcades romanes non percées, qui servent à la décoration de différentes parties des édifices romans, — sont appelées *arcatures*, Pl. 1, Fig. 14 ; on en voit l'application, Pl. 5, Fig. 4, sur le portail de la belle église de Notre-Dame-de-Poitiers. L'arcature est une décoration fréquemment employée à toutes les époques de l'architecture chrétienne. Ce nom d'*arcature* est insuffisamment expliqué par les écrivains spéciaux ; à notre sens, on peut donner le nom d'arcature à toutes les arcades aveugles, borgnes ou percées, en claire-voie ou à jour, qui servent comme décoration, et non comme soutien, dans tous les monuments religieux des styles roman ou ogival.

Le plein cintre brisé, qui forme l'arc principal de la Fig. 16, Pl. 1, est une ogive obtuse, dont les points de centre sont si rapprochés que la pointe en est peu sensible. Cet arc, appelé aussi *ogive romane*, appartient particulièrement au douzième siècle.

PORTAILS. Les Figures 17 et 18, Pl. 1, offrent des types de portails romans. L'archivolte du premier est supportée par deux colonnes en retrait et isolées ; l'archivolte du second, Fig. 18, est supportée par trois colonnes en retrait et isolées, plus une quatrième engagée ; deux pilastres sont placés en avant ; l'intrados de la baie de ce portail est découpé en contre-lobes.

ŒIL-DE-BŒUF. L'œil-de-bœuf, ou tout simplement *l'œil* (*oculus*), est une ouverture circulaire, pratiquée anciennement à la façade des basiliques latines. Cette ouverture, de petite dimension, se trouve surtout dans les tympans des arcades géminées, ainsi que nous l'avons fait voir aux Fig. 13 et 16, Pl. 1. La Fig. 19 montre l'œil-de-bœuf simple. Découpé intérieurement en trois contre-lobes, il forme un trèfle, Fig. 20 ; en quatre contre-lobes, il forme un quatre-feuilles, Fig. 21, Pl. 1. Ces ouvertures, évasées en dedans, quelquefois en dehors, sont parfois décorées de tores, de billettes, de zigzags.

ROSES. L'œil-de-bœuf, en prenant des proportions plus grandes et un rôle plus important dans la décoration des édifices, est appelé *rose*. Les meneaux rayonnants caractérisent la rose romane, qui offre l'aspect d'une roue, dont les rais sont formés par de petites colonnes, à bases et à chapiteaux, reliées entre elles par des arcs en plein cintre, Fig. 22, ou trilobés, Fig. 23. — Quelquefois il y a deux rangées de colonnes et toujours des moulures à arabesques formant la circonférence. Les roses que nous avons reproduites appartiennent au douzième siècle, à l'époque dite de transition.

MOULURES. (1) « Les moulures sont des ornements creux ou saillants qui décorent certaines parties des édifices.

---

(1) Nous avons emprunté à l'excellent *Dictionnaire de l'architecture du moyen âge* par M. Adolphe Berty, (Paris, A. Derache, éditeur, rue du Bouloy, 7), la description et les dessins des principales moulures employées par l'architecture du moyen âge. Ce dictionnaire, qui manquait à la science, résume clairement les diverses acceptions des termes de la langue archéologique, et nous n'hésitons pas à le recommander vivement aux études de nos lecteurs.

Dans l'architecture chrétienne, il y a deux espèces de moulures différentes à observer.

Les premières sont ce qu'on a appelé l'alphabet de l'architecture ; elles se divisent en *droites*, en *courbes* et en *composées*.

MOULURES DROITES.

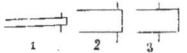

Le *filet*, réglet, bandelette ou *listel* : petite moulure dont le profil est carré, n° 1.

Le *bandeau* ou *plate bande* est un filet, mais d'une grande largeur par rapport à son peu de saillie, n° 2.

Le *larmier* est encore un filet, mais de grande dimension, n° 3.

MOULURES COURBES.

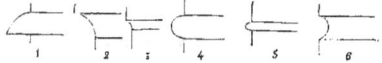

Le *quart de rond* ou *échine* : moulure convexe formée d'un quart de cylindre, n° 1.

Le *cavet* : moulure concave formée d'un quart de cylindre mais creux, n° 2. C'est exactement le contraire du quart de rond.

Le *congé* n'est qu'un petit cavet, n° 3.

Le *tore* ou *boudin* : moulure convexe formée d'un demi cylindre, n° 4.

La *baguette* n'est qu'un petit tore, n° 5.

La *gorge* : moulure concave formée d'un demi cylindre. n° 6

MOULURES COMPOSÉES.

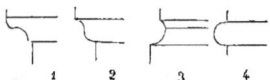

Le *talon* : moulure convexe et concave, formée d'un quart de rond et d'un cavet, n° 1.

La *doucine* : moulure aussi convexe et concave, formée des mêmes parties que le talon, mais disposées en sens inverse, n° 2.

La *scotie* : sorte de gorge dont le profil est décrit de deux centres sur une même horizontale, n° 3.

Le *tore corrompu* ou *bravette* : moulure convexe dont le profil est décrit de deux centres ; c'est exactement le contraire de la scotie, n° 4.

Les moulures courbes et composées peuvent être renversées ou bien applaties ou recreusées, suivant la position des centres d'où sont décrites les courbes formant le profil. »

Les moulures que nous venons de décrire appartiennent toutes à l'art antique, et ont été employées dans l'architecture romane, mais il en est d'autres qui s'éloignent de ces types et que les architectes du moyen âge ont employées exclusivement jusqu'au XVIe siècle. Malheureusement, ces moulures, dont la description est du plus grand intérêt pour l'étude de nos monuments religieux, n'ont point encore été classées ni dénommées. M. A. Berty, seul, a tenté ce travail dans son *Dictionnaire de l'architecture du moyen âge*, et c'est encore à cet estimable ouvrage que nous emprunterons la nomenclature judicieuse qu'il contient.

M. Berty signale d'abord le *chanfrein* qu'il divise ainsi :

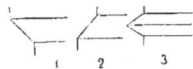

« Le *chanfrein ordinaire*, n° 1 ; le *chanfrein renversé*, n° 2 ; le *chanfrein double*, n° 3. »

« *L'anglet*.— Cette expression est reçue, mais elle est d'un usage fort restreint et fort rare. Elle désigne une rainure rectangulaire ; on pourrait l'employer pour toutes en général, en modifiant son nom de la manière suivante :

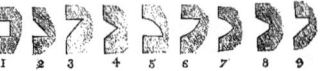

« *Anglet carré*, n° 1 ; *anglet à chanfrein*, n° 2 ; *anglet à chanfrein renversé*, n° 3 ; *anglet à chanfrein double*, n° 4 ; *anglet à cavet ordinaire*, n° 5 ; *anglet à cavet renversé*, n° 6 ; *anglet à double cavet*, n° 7 ; *anglet trapéziforme*, n° 8 ; *anglet trapéziforme rectangulaire*, n° 9. »

Quant aux moulures curvilignes, si abondantes et si compliquées, surtout vers le XVe siècle, M. Berty propose de nommer :

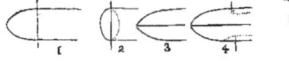

« *Tore elliptique* celui dont la coupe est une demi-ellipse coupée suivant son petit diamètre, n° 1 ; *tore elliptique plat*, celui dont la coupe est également une demi ellipse, mais coupée suivant son grand axe, n° 2 ; *tore ogive*, celui dont la coupe est une forme ogivale, n° 3 ; *tore lancéolé*, celui qui affecte la forme dite *lancéolée*, n° 4 ; *tore en soufflet*, celui dont les contours rappellent ceux de cet instrument, n° 5.

ORNEMENTATION.

Ces dernières moulures appartiennent, comme on le voit, au style ogival et n'ont aucune similitude avec celles de l'art græco-romain.

Les autres moulures de l'architecture romane, souvent formées des moulures antiques, se distinguent beaucoup moins par leur profil que par leur face. C'est par extension qu'on applique le nom de moulures aux ornements courants qui décorent les archivoltes.

La Pl. I contient les principales.

Fig. 24. Les *étoiles* et les *torsades*.

Fig. 25. Les *chevrons*, *zigzags* ou *tores brisés*, bordés, simples et doubles ; s'ils sont au nombre de trois, quatre etc. ils sont multiples.

Fig. 26. Les *chevrons contre-chevronnés* ou *zigzags contre-zigzagués* ou *tores contre-chevronnés*.

Fig. 27. *Les frettes crenelées triangulaires; les pointes de diamants*.

Fig. 28. Les *frettes crenelées rectangulaires*; les *têtes de clous*.

Fig. 29. Les *méandres*, vulgairement appelés *Grecque*. Le *cable* ou *tore tordu*.

Fig. 30. Les *losanges enchaînés*.

Fig. 31. *Chevrons* ou *zigzags* ornés de fleurons et de têtes.

Fig. 32. *Chevrons* ou *zigzags enlacés*, ornés de fleurons et de pointes de diamants. Fig. 33.

Fig. 34. *Pointes de diamants encadrées*.

Fig. 35 et 36. *Bandelettes enlacées*.

Fig. 37. *Bandelettes en arcatures*.

Fig. 38. *Billettes* ou *tores rompus*.

Fig. 39. *Nébules* ou *tores ondulés*.

Fig. 40. *Damiers*.

Fig. 41. *Moulures prismatiques romanes* ou *billettes carrées* qu'il ne faut pas confondre avec celles du style ogival tertiaire.

Il y a encore les *hachures*, les *dents de scie*; les *dents de loup*, les *becs d'oiseaux*, les *besants*, les *rosettes*, les *fleurons détachés*, les *masques* et une multitude d'objets en relief, qui ne peuvent être classés complètement et dont la variété est infinie comme le caprice et l'imagination des artistes.

COLONNES, PILASTRES, PILIERS ET PIEDS-DROITS.

Une colonne se compose d'une base, d'un fût et d'un chapiteau.

La colonne peut être simple ou composée.

Plans. — Elle peut être ronde ou cylindrique Pl. II, Fig. 1 ; carrée Fig. 2, elle prend alors le nom de pied-droit ; prismatique Fig. 3 et 4 ; elliptique Fig. 5 ; rectangulaire et engagée dans la muraille Fig. 6 ; elle s'appelle alors *pilastre*. Souvent le pilastre porte, à la face, une colonne ronde, engagée à moitié, Fig. 7, ou aux trois quarts Fig. 8 ; ou une colonne ronde isolée Fig. 9, ou deux colonnes rondes isolées, Fig. 10.

On voit aussi des colonnes cylindriques avec quatre colonnes engagées Fig. 12; et des piliers carrés présentant, sur chacune de leurs faces, une colonne engagée, Fig. 11. Quelquefois le pilier carré n'est accompagné que de deux colonnes. Dans le cloître de Notre-Dame du Puy, les quatre grandes faces des piliers sont accompagnées par quatre colonnes isolées. On trouve en Normandie des piliers cruciformes avec quatre colonnes engagées sur les quatre grandes faces et quatre colonnettes isolées, placées dans les angles rentrants.

Bases. — Les bases sont formées de l'ensemble des moulures qui décorent la partie inférieure d'une colonne ou d'un pilastre. Les principales bases de l'architecture romane sont des imitations plus ou moins modifiées de la base attique. Les scoties, les filets, et surtout les tores servent à la composition des bases. Souvent aussi, ce sont des figures humaines accroupies, des lions, Fig. 34, des animaux, (surtout dans les portails et dans les porches), et des ornements courants. — Vers la fin du XIIe siècle, à l'époque de transition, on s'est beaucoup servi de bases à empattements ou ornements en forme de pattes et de feuillages, placés aux angles du socle et qui rattachent le tore inférieur de la base au socle. L'ornementation des bases est si variée qu'il serait difficile de présenter des spécimens de toutes les espèces. Nous croyons que ceux que nous offrons Pl. II, Figures 25 à 38, seront suffisants.

Fûts. — « Considéré sous le rapport de la forme, — disent les *Instructions du Comité des Arts*, le fût peut être fuselé, Pl. II, Fig. 13 ; renflé, Fig. 14 ; en balustre, Fig 15 ; cylindrique, Fig. 16, ou conique Fig. 17. »

Disposition des Fûts. — « Sous le rapport de sa disposition, le fût peut être simple Fig. 18 ; croisé Fig. 19 ; entrelacé Fig. 20 ; brisé Fig. 21 ; noué Fig. 22, ou annelé à divers points de sa hauteur, Fig. 23. »

Les fûts croisés, entrelacés ou noués sont certainement si difficiles à établir en pierre, qu'aucun archéologue peut les signaler autrement que sur le papier.

On connaît encore les fûts torses ou en hélices que l'industrie emploie fréquemment, et quelques fûts formés de cônes tronqués et ressoudés.

Ornementation des Fûts. — Le fût, sous le rapport de sa surface, peut être lisse, cannelé avec ou sans rudentures Fig. 39 ; en spirale Fig. 40, losangé Fig. 41, strié ou gauffré Fig. 42 ; chevronné Fig. 43 et 44 ; contre-chevronné Fig. 45 ; imbriqué et contre-imbriqué Fig. 46 ; godronné, c'est-à-dire le contraire du cannelé, Fig. 47.

Le fût peut être encore fretté, rubanné, natté, en damier chargé d'enroulements, d'entrelacs, d'animaux ou de personnages, de rinceaux, de feuillages, de troncs d'arbres ébranchés, d'une figure humaine engagée, qui remplace quelquefois le fût. Fig. 24.

Les plus beaux modèles de fûts décorés, existent aux merveilleuses N. D. de Bourges et du Puy et à l'abbaye de St-Denys, principalement aux portes latérales.

CHAPITEAUX. Le chapiteau est le couronnement d'une colonne, dont il est séparé par l'astragale ; il est composé de deux parties, le *tailloir* et la *corbeille*.

Dans les chapiteaux romans, le tailloir, formé de moulures antiques, est considérablement développé ; la corbeille rappelle le plus souvent le chapiteau corinthien. Autant cette imitation est flagrante dans le Midi de la France, autant l'originalité est remarquable dans les provinces du Nord, mais en même temps, autant l'art est délicat et gracieux dans le Midi, autant il est grotesque et barbare dans le Nord.

Si les bases et les fûts sont tellement variés qu'il est difficile de les décrire tous, il est encore plus difficile, pour ne pas dire impossible, de présenter un nombre suffisant de chapiteaux pour donner une idée de la diversité de leur ornementation. Cependant, nous devons signaler quelques formes typiques.

La corbeille peut être cylindrique Pl. II, Fig. 48 et 49 ; cubique Fig. 50 et 51 ; conique Fig. 52 ; godronnée Fig. 53 ; scaphoïde, c'est-à-dire en forme de bateau ou nacelle, Fig. 54. Les autres chapiteaux compris dans la Pl. II, depuis le n° 55 jusqu'au n° 69, sont de diverses espèces. Les Fig. 58 et 59 proviennent du beau cloître du Puy, mine abondante s'il en fut. Les Fig. 65, 66, 67, 68 et 69 sont des chapiteaux historiés et symboliques, empruntés aux nombreuses églises romanes du Puy-de-Dôme. Ils sont composés au moyen de la figure humaine, des règnes animal et végétal, de la broderie, la passementerie, etc.

Avant tout, il faut reconnaître que le caprice a présidé le plus souvent à l'ornementation de la plupart des chapiteaux. Les archéologues font une part trop large au symbolisme chrétien, lettre morte qu'ils ne parviendront pas à expliquer.

Les principaux emprunts faits au règne végétal par les sculpteurs de l'époque romane sont : la feuille d'eau, imitée de l'antique, les palmettes, la feuille bordée de perles, les fleurs et les fruits appartiennent soit à la flore, soit à la décoration orientale ; au XIII° siècle seulement, on commença à reproduire les feuilles indigènes.

Nous avons observé beaucoup de chapiteaux de l'architecture romane qui présentaient des traces de peinture ; il est donc probable que la peinture polychrôme s'est étendue jusqu'à la sculpture, et, bien qu'on n'admette cette addition de la couleur à la forme qu'au XIII° siècle, il est vraisemblable que ce mode de décoration a été emprunté à l'Orient, au moins dans le XII° siècle.

COURONNEMENTS, CORNICHES, MODILLONS OU CORBEAUX. — Les édifices de la période romane n'ont pas d'entablement, proprement dit ; dans le Midi de la France seulement, on retrouve comme un lointain souvenir des types antiques. Les parties supérieures formant saillie, dans les monuments du moyen-âge, sont appelées *couronnements*. Extrêmement simples au début de l'architecture romane, ces couronnements reçoivent une ornementation d'une grande richesse au XII° siècle, à l'époque de transition.

Leurs formes sont très-variées. « Le plus ancien couronnement consiste en une corniche plate ou arrondie, souvent même très-richement décorée, supportée par des modillons d'une forme particulière représentant l'extrémité saillante des solives du plafond de la basilique primitive. On donne le nom de *corbeaux* aux supports, souvent carrés ou rectangulaires, et se terminant par une partie ornée, qui offre, tantôt des têtes et des figures complètes d'hommes et d'animaux, tantôt la représentation des objets les plus bizarres, quelquefois même les plus inconvenants. (1) »

Nous donnons Pl. III les principales dispositions des couronnements des édifices romans.

Fig. 1 et 2. Corniches supportées par des corbeaux carrés ou rectangulaires.

Fig. 3. Corniche avec corbeaux en chanfrein.

Fig. 4. Corniche avec corbeaux en arcades ou arcatures.

Fig. 5. Corniche avec corbeaux en chanfrein supportant de petites arcatures en plein cintre, ou en ogives : Fig. 6.

Fig. 7. Corbeaux formés d'arcatures en ogives avec sous-arcatures.

Fig. 8. Corbeaux en dents de scie.

(1) *Instruction du Comité des Arts.*

ORNEMENTATION.

Fig. 9. Corbeaux formés de têtes de fantaisie et de dents de scie.

Fig. 10. Corniche ornée de dents de scie, avec corbeaux en chanfrein.

Les Fig. 14, 15, 16 et 17 représentent des corbeaux de diverses formes et d'ornementation variée. — Cette variété est telle, dans les monuments romans, qu'il nous faut restreindre les exemples.

Fig. 18 et 19. Corniches supportées par des billettes.

Fig. 20. Couronnement riche de l'époque de transition. On remarquera, dans ce dessin, que les corbeaux, en s'éloignant de leur type primitif, s'évident, à leur partie inférieure, par une échancrure, de manière à se rapprocher plus complètement de la forme du modillon ou de la console.

Au-dessous du couronnement, règne, dans certains édifices, un ornement horizontal, tenant lieu d'architrave ; ailleurs, des briques, des incrustations, des inscriptions, et au XIIIe siècle des trèfles ou des quatre-feuilles, en creux, annonçant une intention de frise, Fig. 13.

Dans quelques édifices, les couronnements sont remplacés par de petits modillons, supportant de légères arcatures de peu de relief ; ce couronnement suit la ligne du toit, même les rampants des pignons. On discute encore sur l'origine de cette ornementation, ce qui importe peu. — Nous donnons deux exemples de ces pignons : Fig. 11, modillons en arcatures suivant la courbe d'un plein-cintre ; et Fig. 12, modillons supportant des arcatures qui prennent l'inclinaison des deux rampants d'un pignon.

« Les corbeaux ou modillons forment un des caractères les plus constants et les plus visibles, comme un des ornements les plus remarquables de l'architecture romane secondaire (1). »

L'importance des corniches et des modillons ou corbeaux a diminué graduellement à partir de la fin du XIe siècle.

APPAREILS ET DÉCORATIONS MURALES. — La surface extérieure des édifices romans est souvent décorée au moyen d'une ornementation simple et d'un grand effet. La coupe symétrique des pierres de l'appareil donne ce résultat, mais il est dû aussi aux incrustations de pierre de couleur, ajustées avec un ciment qui sépare les compartiments et rend plus apparentes leurs dispositions. Cette décoration extérieure est fort remarquable, bien que fort commune dans toute l'Auvergne ; les architectes des XIe et XIIe siècles ont trouvé de charmants effets de dessin et de couleur, en combinant les différentes nuances de laves et de scories volcaniques dont cette contrée est abondamment pourvue. L'abside et les chapelles rayonnantes de Notre-Dame-du-Port, à Clermont ; l'abside de St.-Julien, à Brioude ; l'admirable église de St-Austremoine, à Issoire, offrent les plus beaux modèles de ces mosaïques. Nous avons reproduit les principaux, Pl. III.

Fig. 21. Compartiments losangés.

Fig. 22. Imbrications.

Fig. 23. Nattes ou entrelacs.

Fig. 24 et 25. Marqueteries ou mosaïques ayant la forme des cellules d'un rayon de miel, ou losangées.

Les Fig. 26, 27, 28, 29, 30, 31, 32, 33, 34, 35 et 36 de la Pl. III, reproduisent autant d'exemples variés de marqueteries murales.

« L'emploi des laves ne remonte qu'à la fin du XIIe siècle, dit M. A. Mallay (1) ; il n'est donc pas étonnant que l'on ait employé les scories rouges et noires pour varier les nuances ; on les trouvait à la surface du sol ; elles se taillaient facilement, et leur porosité leur donnait une sorte d'adhérence avec les mortiers ; tous les joints étaient faits en ciment rouge, dont la couleur plus vive servait encore à faire sentir toutes les parties de l'ajustement. »

CRÊTES OU ARÊTES. — Les crêtes ou arêtes sont des ornements découpés à jour et qui décorent les sommets des toits des édifices romans. C'est principalement en Auvergne que l'on peut observer cet ornement gracieux et élégant.

Les anneaux entrelacés Fig. 37, s'élèvent au-dessus des combles de Notre-Dame-du-Port, à Clermont ; les Fig. 39 et 40 sont encore empruntées à la même église, dont les antefixes ne sont pas moins remarquables. Nous donnons une autre forme de crête Fig. 38.

La Pl. III est complétée par une réunion de profils, moulures, bandeaux et corniches, de style roman, sous les Fig. 41, 42, 43, 44, 45, 46, 47, 48 et 49.

La Pl. IV est composée de fragments d'ornements étudiés et dessinés par M. Émile Sagot, qui a conquis une si belle place parmi les dessinateurs spéciaux. Il a mis à notre disposition ses albums de croquis faits en Auvergne et en Bourgogne, — deux provinces encore bien riches en monuments romans, et nous y avons puisé largement. Ces motifs d'ornements sont assez variés pour permettre d'étudier sérieuse-

---

(1) M. A. de Caumont, *Histoire sommaire de l'archéologie du moyen-âge.*

(1) *Essais sur les églises romanes du département du Puy-de-Dôme,* in-folio avec planches. — Moulins, Desrosiers, éditeur. — 1841.

ment la riche ornementation des églises romano-byzantines ou de transition, en France.

Les Fig. 1, 2, 3, 4 et 21 appartiennent à l'église d'Avallon (Yonne).

Les Fig. 5 et 6 sont extraites du portail de la cathédrale d'Autun (Saône-et-Loire).

Les Fig. 10 et 11 proviennent de S^t.-Philibert; les Fig. 23, 28 et 32 de Ste-Bénigne,—deux églises de Dijon (Côte-d'Or).

Les Fig. 12, 15 et 25 de l'église de Semur, (Côte-d'Or).

Les Fig. 14, 16, 27 et 31, de l'église de Vezelay (Yonne).

La Fig. 18, de l'église de Thil-Châtel (Bourgogne).

Les Fig. 19 et 20, de l'église d'Anzy-le-Duc (Bourgogne).

La Fig. 26, de l'abbaye de Cluny (Saône-et-Loire).

Les Fig. 7, 9 et 17, de l'église si originale et si pittoresque des Bénédictins de Souvigny (Allier).

Les Fig. 13, 22, 24 et 30, de la cathédrale du Puy et du portail de la chapelle dédiée à saint Michel-Archange, sur le rocher d'Aiguilhe, près le Puy (Haute-Loire). Ce portail est peut-être le morceau le plus précieux de l'architecture romano-byzantine en France. Son allure est toute orientale.

La Fig. 33 est une archivolte de la cathédrale de Périgueux (Dordogne).

Enfin les Fig. 8 et 29 existent à l'abbaye royale de Saint-Denys.

Ces désignations suffiront pour établir que tous ces fragments d'ornementation sont empruntés aux monuments les plus complets et les plus estimés de la période romane, et qu'ils peuvent être considérés comme des types authentiques et bons à imiter.

ENSEMBLE D'UN MONUMENT ROMAN.

Les planches de cet ouvrage ne contiennent pas de dessins d'ensemble des monuments de style roman secondaire, parce que, en général, la décoration de ces édifices est d'un médiocre intérêt par rapport aux arts industriels. On a préféré donner un exemple complet de l'ornementation du style de transition au XIIe siècle.

L'admirable façade de Notre-Dame de Poitiers est le type le plus gracieux et le plus élégant de cette architecture. On y voit réunis tous les éléments architectoniques que nous avons analysés dans les pages précédentes, et dont les quatre premières planches reproduisent les détails. Il sera facile de retrouver sur ce dessin les principales applications des ornements, dont l'ensemble constitue le caractère de l'architecture romane de transition, romano-ogivale ou romano-byzantine.

Nous ferons remarquer surtout : le fronton coupé, — qu'on voit aussi à la façade de Notre-Dame du Puy, — combinaison de coupes perpendiculaires et de plans inclinés, de lignes obliques et de lignes verticales, qui donne à l'architecture du XIIe siècle une grace incontestable, sans nuire à la majestueuse sévérité des dispositions générales. On observera l'heureuse physionomie qui résulte de l'emploi simultané du plein-cintre et de l'ogive romane, la physionomie pittoresque résultant des deux clochetons qui flanquent les côtés de la façade, enfin l'harmonie des proportions, la richesse des archivoltes, l'ingéniosité des détails, et l'on comprendra facilement que les monuments du XIIe siècle aient conquis de vives et profondes sympathies parmi les artistes sérieux, parmi les gens qui osent avoir le courage d'admirer plus la grace et l'harmonie que la difficulté vaincue, que le tour de force qui étonne et n'émeut pas.

ORFÉVRERIE. — BIJOUX.

Il nous serait difficile de donner une idée raisonnable de l'orfévrerie pendant les premiers temps de la monarchie franke : des monnaies, quelques anneaux trouvés dans les tombeaux, sont les seuls restes de cet art admirable. Il faut donc s'en rapporter aux assertions des anciens chroniqueurs, quant à l'importance et au style des pièces d'orfévrerie exécutées par les premiers artistes français. Nous reproduisons cependant quelques types incontestés créés du IXe au XIIIe siècle, sans leur donner une date plus précise, afin d'éviter toute controverse oiseuse.

Les Fig. 2 et 3, représentent un sceau de Louis VII.

Les Fig. 4, 5 et 6, des croix,—une enrichie de pierreries,—les deux autres plus simples.—Les croix dites bysantines ne sont pas très-rares dans les cabinets de nos antiquaires, elles sont le plus souvent en cuivre, quelquefois en bois, et revêtues d'émaux, ainsi que la figure longue et barbare du Christ placé sur la croix. Dans la troisième chapelle de la nef collatérale gauche de Notre-Dame d'Amiens, on conserve une importante représentation de grandeur naturelle de J.-C. sur la croix, couronné et habillé d'une longue robe d'or.— A Cassaniouse, dans le Cantal, existe encore une magnifique croix processionnelle, garnie de perles, d'émaux et de figures en relief.—Sur une face de la croix, aux extrémités des croisillons, figurent les animaux de l'Apocalypse ; au centre, inscrit dans un cercle et assis sur un trône, Jésus bénit; sur l'autre face, le Sauveur est cloué sur la croix ; et au-dessous, dans un quatre-feuilles, il est couché mort sur les genoux de la Vierge ; — des clochettes pendent au bras horizontal de la croix et des perles saillissent sur tous les contours circulaires des extrémités de la croix. — On trouvera cette croix gravée avec soin dans l'atlas de l'ANCIENNE AUVERGNE. Planche 76. (1) Nous connaissons encore une croix processionnelle d'un haut intérêt archéologique, celle de Mauzac, près de Riom (Puy-de-Dôme), qui se trouve en la possession d'un artiste recommandable de Clermont, M. Thévenot, l'habile peintre verrier chargé de la restauration des vitraux de Chartres et de Bourges. Malheureusement, cette croix n'a pas été dessinée, mais on peut avoir un avant-goût de son style en étudiant au musée de l'hôtel de Cluny, les dessins du célèbre reliquaire de Mauzac, dont M. Mallay a fait présent à cette collection naissante. Ce reliquaire est, sans contredit, un des monuments les plus importants de l'orfèvrerie aux XIIe et XIIIe siècle. Nous citerons encore le reliquaire du Lieutadès (Cantal) et les châsses, malheureusement mutilées par la furie révolutionnaire , de sainte Julie et de saint Potentien dans l'église de Jouarre (Seine-et-Marne). Le reliquaire que nous avons reproduit Fig. 9, est conservé au musée du Louvre. Il est revêtu, comme les tombeaux de ces époques, d'un toit aigu garni de tableaux en relief. C'est aussi la forme des reliquaires de l'Allemagne.

Dans un temps prochain, à l'aide des Revues provinciales, des musées départementaux et de la *Société pour la description et la conservation des monuments historiques* dirigée avec tant de dévouement par M. A. de Caumont, nous connaîtrons la somme totale de nos vieux monuments et des objets d'art qu'ils renferment ; mais ce travail est loin d'être accompli.

Les crosses représentées Fig. 11 et 12, sont probablement postérieures au commencement du XIIIe siècle. Elles sont émaillées. L'une, Fig. 12, provient du musée du Louvre ; le musée de Cluny en contient aussi quelques-unes qui paraissent appartenir aux mêmes époques.

La Fig. 8 est un porte-cierge d'église.

Les Fig. 7, 19, 20 et 23, montrent les formes de quelques coupes et pots ; nous ne saurions affirmer que les objets représentés sous les Fig. 16, 17 et 18, fussent d'un usage plus religieux que domestique.

Ils sont renfermés ainsi que les bagues Fig. 13, 14 et 15,

(1) Moulins.—Desrosiers, éditeur.

dans les armoires du musée du Louvre, sans indication précise.

Nous donnons deux couronnes, Fig. 21 et 22, dont la dernière est appelée couronne de Charlemagne.

Enfin, la Fig. 10 donne un specimen des reliures des livres, à l'époque romane. Ce sont des compartiments de cuivre, dont les bandes sont décorées de pierres de couleurs variées. Nous connaissons plusieurs exemples de ces sortes de couvertures que nous avons retrouvées entre les mains des statues de saints personnages couchés sur leurs sarcophages, et d'une origine antérieure au XIIIe siècle.

Les musées du Louvre, de l'hôtel de Cluny, la Bibliothèque royale possèdent une certaine quantité d'objets d'orfèvrerie dignes d'attention. Il serait à désirer que tous ces objets fussent rassemblés sur un même point et classés méthodiquement ; l'étude en deviendrait plus facile et plus intéressante.

MEUBLES.

LITS. Les objets d'ameublement en usage pendant la période romane, deviennent chaque jour plus rares. On en connaît bien peu qui aient échappé au vandalisme des briseurs de tous les temps, aux pillages des Anglais, aux buchers et aux brasiers des calvinistes, à la démence furieuse des démagogues de 1793. — A de si terribles démolisseurs les meubles de bois ne pouvaient guères résister ; mais le parchemin, et sur ce parchemin les fabliaux , les missels richement illustrés d'enluminures naïves, les tapisseries, les verrières coloriées, plus humbles et plus fragiles , en apparence, les chapiteaux historiés, les bas-reliefs sculptés sur les murailles des cathédrales, ont conservé heureusement quelques-uns de ces meubles dont on peut faire remonter l'existence jusqu'au règne de Charlemagne, VIII et IXe siècle.

On a réuni les plus intéressants parmi ces objets d'ameublement sur la Pl. VI.

Fig. 1. Lit. D'après un manuscrit à images.

Fig. 2. Lit dessiné d'après un bas-relief représentant l'accouchement de la sainte Vierge, à Notre-Dame de Chartres.

Fig. 3. Lit emprunté au célèbre manuscrit intitulé : *le Jardin des Délices*, que possède le trésor de la cathédrale de Strasbourg, et que l'abbesse de Hohenbourg, Herrade de Lansberg, dédia à ses religieuses, vers la fin du XIIe siècle (1180). Le chevet de ce lit est relevé comme ceux de nos lits en fer, et il est formé de bandes transversales. Le matelas est relevé et adossé à ce chevet quelque peu élastique.

Fig. 4. Lit tiré d'un manuscrit du XIIIe siècle. Une riche étoffe bleue, rayée de blanc, recouvre le coussin ; les flammes qui terminent les colonnes, supérieurement, sont dorées.

Les lits étaient, avant tout, des meubles de parade et de luxe ; on les couvrait, à cet effet, de tapis et d'étoffes précieuses. Avant les Croisades, ils servaient encore pour la conversation et pour le repas. — Saint Louis emprunta à l'Orient l'usage de s'asseoir sur des tapis, c'est ainsi qu'on le montre rendant la justice, entouré de ses officiers, à l'ombre des chênes de Vincennes ; il paraît cependant que cette manière de se reposer n'était pas encore adoptée par tout le monde, car nous voyons dans un fabliau du XIIIe siècle, un aubergiste, invitant à s'arrêter, dans son hôtellerie, un voyageur récalcitrant, lui promettre un bon lit, *fait à la française*, haut de plume et mol de paille, avec un oreiller parfumé de violettes, de l'électuaire et de l'eau de roses pour se laver le visage.

Les formes des lits que l'on rencontre dans les manuscrits et les sculptures des XII et XIIIe siècle, sont extrêmement variées. Quelquefois, ces lits sont une simple couchette, carrée et découverte ; parfois, quatre colonnes surmontent un toit angulaire d'où pendent de longs rideaux ; souvent de minces coussins ou oreillers arrondis sont empilés au chevet, comme on les voit encore sur les lits de repos des auberges italiennes.

Fauteuils, sièges. Les sièges sont des imitations, dans de petites proportions, des grandes constructions religieuses ou civiles, à l'époque romane ; ils semblent divisés en plusieurs étages et affectent des formes mâles et sévères qui rappellent un peu celles de l'art antique.

Les Fig. 5 et 6, sont deux fauteuils exécutés dans ce goût.

Fig. 7. Ce siège est tiré du manuscrit déjà cité : *Le Jardin des Délices*, par l'abbesse Herrade. Il est recouvert, comme presque tous les sièges de cette époque, par un coussin cylindrique, à l'instar des traversins dont nous nous servons actuellement.

Fig. 9. Trône d'un roi de France.

Fig. 10. Trône qui sert de siége à l'empereur Théodose-le-Grand, présidant un synode à Constantinople, dans un manuscrit exécuté au Xe siècle, par un moine de l'abbaye de Saint-Martial, à Limoges. Il est incrusté de nombreuses pierreries. Si l'auteur de cette peinture n'a point exagéré ou embelli ce siége remarquable, il devient notoire que la magnificence et la richesse de l'ameublement étaient extrêmes chez les Byzantins.

Fig. 12. Trône. Cette espèce de siége est fort commune dans les manuscrits du moyen âge ; elle a été souvent employée par les peintres italiens des XIV et XVe siècles.

Fig. 13. Chaise en bois façonnée au tour. Bien que ce siége conserve encore un peu l'apparence massive des formes architecturales romanes, on voit déjà poindre une certaine légèreté d'allures.

Fig. 14. Siége tiré du manuscrit déjà cité de Saint-Martial de Limoges, au Xe siècle. Il est décoré de pierreries comme le trône de l'empereur Théodose.

Fig. 15. Trône rappelant les formes antiques.

Fig. 17. Siége tiré du manuscrit latin, intitulé l'*Apocalypse*. XIIe siècle. — *Bibliothèque royale*, n° 6,712.

Fig. 18. Siége tiré de la Bible de Charles-le-Chauve, Xe siècle. — Manuscrit admirable de conservation. (*Bibliothèque royale*).

Fig. 19. Trône épiscopal conservé dans l'église de Canosa (royaume de Naples). Ce siége, en marbre, est supporté par deux éléphants. Il est revêtu de l'inscription suivante :

VRSO PRECEPTOR, ROMOALDVS AD HÆC FVIT ACTOR,
Ou *Ursus ordonna, Romuald exécuta*.

Or, Ursus étant évêque de Canosa dans le cours du VIIe siècle, ce siége date au moins du commencement du VIIIe siècle.

Fig. 23. Tabouret recouvert d'un coussin rond.

Les deux Fig. 8 représentent de petits pupitres portatifs qu'on plaçait probablement sur les genoux pour écrire. L'encrier est tout simplement une corne insérée dans un trou percé sur le côté.

Fig. 11. Petit guéridon portant un encrier.

Fig. 16. Pupitre à cases portant un volume relié et un rouleau manuscrit.

Ces deux meubles sont des types exacts et complets des meubles usuels de l'époque romane.

Prie-Dieu Fig. 20 et 21. Ces meubles proviennent des verrières du transept nord de Notre-Dame de Chartres. Ils figurent dans des compositions représentant Mahault, comtesse de Boulogne et de Dammartin, et sa fille, Jeanne de Boulogne, comtesse de Clermont et d'Aumale. Les deux nobles dames sont agenouillées devant le prie-dieu et non dessus. — Ces verrières datent du commencement du XIIIe siècle.

Fig. 22. Pupitre pour écrire. La bande de papier est placée sur un cylindre mobile qui enroule le papier au fur et à mesure du travail de l'écrivain.

Fig. 24. Coffre extrait d'un vitrail de Notre-Dame de Chartres, représentant un marchand de fourrures. L'apprenti sort du coffre une pièce de menu vair qu'il déploie devant l'acquéreur. XIII° siècle.

ÉTAT DES ARTS ET DE L'INDUSTRIE

PENDANT LA PÉRIODE ROMANE.

ARCHITECTURE.

« Nul doute que l'architecture ne trouve dans nos églises tous nos éléments de son histoire,—dit M. l'abbé Cochet(1). Peu de livres parlent des grands bâtisseurs du moyen-âge, c'est à peine si nous pouvons saisir, de temps en temps, dans les chartes, dans les chroniques, le nom de quelque constructeur célèbre, échappé par mégarde, à la plume de l'écrivain. Il semble que ces artistes puissants se soient profondément cachés dans leurs œuvres; on dirait qu'ils ont brûlé leurs plans, leurs devis, leurs dessins, le livre de leurs comptes et de leur correspondance. Nous ne trouvons rien de tout cela dans le chartrier des abbayes. Tandis que nous y trouvons, à point nommé, les aveux, les lettres, les titres qui ont rapport aux moindres donations de biens, il n'y a pas une feuille qui nous entretienne de la construction de nos grandes églises, pas un chiffre qui mentionne leur dépense. Il semble qu'une vaste conspiration ait été ourdie contre ces grands architectes du moyen-âge. Quelques-uns, même, parlent de sociétés mystérieuses, de loges maçonniques où ces hommes habiles allaient puiser leurs secrets, et où, sous la foi du serment, ils s'obligeaient à les détruire; on vérité, l'on est tenté d'y croire quand on songe au voile épais qui couvre l'art à cette époque. »

La Franche Maçonnerie, dont l'origine est antérieure aux époques qui nous occupent, a pu contribuer à l'érection d'un grand nombre de monuments, mais est-il présumable qu'une condition de cette association ait exigé la destruction des plans et devis, exécutés sous l'influence des loges maçonniques? Nous en doutons. Nous aimons mieux nous arrêter à une supposition plus rationnelle.— On sait que, pendant les longues misères des IX° et X° siècles, les sciences, les lettres et les arts s'étaient réfugiés dans les monastères. C'est dans l'ombre des cloîtres, loin des mêlées sanglantes, que vivaient de pieux artistes tout dévoués aux arts qu'ils cultivaient avec amour et foi. L'architecture, la sculpture, la peinture, l'orfèvrerie, la gravure sur métaux, la mosaïque durent aux moines et aux évêques de ne pas mourir entièrement. C'était un moine qui fournissait le plan de l'église à construire; c'étaient des moines qui, le plus souvent, élevaient le temple sous la direction de ce *maître de l'œuvre* ou *des œuvres*. (Les architectes sont ainsi appelés pendant le moyen-âge.) Quand un édifice était terminé à la satisfaction de la communauté, les abbayes du même ordre réclamaient le concours de l'homme habile, qui voyageait de contrée en contrée, important, partout où il s'arrêtait, ses idées et ses systèmes architectoniques. Ainsi s'explique cette similitude de style qu'on remarque dans les dispositions générales des monuments religieux du moyen-âge. Nous avons dit plus haut que la variété de l'ornementation résultait de la différence des climats et de la nature des matériaux employés.

Rien de plus simple, alors, que l'absence des noms des auteurs sur les monuments de l'époque romane; en prenant le froc, l'homme perdait son individualité ou la confondait dans la communauté dont il n'était plus qu'une fraction. Signer son œuvre, eût été, d'ailleurs, un acte d'orgueil, et l'humilité était un devoir pour toute la gent monacale.

Voici, toutefois, quelques noms, bien rares, des maîtres de l'œuvre des XI°, XII° et XIII° siècles. Nous avons lu personnellement les deux premiers; nous donnons les autres sur la foi des livres. A la cathédrale du Puy, sous le porche méridional, on lit sur une plate-bande formant linteau, le nom de SCVTARI—ou Scutaire. Un évêque de ce nom, qui était architecte, vint au Puy, au IX° siècle, pour diriger les travaux de la cathédrale. On suppose que cette inscription indique le tombeau de ce Scutaire. Scutaire était-il français? L'influence byzantine est si évidente dans le merveilleux temple, qu'on peut conjecturer, sans trop d'audace, que ce nom pourrait être grec.

La même supposition peut s'appliquer au nom suivant :

GIRAVLDVS FECT SAS BRAS,

qu'on lit sur une porte romano-byzantine, située rue du

(1) *Les églises de l'arrondissement du Havre.* 2 vol. in-8° Havre, 1846.

Poirier, à Bourges. Ce nom de Giraud est à la fois Grec, Italien et Français, car il est encore porté en France, en Italie et en Grèce.

A l'église St-Etienne de Caen, on trouve le nom de GUILLAUME.

A la cathédrale de Rouen,—DURANDUS (*Durand*).

A Fécamp,—THOMAS de St-Benoît.

Nous n'insisterons pas sur les autres noms qui appartiennent au XIIIe siècle et que nous signalerons en nous occupant de cette époque. Grace aux monographies qu'on prépare de tous côtés, beaucoup de noms nous seront révélés dans un temps prochain; on peut l'espérer.

SCULPTURE.

L'art romain avait décliné dans les Gaules, à partir du siècle d'Auguste, et il était tombé aussi bas que la civilisation, quand vinrent les premiers chrétiens et les barbares du Nord, qui renversèrent les temples des divinités païennes et anéantirent les objets d'art qu'ils contenaient. Cette double dévastation, non moins furieuse chez les uns que chez les autres, priva les artistes des types précieux de l'antiquité ; l'absence de traditions amena la grossièreté, que dissipa peu à peu l'influence vivifiante du nouveau culte.

On ne peut guère étudier la sculpture proprement dite, à ces époques ténébreuses, que sur les tombeaux et sarcophages servant d'autels dans les premières basiliques chrétiennes. Sur les faces de ces tombeaux on voit sculptés : le Bon pasteur, Daniel, Jésus-Christ rayonnant de grâce et de jeunesse, presque imberbe et les principaux attributs du Christianisme. Ces monuments ne sont pas très-rares dans le midi de la France. Nous citerons particulièrement l'autel en marbre de l'église des Carmes-Dechaussés, à Clermont-Ferrand, sur lequel sont représentés plusieurs actes de la vie de Jésus-Christ, entr'autres *l'entrée à Jérusalem* et *la Samaritaine*, figures en demi relief dont l'exécution rappelle, mais d'une manière lointaine, l'allure des sculptures romaines (1). Les cercueils de nos premiers rois furent renfermés dans des sarcophages antiques. C'est ainsi qu'on voit Charlemagne à Aix-la-Chapelle, et Louis-le-Débonnaire, à Metz. Sur la tombe de Charles-le-Chauve, on avait placé une statue de bronze représentant ce prince en demi relief.

La profonde obscurité qui enveloppe les IXe et Xe siècles ne nous laisse pas entrevoir quel fut l'état des arts et de l'industrie pendant cette désastreuse période de notre histoire. « Au XIe siècle la statuaire se présente sous deux formes très-distinctes ; l'une courte et ronde, sans noblesse et sans grâce, grossier souvenir de l'art romain dégénéré ; la seconde, apportée de Constantinople et dont les caractères sont : l'allongement des figures, le parallélisme des plis dans les draperies, l'absence de perspective dans les pieds et les genoux, la courbure des sourcils, la disposition des yeux, saillants, fendus et relevés aux extrémités. Ces deux formes se maintinrent presque simultanément jusqu'au XIIIe siècle qui fut, pour la statuaire, comme pour les autres arts, une époque de renaissance. » (1)

Les matières les plus fréquemment mises en œuvre par les sculpteurs de toutes les époques sont : la pierre, le marbre, le bois, l'ivoire, l'or, l'argent, le cuivre, le fer, le plâtre et la terre cuite. La sculpture se divise ainsi en plusieurs branches : la statuaire qui n'emploie guère que la pierre, le marbre, le bronze et le bois ; l'ornementation qui se sert aussi du fer et des métaux précieux ; l'orfèvrerie, la ciselure, la céramique, la glyptique et la serrurerie. Nous parlerons successivement de tous ces arts industriels.

SCULPTEURS DE L'ÉPOQUE ROMANE. Nous pouvons signaler quelques noms des sculpteurs des Xe, XIe, XIIe et XIIIe siècles.

Tutilon, bénédictin de Saint-Gall, statuaire, peintre, poète et musicien. — Xe siècle.

Hugues, moine de Montier-en-Der, né à Brienne, en 960.

Guinamond, qui exécuta le tombeau de saint Front, en 1077. — XIe siècle.

Othon, qui décora le tombeau de Guillaume-le-Conquérant, en 1087. — XIe siècle.

Umbertus, ce nom est sculpté sur un chapiteau du porche de l'église de Saint-Benoît-sur-Loire. — XIe siècle.

Gislabert, dont le nom est gravé sur une statue conservée au musée de Toulouse et au tympan de la cathédrale d'Autun. XI ou XIIe.

Robertus, à St-Séverin. (Nièvre).

---

(1) *Histoire des arts plastiques et des arts du dessin* par M. Félix Bourquelot, ancien élève de l'école des Chartes. — Patris-Dubochet, éditeur, 1846.— Nous avons emprunté beaucoup de renseignements à ce travail remarquable de M. Bourquelot, qui a pu faire, grace à la haute position qu'il occupe dans la science, et à son esprit investigateur, des recherches approfondies sur les arts dont il a écrit l'histoire avec autant de conscience que de sobriété.

Les sources auxquelles il a puisé sont les plus certaines et les moins hypothétiques.

---

(1) Voir *l'Atlas de l'Ancienne Auvergne*.

Hunand, moine de St-Benigne. — XIIᵉ siècle.

Hilmard, qui sculpta les portes romanes de la cathédrale du Puy (1).

Isambardus, Foulques de Reims, Lambertus, tous trois du XIIᵉ siècle.

Gilo, — ce nom est inscrit sur un bas-relief de St-Pons Hérault), — XIIᵉ siècle.

Garnier de Fécamp, — Anquetil de Petitville, latomiers ou tailleurs de pierre, à Étretat (Seine-Inférieure). — Commencement du XIIIᵉ siècle.

GLYPTIQUE.

Quelques mots seulement sur cet art qui n'a jamais été cultivé en France avec un grand succès. Ce nom vient du verbe grec GLUPHEIN — qui veut dire graver. La glyptique est l'art de graver les pierres dures, soit en creux, soit en relief. — Les gravures en creux se nomment *entailles*, celles en relief *camées*. Les Grecs et les Romains faisaient grand cas de cet art qui disparut presque entièrement lors de la chute de l'empire romain. Cependant, on conserva quelques pierres précieuses dans les églises chrétiennes, en donnant, dès le IVᵉ siècle, des noms sacrés aux divinités et aux personnages de l'histoire profane qui y étaient représentés.

La Bibliothèque royale possède de fort belles pierres gravées, entr'autres, l'agate de la Sainte-Chapelle, représentant l'apothéose d'Auguste, qu'on regardait comme le triomphe de Joseph, et un Jupiter, connu sous le nom de Saint Jean.

La gravure des métaux en creux ou en relief appartient à l'art de la glyptique. Les sceaux et les monnaies sont rangés dans cette catégorie.

La gravure des sceaux et des monnaies suivit toutes les phases de la sculpture. Grossière sous les rois de la première race, elle s'effaça davantage encore sous ceux de la seconde. Ces dernières ne donnent ordinairement que le monogramme des princes, une croix, une croisette ou une espèce de portique, avec le nom de la localité dans laquelle la pièce a été frappée. Depuis la déposition de Charles-le-Gros jusqu'à Philippe-Auguste, l'art monétaire fut tellement barbare qu'on ne comprenait plus les signes placés sur les monnaies; mais, à partir de ce règne, les types s'améliorèrent sensiblement, et, au XIIᵉ siècle, de beaux ouvrages, en ce genre,

(1) Voir l'Atlas de l'*Ancienne Auvergne*.

furent produits. Au revers du sceau de Géraud Adhémar, seigneur de Grignan, qui est de la fin du XIᵉ ou du commencement du XIIᵉ siècle, on lit : *Matheus me fecit*.

CÉRAMIQUE. POTERIE.

Les Gaulois connaissaient l'art de pétrir, de façonner la terre et de la durcir ensuite par la cuisson. De nombreuses poteries antiques sont recueillies, chaque jour, sur tous les points de la France. Ce sont des vases en terre rouge avec des ornements en relief, ou des vases funéraires, extrêmement légers, et couverts d'un noir ardoisé. Ces derniers objets de poterie sont plus rares que les premiers. Ils portent presque tous l'inscription AVE, peinte en blanc et solidifiée par la cuisson. La céramique n'était pas encore un art pendant l'époque romane, « elle ne produisait que de grossiers ustensiles, de grandes coupes d'argile, recouvertes d'un vernis vitrifié, que l'on plaçait aux frontispices des églises, et des carreaux en terre cuite, quelquefois ornés d'un émail, qui servaient de pavé dans les églises et dans les maisons des riches. » Ce n'est qu'à partir du XIVᵉ siècle que la céramique entra dans la voie du progrès et qu'elle produisit des poteries de pâte compacte, imperméable et dure comme celle que nous appelons *grès*.

SERRURERIE.

Nous avons peu de renseignements à fournir sur cet art industriel. A quelle époque a-t-on commencé à forger le fer, c'est ce que nous ne saurions dire.

Quelques morceaux de serrurerie, fort précieux en raison de leur extrême rareté, existent encore dans nos églises romanes. A la cathédrale du Puy, on voit encore une belle grille, supérieurement ouvragée (1). Le dessin de cette grille représente une sorte de fleur de lys avec de nombreux enroulements réguliers qui se répètent dans toute la hauteur. Les portes du cloître de la cathédrale du Puy sont ornées de ferrements ayant à peu près la forme des pantures et des gonds qu'on fabriquait encore, il y a cinquante ans, en France, et dont il n'est pas rare de rencontrer des exemples dans les anciennes maisons de la province.

Dans quelques églises de l'Auvergne, on trouve encore plusieurs objets de serrurerie remarquables. Nous citerons

(1) Voir l'Atlas de l'*Ancienne Auvergne*.

notamment une grille romane de l'église d'Orcival, que M. Mallay a publiée dans son *Essai sur les églises romano-byzantines du Puy-de-Dôme*. Le dessin de cette grille est à peu près semblable à celui de la cathédrale du Puy, mais il est plus simple et d'un caractère plus grave.

Ces produits de la serrurerie appartiennent bien certainement à l'époque romane, mais nous n'affirmerions pas qu'ils datent absolument du XIIe siècle. L'architecture romane s'effaça plus lentement dans le Midi, et surtout en Auvergne, que dans le Nord, il serait donc assez naturel de croire que les morceaux que nous venons de signaler appartiennent aux commencements du XIIIe siècle.

ORFÈVRERIE.

La mythologie payenne donne pour pères à l'orfèvrerie, Prométhée et Vulcain, qui enseignèrent aux mortels l'art de travailler le cuivre et l'or. Quelle que soit l'origine de cette tradition, elle prouve que les Grecs anciens, et notamment les Athéniens, ont cultivé l'art de l'orfèvrerie. Au témoignage de Pline, le statuaire Phidias démontra, le premier, les principes de l'art de ciseler, que Polyclète perfectionna encore, après lui. Sans remonter jusqu'aux sources qui se perdent dans les temps fabuleux, il est certain que l'orfèvrerie fut cultivée avec un grand honneur en Grèce, et que les Romains puisèrent chez les Grecs le goût de cet art, aussi noble que celui de la sculpture, et dont il est une des branches.

L'orfèvrerie fut lente à pénétrer dans les Gaules. Les peuples des provinces méridionales, plutôt en relation avec les Grecs et avec les Romains que ceux du Nord, s'appliquèrent les premiers aux travaux d'orfèvrerie; et tout en restant fort loin des maîtres qu'ils imitèrent, si leurs progrès ne leur permirent pas d'exporter leurs ouvrages, ils trouvèrent au moins l'avantage de ne plus être tributaires de l'étranger. Sidoine Apollinaire raconte que Théodoric, roi des Visigoths, montrait avec orgueil une grande quantité de vaisselle d'or et d'argent, fabriquée à Toulouse, et s'applaudissait de ce que cette vaisselle était un produit de l'industrie de ses sujets. C'est dans le tombeau de Chilpéric Ier qu'on a retrouvé les abeilles d'or, qu'on a voulu présenter comme le type primitif des fleurs de lys.

Sous la première race, saint Eloy, un des premiers évêques du nord de la Gaule, plus célèbre par ses ouvrages d'orfèvrerie que par son épiscopat, se livra à cet art avec une grande ardeur. — Aidé d'un esclave qu'il avait affranchi, Thillo (saint Théau), il exécuta de beaux ouvrages pour les rois Chlotaire II et Dagobert. « Eloy, dit saint Ouen, fit un grand nombre de châsses d'or et d'argent enrichies de pierres précieuses, à savoir : de Germain, évêque de Paris; de Severin, abbé d'Agaune ; de Platon, prêtre et martyr ; de Quintin, de Lucius, évêques de Beauvais ; de Geneviève, de Colombe, de Maximien, de Julien et de beaucoup d'autres. Mais surtout, le roi Dagobert en faisant les frais, il exécuta admirablement, en or et en pierreries, la châsse de saint Grégoire de Tours ; il fabriqua aussi la châsse de saint Brice (1). » On attribue à saint Eloy un grand nombre de morceaux d'orfèvrerie et notamment la fameuse chaise, conservée longtemps à la Bibliothèque royale et maintenant dans la sacristie de l'abbaye de Saint-Denys. Cette chaise est d'une allure trop romaine pour que cette attribution ne soit pas contestable.

Les inventaires des trésors des Abbayes prouvent que l'orfèvrerie était fort active au temps de Charlemagne ; le culte des reliques, répandu de plus en plus, dégénéra même en une superstition aveugle, contribua fort à favoriser l'orfèvrerie qui mettait en œuvre tous les arts du dessin. Les principaux objets qui figurent dans les inventaires des abbayes, sont des candélabres, des croix ciselées et enrichies de pierreries, des évangéliaires recouverts de dyptiques précieux, des étuis renfermant des livres d'église, des lampes d'or et d'argent, des châsses et des reliquaires de toutes formes.

L'essor de l'orfèvrerie fut arrêté pendant le Xe siècle, et les plus beaux produits de ce noble art furent emportés et dispersés lors des invasions des Normands.

Au XIe siècle, cependant, Wigo, abbé de Saint-Martial de Limoges, fit faire par Josbert, moine, gardien du Sépulcre, une châsse ornée de pierreries, une image d'or de saint Martial et plusieurs autres travaux d'orfèvrerie.

Au XIIe siècle, l'orfèvrerie fut remise en honneur et cultivée avec assez de succès, non plus par les évêques, comme aux temps primitifs, mais par les moines. Théophile, moine au XIe siècle, donne de curieux détails sur les procédés de fabrication des anciens orfèvres. Chaque pièce d'orfèvrerie, dans le livre de Théophile, est l'objet d'instructions particulières. Il enseigne à édifier la fabrique, à asseoir convenablement les ouvriers, à construire les fourneaux de travail, ainsi que les soufflets pour exciter le feu. Il nomme les ustensiles en fer et les outils de fabrication, enseigne la trempe du fer, la fusion, la purification, l'amalgame de l'or et de l'argent, leur séparation quand ils sont unis. Il parle

---

(1) Vie de saint Eloy.

du travail ciselé, du travail des points, du repoussé, etc., etc. On peut consulter ce livre. (Voir à notre *Table bibliographique*).

Dans tous ces travaux d'orfèvrerie et de bijouterie aux XIe et XIIe siècles, on s'occupait peu de la beauté des formes ; on n'exigeait qu'une grande richesse. Le manque de métaux était même un obstacle aux progrès de cet art ; l'absence presque totale des monnaies d'or et d'argent avait rendu le numéraire si rare que des lois, souvent renouvelées au XIVe siècle, défendaient de fabriquer, si ce n'est pour les objets nécessaires au culte, des pièces d'orfèvrerie pesant plus d'un marc.

Les croisades activèrent encore l'industrie de l'orfèvrerie. En revenant dans leur pays, sains et saufs, les pieux croisés offrirent aux églises des reliquaires ouvragés, des ornements de grand prix. On cite un monument d'orfèvrerie de cette époque, qui existe encore, la belle croix donnée par Godefroy de Bouillon, à l'église de Clairmarais, près de Saint-Omer. C'est vers cette époque que l'industrie de l'orfèvrerie se sécularisa et passa des mains des moines à celles des bourgeois.

Les orfèvres, joailliers, bijoutiers, metteurs en œuvre et marchands d'or et d'argent, formèrent bientôt une corporation qui obtint de nombreux priviléges.— C'était le sixième des corps des métiers marchands de Paris.— On lui accorda des armoiries au XIIIe siècle. Raoul, orfèvre et argentier de saint Louis et de Philippe III, fut le premier homme du tiers-état qui obtint des lettres de noblesse et des armoiries.

ORFÈVRES DE L'ÉPOQUE ROMANE.

On signale les noms de :

Abbon, artiste de Limoges, maître de saint Eloy. — VIIe siècle.

Saint Eloy, évêque, orfèvre et ministre de Dagobert. — VIIe siècle.

Thillo (saint Théau), esclave affranchi, associé aux travaux de saint Eloy. — VIIe siècle.

Josbert, moine de Saint-Martial de Limoges.— Xe siècle.

Théophile, moine, auteur de l'ouvrage intitulé : *Diversarum artium schedula* (Traité des divers arts). — XIe siècle.

Erembert, moine. — XIe siècle.

Oderanne, de Sens, religieux de Saint-Pierre-le-Vif, exécuta une châsse pour contenir les reliques du roi Robert et un Christ attaché à la croix.— XIe siècle.

Vallon, moine du diocèse de Metz.— XIIe siècle.

Othon, normand, orna de pierreries et d'orfèvrerie le tombeau de Guillaume-le-Conquérant.— XIIe siècle.

Richard, à Vannes, fait un tabernacle pour l'église de Vannes et d'autres décorations.

GRAVURE-NIELLURE.

La plus ancienne estampe gravée sur bois que l'on reconnaisse avoir été gravée en Europe, est le célèbre *Saint-Christophe*, dont un exemplaire conservé à la bibliothèque royale, porte la date de l'an 1423. On suppose cette gravure d'origine allemande. Ce n'est qu'en 1454, qu'on voit apparaître un nom français : celui de Bernard Milnet.

La gravure sur métaux remonte à des époques très-reculées ; quelques auteurs anciens en font mention ; des patènes et d'autres objets de métal conservent la trace de dessins gravés. Au moyen-âge, elle est connue sous le nom de *niellure* ou de *nielle*. Le moine Théophile, au XIe siècle, dans son *Traité* déjà cité, développe longuement les procédés que les graveurs de nielles employaient de son temps. On gravait un dessin sur un fond d'or ou d'argent et l'on faisait pénétrer dans les traits creusés par le burin, un mélange de plomb, de cuivre et d'argent, fondus avec du soufre. Cette préparation détachait en noir, sur le fond clair du métal, le dessin gravé par l'artiste.

Les nielles ont été fréquemment employés jusqu'au XIIe siècle, pour l'ornementation des calices, des reliquaires, des couvertures des évangéliaires ; mais, à partir de cette époque, cette industrie, déjà négligée, fut insensiblement abandonnée jusqu'au XVe siècle, où elle donna naissance à la gravure reproduite par l'impression. Cette invention est attribuée à l'orfèvre florentin, Maso Finiguerra, vers 1450. On dit que sous les rois de la première race, Clotaire II et Dagobert Ier, les Marseillais excellaient dans l'art de fabriquer les nielles.

Nous reparlerons de cet art industriel, en étudiant le XVIe siècle.

TISSUS, ÉTOFFES.

Au commencement du Xe siècle, en 923, Creton, de Caen, installa, en France, la première fabrique de toile de chanvre, et légua son nom, encore consacré, aux produits de cette industrie.

La laine a été employée de tout temps. Au XIIIe siècle, les laines de Bruges et de Saint-Omer étaient en grande réputation, et les draps d'Amiens étaient généralement employés.

Les peuples de l'antiquité ont connu les étoffes de soie, quant à l'industrie séricicole, elle fut longtemps particulière aux Indes. Au VIe siècle (551) deux moines apportèrent de la Chine et des Indes, en Grèce, la chenille qui produit la soie; mais le secret d'élever l'insecte et de travailler la soie, resta inconnu au reste de l'Europe. En 1130, le comte Roger et ces féroces barons normands qui avaient envahi la Pouille et la Calabre, et fondé le royaume de Sicile, virent avec envie les riches manufactures de soie de la Grèce. Ne pouvant en créer de semblables, ils prirent un moyen plus court : ils arrachèrent l'arbre avec les racines et le fruit et le plantèrent dans leur domaine (1). Ils entrèrent dans la Grèce comme des pirates, saccagèrent sans pitié les malheureux restes d'Athènes, de Thèbes, d'Argos, de Corinthe, chargèrent leurs vaisseaux d'un peuple d'ouvriers et transportèrent cette industrieuse colonie, avec ses instruments, et sans doute avec des mûriers et des vers à soie, dans la Sicile. Grâce à ce rapt barbare, la fabrication des étoffes de soie pénétra en Italie. Les Pisans, les Florentins et les habitants de la république de Lucques apprirent des Grecs cette industrie et lui donnèrent bientôt un tel développement qu'elle fit oublier celle de la Sicile.

Les Toscans et les Lombards l'importèrent en France; ils élevèrent leurs manufactures dans la Provence et s'en allaient aux foires de Saint-Denys et des autres villes, vendre leurs marchandises. Ils s'établirent enfin dans une rue de Paris, qui conserve leur nom, la rue des Lombards; mais ce ne fut qu'à la fin du XVe siècle que la France posséda véritablement des manufactures de soie.

Les livres anciens, comme les fabliaux du moyen-âge, parlent avec grande estime de la pourpre. — C'était assurément une étoffe précieuse, mais il est difficile de définir la valeur exacte du mot pourpre. — Ducange dit que la belle pourpre de Tyr était *rouge*, la commune *violette*; qu'il y avait de la pourpre *grise*, de la *blanche*, enfin de l'*écarlate blanche*.

Il est certain que la pourpre était un coquillage marin, qui portait au gosier une veine blanche, contenant une liqueur, de couleur rouge très-subtile, et qui servait à la teinture des étoffes. Il est donc difficile de déterminer si la pourpre était une étoffe ou seulement la couleur de l'étoffe.

(1) EMERIC DAVID. — Mémoire couronné par l'Institut, en l'an XII

Au XIIIe siècle, outre les étoffes d'or et d'argent provenant toujours de fabriques Orientales, on connaissait la *Samit* (satin) et le *Cendal* ou *Sendal* (taffetas).

L'importation active des étoffes de soie fit tomber l'usage des fourrures auquel la rigueur de notre climat obligeait.

TAPISSERIES.

La tapisserie, étoffe faite à la main ou au métier avec des fils de soie, de laine et autres, remonte à la plus haute antiquité. Au temps de la guerre de Troie, ce genre d'ouvrage était déjà célèbre; les poèmes d'Homère en font mention en plusieurs endroits. Les Grecs suspendaient les tapisseries dans les temples, et les Romains étaient fort admirateurs de ces tissus coloriés. Sous la domination des Romains, en Gaule, Arras était renommée pour ses tissus.

On employa, dès le VIIe siècle, les tapisseries à la décoration des églises. — Dagobert Ier, qui fit construire la basilique de Saint-Denys, ne fit pas peindre l'intérieur de l'édifice : on couvrit les murailles et les colonnes de tentures enrichies de perles, et cette innovation eut une grande influence sur la décoration ultérieure des édifices religieux. L'usage des tapisseries s'étendit progressivement et devint même fort commun. Les abbés étalaient dans leurs églises de grands et magnifiques tapis. D'après les règlements de l'abbaye de Cluny, fondée en 910, les murs, les bancs, les sièges du monastère, dans la partie réservée aux étrangers, devaient être, aux jours de grandes fêtes, couverts de tapisseries. — En 1095, le jour de Pâques, l'église de l'abbaye de Fleury, fut, disent les historiens, convenablement ornée de tentures de soie.

On trouve, aux Xe et XIe siècles, plusieurs fabriques de tapisseries. — Une entre autres, dans l'abbaye de Saint-Florent de Saumur, en 985. — En 1025, on fabriquait, à Poitiers, des tapisseries représentant des portraits de rois, d'empereurs, des animaux, des figures bibliques.

Guillaume, comte de Poitiers, offrit au roi Robert, outre une grosse somme d'argent, de lui donner cent pièces de tapisserie s'il voulait favoriser ses projets sur l'Italie. En 1060, Gervin, abbé de Saint-Riquier, enrichit son monastère de beaux tapis. Du IXe au XIIe siècle, on vit de beaux tapis, dans les églises de Saint-Denys, de Saint-Waast, au Mans, dans les églises de la Normandie et de la Picardie, à Saint-Martin du mont Canigou. Enfin, la fameuse tapisserie de Bayeux qui existe encore, date du XIe siècle et représente la conquête de l'Angleterre par les Normands. — Elle est attribuée, par quelques écrivains, à Mathilde, femme de Guillaume-le-Bâtard; par d'autres, à une autre Mathilde fille de Henry 1er, roi de France, d'abord femme de l'empereur Henry V, puis de Geoffroy Plantagenet, comte d'Anjou.

Ces énonciations prouvent assez que la fabrication des tapisseries était très-commune en France, pendant les Xe, XIe et XIIe siècles. Plus tard, cette industrie se développa encore considérablement.

VERRERIE.

L'histoire du verre serait longue à faire, nous nous contenterons de quelques indications historiques.

On donne à l'invention du verre une origine fabuleuse. Les peuples les plus anciens : Phéniciens, Égyptiens, Éthiopiens, Hébreux, ont connu les procédés de la vitrification. Il en fut de même en Grèce. Sous l'empire romain, les Egyptiens conservèrent leur supériorité dans l'art de fabriquer les objets vitrifiés. Quand cet art pénétra en Italie, il était déjà fort avancé, fut bientôt en progrès, et devint d'un usage commun.

On savait ciseler, dorer, colorer le verre, imiter l'éclat des pierres précieuses et fabriquer des miroirs.

L'industrie du verre fut cultivée sous Néron, Adrien, et leurs successeurs, mais Alexandre Sévère plaça la fabrication du verre au rang des arts somptueux et la soumit à des impôts. Dès le siècle suivant, on vit les empereurs Constantin et Constant exempter des charges et impôts publics, les verriers et tous les ouvriers qui employaient le verre, exemple qui fut suivi par Théodose-le-Grand, par tous ses successeurs et même par nos rois, qui y ajoutèrent de plus grands privilèges. (1)

Le verre joua un grand rôle à Rome dans l'ornementation monumentale et domestique. Le théâtre de Scaurus était revêtu de plaques de verre coloré, et les plafonds des maisons étaient décorés de plaques du même genre.

On peut voir au musée du Louvre, des urnes, des vases, des coupes de verre, de fabrique romaine, ciselés, tournés et travaillés avec une grande délicatesse.

M. Emeric David, à l'aide du *Traité* du moine Théophile, explique ainsi comment les anciens procédaient pour peindre le verre.

« Les vases de verre étaient peints, dorés et émaillés, les couleurs destinées à ce genre de peinture étaient puisées dans des verres teints réduits en poudre. La peinture était exécutée par les procédés employés sur les vitraux. Souvent, sur des feuilles d'or que fixaient d'abord quelques gouttes de gomme, l'artiste traçait des fleurs, des feuillages et des figures humaines avec un stylet qui découvrait le fond transparent du cristal. Une couche de verre pilé, en se revivifiant dans le fourneau, formait, sur cette dorure, un vernis ineffaçable. »

ÉMAILLURE.

L'histoire de la fabrication des émaux est à peu près la même que celle du verre. Les Égyptiens, les Babyloniens savaient émailler. — Rien ne prouve que l'émail ait été bien familier aux Grecs, mais, certainement il a été fabriqué par les Romains.

Les objets trouvés dans les tombeaux Gaulois prouvent que la Gaule avait fait des émaux très-anciennement et peut-être sans avoir pris les procédés des Romains.

Une tradition locale établit que la ville de Limoges aurait fourni des émailleurs dès les premiers siècles de l'ère chrétienne, mais on ne peut constater l'existence d'émailleurs dans cette ville avant le commencement du VIIe siècle, en admettant toutefois que saint Éloy ait réuni l'art de l'émailleur à ceux du ciseleur et de l'orfèvre. Les ouvrages émaillés de ces grands artistes ont disparu, et les seuls émaux authentiques que l'on connaisse aujourd'hui sont du VIIIe siècle. — Alors et jusqu'à la fin du XIIIe siècle, la matière vitreuse est coulée par juxta position dans des creux et retenue par des saillies de métal, elle forme comme une sorte de mosaïque. La couronne de Charlemagne à Vienne, Pl. V. Fig. 22. a des ornements d'or émaillé. A Monza, près de Milan, la croix épiscopale est ornée d'un émail représentant Jésus-Christ. —La coupe de Ptolémée, conservée à la Bibliothèque royale, a reçu, au XIe siècle, un pied d'or portant une inscription en émail. Plusieurs objets d'orfèvrerie émaillés, en 847, 855 et 885, sont signalés par Anastase le bibliothécaire. — On cite plusieurs crosses épiscopales du Xe siècle.

Les émailleurs de Limoges disparaissent pendant les VIIIe IXe et Xe siècles, mais au XIe, on retrouve dans cette ville l'art de l'émailleur entièrement uni à celui de l'orfèvre. Au XIIe siècle, la réputation des émaux Limousins pénètre en Angleterre et en Italie. On cite, de cette brillante époque, les châsses émaillées, de Chamberet, de Mauzac, de Saint-Viance (Corrèze), d'Ambazac, de Chalard (Haute Vienne), de Jouarre. — Enfin un débris de châsse possédé par M. l'abbé

---

(1) Le Vieil. — (*Art de la Peinture sur verre*)

Texier d'Auriat, sur lequel on lit le nom de Guinamond. A la fin du XII° siècle, le tombeau de Henry-le-Large, comte de Champagne, était en argent massif orné d'émaux.

ÉMAILLEURS DE L'ÉPOQUE ROMANE.

Abbon. — Saint Éloy. — Saint Théau. — VIII° siècle.
Willelmus (Guillaume). — Josbert. — X° siècle.
Joffredus. — Fin du X° siècle.
Guinamundus (Guinamond.) — 1077. — XI° siècle.
Matheus Vitalis (Mathieu Vital.) — 1087. — XI° siècle.
Iscmbertus (Isambert), abbé de Saint-Martial de Limoges, composa pour saint Alpinien une châsse d'un travail admirable. — 1178. — XII° siècle.
Reginaldus (Réginald). — XII° siècle.
Claudius Alpays. — De Montval, — Chatard. XIII° siècle.

MOSAÏQUE.

L'art de la mosaïque est abandonné, en France, depuis bien longtemps, cependant les tentatives faites, depuis le commencement de ce siècle, pour le réhabiliter, nous engagent à ne pas le négliger tout-à-fait.

« La mosaïque, — dit Séroux-d'Agincourt, — selon l'acception générale de ce mot, est un ouvrage dans lequel, à l'aide de matières solides et coloriées, soit naturelles, soit artificielles, on parvient à rendre, par les formes et les couleurs, l'image de tous les objets de la nature. » En un mot, les mosaïques sont des tableaux produits par une combinaison méthodique de fragments de marbres, de pierres, de verres, collés, au moyen de mortiers spéciaux, de mastic ou de cire, de résine ou de plâtre, sur des panneaux de murailles ou sur les voûtes.

Les mosaïques des Grecs étaient grossières, elles décoraient seulement les pavés des monuments. Chez les Romains elles furent appliquées aux voûtes, et cet art prit alors un grand développement. De nombreux exemples de mosaïques existent encore dans les ruines d'Herculanum et de Pompeï.

Les premières basiliques chrétiennes furent décorées de mosaïques, à l'instar des temples payens. — C'étaient des tablettes de marbre alignées avec les colonnes; plus tard les chrétiens imitèrent la mosaïque vermiculée des Romains et l'appliquèrent aux voûtes.

Une sorte de mosaïque, importée d'Egypte ou inventée sous le règne d'Alexandre-Sévère, fut employée dans les églises jusqu'au XII° siècle. Elle était composée de cercles, de triangles, de lozanges, d'ovales en marbre, liés par un mortier composé de chaux et de pouzzolane. On trouve sur les bords du Rhin, à Saint-Omer, des traces de ce mode de mosaïque.

La belle mosaïque de l'église de la Daurade à Toulouse, qu'on faisait remonter au règne de Théodoric II, roi des Visigoths, et qui occupait le sanctuaire depuis le sol jusqu'à la voûte, fut déplorablement détruite pendant le siècle dernier.

Charlemagne qui avait admiré, à Rome, les belles mosaïques des églises, en fit exécuter plusieurs dans sa basilique d'Aix-la-Chapelle. Il envoya chercher, en Italie, des mosaïques qui furent transportées sur des charriots construits à cet effet, et il en dota plusieurs églises de France. L'abbaye de Saint-Riquier en posséda une qui fut déplacée et détruite au XVI° siècle.

Aux XII° et XIII° siècles, la mosaïque fut abandonnée peu à peu en France; et l'Italie, après en avoir conservé la tradition assez longtemps, laissa à son tour tomber cet art long, coûteux, et qui n'a plus que de rares adeptes.

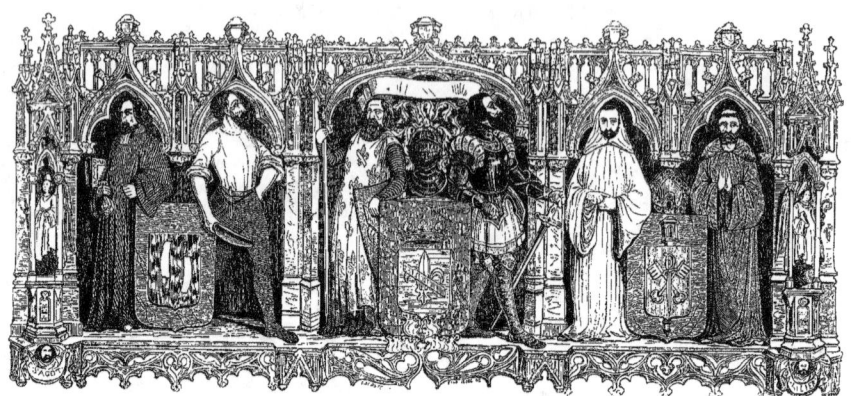

Style Ogival.

Tableau chronologique des Règnes.

Ire ÉPOQUE.

DURÉE DES RÈGNES.

Louis VIII, dit *Cœur de Lion*, 1223 — 1226.
Louis IX, dit *Saint Louis*. 1226 — 1270.
Philippe III, dit *le Hardi*.. 1270 — 1285.
Philippe IV, dit *le Bel*... 1285 — 1314. } XIIIe siècle.

IIe ÉPOQUE.

Louis X, dit *le Hutin*.... 1314 — 1316.
Phillippe V, dit *le Long*.. 1316 — 1322.
Charles IV, dit *le Bel*.... 1322 — 1328. } XIVe siècle.

DURÉE DES RÈGNES.

Philippe VI, dit *de Valois*. 1328 — 1350.
Jean, dit *le Bon*......... 1350 — 1364.
Charles V, dit *le Sage*.... 1364 — 1380. } XIVe siècle.
Charles VI............. 1380 — 1422. XIVe et XVe siècles.

IIIe ÉPOQUE.

Charles VII .... 1422 — 1461.
Louis XI............... 1461 — 1483.
Charles VIII........... 1483 — 1498. } XVe siècle.
Louis XII.............. 1498 — 1515. XVIe siècle.

CONSIDÉRATIONS GÉNÉRALES.

ARCHITECTURE.

PREMIÈRE PARTIE.

L E XIII° siècle se leva et l'arc en plein cintre fut détrôné pour trois siècles, par l'arc en ogive. Ce déplacement ne fut pas opéré tout d'un coup, par un choc ; les révolutions, dans les arts comme dans la politique, n'éclatent pas subitement. L'avenir du siècle qui naît étant en germe dans le flanc vieilli du siècle qui s'en va, c'est par une transformation timide et lente qu'un art nouveau se dépouille insensiblement des doctrines d'un art ancien. L'ogive n'est donc pas devenue, subitement, la formule absolue de l'architecture ; aussi, la division, par siècles, des phases de l'architecture, n'est-elle point tout-à-fait exacte et judicieuse ; dans cette large synthèse des époques de l'art, on oublie les nuances intermédiaires, les détails par lesquels l'art nouveau prélude et s'essaie. Les bases, les moulures, les chapiteaux, se prêtent d'abord à ces tâtonnements, puis enfin, l'idée se dégage, se développe et s'étend bientôt en lignes majestueuses et imposantes.

Humble encore, au milieu du XII° siècle, l'arc ogival se glisse, tremblant, dans l'édifice roman ; il se fait si lourd que son voisin le plein cintre n'y prend garde, mais peu à peu, il s'enhardit, s'élance, réclame hautement la place la plus noble et l'occupe alors sans partage.

Quelle contrée a donné naissance à ce nouveau venu? On l'ignore ; mais les conjectures ne font pas défaut. L'Angleterre, l'Allemagne, — pays où l'archéologie prend quelquefois le caractère du fanatisme et de la folie, — la France plus raisonnable à l'endroit de cette science—un peu pédante—, se disputent encore l'honneur de l'invention de l'ogive, et chacun de ces pays qualifie, sans preuves évidentes jusqu'ici, l'architecture ogivale ou gothique, d'*Art-National*. Cette prétention est peut-être moins fondée en France qu'ailleurs, si l'on se rappelle que nos provinces méridionales n'ont jamais accepté franchement les formules ogiviques, et sont encore couvertes de précieux monuments construits sous l'influence romano byzantine.

D'abord, il a été reconnu que l'arc en tiers point ou en

ogive n'est point une invention du XII° siècle, attendu qu'il a été employé, mais isolément, à toutes les époques ; seulement, sa forme ne constituait pas un système complet d'architecture, et c'est là la grande découverte du XIII° siècle.

Malgré tout le respect dû à un grand talent pour qui la postérité n'a pas encore commencé, il nous est impossible de prendre au sérieux l'hyperbole poétique que l'auteur du *Génie du Christianisme* a empruntée à l'opinion de quelques savants, et entre autres de l'évêque Warburton. L'imitation des forêts du Nord aurait donné naissance à l'architecture gothique ; les églises ogivales retraceraient le labyrinthe des bois ! C'est aller chercher bien loin ce que le compas d'un géomètre a pu rencontrer par hasard.

« Les Anglais, — dit M. L. Bâtissier, qui a traité cette question avec une louable sobriété, — prétendent que le croisement des arcs demi-circulaires a fourni le premier modèle de l'arc brisé, et que c'est en Angleterre qu'on trouve les premiers exemples de cet enlacement d'arcades. Ce système n'a pas besoin d'être réfuté. L'intersection des cintres, comme motif de décoration, est commune à plusieurs peuples du moyen-âge. Il y a plus ; c'est qu'on en trouve les plus anciens spécimens à la mosquée de Cordoue.

Des archéologues allemands réclament pour l'Allemagne la maternité de l'architecture ogivale. Selon eux, des églises gothiques allemandes remonteraient à une époque très-ancienne. M. Hope, entre autres preuves à l'appui de cette opinion, avance qu'il n'existe que dans les cathédrales de l'Allemagne des plans d'églises gothiques exécutées ou projetées. — La France est dans le même cas, et d'ailleurs cette assertion n'a aucune valeur sérieuse.

Les Italiens se sont abstenus de prendre part à cette discussion, et ils ont sagement fait. Toujours en présence des merveilleux édifices de l'antiquité et des sévères lignes de l'architecture byzantine, ils semblent n'avoir laissé s'élever, qu'à regret, sous leur ciel tiède et parfumé, les pignons dentelés et les arcs pointus. Un instant les Allemands ont pu imposer à l'Italie le style chrétien en faveur dans le Nord de leur patrie, mais dès le XIV° siècle, les architectes italiens, en reprenant la tradition latine, tout aussi chrétienne que le système ogival, recevaient les applaudissements sympathiques de leurs compatriotes.

On a suffisamment établi que l'architecture ogivale n'était pas née chez les Arabes d'Espagne, moins encore dans la Normandie, attendu que le style ogival s'est développé simultanément dans tout le nord de la France.

Il est plus probable que le berceau de l'architecture ogivale est l'Orient, ainsi que l'ont prétendu plusieurs antiquaires Anglais, opinion adoptée par MM. de Caumont et Ch. Lenormant, et à laquelle nous nous rangeons, comme à la plus rationnelle. Voici dans quels termes s'exprime M. Lenormant : (1)

« Admettez pour constant qu'il existe en Egypte des « ogives du VIII° ou au moins du IX° siècle ; admettez pour « constant aussi que des ogives semblables se retrouvent au « palais de la Ziza, construit à Palerme, par les conqué- « rants Arabes, dans le courant du X°; que la chapelle « royale et plusieurs églises de la capitale de la Sicile, bâties « par les premiers rois normands dans la première moitié « du XII° siècle, continuent sans interruption cette chaîne « et montrent l'application de l'ogive aux monuments « chrétiens ; de là aux premières ogives reconnues qui « existent dans le Nord, il n'y a plus qu'un pas. — Je ne « parle ni de l'Italie, ni du midi de la France, qui nous « offriraient des preuves non moins frappantes ; il me paraît « que la Sicile suffit bien, surtout dans ce qui se rapporte à « la Normandie. Mais, direz-vous, comment l'ogive a-t-elle « passé d'Orient en Occident ? Ce n'est point par un fait « précis, à jour fixe ; c'est par infiltration, par les voies « militaires, religieuses et commerciales, par les étoffes, « les meubles, les récits des voyageurs et même les émigra- « tions d'artistes.

« Maintenant, l'ogive d'Orient est-elle identiquement la « même que l'ogive classique du XIII° siècle? Pas plus que l'o- « give à lancettes de Coutances n'est la même que celle de Co- « logne. Il y a ici, comme partout, dépôt d'un premier fait, « accumulation de traditions sur un seul point, et sur cette « base, un édifice neuf, original, complet, réglé surtout, « comme l'esprit des peuples occidentaux l'est comparati- « vement à celui des populations africaines et asiatiques. »

Ces quelques lignes nous semblent éclaircir suffisamment la question. Il demeure prouvé, pour nous, que l'Occident a emprunté à l'Orient le principe constitutif de l'architecture gothique, l'arc pointu ou l'ogive.

Maintenant, que la forme de l'ogive, dans l'Occident, diffère de celle observée en Orient, rien de plus naturel ; les Croisés ont pu rapporter un souvenir de l'architecture orientale, sans pour cela en avoir copié les éléments ; de là, cette métamorphose de l'idée première, sur laquelle on a brodé tant d'hypothèses. Est-ce que l'église de la Magdeleine

(1) Lettre à M. de Caumont. — *Revue Normande, 1841.*

7

malgré ses grands airs grecs, ressemble au Parthénon, ou à quelque autre temple antique ; pas plus que Canova à Phidias, et Michel Ange à Agésander ou à Appollonius. Pourquoi donc l'imitation des édifices orientaux serait-elle complète, absolue ? Au XIIᵉ siècle, comme à toutes les époques de l'histoire de l'Art, il y avait chez les artistes, parmi les architectes surtout, un désir, un besoin d'innover ; et la nouvelle forme leur étant révélée, ils la développèrent, la combinèrent, la modifièrent, selon le génie de leur nation, selon les exigences de leurs climats.

« A cette époque, dit M. de Caumont (1), beaucoup
« d'églises tombaient de vétusté (2), d'autres étaient trop
« petites et insuffisantes pour la population ; en même
« temps, l'enthousiasme religieux qui avait produit les croi-
« sades inspirait un zèle incroyable pour réédifier et multi-
« plier les monuments destinés au culte. Les architectes qui
« présidèrent au renouvellement des églises durent natu-
« rellement chercher à éviter les défauts qui avaient bâté le
« dépérissement des anciens édifices, et l'on peut supposer
« que s'ils voulaient, en employant l'arc en tiers point,
« satisfaire le penchant qu'on éprouve ordinairement pour
« les idées et les inventions nouvelles, ils étaient aussi per-
« suadés que cette arcade devait donner à leurs édifices plus
« d'élégance et de solidité. Ils trouvèrent d'ailleurs de l'éco-
« nomie à suivre la nouvelle méthode ; on s'accorde à recon-
« naître qu'il serait impossible de produire autant d'effet
« dans un autre système, avec aussi peu de matériaux que
« les artistes du moyen-âge ont su le faire dans leurs cons-
« tructions à ogives.

« Du reste, les causes qui ont déterminé l'adoption du
« style ogival sont peut-être plus complexes qu'on ne l'a
« supposé jusqu'ici. Tous ceux qui ont fait des recherches
« sur l'origine de cette architecture, se sont attachés à cer-
« tains caractères isolés, sans examiner avec assez d'atten-
« tion l'ensemble des éléments qui la composent et sans
« tenir compte des innovations successives qui en avaient
« fort anciennement préparé la naissance. L'architecture
« ogivale paraît s'être développée sous la triple influence des
« conceptions de nos artistes indigènes, des souvenirs
« romains et du goût oriental qui avait pénétré en Occi-
« dent. »

M. Alb. Lenoir, dans ses *Etudes d'architecture en*

(1) *Histoire sommaire de l'architecture au moyen-âge.*
(2) Avant le XIᵉ siècle, la plupart des églises étaient construites en bois ou avec des matériaux peu durables.

France (1), nie complètement que l'architecture ogivale soit l'imitation d'une architecture préexistante ; il pense que l'ogive a été engendrée par l'entrelacement de deux ou de plusieurs arcs à plein cintre, et qu'elle est due surtout à l'idée qu'eurent les Chrétiens ou à la nécessité où ils furent de renoncer aux plafonds et aux plates-bandes. « L'ogive, dit cet archéologue, n'appartient pas plus à un peuple qu'à un autre, et elle a dû se produire simultanément en plusieurs pays à la fois, dans l'église d'Occident comme dans celle d'Orient, bien antérieurement aux premières croisades, qui contribuèrent tout au plus à en répandre et à en développer le goût. »

L'ogive, importée d'Orient ou trouvée ailleurs, n'a été admise d'abord que comme un élément nouveau et exceptionnel dans l'architecture, penserons-nous avec M. Bâtissier. C'est une forme d'arcade qui a remplacé une autre forme d'arcade et qui a suivi tous les progrès que l'on a successivement faits dans l'art de bâtir. — Sa première apparition en France date du milieu du XIIᵉ siècle, après les premières croisades ; elle n'est employée absolument qu'au XIIIᵉ.

L'introduction de l'ogive dans les édifices chrétiens ne changea rien aux dispositions principales des plans, elle aida seulement aux progrès que chaque jour amenait dans tous les arts, et notamment dans celui de construire les monuments.

Le style ogival fut définitivement constitué sous le règne de Saint Louis ; dès-lors, on oublia totalement les traditions de l'art antique, et l'architecture française s'éleva par ses propres créations.

L'histoire de la monarchie et du peuple français à partir de cette époque est trop connue pour que nous tentions autre chose qu'un simple résumé.

La puissance royale est affermie. Saint Louis fait les lois, appelées *Etablissements*, qu'on trouve non moins sages que les *Capitulaires* de Charlemagne. Pendant son règne de quarante-quatre années, il sut résister aux entreprises de la papauté, dompta les grands vassaux et établit le droit d'appeler des cours seigneuriales au tribunal du roi ; on sait qu'il rendait lui-même la justice aux sujets de ses terres, assis sous un arbre du bois de Vincennes. Sous ce règne longtemps glorieux, la France fût restée grande et puissante, si Saint Louis, pour se conformer aux idées de son siècle, n'eût été entraîné à envahir

(1) *Magasin pittoresque*, 1839.

le pays des Infidèles. La dernière croisade lui coûta la vie. Il mourut de la peste, au siége de Tunis, en laissant trois fils, dont l'aîné, Philippe III, lui succéda, et dont le troisième, Robert de Clermont, devint la tige de la maison de Bourbon.

Deux grands faits historiques apparaissent sous le règne de Philippe-le-Bel, fils de Philippe le-Hardi : 1° La première admission du *Tiers-Etat* aux Etats-généraux, ce qui régularisa les fonctions des trois ordres et constitua jusqu'à la grande révolution de 1789 le mécanisme du gouvernement de la nation française. 2° La fixité du parlement du duché de France. Ce parlement est l'origine de la magistrature française. Les rois capétiens, suzerains du duché de France, convoquaient à des assemblées générales les barons, les seigneurs et les prélats, en leur associant des jurisconsultes. Ces derniers bientôt siégèrent seuls, les autres s'abstinrent d'y paraître, et le Parlement du roi devint une réunion de conseillers et de juges qui, pour la plupart, suivaient le roi dans ses voyages.

Plus tard, il fut divisé en deux sections ; l'une, sous le nom de *Conseil du Roi*, continua d'expédier les affaires administratives ; l'autre, sous le nom de Parlement, et dont la résidence fut fixée à Paris, présida à la justice, à la police et à l'examen des lois nouvelles.

« A l'imitation du Parlement de Paris, dit un historien (1), d'autres corps de judicature furent établis sous le même nom dans les villes principales du royaume. Etrangère aux sciences et presque exclusivement militaire, la noblesse, en général, s'en écarta ; la bourgeoisie domina dans la plupart des Parlements ; il en résulta de la part de la magistrature française un esprit d'hostilité qui, jusqu'à Louis XIII, aida les rois à abattre les résistances féodales, et qui depuis Louis XIII dégénéra souvent en esprit d'animosité contre la noblesse elle-même. »

« Telle est l'origine de ces corps célèbres en qui la puissance royale trouva longtemps un instrument tranchant et flexible contre les vassaux de tous les rangs, qui soutint, avec une ardeur quelquefois indiscrète, l'Eglise gallicane contre la cour de Rome, qui distribua aux citoyens la justice avec une rare équité ; mais qui enfin, sortant de ses limites dans les derniers temps, a ouvert les voies à la révolution. »

L'avènement de la branche des Valois au trône de France, au commencement du XIVᵉ siècle (1328), donna naissance aux longues et terribles guerres entre la France et l'Angleterre. Pendant un siècle et demi, la France toucha à chaque instant au moment de sa ruine. La fatale bataille de Poitiers livra le tiers du territoire français aux Anglais. Pendant la captivité du roi Jean, les paysans, formés en bandes sous le nom de *Jacquerie*, se soulèvent contre la noblesse et les gens de guerre (1359). La France se relève vigoureusement sous Charles V, grâce à l'administration de ce roi et aux exploits de Duguesclin, son bon connétable, qui reconquit sur les Anglais tout le pays perdu ; mais avec le règne de Charles VI arrivent de nouveaux malheurs. Après les désastres de ce long règne, le fils de Henri V, roi d'Angleterre, est sacré et proclamé roi de France. Charles VII s'endormait dans la volupté, au milieu de quelques provinces entre la Loire et la Garonne, quand survint une jeune fille, animée par un souffle divin, qui arrache le roi à son indolence, réveille l'ardeur des soldats, délivre Orléans et fait sacrer Charles VII à Reims. Jeanne d'Arc sauva la France. Elle périt victime d'une barbarie inconcevable. Le roi fut ingrat en cette occurrence ; la postérité s'est chargée de la reconnaissance. Charles VII est parfaitement oublié, Jeanne d'Arc ne le sera jamais par les Français. L'Angleterre était réduite à Calais, lorsque Charles VII termina paisiblement son règne.

Plusieurs faits intéressants dominent cette période de notre histoire. L'invention de l'artillerie que les Anglais employèrent, pour la première fois, dit-on, à la bataille de Crécy (1346) ; les premiers spectacles dramatiques sous Charles VII ; le premier établissement de l'impôt territorial, la permanence des troupes ; enfin la plus puissante invention du moyen-âge : l'art de l'imprimerie ou de la typographie, trouvé à Strasbourg, vers l'an 1440, par Jean Guttemberg, Jean Faust et Peter Schœffer.

C'est à Louis XI qu'on doit l'établissement de la poste aux lettres, admirable moyen d'échange des idées, qui, combiné avec les progrès rapides de l'imprimerie, devait bientôt changer la face des sociétés humaines.

Une des grandes préoccupations de Louis XI fut l'abaissement des grands seigneurs. Sa cruauté ne leur épargna pas les supplices.

Les trois dernières provinces qui avaient maintenu leur indépendance jusqu'à l'avènement de Louis XI, la Bretagne, la Bourgogne et la Provence, furent réunies, sous son règne, à la monarchie : la Bretagne par le mariage du Dauphin, depuis Charles VIII, avec l'héritière de ce duché, Anne de Bretagne ; la Bourgogne au moyen de la mort de Charles-le-Téméraire, dont la succession engendra les éter-

---

(1) M. de Villeneuve. *Précis de l'Histoire*.

nelles guerres entre l'Autriche et la France ; enfin, la Provence, par le testament du dernier comte de Provence, qui institua Louis XI son légataire universel.

En réunissant la Provence à la couronne, Louis XI fut en possession des droits de la maison d'Anjou sur le royaume de Naples. — C'est en voulant faire valoir ces droits que Charles VIII porta bientôt la guerre en Italie, — guerre qui fut continuée par Louis XII et François Ier ses successeurs.

Mais n'anticipons pas sur l'histoire. Avec le XVe siècle, cesse le règne absolu de l'architecture ogivale. Il avait duré trois siècles. En revoyant l'Italie fidèle aux traditions antiques, le génie français, toujours disposé à prendre chez les autres nations ce qu'elles avaient de supérieur dans les idées, dans les mœurs et dans les arts, s'inspira à ces sources fécondes, et traça aux arts une route nouvelle. Oui ! nouvelle et toujours individuelle, nationale si l'on veut, car, quelque évidente que soit l'influence des artistes milanais ou florentins amenés en France, à la fin du XVe siècle, pour ceux qui ont vu l'Italie et ses monuments des XVe et XVIe siècles, il y a analogie dans les dispositions principales — comme on le prétend à propos de l'architecture ogivale d'Orient et d'Occident, — mais pas le moins du monde copie littérale ou imitation servile. Nous avons souvent emprunté aux arts étrangers une idée première ; mais nous l'avons toujours traduite et développée de façon à la rendre méconnaissable.

Depuis vingt ans, la poésie s'est fort emparée de notre merveilleux moyen-âge ; c'est elle, il faut le reconnaître, qui en a fait aimer l'étude. On a écrit d'éloquentes paroles sur la pensée dominante de l'architecture gothique, témoin le fameux chapitre de *Notre-Dame* dans le livre étrange de M. Hugo: nous ne répéterons pas toutes ces charmantes pages, qui sont admirablement placées dans les romans et que nous serions bien fâché de ne pas y trouver. — Contentons-nous de constater que l'architecture ogivale du XIIIe siècle est la plus harmonieuse, la plus régulière, mais en même temps la plus sévère et la plus froide ; que celle du XIVe est plus sympathique, quoique moins imposante, que celle du XVe, enfin, est la plus riche, la plus élégante et la plus capricieuse. C'est une question de sentiment contre laquelle tous les arguments de la science viennent se briser.

DISPOSITIONS GÉNÉRALES.

L'introduction de l'arc ogival dans les monuments de style roman, n'a pu apporter, comme nous l'avons dit précédemment, de grands changements dans les dispositions principales des édifices religieux.

Des causes, d'une toute autre nature, amenèrent des modifications dans les systèmes de construction. Au XIIIe siècle, les idées religieuses s'étaient considérablement développées, les cérémonies étaient devenues plus pompeuses ; il fallut donc agrandir les temples chrétiens pour satisfaire aux exigences du culte. On commença par le chœur ; des chapelles furent groupées autour de l'abside et furent bientôt développées dans toute l'étendue des nefs latérales jusqu'aux façades. Par cette adjonction continue, la croix latine perdit sa forme primitive ; quelquefois même, les transsepts furent doublés et représentèrent une croix de Lorraine, comme dans l'église de l'abbaye de Cluny. Les orgues occupèrent une grande place et nécessitèrent des constructions inusitées, une sorte de porche intérieur appuyé sur le mur de la façade, et en même temps, des portiques extérieurs pour recevoir les fidèles avant et après les cérémonies. Puis, le nombre et le volume des cloches augmentant, les tours et les clochers réclamèrent un emplacement plus grand, gagnèrent en hauteur et surmontèrent élégamment les façades, couronnées par le pignon antérieur du grand comble.

Nous indiquerons, comme les plus intéressantes à consulter, les façades des Notre-Dame de Paris, d'Amiens, au XIIIe siècle ; celle de Reims, au XIVe siècle ; celles de Saint-Wulfran d'Abbeville, Saint-Méry à Paris, le portail latéral de la cathédrale de Beauvais, les porches de Saint-Germain-l'Auxerrois à Paris et de Saint-Maclou à Rouen, pour le XVe siècle. Les dispositions principales sont les mêmes du XIIIe au XIVe siècle. Il n'y a de différence que dans l'ornementation que nous étudierons particulièrement, au moyen des dessins qui accompagnent ce texte.

A l'intérieur, les divisions des travées restent semblables à celles du style roman, mais les colonnes ou piliers se groupent en faisceaux, acquièrent plus de légèreté et ouvrent des perspectives plus étendues dans les bas-côtés et dans les chapelles.

Dans les grands édifices, une tribune occupe ce premier étage et reçoit les fidèles, comme on le voit à Notre-Dame de Paris ; dans les moindres, c'est une étroite galerie qui permet à peine le passage d'un seul homme ; quelquefois cette galerie est purement figurée et décorative.

Les grandes fenêtres sont percées au-dessus de cette tribune ou galerie, et donnent le jour à la grande nef ; elles s'élèvent parfois jusqu'au sommet des voûtes et se marient avec elles. Souvent la fenêtre ogivale occupe toute la largeur de la travée entre les points d'appui.

Des autels sont placés dans les transsepts qui s'étendent au midi et au nord pour former la croisée. « La décoration des transsepts est souvent différente de celle de la nef principale. A Notre-Dame de Paris, on voit, à chacun d'eux, trois pignons couronnés de statues, et au-dessus est une galerie à jour décorée de vitraux, et, plus haut, la grande rose. A Saint-Denys, à Amiens, à Reims, la galerie qui décore la nef, au premier étage, fait le tour des transsepts, en y établissant la même circulation » (1).

Au XIIIe siècle, on commença à clore le chœur, comme cela se pratiquait anciennement en Orient, en élevant autour une muraille entre les colonnes du sanctuaire ; sur le devant, était pratiqué le jubé, qui, remplaçant les ambons du style latin, servait à la lecture des épîtres et évangiles. Cette disposition réclamait le concours de la sculpture et de la peinture ; des statues, des bas-reliefs, d'innombrables sculptures, des fresques quelquefois, décoraient ces clôtures élégantes. Celle de Notre-Dame de Paris a été faite pendant le XIVe siècle ; elle serait complètement restaurée, s'il n'y avait nécessité absolue de détruire les grandes boiseries intérieures du chœur. On peut juger, à l'église de Notre-Dame-du-Mont, de l'importance et de la richesse des jubés du moyen-âge, que l'ignorance et le mauvais goût du clergé ont jetés bas sous les plus ridicules prétextes.

L'ornementation prit, à partir du XIIIe siècle, une allure originale et indépendante, elle s'affranchit à peu près des traditions antiques. La flore indigène fut mise en œuvre par la sculpture ; la rose, le lierre, la vigne, le chêne, toutes les feuilles des arbustes qui affectionnent nos climats, les plus humbles fleurettes de nos vallons se groupèrent ingénieusement sous le ciseau des sculpteurs chrétiens et donnèrent un parfum harmonieux et patriotique à nos monuments nationaux. En même temps, la statuaire s'élevait à une grande puissance d'expression, en créant ces grandes et sveltes figures d'une tournure si chaste et si ample qu'on les croirait l'œuvre de la statuaire grecque à son début ; l'analogie est

(1) Albert Lenoir. — *Etudes d'architecture*.— *Magasin Pitt.*, 1839

trop évidente entre les deux arts pour qu'on n'établisse pas, quelque jour, leur parenté.

La peinture, la dorure étaient prodiguées sur toutes ces sculptures, et sur toutes les parties des édifices. Les voûtes étaient peintes avec l'azur et simulaient un dôme constellé d'étoiles d'or ou d'argent ; les colonnes, les nervures recevaient des ornements variés, dont les couleurs se mariaient avec les couleurs des vitraux ; les murailles étaient couvertes de bas-reliefs coloriés ou de fresques ; en un mot, l'Architecture et la Sculpture, recevaient de leur sœur la Peinture, une nouvelle vie, une animation harmonieuse et pleine de charmes.

Malheureusement, l'affreux badigeon de chaux ocrée dont les prêtres et les marguilliers des trois derniers siècles, et aussi du nôtre, ont tant abusé, à la satisfaction des zélés paroissiens, enseveli à jamais ces inappréciables richesses des arts du moyen-âge. C'est à peine si l'on peut faire revivre quelque maigre lambeau de ces merveilleuses décorations dont nous n'avons plus le secret ni le sentiment.

Aujourd'hui, voyez nos cathédrales, nos églises ogivales, toutes brodées extérieurement de sculptures dentelées : leur aspect étonne l'œil, on se passionne pour ces innombrables richesses, pour ces ingénieuses fantaisies de l'architecture et de la sculpture ; pénétrez dans l'intérieur, elles sont mornes et nues, dépouillées de leur mobilier primitif, — heureuses toutefois celles qui n'ont pas été blanchies et *illustrées* par les vitriers modernes, par ces hordes féroces de barbouilleurs piémontais qui salissent tout de leurs brosses immondes ; — heureuses celles qui ne sont point encore maculées par le carton pierre, la lithochromie et les stores transparents. On a beau les habiller d'oripeaux criards, les joncher d'horribles fleurs artificielles, nos pauvres églises françaises ne sont plus que de beaux et tristes cadavres.

MONUMENTS OGIVAUX.

Les monuments de style ogival, en France, sont beaucoup trop nombreux pour que nous puissions espérer d'en donner une nomenclature complète, nous nous bornerons à l'indication des principaux. C'est dans le Nord qu'on peut voir les plus importants et les plus beaux. Ils sont rarement exempts de tout mélange, sous le rapport de l'ornementation, mais les caractères distinctifs de chaque époque sont assez apparents pour empêcher de les confondre. Les monuments commencés dans le XIII° ont été, le plus souvent, achevés dans le XIV°, et les nombreuses mutilations qu'ils ont souffertes pendant les guerres avec les Anglais, à la fin du XIV° et au commencement du XV° siècle, ont rendu nécessaires de grandes réparations ; on a dû employer le style usité à la fin du XV° siècle, pour ces retouches et ces réparations.

On éleva peu de nouveaux monuments pendant le XIV° siècle, on continua, en y ajoutant, ceux du XIII°. Mais après la paix rétablie, au XV° siècle, si l'on ne commença pas de nouveaux édifices, on augmenta beaucoup ceux déjà existants.

Nous diviserons ce tableau par zônes correspondant au nord, au centre et au midi de la France.

NORD.

Paris, Notre-Dame......................	XII°, XIII° et XIV° siècles.
— La Sainte-Chapelle................	XIII° siècle.
— Saint-Germain-l'Auxerrois..........	
— Saint-Séverin.....................	
— Saint-Martin-des-Champs..........	
L'église de l'abbaye de Saint-Denys.........	XII° et XIII°.
Saint-Remy, à Reims.....................	
Saint-Etienne, à Sens	XII° et XIII°.
Cathédrale de Laon......................	
Cathédrale de Noyon	
Notre-Dame de Chartres.................	
Notre-Dame de Dijon....................	XIII°.
Notre-Dame de Mantes..................	
Cathédrale de Strasbourg................	
Cathédrale de Meaux....................	XI°, XII°, XIII° et XIV°.
Cathédrale de Soissons..................	XII° et XIII°.
Cathédrale de Séez......................	XIII°.
Notre-Dame d'Amiens...................	
Notre-Dame de Reims...................	
Cathédrale d'Evreux....................	
Saint-Etienne de Bourges................	XIII° et XIV°.
Cathédrale de Coutances.................	
Notre-Dame de Rouen...................	
Saint-Etienne-d'Auxerre.................	
Eglise de Senlis........................	
Saint-Wulfran.} À Abbeville..........	
Saint-Riquier. }	
Cathédrale de Tours.....................	XIV° et XV°.
Saint-Ouen, à Rouen....................	
Eglise de Caudebec.....................	
Saint-Maclou, à Rouen..................	
Le chœur de Beauvais...................	

L'église de Harfleur	XV° siècle.
Cathédrale de Nantes	XV°.
L'église de Lillebonne....................	XV°.
Saint-Rémy et Saint-Gervais d'Amiens........	XIV° et XV°.
L'église d'Argentan......................	XV°.

CENTRE.

Cathédrale de Clermont-Ferrand............	XIV° et XV°.
Saint-Jean de Lyon, Cathédrale............	XII°, XIII° et XIV°.
Saint-Cyr de Nevers.....................	XIV°.
Saint-Bénigne de Dijon	XIV°.
Saint-Maurice de Vienne.................	XII°, XII° et XV°.
Notre-Dame de Dôle.....................	XIV°.
Saint-Nizier à Lyon.....................	XV°.
Notre-Dame de Brou.....................	XV° et XVI°.
Saint-Pierre (Nièvre)	XV° et XVI°.

MIDI.

Cathédrale de Toulouse...................	XII° et XV°.
Cathédrale de Bordeaux..................	XV°.
Cathédrale d'Auch......................	XIII° et XV°.
Cathédrale d'Alby......................	XII°, XIV° et XV°.
Cathédrale d'Aix	XIV° et XV°.
Notre-Dame-des-Doms, à Avignon........	XIV° et XV°.

Les savants auteurs du *Gallia Christiana* ont donné la statistique suivante des monuments religieux de la France.

1,500 abbayes ;
34,449 cures ;
420 chapitres ayant églises ;
2,872 prieurés ;
931 maladreries.

Au total, 1,700,000 clochers.

Un grand nombre de ces édifices a été détruit par l'âge ; les guerres religieuses au XVI° siècle en ont ruiné beaucoup d'autres ; la révolution de 1789 s'est ruée sur presque toutes : depuis, les exigences de voirie en ont balayé d'autres sans pitié pour leur histoire et leurs richesses architectoniques. Eh bien ! malgré les ravages du temps et les colères des hommes, il n'est pas de village qui ne possède encore sa petite église élevée du XI° au XVI° siècle, car, depuis cette époque, on restaura et on augmenta, mais on construisit peu de nouveaux édifices religieux. L'architecture ogivale peut donc être étudiée sur tous les points de la France, plus facilement que toute autre architecture.

DEUXIÈME PARTIE.

ORNEMENTATION.

ARCS.

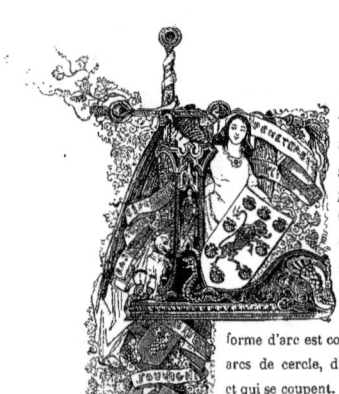

'OGIVE, *arc en tiers point, arc gothique* ou *arc pointu*, est le type générique de l'architecture ogivale, ogivique ou gothique. Cette forme d'arc est composée de deux arcs de cercle, d'un rayon égal, et qui se coupent.

L'arcade ogivale et la voûte ogivale ont été employées, exclusivement, par les architectes, depuis le commencement du XIIIe siècle jusqu'à la fin du XVe.

Les *Instructions du Comité des Arts et Monuments* signalent sept formes différentes d'arcs en ogive; M. Mallay en reconnaît neuf; MM. Louis Bâtissier et Adolphe Berty six. — Nous allons en faire une nomenclature détaillée.

La plus ancienne forme connue de l'ogive est celle dont nous avons déjà parlé sous le nom d'arc en plein-cintre brisé ou *ogive romane*. Dans le style ogival, on l'appelle *arcade ogivale ou gothique évasée*. Les centres de cet arc sont placés en dedans de son contour, si près l'un de l'autre que, quelquefois, il faut l'examiner avec attention pour reconnaître la brisure, presque insensible, qui la distingue du plein-cintre roman. — Cette arcade est particulière à la fin du XIIe siècle. Pl. VII Fig. 1.

Vient ensuite l'arc ogival ou gothique *aigu*, connu en Angleterre et en France sous le nom de *lancette*, à cause de sa ressemblance avec cet instrument de chirurgie. La largeur de cet arc est moindre que le rayon qui sert à le décrire, et les arcs dont il est formé ont leurs centres en dehors du contour. Cet arc caractérise le style ogival primaire ou en lancette employé pendant le XIIIe siècle, et quelquefois dans le XVe. Cette ogive, la plus étroite et aussi la plus énergique de toutes, a été réservée pour les fenêtres. Pl. VII Fig. 2.

L'arc en tiers point ou ogive équilatérale, a ses centres

placés à ses deux extrémités inférieures, de façon qu'ils forment un triangle équilatéral avec le point d'intersection. On considère cette ogive comme la plus faible de toutes, et cependant on la voit employée à toutes les périodes du style ogival. Pl. VII Fig. 3.

L'arc ogival ou gothique *lancéolé* ou ogive lancéolée, formé de deux arcs dont la courbure se prolonge jusqu'au dessous de la ligne des centres. Cette ogive est fort rarement employée. Il en est de même de l'*ogive mousse*, ronde au sommet au lieu d'être en pointe. Pl. VII Fig. 4.

L'arc ogival ou gothique *surhaussé* dont les arcs dépassent, comme ceux du précédent, la ligne des centres, mais en prenant une direction parallèle. Pl. VII Fig. 5.

L'arc ogival ou gothique *tronqué* ou surbaissé, dont les arcs ne descendent pas jusqu'à la ligne des centres, ou dont les centres sont placés au-dessous de leur naissance. Pl. VII Fig. 6.

L'arc ogival ou gothique *surbaissé* ou *arc Tudor*, ogive surbaissée, décrite au moyen de quatre centres. Pl. VII, Fig. 7.

Ces trois dernières formes d'arcs sont particulières au XVe siècle. La première, élégante et gracieuse, se trouve fréquemment dans les monuments de cette période ; la seconde est laide, accidentelle et par conséquent fort rare ; c'est cependant celle que l'industrie, dans son ignorance des principes de l'architecture ogivale, a le plus souvent employée, depuis vingt ans, dans ses malencontreuses imitations du style gothique.

La troisième enfin, dont il n'existe que peu d'exemples en France, appartient à l'architecture anglaise de la fin du XVe siècle, et a été appelée *arc Tudor*, parce que son apparition coïncide avec l'avènement au trône de la famille de ce nom.

L'arc à contre-courbure est formé de deux arcs convexes placés au-dessous de la ligne des centres. Pl. VII Fig. 8.

« L'arc en talon, en accolade, ou arc gothique prolongé , dit M. Berty, est décrit de quatre centres et alternativement convexe et concave. Il est propre au XVe siècle. Son sommet est presque toujours surmonté d'un pédicule terminé par un panache. Il couronne ordinairement un arc surbaissé avec lequel il se fond par ses extrémités. Cependant, dans un petit nombre de cas, il est isolé et donne sa forme à l'intrados de la baie qu'il forme. Pl. VII Fig. 9. »

L'arc en doucine est tout-à-fait le contraire de celui qui précède. Son contour, au lieu d'affecter la forme d'un talon, donne celle d'une doucine. Il est formé de quatre arcs, mais dont les supérieurs sont concaves, à sommet brisé ou arrondi et les inférieurs convexes. Il n'a été employé qu'au XVe siècle. Pl. VII Fig. 10.

L'arc ogival, appelé en *anse de panier* par les *Instructions du Comité des Arts*, est formé d'un arc très-surbaissé, flanqué d'arcs d'un rayon beaucoup plus court à ses deux extrémités. La forme de cette arc peut être modifiée par le plus ou moins d'abaissement de l'arc principal et par le plus ou moins d'éloignement des centres. Pl. VII Fig. 11.

L'arc déprimé n'est qu'une variété de l'arc en anse de panier ; l'arc très-surbaissé affecte presque la forme droite, mais il ne faut pas confondre l'arc déprimé avec la baie rectangulaire ou carrée à angles arrondis en arc, qui n'en diffère qu'en ce point que ses arcs latéraux sont réunis par un linteau ou plate-bande rectiligne, au lieu de l'être par un arc surbaissé. M. Berty propose d'appeler cet arc, commun au XVIe siècle, *plate-bande à coussinets arrondis*. Pl. VII, Fig. 12.

Il existe encore un arc fort commun dans toute l'architecture ogivale ; c'est l'*arc droit à encorbellement* ou plate-bande, soutenue de chaque côté par une sorte de corbeau.

Enfin la baie prend une forme entièrement rectiligne à angle droit, mais rarement pendant la domination de l'architecture ogivale. — Pl. VII, Fig. 13. — Les formes rectangulaires n'ont été employées qu'antérieurement au XIIIe siècle, et postérieurement au XVe.

L'arc ogival ou gothique est quelquefois composé. Quand l'intrados est découpé en segments de cercles appelés lobes, il prend le nom d'arc trilobé, Pl. VII, Fig. 14 et 15. Quand ces lobes sont multipliés, ordinairement en nombre impair, l'arc devient polylobé, Fig. 16. — Au XVe siècle, l'intrados de l'arc est revêtu de légères contre-arcatures découpées à jour, Fig. 17 ; mais cette décoration ne modifie pas la forme principale de l'arc. Ainsi, dans l'arc en talon, le lobe supérieur prend la forme de l'arc et devient cymatiforme ou en cymaise, Fig. 18. Il prend quelquefois cette forme dans l'ogive en tiers point. Fig. 19.

ROSES.

Les roses, ainsi que nous l'avons dit, en parlant du style roman, ne sont que le développement de l'œil-de-bœuf de l'architecture latine. — Ce nom s'applique également aux grandes ouvertures supérieures des édifices ogiviques et aux ornements découpés en contre-lobes, et que l'on connaît sous les trois désignations différentes de *trèfles*, *de quatre-*

feuilles et *quinte-feuilles*. Il n'y a pas de termes consacrés pour désigner ces ornements quand leurs divisions excèdent le nombre de cinq ; on ne dit pas des *six-feuilles*, des *sept-feuilles*, et nous ne savons trop pourquoi ; c'est une des nombreuses bizarreries de notre langue.

Dans les monuments de style roman, la rose est découpée ou gravée en creux, mais dans les monuments de style ogival, elle est encadrée d'un cercle et elle commence à s'évider dans les parties triangulaires comprises entre le tore d'encadrement et la pointe des contre-lobes.

Nous donnons, Pl. VII, trois spécimens de roses du style ogival primaire.

Fig. 20. Le trèfle ou rose à trois feuilles.

Fig. 21. Le quatre-feuilles ou rose crucifère, à feuilles arrondies.

Fig. 22. Le quinte-feuilles ou rose à cinq contre-lobes arrondis.

Fig. 23. Rose à huit contre-lobes, dont les pointes sont ornées de fleurons.

Ces contre-lobes peuvent être multipliés à l'infini, comme on le verra plus tard et surtout dans les grandes roses des portails.

Quand le règne du style ogival devint absolu, on adopta complètement la forme ogivale pour les roses. La Fig. 24, Pl. VII, représente le quatre-feuilles ogival. Plus tard les roses prirent la forme lancéolée, Fig. 25, quinte feuilles lancéolé ; enfin la forme de cymaise, Fig. 26, quatre-feuilles cymatiforme.

ARCADES, FENÊTRES ET ROSES. — Fort restreintes pendant toute la durée du style roman, les dimensions des arcades, des baies, des fenêtres et des roses augmentèrent considérablement et brusquement dès le commencement du XIII° siècle. D'abord on les allonge prodigieusement, puis on les creuse, on les évide, on les multiplie tellement que les murailles n'ont plus de paroi et que les voûtes semblent portées par une légère armature de pierre.

L'arc ogival donne naissance à l'arcade pointue. La fenêtre simple est d'abord aigue, surbaussée ou trilobée, rarement à tiers point, quelquefois à contre courbure, jamais lancéolée.

Cette première fenêtre ogivale se combine, soit avec elle-même, soit avec l'œil de bœuf ou rose.— Voir page 31 et Fig. 13 et 16, Pl. I.

Les Fig. 1, 2 et 3 de la Pl. VIII représentent trois combinaisons d'arcades ogivales primaires ou en lancettes.

La première est la fenêtre géminée ou double, réunie par un meneau déjà fort aminci flanqué d'une colonnette engagée.

La seconde est la fenêtre géminée, réunie par une simple colonnette et couronnée par une seule arcade ogivale ; une rose ou trèfle est inscrite au sommet de l'arcade, comme on l'a déjà vu dans les fenêtres géminées romanes.

Dans la troisième, la combinaison est plus riche, l'arcade géminée est doublée. Des faisceaux de colonnettes portent l'arcade principale et la double arcade qu'elle contient ; une mince colonnette divise de nouveau chaque arcade qu'un quatre-feuilles couronne.

Le caractère principal du style ogival primaire ou en lancette pendant le XIII° siècle est l'élancement, mais au XIV° siècle, dans la seconde période, — dans le style rayonnant, — bien que la forme de l'ogive soit peu modifiée, la broderie intérieure des tympans ou réseaux des fenêtres occupant plus de places et résultant de combinaisons plus compliquées, donne à l'ensemble un aspect plus ramassé.

Le style ogival secondaire ou rayonnant est ainsi nommé à cause de la forme rayonnante des roses, des cercles et des quatre-feuilles qui ornent les fenêtres et les autres parties des édifices.

Nous offrons aussi trois combinaisons d'arcades de style ogival secondaire. Pl. VIII, Fig. 4, 5 et 6.

La première que l'on trouve à Notre-Dame de Paris, est une des plus simples. Dans la partie supérieure de l'ogive est inscrite une rose ou cercle sans contre-lobes qui donne quatre ouvertures angulaires et au-dessous deux ogives géminées soutenues par des colonnettes. — Cette première fenêtre est souvent modifiée, la rose peut être découpée en plusieurs segments, trois, quatre, six, comme on le voit dans la Fig. 5.

Dans cette Fig. 5, la rose est découpée en contre-lobes, le tableau de la fenêtre est divisé en trois parties ; un trèfle est inscrit dans l'ogive supérieure de chaque côté.

La troisième combinaison, Fig. 6, montre le tableau divisé en quatre compartiments par des meneaux très déliés, c'est l'arcade doublement géminée couronnée d'un quatre-feuilles et d'une rose à six contre-lobes.

Au XIV° siècle la fenêtre s'élargit et passe de l'arcade évasée à l'arcade surbaissée, mais sans jamais s'arrêter au plein-cintre. Les meneaux se compliquent et s'évident tellement qu'il est impossible de les décrire. Ce sont de véritables dentelles ou filigranes de pierre mais qui conservent toujours le cercle pour courbe génératrice de toutes leurs broderies supérieures « avec cette différence, disent les *Instructions du Comité*, — que ce n'est plus seulement le cercle en repos, mais souvent aussi les projections du cercle en mouvement. »

Les combinaisons des meneaux des fenêtres ont un autre principe au XVe siècle. L'élancement de l'ogive n'existe plus. La courbe écrasée de l'arcade fait déjà pressentir le retour du plein-cintre.

On avait épuisé toutes les combinaisons possibles de l'œil de bœuf, de ses divisions et de ses projections dans une fenêtre de plus en plus surbaissée; « on les exclut et on les remplace par un autre système où figurent bien encore quelquefois les projections du cercle, mais qui se distingue du précédent par la direction toujours ascendante de ses parties, au milieu d'une variété infinie de formes renfermée dans une arcade, le plus souvent surbaissée ou en anse de panier. Malgré tout le caprice de ces formes, il est rare qu'elles ne consistent pas, surtout dans la première moitié du XVe siècle, en un groupe de triangles ou de quadrilatères curvilignes ou autres courbes composées, finissant en pointe et présentant quelque analogie avec une flamme droite ou renversée, c'est ce qui a fait donner à la fenêtre du XVe siècle (troisième période du style ogival), le nom de flamboyante, lors même que ses meneaux représentent tout autre chose; par exemple : des fleurs de lis et des étoiles, ainsi que cela arrive souvent en France, surtout dans les fenêtres de grande proportion (1). »

C'est au savant M. Aug. Le Prévost qu'on doit la qualification de *flamboyant* donnée au style ogival tertiaire, elle peint assez bien la forme que présentent les réseaux des fenêtres de cette période, mais elle n'est applicable qu'à cette particularité.

Les réseaux flamboyants des fenêtres du XVe siècle sont tellement compliqués, tellement variés que nous n'essaierons pas de les décrire, nous en donnons deux exemples suffisants Pl. VIII, Fig. 7 et 8; d'ailleurs, les édifices religieux du XVe siècle existent encore en si grande quantité en France, et dans un si parfait état de conservation, que rien n'est plus facile que de retrouver les plus intéressants spécimens de cette époque élégante de l'architecture ogivale.

ROSES DES PORTAILS OU GRANDES ROSES. — Ce que nous avons dit des fenêtres de style ogival peut s'appliquer également aux grandes roses des portails. La progression est la même. Ainsi, dans les Fig. 9, 10 et 11 de la Pl. VIII, on trouvera des exemples empruntés à chaque époque.

Dans la première, on voit la rose romane, mais plus évi-

Instructions du Comité des Arts et Monuments.

dée et découpée intérieurement en trèfle. Dans la seconde, les divisions se multiplient, en conservant toujours la forme rayonnante. Dans la troisième, les lignes curvilignes sont si compliquées qu'il serait impossible de les décrire. Nous avons choisi les motifs les plus riches qu'on peut appauvrir facilement en les émondant.

« Il y a encore la fenêtre en rose dont l'ornementation extérieure se compose fréquemment d'une moulure circulaire ou triangulaire curviligne, renfermant, soit des figures qui sont parfois des zodiaques ou bien d'autres moulures appartenant également au cercle et à ses fractions; souvent la moulure principale, au lieu d'être fermée intérieurement, repose sur deux consoles ou deux groupes qui en tiennent lieu (1). »

Il est permis de se méprendre sur les différences souvent insensibles des styles ogival primaire et secondaire ou du XIIIe et du XIVe siècle; mais le caractère du style tertiaire ou du XVe siècle est si tranché, si dissemblable, qu'il est impossible de s'égarer dans les reproductions qu'on en peut faire.

Le style flamboyant est diversement jugé. Les savants qui se préoccupent bien plus de la question d'âge que de l'importance réelle au point de vue de l'art, contestent son élégance en la trouvant maniérée, appellent sa richesse d'ornementation, profusion et confusion. Les artistes et les amateurs qui voient avec des yeux moins sévères ou moins prévenus que les savants, admirent sincèrement ce style plein de caprices et de fantaisies et dont l'emploi peut être excellent dans les constructions civiles, dans l'ornementation industrielle.

COLONNES, PILIERS, CHAPITEAUX, BASES.

PLANS. Un des caractères principaux du style ogival est déterminé par l'assemblage des demi-colonnes réunies en faisceaux. — Rien qu'en considérant les plans figurés en tête de la Pl. IX, on peut voir facilement les modifications qui sont survenues dans les formes des colonnes, depuis le XIIIe jusqu'au XVIe siècle — Les colonnes se rapprochent peu à peu, se groupent en faisceaux et forment bientôt d'énergiques piliers, découpés circulairement aux XIIIe et XIVe siècles, et en forme de soufflet au XVe.

Au commencement du XIIIe siècle, la colonne est, comme dans le style roman, — ronde ou cylindrique, lisse, Fig. 1, ou

(1) *Instructions du Comité des Arts et Monuments.*

ORNEMENTATION.

accouplée comme dans la Fig. 2 ; elle est tréflée ou accouplée trois fois, Fig. 3. — La colonne est ronde et cantonnée de quatre colonnettes engagées, — comme on le voit à la cathédrale d'Amiens, Fig. 4 ; — elle est ronde et entourée de huit colonnettes isolées, Fig. 5 ; — enfin, elle passe à l'état de pilier, selon les exemples que l'on trouve à la cathédrale de Senlis et à l'église de Saint-Quentin. — Le plan de ce pilier est cruciforme, avec une colonne engagée à l'extrémité de chaque branche de la croix et quatre colonnes secondaires, isolées et placées dans les angles rentrants du pilier, Fig. 6. Plus le style ogival devient dominant, plus la forme du pilier se complique. Ainsi, la Fig. 7, empruntée à l'abbaye de Saint-Denys, montre un pilier, dont le plan est elliptique, décoré de quatre colonnes engagées aux quatre faces principales et de huit petites colonnettes engagées dans les huit angles rentrants.

Au XIV° siècle, les piliers fasciculés se modifient encore, les angles droits du pilier primaire s'effacent, et les fuseaux ou colonnettes se multiplient tellement, qu'on en compte jusqu'à douze. Fig. 8.

Enfin, au XV° siècle, les colonnes cylindriques disparaissent à leur tour pour faire place aux tores prismatiques réunis par des lignes courbes et concaves, comme on le voit par la Fig. 9, empruntée à la cathédrale d'Orléans. Nous nous bornerons à cet exemple de plan d'un pilier de style ogival tertiaire, flamboyant ou du XV° siècle.

BASES. Les bases, au XIII° siècle, sont encore la reproduction de la base attique, mais elles sont plus ramassées ; les tores s'applatissent et la scotie est profondément creusée. (Voir les bases des figures 16, 17, 18, 19, 20, 21, 22, 23, 24, empruntées à Notre-Dame de Paris.

Pour les gros piliers, toutes les bases des colonnettes fas-« ciculées sont à la même hauteur, et se tiennent entr'elles « comme si elles ne formaient qu'une base continue (1) »

Au XIV° siècle, les bases sont simplifiées ; elles conservent toujours les tores des styles précédents, mais la scotie disparaît peu à peu et s'efface tout-à-fait. Les socles sont élevés et ornés de moulures vigoureuses. (Voir les bases des Fig. 29, 30, 34, 35, 36, 37.) « Ces socles, dit M. L. Bâtissier, ont « une véritable importance dans la combinaison des piliers « du XIV° siècle : il y a autant de socles qu'il y a de colon-« nettes groupées. Ils sont prismatiques, se présentent « d'angle ou de face, ont leurs moulures à des hauteurs diffé-« rentes et une saillie véritable. La partie la plus inférieure du « pilier est un massif dans lequel ces socles semblent pénétrer.»

(1) L. Bâtissier, *Hist. de l'Art monumental.*

Il est plus difficile de désigner les bases du XV° siècle, qui affectent les formes prismatiques les plus sinueuses. « Le « type est assez uniforme, dit M. A. Berty (1), — c'est ordi-« nairement un talon dont la partie concave, fort aplatie « dans le haut, est aussi fort longue, comparée à la partie « convexe ; ce talon est surmonté d'un tore, d'une bravette « ou quelquefois d'un petit talon, et l'ensemble de la base « porte sur un socle prismatique comme elle-même. » — Fig. 38.

CHAPITEAUX. La forme des chapiteaux a varié considérablement depuis le XIII° jusqu'au milieu du XV° siècle. Dès le XII°, les artistes avaient commencé à abandonner l'imitation des chapiteaux de l'architecture antique et de la flore orientale, pour copier les végétaux indigènes. Les crochets, auxquels M. Auguste Le Prévost a proposé de donner le nom de *crosses*, dénomination qui est aujourd'hui généralement adoptée, se rencontrent dans la plupart des chapiteaux du style ogival primaire. Ils affectent, au XIII° siècle, une forme allongée et sont terminés par un évasement qui figure tantôt un petit fleuron, tantôt une feuille roulée en forme de volute (2). Quelquefois les crosses sont terminées par des figures humaines ou par des têtes d'animaux.

La Pl. IX. contient les principales formes des chapiteaux du style ogival.

Au commencement du XIII° siècle, le tailloir qui surmonte la corbeille du chapiteau est presque toujours carré, ce n'est qu'à la fin de ce siècle et au commencement du XIV°, qu'il affecte la forme octogone.

La corbeille est cylindrique, — Fig. 10 ; — pyramidale (en pyramide tronquée et renversée, Fig. 11 ; — urcéolée (resserrée un peu au-dessous de son sommet), Fig. 12 ; infundibuliforme, c'est-à-dire présentant la forme d'une corbeille proprement dite ou d'un entonnoir, Fig. 13 et 14 ; — enfin, cordée ou en cœur, Fig. 15 (3).

Les chapiteaux, Fig. 16, 17, 18, 19, 20, 21, 22, 23, 24, 25, 26, 27 et 28, appartiennent au style ogival primaire (XIII° siècle). Ils présentent toujours leurs quatre angles garnis de crosses, une feuille relie les naissances des crosses vers l'astragale, comme dans la Fig. 19 et 20, mais la crosse reste toujours le principe de l'ornementation de la corbeille.

Au XIV° siècle, la corbeille devient infundibuliforme, se raccourcit et présente deux étages de feuilles frisées, dont

(1) *Dict. de l'Archit.*
(2) M. de Caumont. *Cours d'antiquités monumentales.*
(3) *Instructions du Comité des arts et monuments.*

l'inférieur se détache quelquefois, au point de la faire paraître double, sous un tailloir qui a passé de la forme carrée à l'octogone, Fig. 29, 30, 32 et 33.

La Pl. IX montre toutes les phases de la colonne pendant la durée du style ogival. D'abord isolée, comme dans l'architecture romane, elle s'amincit et s'allonge progressivement ; et son diamètre varie selon la hauteur des édifices qu'elle soutient ; plus tard, elle se groupe autour d'un pilier, dont elle devient ainsi partie intégrante, et va recevoir, au haut des murs, les arceaux des voûtes ; mais en même temps que le fût acquiert plus d'étendue, la base et le chapiteau perdent incessamment de leur importance ; enfin, quand les combinaisons les plus capricieuses ont été épuisées dans la composition du pilier, quand il est devenu lui-même une espèce de colonne déliée et d'une extrême finesse de détails, les nervures se prolongent sans interruption jusqu'au faîte de l'édifice, Pl. IX, Fig. 38, et ne font qu'un avec les arceaux ramifiés de la voûte. « Ces nervures, dit M. de Caumont, « sont elliptiques et non cylindriques, et la partie antérieure « est coupée, de manière à présenter une bande anguleuse, « comme si une règle de bois était clouée du haut en bas de « la colonne. » A Saint-Séverin de Paris, on voit une colonne-pilier dont les moulures prismatiques se développent en spirale autour de la colonne et viennent se perdre dans les retombées de la voûte, — Fig. 39. — Nous connaissons encore quelques exemples d'une semblable colonne-pilier, notamment dans l'église Sainte-Croix de Provins.

ARCATURES. Aux XIe et XIIe siècles, on avait décoré les murs avec des arcs à plein cintre bouchés.—Au XIIIe siècle, cette décoration fut continuée, mais au moyen d'arcs en ogive ; nous avons dit en parlant du style roman qu'elles s'appelaient arcades aveugles quand elles décoraient le plein du mur, et arcatures *en claire voie*, quand elles sont entièrement détachées des murs et qu'elles forment (1), comme une sorte d'écran ajouré, et qui permet ainsi de voir le parement de ces murs, toujours situé à fort peu de distance derrière elles. On en trouve à toutes les époques du style ogival. — Si elles sont destinées à être vues des deux côtés, elles sont décorées sur chaque face et prennent le nom d'*Arcatures à jour.*—Dans ce cas, ce sont des espèces de galeries.

La Fig. 1, Pl. X, offre un exemple d'arcature de style ogival primaire, emprunté à la cathédrale de Bayeux. La lancette est nettement accusée. La partie supérieure de ces arcades est souvent ornée d'une espèce de frise, composée de rosaces, de fleurons, de trèfles ou de quatre-feuilles.

Au XIVe siècle (style ogival secondaire), la décoration des arcatures suit la progression du système ; l'arcade est tréflée et dans le tympan des archivoltes, un trèfle ou un quatre-feuilles est découpé.—Fig. 2.

Enfin au XVe siècle, style tertiaire, l'arcature est remplie intérieurement par des broderies flamboyantes.

PANNEAUX. Les panneaux sont des compartiments dessinés par des moulures et remplis de petites arcatures ordinairement flamboyantes, (1)—Ils peuvent être appliqués (adhérents au fond sur lequel ils sont sculptés) en claire voie et à jour.—C'est surtout au XVe siècle qu'ils jouent un grand rôle dans la décoration murale des édifices. Ils couvrent quelquefois des murailles entières. On les trouve également employés à l'ornementation des maisons, extérieurement et intérieurement, des meubles et de tous les objets susceptibles d'être ainsi décorés. Le panneau, à proprement parler, est une sorte d'arcature très-commune, à partir du XVe siècle.

Les Fig. 4, 5, 6 et 7 sont de remarquables spécimens de panneaux du style ogival secondaire ou rayonnant, et les Fig. 8, 9, 10, 11 et 12, donnent une idée suffisante des combinaisons adoptées pendant le XVe siècle et une partie du XVIe.

BALUSTRADES. Les balustrades appartiennent particulièrement à l'architecture ogivale. Elles ont remplacé le mur plein qui, antérieurement au XIIIe siècle, servait d'appui dans les galeries.

A partir de la seconde moitié du XIIIe siècle, la balustrade est portée par de petites arcades en ogives ou trilobées, F. 13. Au XIVe siècle, style secondaire, elle est supportée par des rosaces, des trèfles ou des quatre-feuilles encadrés, Fig. 14 ; plus tard, elle suit tous les caprices du style flamboyant et s'harmonise avec les fenêtres, les panneaux et toute la décoration contournée du XVe siècle. Les balustrades atteignent souvent à une grande richesse de détails, à cette époque, et il faut toujours se rappeler que leurs profils offrent les formes prismatiques. Les Fig. 15, 16, 17 et 18 fourniront d'excellents exemples des balustrades du style ogival tertiaire ou flamboyant.

DENTELURES.—FESTONS.—CRÊTES. Nous avons signalé les crêtes qui décorent les faîtages de certaines églises romanes de l'Auvergne. Cet ornement, oublié pendant les XIIIe et XIVe siècles, reparaît au XVe, principalement dans les cons-

---

(1) Ad. Berty.—*Dictionnaire de l'architecture du moyen-âge.*

2. M. Ad. Berty —*Dictionnaire de l'architecture.*

tructions civiles ; mais s'il est plus riche qu'autrefois, c'est qu'à la pierre on a substitué le métal. Le XVᵉ siècle, qui a prodigué l'ornementation partout, a employé avec profusion les dentelures, les festons ou contre-arcatures découpées, en marbre, en pierre, en bois; on trouve ces ornements —d'un caprice tel qu'il est impossible de le décrire,—dans les pinacles, dans les dais, partout enfin où le goût du temps a pu les introduire. Sous les Fig. 19 et 20, on a représenté deux dentelures ou contre-arcatures découpées en contrehaut, et sous les Fig. 21 et 22, deux contre-arcatures découpées en contre-bas.

CONTREFORTS. La hauteur ou l'écartement des murailles, la poussée des voûtes ont nécessité, de bonne heure, l'emploi des contreforts,—élément architectonique peu gracieux que l'architecture ogivale a développé heureusement au moyen des arcs-butants. — Au début, le contrefort a peu de saillie ; c'est presque un pilastre dont les ressauts vont en augmentant à mesure que l'édifice s'élève et que la voûte s'y introduit. Plus tard, la poussée de la voûte oblige d'en étendre les soutènements. (1) « C'est alors que le contrefort inférieur s'allonge en pilier butant, et s'arme lui-même d'un petit contrefort secondaire ou éperon appliqué sur une de ses faces, puis il reçoit dans sa partie supérieure des arcs, plus ou moins complets, qui vont s'appuyer contre les murs extérieurs de la nef ou toute autre partie élevée, pour maintenir la poussée des voûtes, et forme ainsi une ceinture quelquefois double de piliers et d'arcs-butants. »

L'ornementation des contreforts fut simple d'abord, mais au XIIIᵉ siècle, elle se compose de clochetons carrés, souvent à jour, d'édicules avec ou sans statues, de pignons figurés, ornés de crosses et de la végétation indigène. Cette ornementation n'est pas le moindre mérite de l'architecture gothique.

Le clocheton ou pinacle fut d'abord extrêmement simple. Dans les premiers temps du style ogival primaire, il est carré et terminé sur chaque face par un fronton aigu, dont l'angle supérieur porte une espèce de chapiteau ; plus tard, on grave sur les flancs une ogive primaire, Pl. XI, Fig. 1 ; puis une pyramide s'élance du centre, bordée d'abord de moulures unies, Fig. 2.

Au XIVᵉ siècle, le pinacle s'amaigrit, se ferme, et ses angles, au lieu de suivre ceux du pilier, se portent souvent au milieu des faces de ce dernier (2). Les arêtes de la pyramide

(1) *Instructions du Comité.*
(2) *Instructions du Comité.*

se hérissent de crosses et se terminent par un bouquet, Fig. 3 et 4.—Avec le XVᵉ siècle, les statues, les niches, les dais travaillés à jour, trouvent place sur le pilier butant, et le pinacle et ses pédicules se couvrent de crosses, de bourgeons et de fleurons, Fig. 5 et 6.

Les Fig. 21 montrent l'aspect des bases des contreforts ; dans la Fig. 20, on peut juger de l'ensemble d'un contrefort au XVᵉ siècle. On y voit l'ajustement du clocheton, de la balustrade et de la gargouille ; en même temps, la Fig. 7 donne l'exemple d'une niche assez riche de la même époque. —Cette niche est couronnée d'un dais très-ouvragé et garnie à la partie inférieure du cul-de-lampe portant le socle destiné à recevoir une statue.—Depuis la fin du XIIᵉ siècle jusqu'au XVIᵉ, les niches ont conservé cette disposition, il est peu d'édifices de l'époque ogivale qui ne contiennent de ces sortes de niches.

La Pl. XI, Fig. 22 et 23 contient aussi deux modèles de clefs en pendentifs ou vulgairement *clefs de voûte*, ornement hardi, né dans le milieu du XVᵉ siècle, et qui a été fréquemment employé depuis ce temps. — Ce cul-de-lampe est souvent fort riche, et il est très facile d'en rencontrer encore.

NERVURES. Nous empruntons la définition de cette partie de l'architecture des édifices ogivaux de M. Ad. Berty (1) auquel nous avons déjà emprunté beaucoup de renseignements et de définitions plus claires que dans aucun autre livre.

« Les nervures sont des moulures qui garnissent les arêtes d'une voûte ou ses angles rentrants, quand elle est en arc de cloître. Ce sont les nervures qui forment ce qu'on appelle les *liernes* et les *tiercerons*.

« Les plus anciennes nervures ne remontent qu'au XIᵉ siècle, et consistent dans un simple tore, quelquefois garni de filets ; au XIIᵉ, le tore se double (Fig. 8), et souvent un filet sépare les deux boudins ; vers la fin de ce siècle, on voit fréquemment trois tores dont les deux latéraux sont en retrait sur celui du milieu, Fig. 9. A partir du XIIIᵉ siècle, les nervures reproduisent les moulures des archivoltes et dans leur forme et dans leur arrangement. »

« Jusqu'au milieu du XVᵉ siècle, les nervures n'avaient été appliquées que sur les arêtes des voûtes; et conséquemment n'avaient formé que des croisées d'ogives, mais à partir de cette époque, elles se multiplièrent sous le nom de liernes et de tiercerons, et arrivèrent à former des réseaux souvent

(1) *Dictionnaire de l'architecture du moyen âge.*

très-compliqués.—A la Renaissance, on fit encore un grand usage des nervures, qui finirent par se transformer en caissons. »

Les Fig. 10 et 11 reproduisent des nervures de la deuxième époque ogivale, XIVe siècle, et les Fig. 12 et 13 des nervures de la troisième époque, XVe siècle.

La Fig. 14 représente un fragment d'archivolte de style ogival primaire, la Fig. 15 de style secondaire et les Fig. 16 et 17 de style tertiaire ou flamboyant.

Les sept dessins compris sous le n° 18 sont des moulures courantes profilées, et les huit dessins compris sous le n° 19, Pl. XI, des cordons et corniches employés aux trois époques du style ogival.

CROCHETS OU CROSSES. BOUQUETS. Les crochets et les bouquets font partie d'un même système d'ornementation. Particuliers aux trois époques de l'architecture ogivale, ils sont très-variés de détails, mais leur effet est le même, quant à l'ensemble de la décoration.—Le crochet est placé sur l'extrados des arcs, sur les rampants des pignons et des gables, et sur les arêtes des pyramides.—Il apparaît avec le XIIIe siècle. On a vu, dans la forme de cet ornement, une imitation des bourgeons des arbres, mais elle a plutôt l'apparence d'une feuille qui se recourbe sur elle-même en s'éloignant de sa tige, comme on le peut voir par la Fig. 1 de la Pl. XII. Le dessin de la Fig. 2 est moins simple, mais il appartient ainsi que le premier, au XIIIe siècle. Dans le siècle suivant, la tige du crochet se raccourcit et s'amaigrit, les feuilles se recourbent en sens inverse, ont moins de saillie et sont plus rapprochées les unes des autres, Fig. 3 et 4. Cette disposition est conservée au XVe siècle, mais alors, les crosses imitant presque toujours la feuille du chou frisé ou du chardon, prennent le nom de choux, Fig. 5 et 6. — Au XVIe siècle, on revint à la courbure primitive de la crosse, en lui donnant plus de grâce et de délicatesse.

Les ogives, les pignons, les pyramides, dont l'extrados, les rampants ou les arêtes sont décorés par ces crosses ou choux, sont toujours couronnés par un bouquet souvent fort gracieux ; on donne aussi à cet ornement le nom de panache qui nous semble préférable à celui sous lequel il est connu. —Le bouquet reproduit Fig. 7, est terminé par une sorte de cul-de-lampe destiné à porter une statue. La Fig. 8 a quelque analogie avec le bouton d'une fleur de lys.—Les Fig. 9, 10 et 11 appartiennent aux XIVe et XVe siècles; ils terminent les plus développés, surtout les pédicules des arcs en talon.

Le XVe siècle a employé les choux et les bouquets avec profusion ; on trouve par toute la France de nombreux types de ces ornements, dont on ne saurait trop admirer la grâce et la rare élégance.

GARGOUILLES. Dans le style ogival, les cheneaux pour l'égoût des eaux pluviales, sont terminés par une gouttière saillante en pierre.—Cette gouttière prend le nom de *gargouille*, lorsqu'elle est sculptée en forme de figure. La Fig. 12, Pl. XII offre le type d'une de ces gargouilles. Il n'est aucun ornement de l'architecture gothique qui ait aussi vivement excité l'imagination des sculpteurs ; les gargouilles seules, pendant le moyen-âge, mériteraient un livre spécial : des animaux étranges, des monstres hideux, des démons fantastiques, et quelquefois des êtres humains sont représentés autour des monuments. On croirait voir les personnages de l'enfer du Dante, subissant une torture éternelle et se tordant dans les plus affreuses convulsions. Une étude attentive des gargouilles amènerait peut-être la découverte de quelques satires écrites sur la pierre par ces malins artistes du XIVe et XVe siècle, qui n'avaient pas encore le *Charivari* et la Caricature.

ORNEMENTS. Au XIIIe siècle, —avons-nous dit,—l'imitation des végétaux indigènes remplaça les palmettes, les feuilles grasses perlées, les galons empruntés à la flore ou à la décoration orientale. Il serait difficile de décrire toutes les plantes sculptées sur les chapiteaux, dans les frises, au commencement du style ogival, nous allons signaler les principales.

« Les premières feuilles indigènes, en date, disent les *Instructions du Comité des arts et monuments*, sont souvent digitées, palmées ou ternées —On reconnaît celles du lierre, de la vigne vierge, de vigne, de quinte-feuille, de nénuphar, de bouton d'or, de chêne, de fraisier, de roseau, puis les formes incisées, laciniées, lyrées, runcinées, lobées, sinuées, pinnatifides ; la mauve frisée, le choux, le chardon, le houx, la chicorée. » Parmi les fleurs, — nous citerons la rose, Fig. 28, Pl. XII, employée avec prédilection dans les églises placées sous l'invocation de la Vierge ; parmi les fruits, les raisins et la pomme de pin ; parmi les objets employés à la toilette, les perles et les godrons.

M. de Caumont a reconnu et décrit, autant que cela se peut faire, les espèces suivantes :

Les feuilles de vigne,—Fig. 27.—Le lierre, la vigne sauvage, les feuilles de fraisier entremêlées de petits fruits ; les grandes feuilles de nénuphar, disposées tantôt seules, tantôt combinées avec d'autres, autour de la corbeille des chapiteaux ; une sorte de mauve, les feuilles de chêne, parfaitement imitées et disposées, soit en épis ou en bouquets ;

à Amiens, à Reims, au Mans, ces feuilles sont exécutées avec une rare précision, les trèfles, les quatre-feuilles, les guirlandes de roses, particulières au règne de saint Louis, quelquefois des feuilles de saule; — parmi les fleurs, des renoncules, des pensées, des violettes et des feuilles contournées ou déchiquetées auxquelles il serait audacieux de donner un nom.

Telle est l'ornementation végétale des édifices pendant les IIIe et XIVe siècles.

Les feuillages qui appartiennent au XVe siècle ont une physionomie plus tranchée. On employa surtout, à partir de cette époque, les choux frisés et contournés, comme dans la console, Fig. 30, les feuilles de chardon, aigues et déchiquetées, Fig. 16, 17, 19, — et la feuille de vigne. — Ces feuillages s'enlacent souvent avec des rubans, Fig. 29, et forment de riches guirlandes, fouillées avec une patience et une adresse admirables. Parfois, des animaux sont enchevêtrés dans ces feuillages, Fig. 18 et 20. — En général, ces ornements sont vigoureusement taillés.

La Pl. XII contient de suffisants spécimens de ces ornements courants. Les Fig. 13 et 14 peuvent s'appliquer au style ogival primaire et secondaire, et les Fig. 15, 16, 17, 18, 19, 20, 21, 22, 23, 24, 25, 26, 27, 28, 29 et 30, pour la plupart, au style tertiaire ou flamboyant.

On a réuni sur la Pl. XIII, — de beaux exemples étudiés avec soin, de l'ornementation du style ogival.

Les Fig. 1, 2 et 3, empruntées à la cathédrale de Rouen, représentent des frises à quatre feuilles courantes, dans lesquelles sont inscrites des figures, des têtes et des bêtes fantastiques ; elles appartiennent au style secondaire.

D'autres frises, ornées de feuillages variés, aussi du style secondaire, ont été dessinées, Fig. 4, 5, 12, 13 et 14.

Deux frises ornées de choux frisés, Fig. 23 et 24, signalent le style tertiaire ou fleuri, les deux crochets ou crosses, Fig. 25 et 26, appartiennent à la même époque.

Les Fig. 9, 10, 11, 21, 22 représentent des animaux fantastiques puisés dans différents monuments de style ogival.

Deux panneaux du style ogival tertiaire figurent sous les nos 15 et 16.

Les Fig. 17, 18, 19 et 20 sont des tympans de style secondaire dessinés à Notre-Dame de Paris.

Deux rosaces, Fig. 6 et 7, et une frise ornée d'une figure d'ange, Fig. 8, complètent la Pl. XIII, et donneront une idée suffisante des ornements principaux employés dans le style ogival pendant ses trois périodes.

PORTAILS. La Pl. XIV présente trois portails qui peuvent être considérés comme des types d'ensemble des trois âges constatés du style ogival. En les comparant, on peut étudier facilement la progression de l'architecture ogivale.

La Fig. 1, provenant de la cathédrale de Bayeux, montre le portail de style primaire dans toute sa simplicité. L'ogive à lancettes y est nettement caractérisée; les moulures, les chapiteaux, les colonnes témoignent de l'extrême sobriété du XIIIe siècle.

Le portail, Fig. 2, appartient au XIVe siècle ; en même temps que l'ogive est plus écrasée, l'ornementation de l'ensemble est plus riche ; les frises et les tympans sont décorés de quatre-feuilles et de trèfles, et d'énergiques contreforts, couronnés de pinacles élégants, flanquent la porte.

Au XVe siècle, les arcs en talon et en anse de panier dominent presque exclusivement ; l'ornementation est si riche qu'il est impossible de la décrire. Cette Fig. 3 est empruntée au Palais-de-Justice de Rouen, un des monuments les plus complets et les plus riches, élevés dans le nord de la France, pendant le XVe siècle.

ORNEMENTATION DU STYLE OGIVAL

EN ANGLETERRE ET EN ALLEMAGNE.

Après avoir étudié les principaux éléments de l'ornementation, en France, pendant la durée du style ogival, il ne sera sans doute pas inutile de présenter quelques motifs empruntés au même style, en Angleterre et en Allemagne. La comparaison, sous le rapport de la sévérité des principes, est certainement en faveur de la France, mais sous le rapport du caprice, de la fantaisie audacieuse, nos voisins d'outre-Rhin et d'outre-Manche ont souvent dépassé les artistes français.

A cet effet, on a rassemblé sur une seule planche plusieurs exemples des dispositions usitées et des ornements employés en Angleterre et en Allemagne, principalement au XVe siècle.

Les sept premières figures de la Pl. XV sont de style anglais.

La Fig. 1, Pl. XV, montre l'arc gothique surbaissé (1) que les Anglais désignent sous le nom d'arc Tudor, parce que la date du premier emploi qu'ils en ont fait, se rapporte à l'ascension, au trône de la Grande-Bretagne, de la race des Tudor.

L'ornementation de ce portail diffère considérablement de celle en usage en France. Les tympans des archivoltes sont

(1) Voir page 56, *Arc surbaissé.*

d'une grande richesse, mais ils n'offrent pas les reliefs énergiques que l'on trouve dans nos monuments.

Fig. 2. Chapiteau octogonal avec pendentifs sur le fût de la colonne.

Fig. 3. Chapiteau accouplé.

Fig. 4. Bouquet terminant un édicule.

Fig. 5. 6. Tympans de fenêtres.

Fig. 8. Rose du XIVe siècle. La croix est rayonnante comme en France, mais les rais sont disposées comme dans la croix de saint André.

Fig. 7 et 9. Panneaux.

Fig. 10 et 11. Pinacles ou clochetons.

Fig. 12 et 13. Dentelures ou arêtes en contre-haut.

Fig. 14. Panneau de balustrade avec un écusson inscrit dans un quatre-feuilles. — Cette décoration est commune dans l'architecture civile en France.

Fig. 15 et 16. Balustrades.

Fig. 17. Corniche avec corbeaux ou arcades trilobées.

Le style anglais, comme on le voit par les exemples de la Pl. XV, affecte toujours des allures rectilignes ; le style gothique allemand prend, comme on va le voir, des allures opposées.

Les Fig. 18, 19, 20, 21, 22, 23, 24, 25, 26, 27, 28 et 29 de la Pl. XV, sont de ce style qui correspond à notre style flamboyant.

Fig. 18, 23, 26, rosaces. Fig. 19, espèce d'écu de fantaisie avec ses lambrequins.

Fig. 20 et 22. Crochets ou crosses.

Fig. 24 et 25. Tympans d'arcades en talon.

Fig. 27 et 29. Frises composées d'ornements courants.

Fig. 28. Chapiteau.

Enfin, Fig. 21. Bénitier du XVe ou XVIe siècle.

ARCHITECTURE CIVILE.

Nous ne nous sommes occupé dans les premiers chapitres de ce livre que de l'architecture religieuse, qui seule offrait des matériaux certains, des types reconnus, mais à partir de l'époque que nous étudions, l'architecture civile prend une certaine importance et nous devons constater les modifications qu'elle a reçues depuis le XIIIe siècle jusqu'au XVIe.

Les constructions civiles sont : les maisons claustrales des abbayes, les hôpitaux, les palais, les hôtels-de-ville, les châteaux, les maisons particulières.

« Ces constructions, dit M. de Caumont (1), dans les-
« quelles nous pourrions suivre les progrès de la civilisation,
« du commerce et de l'industrie, durant le moyen-âge, offri-
« raient un sujet d'études infiniment attrayant, si nous^v en
« possédions un grand nombre, passablement conservées,
« de divers siècles. »

« Malheureusement ce champ de recherches, si intéres-
« sant, a été bien moins exploré par les savants que d'autres
« comparativement stériles, et aujourd'hui que nos villes
« sont presque entièrement renouvelées, il reste à peine,
« dans un rayon de cent lieues, quelques débris de construc-
« tions civiles des XIe, XIIe et XIIIe siècles. »

Ainsi donc, quant aux époques éloignées, il y a plus à conjecturer qu'à décrire, en l'absence des types de l'architecture civile.

Au XIe siècle, l'architecture civile a employé les mêmes ornements que l'architecture religieuse. Les portes, les fenêtres divisées par des colonettes étaient à plein cintre, mais les moulures étaient, ainsi que les archivoltes, plus simples que celles des monuments religieux.

Quelques cheminées des XIe et XIIe siècles ont été conservées jusqu'à nos jours. Elles étaient cylindriques, plus ou moins élevées et coiffées d'un cône. — Nous en connaissons une fort remarquable au Puy en Velay. — Elle est placée au centre d'un grand bâtiment attenant au cloître de la cathédrale. Carrée à l'extérieur et saillante sur la muraille, comme les cheminées de Venise, elle devient circulaire au sommet du pignon, et forme une sorte de colonne, dont les assises sont alternativement en lave brune et grise. — Un clocheton, percé de huit ouvertures trilobées, et coiffé d'un cône arrondi, couronne cette cheminée fort précieuse. A la fin du XIIe siècle, l'architecture civile suivit l'essor de l'architecture religieuse. — De nombreuses abbayes furent édifiées et, par suite, des bâtiments nécessaires aux usages de la vie. — On cite encore, de cette époque, la salle des Chevaliers au mont Saint-Michel, la salle capitulaire de Saint-Georges de Boscherville (Seine-Inférieure), l'hospice d'Angers, celui du

(1) *Hist. som. de l'Archit.*

Mans, dont certaines parties existent encore, celui de Caen, maintenant détruit.

MAISONS PRIVÉES DU XIe AU XVIe SIÈCLE. L'histoire des habitations particulières au moyen-âge serait aussi curieuse qu'intéressante à faire et à étudier ; mais, en présence d'un travail élémentaire tel que celui-ci, nous ne pouvons offrir les conjectures des archéologues comme des renseignements suffisants et positifs. — Nous ne rappellerons que les édifices observés et étudiés par les hommes spéciaux ou rencontrés par nous.

Les maisons d'habitation, pendant tout le moyen-âge, furent bâties en pierre ou en bois. Du Xe au XIVe siècle, celles bâties en pierres dominent ; mais au XVe, celles bâties en bois deviennent plus communes. Il serait difficile de rappeler la distribution intérieure des maisons pendant les XIe, XIIe, XIIIe et XIVe siècles ; il est à peine permis d'indiquer les caractères architectoniques de l'extérieur. Pendant toute la domination du style roman, toutes les maisons furent construites sous l'influence de ce style. Le plein-cintre était le type générateur de toute l'architecture, et l'ornementation des maisons, comme des édifices civils, fut semblable à celle des édifices religieux. Les maisons, au XIe siècle, présentaient déjà, sur le bord des rues, les gables ou pignons qui furent employés habituellement dans les siècles suivants ; seulement, dans le Nord, ces pignons étaient aigus et recouverts de tuiles plates, et dans le Midi, ils étaient bas, presque plats, et couverts de tuiles creuses. Les portes étaient surmontées d'un cintre de décharge en pierres d'appareil, comme cela se pratique encore en Auvergne et dans tout le midi de la France. Les fenêtres étaient cintrées, le plus souvent ; un seul cintre formait l'ouverture, ou bien deux cintres s'appuyaient sur une colonnette centrale ronde ou carrée ; quelquefois l'ouverture était carrée, et, dans ce cas, divisée en plusieurs baies par des meneaux ou des colonnettes. Les rez-de-chaussée étaient généralement voûtés et les planchers des étages supérieurs étaient soutenus par des arcades et des colonnes.

Au XIIe siècle, quand on commença d'employer l'ogive, cette forme d'arcade remplaça le cintre, mais on conserva la décoration romane.

Nous avons étudié, à Beauvais, il y a dix ans environ, plusieurs constructions en pierre, avoisinant l'évêché, et que l'on faisait remonter au XIIe siècle, mais nous doutons fort qu'elles aient résisté aux *intelligents* démolisseurs qui ont aligné, depuis, la curieuse rue Saint-Pantaléon. M. de Caumont a signalé plusieurs maisons romanes à Montrichard (Loir-et-Cher); à Chartres, rue du Château n° 14 ; à Tours, deux maisons du XIIe siècle, dont l'une, rue du Commerce n° 94, offre quelques sculptures à l'intérieur, et l'autre, mieux conservée et d'un grave intérêt, rue des Trois-Pucelles, présente, au premier étage, des fenêtres ornées de zigzags ; mais la distribution première de ces maisons n'est plus reconnaissable ; elle a été considérablement altérée. Plusieurs constructions privées, des XIIe et XIIIe siècles, existent encore à Metz, à Montpellier, à Lyon, à Cluny. — La belle *Grange des Dîmes* ou *Fort Cadas*, à Provins, que M. Félix Bourquelot a récemment sauvée d'une ruine imminente, restera comme un des plus beaux types de l'architecture civile au XIIIe siècle. M. de Verneilh a reconnu plusieurs édifices privés de cette époque dans le département de la Dordogne ; enfin, il est hors de doute, pour nous, que l'Auvergne n'en contienne encore un certain nombre.

L'aspect des maisons, et conséquemment des rues, tracées très-régulièrement, aux XIIe et XIIIe siècles, devait être grave et militaire. Chaque habitation avait une allure de forteresse, à peine percée à la face antérieure, comme sont encore les maisons des Maures d'Alger. Ces rares ouvertures protégeaient la défense et donnaient une sécurité, souvent troublée, aux honnêtes bourgeois de ce temps-là.

Au XIIIe et XIVe siècles, la disposition des maisons fut à peu près la même qu'au XIIe. — En Normandie, on trouve beaucoup de maisons dont les parties basses sont construites en pierre et le reste en bois. — Ces habitations étaient peu élégantes, en général, — mais les maisons en pierre étaient revêtues de la riche ornementation du style ogival ; les fenêtres étaient ornées de colonnettes, et les archivoltes composées de voussures profondes et riches comme celles des églises. Au XIVe siècle, la décoration est plus maigre et d'une physionomie moins élégante et moins gracieuse.

Au XVe siècle, l'ornementation des maisons privées, en pierre, est tout-à-fait semblable à celle des édifices religieux de cette époque. Les baies des portes et des fenêtres sont ogivales ou carrées. Nous avons retrouvé souvent l'emploi de l'arc en talon dans les portes principales des maisons du XVe siècle, dans le midi de la France. Les rampants de ces portails sont garnis de chardons, de choux frisés ; les moulures sont prismatiques. — Les fenêtres, presque toujours carrées, sont subdivisées par des meneaux en forme de croix et encadrées par plusieurs rangs de moulures prismatiques. — Les lucarnes ouvertes sur les toits sont couronnées de frontons pyramidaux très-légers, et parfois accompagnées de contre-forts ou d'arcs-boutants festonnés et de pinacles couverts de crochets et de ciselures.

M. de Caumont fait remarquer « qu'on avait alors l'usage « de placer, sur la porte de certaines maisons, des bas-reliefs « propres à les faire reconnaître, et qui suppléaient ainsi à « notre système de numérotage. Cet usage s'est conservé « pour quelques maisons jusqu'au XVIIe siècle, et l'on en « trouve une réminiscence dans ces enseignes figurées qui « distinguent les anciennes auberges, et qui, au lieu de se « trouver, comme autrefois, en bas-relief sur le mur, ont été « peintes sur une plaque suspendue en saillie dans la rue. »

Depuis cinquante ans, les ponts et chaussées et la voirie, aidés du mauvais goût des architectes et des maçons de l'école néo-grecque, ont fait une guerre impitoyable aux constructions privées du moyen âge ; le plus grand nombre a succombé sous le marteau de ces hordes féroces, et pourtant elles étaient si nombreuses et si solides que les bourreaux se sont lassés.—Paris possèdera longtemps encore l'hôtel de Sens, près du quai St-Paul, et l'hôtel de Cluny est désormais sauvé grâce à la riche collection qu'il renferme.—Rouen aura l'hôtel Bourgthéroulde. Pour notre part, nous avons pu voir, dans nos excursions en France, beaucoup d'intéressants spécimens de l'architecture civile ou privée au XVe siècle.— Orléans en contient plusieurs; à Bourges, on voit l'hôtel de Jacques-Cœur et l'hôtel Cujas. — On trouve toujours plusieurs belles maisons à Clermont-Ferrand, à Brioude, à Lyon, à Caen, à Saumur, à Angers, à Tours, à Saint-Etienne, dans les anciens quartiers, des rues entières ont été construites à cette époque ; au Puy-en-Velay, la rue Raphaël et la rue des Tables portent partout le cachet du XVe siècle ; à Provins, les belles caves de la ville haute montrent suffisamment l'ampleur et la solidité des constructions pendant la durée du style ogival.

Les maisons de pierre étaient rares au XVe siècle, mais celles en bois étaient infiniment nombreuses. — Ces maisons sont généralement décorées avec une grande élégance. Elles ont presque toujours un des pignons tourné du côté de la rue, disposition qui a donné naissance au dicton populaire : « *Il a pignon sur rue.* » Les étages sont établis en encorbellement les uns sur les autres et s'avancent progressivement au fur et à mesure qu'ils s'élèvent, de telle façon que les pièces des étages supérieurs ont un développement plus grand que celles du rez-de-chaussée. Souvent aussi, des piliers,—comme on en voit à Beauvais sur la Grand'place, et à Paris, aux piliers des Halles, près la pointe Saint-Eustache, — soutenaient les étages supérieurs, et formaient sous la maison une espèce de portique ou galerie qui abritait les piétons contre les intempéries. — Cette disposition, abandonnée depuis longtemps, est à jamais regrettable ; nos trottoirs d'asphalte ou de lave de Volvic sont une bien faible compensation à ces galeries ingénieuses de nos aïeux.

La charpente seule de ces maisons de bois comportait des motifs de décoration. — En Normandie, les pièces de bois sont le plus souvent couvertes d'ardoises, afin d'assurer leur conservation; mais dans les villes du centre, des sculptures délicates et ingénieuses, des nervures, des moulures sont prodiguées sur les parties extérieures, l'ogive se déroule dans les triangles des pignons, sous les poutres avancées des étages ; des consoles, des culs-de-lampes, des figures grotesques complètent l'ensemble. — Les intervalles des colombages sont comblés avec de la maçonnerie, mais il est rare — et pour notre part, nous en avons rencontré peu d'exemples— de les trouver couverts de tuiles, de faïence ou de bas-reliefs en terre cuite. Souvent on voit, pratiquée à l'un des angles des maisons de bois, une niche artistement ouvragée, abritant une image vénérée de la vierge Marie, devant laquelle brûlait un cierge au milieu de fleurs que l'on renouvelait avec soin. Quelquefois encore, une lanterne de fer forgé était placée au-dessous de l'image de la Madonne, comme sont aujourd'hui les lanternes à gaz aux carrefours. — Au-dessus des portes, on lit des sentences religieuses ou philosophiques, des devises, des inscriptions de toute sorte. Parfois on trouve les emblèmes de la profession du propriétaire de la maison, et quelquefois des statues représentant ses patrons.

« Au XVe siècle, — dit M. Louis Bâtissier (1), — le luxe « s'introduisit dans l'ameublement, on voyait souvent des « vitraux aux fenêtres et *l'or basané* des fabliaux sur les « murs des salons. Les dressoirs, les bahuts, les chaises en « bois de chêne ciselé, déchiqueté, brodé de feuillages, « d'écussons, et divisé en panneaux ; les vases de Flandre, « les faïences de Nevers et de Rouen, les émaux de Limoges, « les tapisseries de haute-lisse, donnaient aux appartements « un aspect de richesse et de splendeur qu'on retrouve à « peine dans nos palais modernes. »

Époque regrettable ! L'art, en ce temps-là, dominait l'industrie.

Il y a vingt ans, les artistes s'émerveillaient encore devant les innombrables maisons de bois de Rouen ; on les compte maintenant, et l'on voit une belle rue, supérieurement alignée et garnie de façades de plâtre d'un goût inqualifiable. Le Havre a démoli récemment son curieux *logis du Roi ;* mais il n'est pas une mince bourgade de la Nor-

(1) *Histoire de l'art monumental.*

mandie qui ne contienne encore quelques maisons de bois, notamment Harfleur, Honfleur, Caudebec, les Andelys. — A Beauvais, à Abbeville, il en reste quelques-unes; on en voit à Troyes. Moulins en a conservé plusieurs fort précieuses, — mais dans dix ans toutes auront disparu pour toujours.

Halles. La relation faite par Joinville d'une fête donnée à Saumur, le 24 juin 1241, pendant le séjour de saint Louis dans cette ville, donne une idée considérable des halles au XIIIe siècle.

« Le Roy, — dit Joinville, — tint cete fête ès-halles de
« Saulmeur, et l'on disait « que le grant Roy Henry d'An-
« gleterre les avoit faictes pour les grans festes tenir, et les
« hales sont faictes a la guise des cloistres de ces moines
« blancs (religieux de l'ordre de Cîteaux). Mès je crois que
« de trop loing il le soit nuls cloistres si grans. Et vous
« diray pourquoy il le me semble; car à la paroy du cloistre
« où le Roy mengeoit qui estoit environné de chevalliers et
« de serjans qui tenoient grant espace, mengeoit à une
« table vingtque cvêques, que arcêveques, et encore après
« les évêques et arcêveques mengeoit en côté cele table la
« Royne Blanche sa mère, au chief du cloistre de cele par
« là ou le Roy ne mengeoit pas. »

« Au chief du cloistre d'autre part estoient les cuisines,
« les bouteilleries, les paneteries et les dépenses de celi
« cloistre, qui servoient devant le Roy et la Royne de char
« (chair) de vin et de pain.—Et en toutes les autres elez
« (ailes) et en prael (préau) du milieu, mengeoient de che-
« valliers de si grant foison que je ne scé le nombre; et
« dient moult de gent que ils n'avaient oncques veu autant
« de seurcotz et d'autres garniments de drap d'or que il y
« en ot (avait) là, et dient que il y en ot bien trois mille
« chevalliers. (1) »

Le roi d'Angleterre Henri II, possesseur d'une partie considérable du territoire français, éleva à la fin du XIIIe siècle un grand nombre de forteresses et de monuments civils de toute sorte. La Normandie, principalement, lui devait beaucoup de beaux et grands édifices; mais ils ont été détruits, à peu d'exceptions près, et l'on ne peut que conjecturer et regretter que des types aussi précieux soient à jamais perdus pour la science et pour l'histoire.

Hotels-de-Ville. — Beffrois. Après l'établissement des communes au XIIe siècle, les villes prirent une plus grande importance, et c'est alors que commença le développement des constructions civiles et des constructions privées. — Au XIIIe siècle, les communes n'avaient pas encore de maisons spéciales pour la tenue de leurs assemblées. Les habitants se réunissaient sur la place publique auprès de la motte de terre appelée la *Commune*,—grossière imitation du *forum* des Romains. — L'hôtel-de-ville, désigné par les noms de *Parlouer aux bourgeois, Maisons de ville, Maison commune* ne fut d'abord qu'une maison fort ordinaire servant à la réunion des chefs de la commune, mais à la fin du XIIIe siècle, quand les communes furent généralement constituées, les bâtiments spéciaux à ces réunions prirent de plus vastes dimensions et reçurent une décoration convenable. La disposition des hôtels-de-ville, du XIIIe au XVIe siècle, était assez simple : un portique ouvert et continu servant de halle ou de bourse formait le rez-de-chaussée; au premier étage, une vaste pièce était affectée aux réunions municipales, enfin sur le toit s'élevait le beffroi.

Les écrivains ne sont pas d'accord sur l'étymologie du mot *beffroi*; le plus grand nombre, cependant, reconnaît qu'il veut dire : donner ou sonner l'effroi. — En effet, la cloche du beffroi sonnait l'alarme à l'apparition de l'ennemi, en cas d'incendie ou de sinistre quelconque; mais cette cloche indiquait aussi l'heure de l'ouverture ou de la fermeture des portes de la ville, le matin et le soir; elle sonnait le couvre-feu, l'ouverture du marché, elle appelait les magistrats à l'assemblée et convoquait le peuple aux réjouissances publiques.

« Les Hôtels-de-Ville, dit M. de Caumont (1), furent or-
« dinairement, au XIIIe et au XIVe siècle, établis sur les
« portes de ville. La cloche du beffroi se trouvait elle-
« même dans une tour construite à cet effet au-dessus
« des voûtes du portail ou dans une des deux tours qui flan-
« quaient cette entrée; il nous reste très-peu de beffrois de
« cette époque. Si toutes les communes n'avaient pas établi
« de beffroi, au moins elles jouissaient du droit d'en avoir
« un; il paraît que beaucoup de villes se contentèrent de
« placer, sur le bâtiment qui servait d'Hôtel-de-Ville, un toit
« élevé, dans la charpente duquel était suspendue la cloche
« communale. »

Ce n'est réellement qu'à partir du milieu du XVe siècle, que les Hôtels-de-Ville et les beffrois devinrent des monuments complets et remarquables par leur élégance. Les Hôtels-de-Ville de Saint-Quentin, Arras, Douai, Saumur témoignent encore de la beauté de ces édifices et de la richesse de leur ornementation,

(1) *Mémoires du sire de Joinville*, chap. XII.

(1) *Histoire sommaire de l'Architecture.*

mais cette ornementation est la même que celle de l'architecture religieuse, et la disposition ainsi que la distribution de ces édifices importent peu aux présentes études. Il en est de même des Beffrois qui ressemblent assez aux tours des églises. Celui de Douai, par exemple, est terminé par une aiguille très-élégante en bois garni de plomb, ornée de plusieurs rangs superposés de frontons tréflés, la plupart surmontés de girouettes. A la base de l'aiguille, quatre tourelles en encorbellement occupent les angles de la tour, et chaque face du toit conique porte une lucarne décorée d'une girouette.

En 1370, sous le roi Charles V, l'Allemand Uric établit, dans l'une des tours du Palais, la première horloge sonnante qu'il y eut à Paris. Toutes les villes suivirent, à l'envi, cet exemple, et les horloges publiques furent placées dans les beffrois. Quand le beffroi ne put les contenir, on les installa dans une tour élevée à cet effet. Bientôt on couronna les toits de ces tours par une campanille et des figures de bois armées d'un marteau pour sonner les heures. On reconnaîtra suffisamment les Jacquemarts, nom dont l'étymologie est si douteuse et si puérile que nous ne la rapporterons pas. — Beaune, Dijon, Besançon, Lille, Moulins possèdent des horloges publiques, ainsi coiffées de ces figures grotesques et qu'on appelle — Jacquemarts — par extension. Ce serait ici le cas de parler des *épis, girouettes* et autres décorations supérieures des édifices du moyen-âge ; mais ce serait anticiper sur le XVIe siècle, qui nous a légué les plus curieux de ces ornements. On peut d'ailleurs avoir recours au travail spécial et complet de M. de Laquerrière (1).

MONASTÈRES. — CLOITRES. — On ne connaît guère de monastères élevés pendant le XIe siècle, mais on suppose qu'ils étaient construits de la même manière que ceux existants pendant les siècles précédents. On cite le monastère de Fontenelle (Saint-Wandrille) réédifié à la fin du VIIIe siècle par l'abbé Gervold, et continué au IXe par l'abbé Ansegise. Les bâtiments décrits par la chronique de Fontenelle renfermaient de grandes pièces, telles que l'infirmerie, les cuisines, le chauffoir, le réfectoire et les celliers. Le dortoir avait deux cent huit pieds de longueur sur vingt-sept de largeur, et soixante-quatre pieds de hauteur. Le pavé de ce dortoir contenait une mosaïque faite avec art, et le plafond était décoré de peintures ; les fenêtres étaient garnies de vitres, et toutes les boiseries étaient faites en bois de chêne ; les murs et les lambris du réfectoire étaient peints par Maladulfe, peintre de l'église de Cambray. Les bâtiments des abbayes étaient enfermés dans une vaste ceinture de murs qui enveloppaient également les cours, les jardins et l'église. Le cloître attenait presque toujours à l'église par un côté, tantôt au nord, tantôt au midi. Le cloître est une espèce de cour ou jardin rectangulaire entouré d'une galerie continue. Au centre, on trouve souvent une fontaine avec un bassin qui servait, dans les premiers temps, aux moines pour se laver le visage et les mains avant d'entrer dans l'église, et plus tard, tout simplement pour se laver les mains avant ou après le repas. « Il y « avait aussi, dit M. Bâtissier (1), une espèce d'auge, longue « d'environ sept à huit pieds, d'une profondeur de six à sept « pouces, munie d'un oreiller en pierre à l'une des deux « extrémités et à l'autre d'un trou. C'est dans ce bassin que « les religieux de beaucoup de monastères lavaient le corps « des défunts avant de les inhumer. On voyait des bassins « de ce genre dans les cathédrales de Rouen, de Lyon, à « l'abbaye de Cluny. »

Les galeries des cloîtres suivirent toutes les phases de l'architecture religieuse ; elles furent d'abord plafonnées en bois, puis couvertes d'une voûte en berceau à l'époque romane, et enfin d'une voûte d'arête à l'époque ogivale. Des piliers cantonnés de colonnes isolées, comme au cloître de Notre-Dame du Puy, ou tout simplement des colonnes portent ces voûtes aux XIe et XIIe siècles. — Les plus beaux cloîtres qui nous restent de ces époques sont ceux de Moissac, de Saint-Trophyme, à Arles, de Saint-Sauveur, à Aix, de Saint-Georges-de-Boscherville, de Saint-Bertrand de Comminges et de la cathédrale du Puy-en-Velay. A l'intérieur de ce dernier cloître, règne une frise sculptée d'un riche travail.

Aux XIIIe et XIVe siècles, l'ogive envahit les cloîtres, les arcades s'élevèrent, les colonnes s'amaigrirent, et des pilastres ornés de frontons aigus ou de pinacles appliqués, garnis de crochets, remplacèrent les colonnes fuselées, et les retombées des voûtes s'appuyèrent souvent sur des figures saillantes d'animaux chimériques. — Nous citerons comme appartenant aux styles ogivaux primaire et secondaire, le cloître de l'abbaye du Mont Saint-Michel, un des côtés du cloître de Saint-Trophyme, le cloître de Noyon, et celui de l'ancienne abbaye de Saint-Jean, à Soissons.

Au XVe siècle, les voûtes des cloîtres furent soutenues par des piliers à moulures prismatiques, comme dans la Fig. 38, Pl. IX. — Les retombées des voûtes sont portées par des culs-de-lampe ornés de figures, et les portes qui s'ouvrent

(1) *Essai sur les épis, girouettes, etc.*, Rouen, 1846.

(1) *Histoire de l'Art monumental.*

sur le cloître sont toujours surmontées de l'arc-en-talon, ou en accolade, dont l'extrados est garni de choux et de chardons. — Nous citerons le cloître du prieuré des Génovefins de Chantelle, en Bourbonnais, construit au commencement du XVIe siècle, et qui est encore suffisamment conservé.

Bien que les exemples en soient fort rares, il n'est pas douteux que les murailles intérieures des cloîtres, que les voûtes aient été décorées, pendant tout le moyen-âge, de peintures murales, comme on le voit encore dans les cloîtres de l'Italie et notamment au Campo-Santo de Pise. Malheureusement, en France, le mauvais goût a toujours triomphé. Non contents de détruire ces asiles pieux, où tant de pauvres âmes avaient trouvé un abri contre les orages du cœur et du monde, les Vandales ont étalé brutalement leur odieux badigeon sur tous les naïfs épanchements de l'art monacal ou séculier.—Ils ont déshonoré ce qu'ils n'ont pas renversé.

CHÂTEAUX. Nous ne nous occuperons point ici de l'architecture militaire. Une étude, même très-restreinte, des forteresses du moyen-âge, nous entraînerait au-delà des limites de notre travail; nous dirons seulement un mot des *châteaux antérieurs au XVIe siècle*, et qui sont plus remarquables par leur ornementation que par leurs systèmes de défense et de fortifications.

Avant le XIVe siècle, les châteaux étaient de véritables forteresses flanquées de tours, couronnées de donjons, fermées de hautes murailles crénelées et ceintes de fossés profonds. L'élégance n'avait rien à faire dans ces nids d'aigles ou de vautours perchés sur les cimes abruptes de nos provinces montagneuses. Mais au fur et à mesure que la puissance féodale s'abaissait devant le sceptre des rois ennemis de la noblesse, les forteresses des barons perdaient leur importance militaire et laissaient une plus grande place aux bâtiments d'habitation. De grandes salles qu'on appelait salles des gardes occupaient le premier étage de ces bâtiments placés au milieu des tours, et servaient aux parades et aux cérémonies. Ces salles étaient richement ornées, ainsi que celles qui étaient destinées à l'habitation du baron et à sa suite.

On cite, comme de beaux spécimens des châteaux aux XIIIe et XIVe siècles, le château de Coucy (Aisne), et celui de Pierrefonds, près de Compiègne, construit vers l'an 1390 par Louis, duc d'Orléans et de Valentinois.

Au XVe siècle, les châteaux perdirent encore de leur importance ; Louis XI permettait peu la construction de nouvelles forteresses ou même la reconstruction de celles qui tombaient en ruines. L'usage de l'artillerie et des armes à feu obligea de baisser les hautes murailles qui ne pouvaient résister au choc du boulet ; bientôt ces murailles furent amoindries en épaisseur, et elles imposèrent plus aux yeux qu'elles ne résistaient à une attaque sérieuse. En apparence, on voyait toujours une forteresse, mais à l'intérieur, on ne trouvait qu'une habitation élégante et fastueuse.

« A la fin du XVe siècle, dit M. de Caumont (1), la forme
« la plus ordinaire était la forme carrée. Ainsi, l'on voyait
« des forteresses dont les bâtiments entouraient complète-
« ment la cour centrale ; dans d'autres, les constructions
« n'occupaient que les trois côtés du carré, et le quatrième
« était fermé par un mur.—D'autres châteaux n'occupaient
« qu'un des côtés de l'enceinte. Les fossés qui entourent ces
« châteaux ont généralement une profondeur médiocre, et
« sans l'eau dont ils étaient remplis constamment, ils n'au-
« raient offert qu'un obstacle facile à franchir. »

« En effet, au XVe siècle, on ne cherchait plus les émi-
« nences pour l'établissement des châteaux, on avait re-
« connu les incommodités de plus d'un genre attachées à ces
« hautes positions toujours d'un accès difficile, et l'on était
« descendu dans les plaines et dans les vallées, où l'eau si
« utile pour les besoins de la vie se trouvait en abondance. »

C'est principalement dans les châteaux de la fin du XVe siècle, qu'on trouve l'emploi fréquent de l'arc en accolade, connu sous le nom d'*Arc Tudor* en Angleterre. Personnellement, nous avons vu cet arc aux fenêtres et aux portes d'une grande quantité de châteaux, maisons et autres constructions civiles du XVe siècle, dans toutes les provinces de la France, et récemment encore dans plusieurs châteaux des bords de la Loire, sur les confins de la Lozère, dans une contrée où l'ogive est presque inconnue. Les formules de l'architecture religieuse ogivale-tertiaire se retrouvent, au reste, dans tous les châteaux du XVe siècle; les portes principales sont surmontées, comme celles des églises, d'un fronton appliqué sur le mur, couronné par un panache ou bouquet, et garni de feuilles recourbées. Les moulures, nervures prismatiques multipliées, arabesques, feuillages, crochets, panneaux trilobés, dentelles de pierre percées à jour, feuilles contournées, pinacles en application, niches, tourelles en encorbellement, sont analogues à ceux observés dans l'architecture religieuse. Le faîte des toits était orné de fleurons, de crochets, de moulures en plomb; au sommet des toits coniques, on voit des pinacles en fer, en plomb ou en terre cuite.

M. de Caumont signale parmi les plus beaux châteaux de

(1) *Histoire sommaire de l'architecture.*

cette époque ceux de Colombières, de la Houblonnière, de la Rivière, en Basse Normandie, d'O (Orne), de Nogent de Frazé, etc. Il est peu de provinces qui n'aient conservé des châteaux entiers ou bien de beaux fragments des châteaux du XVe siècle.

Pendant la première moitié du XVIe siècle, on construisit simultanément des manoirs de style ogival et de style de la Renaissance; mais dans toutes les constructions du commencement de ce siècle, on vit disparaître peu à peu tout ce qui montrait encore une intention de défense. L'aspect général de ces édifices prit un grand caractère d'élégance, les formes monacales et féodales se perdirent rapidement sous les lignes gracieuses et nobles de l'architecture grecque, sous les ornements délicats que les artistes italiens avaient su combiner et qu'ils importèrent facilement en France sous le règne de François Ier.

ÉTAT DES ARTS ET DE L'INDUSTRIE

PENDANT LA PÉRIODE OGIVALE.

ARCHITECTURE.

En face des splendides cathédrales des XIIIe et XIVe siècles, on s'arrête étonné, et l'on est tenté de croire aux légendes populaires qui attribuent aux anges, à l'intervention des saints, la construction de ces merveilleux édifices. En effet, rien n'est plus mystérieux, rien n'est plus surhumain, pour ainsi dire, qu'une église gothique! Notre époque, si mesquine, si peureuse, si parcimonieuse à l'endroit de l'architecture, ne peut guère comprendre que des hommes, qu'elle a l'outrecuidance d'appeler *barbares*, aient rêvé et exécuté des œuvres d'une aussi gigantesque allure. — Rien de plus simple, cependant! En ces temps-là, les artistes étaient pleins de foi, les populations, animées par le dévouement le plus absolu, les seigneurs, le clergé étaient gorgés de richesses, et les souverains régnaient en vertu du droit divin. Il n'y avait point alors d'électeurs, de conseillers municipaux, de députés, de cour des comptes; on ignorait absolument l'économie politique, — entraves que le génie industriel et économique des nations modernes s'est donné à lui-même. C'est notre faute si nous ne faisons plus rien de grand, de durable et de solennel. L'esprit étroit et individuel, qui préside à toutes nos créations, restreint tout essor audacieux. Il nous manque la véritable, l'évidente puissance de nos aïeux : l'Association! Aux XIIe et XIIIe siècles, quand on voulait bâtir une de ces immenses basiliques qui font encore la gloire de la France, le clergé, possesseur de gros revenus, entreprenait les travaux avec ses propres ressources; mais si elles étaient insuffisantes, il faisait un appel au roi, aux seigneurs, à tous les fidèles; chacun alors apportait son offrande : — roi, seigneurs, clergé, peuple rivalisaient de zèle et d'enthousiasme; les uns fournissaient l'argent, les autres donnaient leur labeur. Des populations entières se transportaient au lieu choisi pour l'érection du nouveau temple, avec leurs bœufs, leurs chars, leurs outils, et se mettaient à la disposition des directeurs de l'entreprise. Pour toute cette foule, la coopération à l'œuvre sainte était un pèlerinage qui devait racheter bien des fautes passées et mériter de grandes indulgences pour les péchés futurs.

M. de Caumont cite une lettre, écrite en 1145, aux religieux de l'abbaye de Tuttebery, en Angleterre, par Haimon, abbé de Saint-Pierre-sur-Dive; on y trouve une idée de la ferveur qui tourmentait les âmes, à la fin du XIIe siècle, en Normandie.

« C'est un prodige que de voir des hommes puissants,
« fiers de leur naissance et de leurs richesses, accoutumés à
« une vie molle et voluptueuse, s'attacher au char avec des
« traits, et voiturer les pierres, la chaux, le bois et tous les
« matériaux nécessaires pour la construction de l'édifice sa-
« cré. Quelquefois, mille personnes, hommes et femmes,

« sont attelées au même char, tant la charge est considérable,
« et cependant il règne un si grand silence qu'on n'entend
« pas le moindre murmure. Quand on s'arrête dans les che-
« mins, on parle, mais seulement de ses péchés, dont on fait
« confession avec des larmes et des prières ; alors les prêtres
« engagent à étouffer les haines, à remettre les dettes, etc.
« S'il se trouve quelqu'un assez endurci pour ne pas vouloir
« pardonner à ses ennemis, et refuser de se soumettre à ces
« pieuses exhortations, aussitôt il est détaché du char et
« chassé de la sainte compagnie. »

Dans la même lettre, Haimon fait connaître que, pendant la nuit, des cierges étaient allumés sur les charriots, autour de l'église en construction, et que les populations veillaient en chantant des hymnes et des cantiques. C'est à Chartres, suivant cette lettre, qu'on commença à se réunir ainsi pour la construction des églises ; plus tard, des congrégations se formèrent dans toute la Normandie, surtout dans les lieux où l'on élevait des temples sous l'invocation de la Vierge. Il n'est pas inutile de faire remarquer que cette grande dévotion à la mère de Jésus-Christ ne prit naissance qu'au XIIe siècle ; à partir de cette époque, l'amour de la Vierge Marie égala presque celui qu'on avait pour le divin propagateur de l'Evangile.

Suivant une lettre de Hugues, archevêque de Rouen, aucun n'était admis dans la pieuse confrérie s'il ne s'était confessé, s'il ne s'était réconcilié avec ses ennemis et s'il n'avait renoncé aux animosités et aux vengeances.

Mais, qui dirigeait cette foule de travailleurs bénévoles ? Les architectes, évidemment. Et ceux-ci devaient être nombreux, si l'on en juge par la quantité des édifices qui nous restent, bâtis aux XIIe et XIIIe siècles.

A cette époque, les maçons ou tailleurs de pierre se réunissaient en compagnies, sous la direction d'un architecte en chef probablement, qui faisait observer les règlements établis. Ces compagnies s'établissaient dans les contrées où il y avait des édifices religieux à construire ; les uns sculptaient les chapiteaux, les frises, les autres, les bas-reliefs, les statues ; chacun avait une spécialité dans laquelle il excellait.

« Quand on considère la perfection et l'uniformité des
« monuments du XIIIe siècle, — dit M. de Caumont (1),
« on ne peut douter qu'il n'existât parmi les architectes une
« doctrine bien arrêtée et des connaissances beaucoup plus
« étendues qu'on ne l'a supposé pendant longtemps. Il y a

(1) *Histoire sommaire de l'architecture.—Essai sur l'archéologie religieuse du moyen-âge.*

« lieu de croire que ces connaissances, ou, si l'on veut, les
« secrets de l'art, se transmettaient oralement et en prati-
« quant, car on n'a rien trouvé sur cette matière dans les
« manuscrits des bibliothèques conventuelles, ni dans les
« autres dépôts où l'on pouvait s'attendre à les rencontrer. »

« Il est encore à remarquer que la plupart des grands
« monuments qui nous attestent le génie des architectes aux
« XIIe et XIIIe siècles sont sans noms d'auteurs. — Cela
« vient, comme le pensent avec raison ceux qui ont étudié
« le moyen-âge, de ce que, durant cette période éminem-
« ment catholique, il n'y eut point d'individus, pour ainsi
« dire, mais seulement des confréries, des monastères où
« l'on mettait en commun, non seulement sa vie, ses biens,
« ses espérances, mais encore ses pensées, son ame et son
« génie. »

Au XIVe siècle, le zèle religieux s'était déjà ralenti, et l'art, devenu tout-à-fait laïque, commençait à s'individualiser ; c'est pourquoi on a pu retrouver un certain nombre de noms des architectes ou maîtres des œuvres de ces époques ; mais on ne possède pas de renseignements sur les doctrines, sur les systèmes de ces artistes. Quelques dessins palimpestes découverts récemment à Reims, et reproduits dans un recueil (1) par M. Lassus, l'habile architecte de Notre-Dame de Paris, et à Clermont, par M. Mallay, le consciencieux restaurateur de Notre-Dame du Puy, témoignent des études avancées des architectes du moyen-âge ; mais aucun texte n'accompagnant ces dessins, on est encore réduit aux conjectures.

Ce que l'on peut affirmer, c'est que les architectes du moyen-âge avaient la foi et le génie. L'une de ces vertus a succombé sous les coups énergiques de la philosophie et de l'examen personnel, l'autre, plus rare encore, semble étouffée par notre extrême civilisation.

Nos lecteurs nous sauront gré d'avoir rassemblé, après de longues et patientes recherches, les noms suivants des principaux architectes de l'époque ogivale.

ARCHITECTES OU MAITRES DES ŒUVRES.

Garin. — Architecte de la cathédrale de Verdun.—1143. XIIe siècle.

Ingelrand. — Notre-Dame de Rouen. — XIIIe siècle.
Hilduard. — Saint-Père de Chartres. — XIIIe siècle.
Robert de Coucy. — Reims. — XIIIe siècle.
Eudes de Montreuil. — Beauvais-Mantes. — XIIIe siècle.

(1) *Les Annales archéologiques*, dirigées par M. Didron aîné.

Signalé par quelques auteurs pour Pierre de Montereau.

Robert de Luzarches, architecte qui commença la cathédrale d'Amiens. — 1222. — XIII° siècle.

Pierre de Montereau, architecte du roi saint Louis, bâtit la Sainte-Chapelle de Paris en 1248. — XIII° siècle.

Yves Libergiers, architecte de saint Nicaise de Reims, mort en 1263. — XIII° siècle.

Etienne de Bonneville.—XIII° siècle.

Houel. — Acheva au XIII° siècle la cathédrale du Mans, commencée au XI° par l'architecte Vulgrin.

Erwin de Steinbach, architecte de la cathédrale de Strasbourg. —1277.—XIII° siècle.

Gérard. — Architecte de la cathédrale de Cologne. — XIII° siècle.

Jehan Deschamps. — Architecte de la cathédrale de Clermont-Ferrand. — 1262. — XIII° siècle.

Thomas de Cormont, élève de Robert de Luzarches, et Regnault de Cormont, son fils, continuèrent la cathédrale d'Amiens. — XIII° et XIV° siècles.

Jehan de Chelles, auteur du portail méridional de Notre-Dame de Paris. — XIV° siècle.

Jehan de Steinbach, fils d'Erwin, bâtit la tour de la cathédrale de Strasbourg jusqu'à la plate-forme. — 1369. — XIV° siècle.

Gamodia. — Architecte de la célèbre chartreuse de Pavie, commencée en 1396.—XIV° siècle.

Jehan de Hainaut — Architecte de la cathédrale d'Utrecht. —1322.— XIV° siècle.

Pierre Perrat. — Architecte de la cathédrale de Metz. — 1400.—XIV° siècle.

Jehan Hulz, de Cologne, acheva la cathédrale de Strasbourg en 1439.—XV° siècle.

Henry de Ranconval.—Metz.—1445.—XV° siècle.

Alexandre de Berneval, l'un des architectes de l'église de l'abbaye de Saint-Ouen de Rouen.—XV° siècle.

Jacquemin, de Commercy, termina le portail de la cathédrale de Toul, en 1496.—XV° siècle.

Van Beughen ou Van Boglem, flamand, architecte de Notre-Dame de Brou. — XV° et XVI° siècles.

Jehan Waast et François Maréchal, auteurs des transsepts de la cathédrale de Beauvais, achevés en 1555. — XVI° siècle.

Robert Becquet construisit la flèche, détruite en 1823, de la cathédrale de Rouen.

Isambert. — Sainte-Catherine.

Robert Chardon. — Fécamp.

SCULPTURE.

Il convient de distinguer, en parlant de la sculpture, les diverses branches de cet art. Au moyen-âge, les divisions industrielles étaient moins absolues que de nos jours ; cependant, alors comme aujourd'hui, le statuaire n'était pas confondu avec le sculpteur; l'ouvrier ne marchait pas l'égal de l'artiste.

Au XIII° siècle, la statuaire entre dans une voie nouvelle, originale ; les formules payennes sont abandonnées, et l'art chrétien progresse tout d'un coup. Les anciens n'avaient cherché à reproduire que la beauté physique, la force musculaire qui, pour eux, était la véritable force ; les statuaires chrétiens devinèrent la puissance de l'ame, la profondeur de l'expression morale. « La beauté chrétienne n'est pas la « beauté payenne, — ont pensé plusieurs écrivains (1). Le « développement des épaules et de la poitrine, ces signes « caractéristiques de la force dans son sens le plus physique, « ne sont pas les attributs de la sainteté ; et qui n'a étudié « que la statuaire antique n'est pas suffisamment préparé « pour comprendre la statuaire du moyen-âge ? Dans la sta- « tuaire de l'antiquité, les sens parlent aux sens, dans la « sculpture moderne, c'est un dialogue, pour ainsi dire, « entre les sens et l'esprit ; la statuaire grecque produit en « nous un sentiment très-pur, le sentiment du beau, mais du « beau physique ; la statuaire chrétienne développe le sen- « timent du beau physique et du beau moral, et plutôt le « dernier que le premier. » En un mot, la statuaire du XIII° siècle est le véritable point de départ des arts modernes ; c'est le premier acte d'une rébellion, qui dure encore, contre l'art antique, que les académies ont toujours voulu opposer, comme modèle inviolable, absolu, à toutes les jeunes écoles qui ont voulu s'en affranchir depuis plusieurs siècles. — Il ne serait pas exact de dire, cependant, que la statuaire, au XIII° siècle, est exempte de conventions, qu'elle a cherché exclusivement le naturel ; elle admet l'idéal, comme l'antique, seulement cet idéal est tout autre. La Grèce divinisait le corps, la statuaire chrétienne exalta l'ame. Certes, la statuaire antique est empreinte d'une réalité saisissante, attractive, mais les longues et suaves figures du XIII° siècle, recueillies, pensives, semblent épeler un poème mélancolique et harmonieux, ou murmurer une éternelle prière. — Le XIII° siècle vit le triomphe de la statuaire chrétienne ; malheureusement, ils sont restés inconnus ces grands artistes

(1) MM. Vitet, Ramée et Ch. Magnan.

auxquels nous devons les merveilleuses processions de saints de nos basiliques gothiques, et quand on sait qu'il s'est rencontré des savants assez désœuvrés pour analyser, dans de volumineux in-octavos, l'*Apollon du Belvédère* ou la *Vénus des Médici*, et que depuis quelques années seulement on a commencé à regarder ces innombrables statues de pierre qui peuplent nos églises, on se demande quel crédit il faut accorder à ces prétendus arbitres du goût, dont l'opinion, hélas! fait souvent loi!

L'art, au XIII° siècle, est naïf; l'anatomie est insuffisante, mais quel calme dans les attitudes, quelle majesté sereine dans l'ajustement ascétique des draperies? Voyez ces bas-reliefs, récemment découverts, qui se déroulent autour du chœur de Notre-Dame de Paris; tout mutilés par les restaurateurs du siècle de Louis XIV et par les démolisseurs de 1793, ils sont encore empreints de charme et de noblesse. L'humble artiste, qui les avait creusés dans la pierre, s'était représenté, à genoux, au centre de son œuvre; on l'a chassé de ce petit coin réservé; on a effacé cette simple inscription qui sauvait son nom de l'oubli:

« *C'est Me Jehan Ravy, qui fut masson de N. D. de Paris*
« *par l'espace de XXVI ans et commença ces nouvelles his-*
« *toires, et maistre Jehan Lebouteiller son nepveu, en l'an*
« 1351. — »

Voyez encore au portail de Saint-Etienne de Bourges, cette admirable histoire de l'Ancien Testament, merveilleusement racontée sur la pierre par Aguillon de Droues, au XIV° siècle, et dites s'il est possible de trouver un art plus poétique et plus éloquent.

Des priviléges furent alors accordés dans presque toute la France en faveur des peintres et des tailleurs d'images. On lit dans le *Livre des métiers* d'Etienne Boileau : « Il puet « estre paintres et tailleres imagiers à Paris qui veut, « pourtant que il œuvre aus us et aus coustumes du mestier « et que il le sace faire, et puet ouvrer de toutes manières de « fust, de pierres, de os, de cor, de yvoire et de toutes « manières de paintures, bones et baus. » Il y avait donc à Paris à cette époque des corporations de statuaires et des écoles dans lesquelles on enseignait les principes de l'art.

La sculpture d'ornements fit les mêmes progrès au XIII° siècle, on reconnaît une étude attentive de la Flore indigène, une précision plus rigoureuse dans le travail, un goût plus sûr dans les compositions. Ces tailleurs de pierre du XIII° siècle, n'étaient pourtant, il faut l'avouer, que de grossiers maçons.

Au XIV° siècle, commence la décadence de la statuaire chrétienne, l'art se matérialise sensiblement. — Les ornements s'amaigrissent, les figures deviennent plates et insuffisamment modelées; les draperies perdent leur ampleur sévère et sont tourmentées, la forme se montre positive, et bientôt la caricature, les drôleries se font jour.—C'est à cette époque qu'apparaissent les symptômes évidents de décadence: le mélange du marbre et de la pierre, sous prétexte de richesse, tandis que c'est l'art qui s'abaisse et périclite. Le tombeau de Philippe-le-Hardi, à Dijon, offre un exemple de cette combinaison.

Au XV° siècle, la noblesse des figures disparaît presque entièrement, mais en revanche, l'expression gagne en finesse et un réalisme habile s'introduit dans l'exécution des têtes, des mains et des ajustements. Les principaux efforts des artistes se portent sur la composition et l'exécution des mausolées, des tombeaux, des crédences votives; on représente les personnages costumés comme dans la vie et agenouillés sur leurs tombeaux dans l'attitude de la prière. — Les monuments de ce genre sont trop nombreux pour que nous essayons de les signaler. Il faut citer néanmoins parmi les œuvres remarquables du XV° siècle, les tombeaux de Philippe-le-Hardi et de Jean-sans-Peur, le puits de Moïse, à Dijon, le porche de Saint-Germain-l'Auxerrois à Paris, quelques statues de l'abbaye de Solesmes, la maison de Jacques Cœur, les statues du duc Jean et de sa femme à Bourges, la chapelle de l'hôtel de Cluny, à Paris, etc.

Aux XIII°, XIV° et XV° siècles, la *hucherie* ou menuiserie, ébénisterie, était tenue en grand honneur. Les corporations des huchiers étaient nombreuses, et d'importants travaux leur étaient confiés. Il nous reste peu d'ouvrages exécutés pendant le XIII° siècle, mais ceux du XIV°, et surtout du XV° siècle sont encore assez communs; la Planche XVII contient les plus importants que l'on a dessinés d'après les manuscrits et les modèles encore existants. Les collections du Louvre et de l'hôtel de Cluny en renferment de fort curieux, et bon nombre de cabinets d'amateurs peuvent en fournir de plus précieux encore.

Les siéges indiqués sous les n°^s 1, 2, 3, 4, 5, 6, 7, 8 et 9 de la Pl. XVII peuvent être considérés comme appartenant à la première période ogivale, mais ils ne sont pas suffisamment caractérisés pour que cette attribution soit exclusive. Les autres meubles peuvent être plus positivement attribués au XV° siècle.

Fig. 10. Espèce de lit de repos ou canapé de réception.
Fig. 11. Bahut —Fig. 12. Chaire (musée de Cluny).
Fig. 13. Coffre-Bahut.—Fig. 14. Armoire (musée de Cluny)

Fig. 15. Lit. — Cette forme de lit a été en usage, même au XVIIe siècle, ainsi qu'on peut s'en convaincre en compulsant l'œuvre gravée d'Abraham Bosse, à la Bibliothèque royale.

Fig. 16 Berceau d'enfant. — Fig. 17 et 18. — Tables.— Fig. 19 et 20.—Armoires Dressoirs.

Les travaux les plus intéressants de la hucherie existent encore dans les églises : nous voulons parler des stalles, des bancs-d'œuvre, des contre-retables, et des chaires à prêcher, sculptés et menuisés avec tant d'art qu'on ne peut se lasser de les admirer. L'introduction des *stalles* ou *formes* dans le chœur des cathédrales peut avoir eu lieu au XIIIe siècle ; celles de Notre-Dame de Poitiers, qui passent pour les plus anciennes, sont de cette époque, celles de l'abbaye de la Chaise-Dieu (Haute-Loire) et de Sens, datent du XIVe siècle, celles de Rouen, du XVe ; enfin celles d'Amiens du XVIe. — La plus ancienne chaire à prêcher est celle de Strasbourg, elle date du XVe siècle.

Une stalle entière, vue de bas en haut, se compose d'abord d'un marche-pied, puis d'un siège ou sellette à charnière mobile. Quand cette *sellette* est relevée, elle présente un culot appelé *patience* et plus souvent *miséricorde*, qui sert de siège ; le dossier sert à appuyer l'assistant ; enfin le haut-dossier s'élève et supporte un dais plus ou moins richement orné. Il est difficile de décrire l'élégance et la variété de l'ornementation de ces stalles, surtout aux XVe et XVIe siècles ; tous les caprices, toutes les fantaisies, même les plus indécentes, des artistes, ont trouvé place sur les graves sièges des religieux du moyen-âge. — Rien n'est fantastique et diabolique même, comme les miséricordes des stalles d'Amiens.

On voit, dans les archives du chapitre de Rouen, combien étaient honorés les huchiers au XVe siècle. Le chapitre ayant résolu de faire reconstruire à neuf les stalles de la cathédrale, fit venir, de la Basse-Normandie, un huchier nommé maître Jacques, reconnu *très-excellent ouvrier de stalles d'église*. Pour lui faire fête, on lui présenta, à son arrivée à Rouen, un gallon de vin, et le chapitre traita avec lui pour la confection de nouvelles stalles, la fourniture de bois comprise, moyennant une somme de deux cents écus d'or et l'abandon des vieilles stalles. — Ce marché n'eut pas de suite (1). Un maître huchier de Rouen, Philippot Viart, fut chargé plus tard de l'exécution de ces stalles, et travailla pendant dix années à cette œuvre immense, qui coûta, y compris la chaire épiscopale, la somme de sept mille six cent soixante treize livres, dix-huit sols trois deniers. — Ces imagiers étaient payés à la pièce, 20 à 25 sols pour une statuette, 35 sols pour une couple de branches garnies d'épis, en façon de feuilles de choux ou de chardons. Le huchier en chef était payé à la journée. — Il recevait 5 sols 10 deniers pour lui, et 2 sols six deniers pour son aide ou valet.

Une ordonnance du 5 janvier 1416 défend aux huchiers d'*ouvrer un chef-d'œuvre en vert-boys*, d'employer d'*aubel* (aubier) *ou boys vermoulu ou autre boys qui soit cassable, à peine de vint sols d'amende.*

STATUAIRES, SCULPTEURS-YMAGIERS, HUCHIERS.

Jehan Alaman, — Henri Alaman, imagiers, à Montpellier. — 1331. — XIVe siècle.

Jehan Ravy, — Jehan Le Bouteiller. — 1351. — XIVe siècle.

Aguillon de Droues, qui sculpta, au portail principal de Saint-Étienne de Bourges, une série de sujets d'une admirable naïveté, représentant l'histoire de Noé. XIVe siècle.

Guy le Maçon, Dijon. — 1357. — XIVe siècle.

Jehan de Saint-Romain, sculpteur de Charles V. — XIVe siècle. Il passait pour le meilleur imagier de son temps.

Denizot et Drouhin de Mantes, auteurs du jubé, aujourd'hui détruit, de la cathédrale de Troyes. — Fin du XIVe siècle.

Jacques des Stalles ; ce surnom lui fut donné à cause de sa spécialité. Il sculpta les stalles de la chapelle Saint-Laurent dans l'archevêché de Sens. — 1370. — XIVe siècle.

Jean Hammerer, donna les dessins de la chaire de la cathédrale de Strasbourg. —1486. — XVe siècle.

Thury, entrepreneur du tombeau de Charles VI et d'Isabeau de Bavière. — XVe siècle.

Claux Sluter, valet de chambre de Philippe-le-Hardi, duc de Bourgogne, qui sculpta les figures qui ornent le Puits de Moïse, à la Chartreuse de Dijon. Il travailla au tombeau du duc Philippe de Bourgogne. — XVe siècle.

On donne pour collaborateurs à Claux Sluter, son neveu : Claux de Vausonne ou Claes Vandeverbe, — Jacques de la Barre, — Hennequin Prindale, — Wuillequin Smont, — Hennequin Vascoquien, pour les figures ; et pour les ornements de cette célèbre Chartreuse de Dijon : Perrin Beaul, — Pierre Aplemain, — Pierre Linquerque — et Jehan Hulst. — XVe siècle.

Jehan de Vitry sculpta les stalles de la principale église de Saint-Claude. — 1465. — XVe siècle.

(1) E.-H Langlois. — *Stalles de la cathédrale de Rouen.*

Jean de la Huerta, dit d'Aroca, Aragonais d'origine, fut l'un des artistes chargés de l'exécution du tombeau de Jean-sans-Peur, duc de Bourgogne, et de Marguerite de Bavière sa femme. Il exécuta un beau retable en bois qui est conservé au musée de Dijon. — 1475 —. XVe siècle.

Jean de Droguès, — Antoine le Moiturier travaillèrent aussi au tombeau de Jean-sans-Peur. Ce dernier sculpteur était considéré comme « le meilleur ouvrier d'ymagerie de France.»

Conrard de Cologne, orfèvre, et Laurent Wrine, canonnier du roi, passèrent marché à Tours, en janvier 1482, pour jeter en fonte de cuivre une statue de Louis XI, destinée à décorer le tombeau que ce prince se faisait élever dans Notre-Dame de Cléry. — XVe siècle.

Simon Dadù refit deux stalles de Saint-Pierre de Roye, en Picardie. — 1490. — XVe siècle.

Pierre Brucy, de Bruxelles, tailleur d'images, consul de son métier, à Montpellier, — en 1495, — sculpta dans cette ville des écussons et une statue de la vierge. — XVe siècle.

Henrion Costerel, fondeur, — et Jacques Bichot, imagiers, exécutèrent les tombeaux de l'évêque de Metz, Henri de Lorraine, et du seigneur de Joinville. — 1495 à 1504. — XVe et XVIe siècles.

François Trubert, — Paul Mosselmen, exécutèrent de nombreuses figures à Rouen vers 1461 et 1462. — XVe siècle.

Laurent Ysbre, surnommé *Flamenc*, — Gillet Duchastel, — Jehan Herrmann, Jehan Laurens, — Gosset Brandart, — — Pierre Rémond Liénard, travaillèrent à Rouen au XVe siècle.

Nicolas Le Chevalier, huchier de la paroisse des Andelys. — 1466. — XVe siècle.

Philippot Viart, *maistre huchier* de Rouen, traça le plan et le dessin des stalles de la cathédrale et en dirigea l'exécution à laquelle il coopéra. — 1457-1469. — XVe siècle.

Laurens Adam, huchier, venu d'Auxerre, qualifié dans les comptes, *maistre de l'œuvre de la chaire de Monseigneur do Rouen*. — XVe siècle.

Guillaume Basset, — Etienne Camus, — Ernoulet, — Marses, — Eustache, — Pierre Gamaches, — Baudichon, Jehan Lefebvre, — Fiselier, — Desmares, — Fontaine, — Gillepin le Long, — Lemarié, — Piétrequin Guernier, — Noel Bosseron, travaillèrent tous aux stalles de la cathédrale de Rouen sous la direction de Philippot Viart. — XVe siècle.

Jehan Delaunay, Jehan de Liége, Jehan de Chartres, — Guy de Dampmartin, sculpteurs, travaillèrent au Louvre et firent les statues du roi, de la reine, des ducs de Berry et de Bourgogne. — XVe siècle.

Sauval cite le menuisier Bernard, — Jehan Colombel et Pierre Enguerrand, sculpteurs en bois. XVe siècle. — Puis Guillaume Jasse, Philippe de Foncières et Jehan Juste, qui travaillèrent sous le règne de Louis XII. — XVe et XVIe siècles.

Conrard Meyt, Flamand, l'un des sculpteurs de l'église de Brou. En 1531, il conclut un traité pour l'érection de deux mausolées dans l'église des frères mineurs de Lons-le-Saulnier. — XVIe siècle.

Humbert Gourat est désigné sur un bas-relief de Notre-Dame de Brou. — XVIe siècle.

Michel Columb, né à Paimpoul, mort après 1512. — Aidé de sa famille, il fit à Nantes le magnifique tombeau du duc de Bretagne, François II. — 1509. — C'est un des plus précieux monuments de l'art de cette époque. — XVIe siècle.

Jehan Rupin, huchier, fit une partie des sculptures des stalles de Notre-Dame d'Amiens. On y voit son portrait. — 1508 à 1519. — XVIe siècle.

Texier, termina en 1514 les groupes du chœur de la cathédrale de Chartres. — XVIe siècle.

Roger Ango, — Rouland Leroux, — Pierre Desaulbeaux, — Jehan Chaillon, — Regnard Thérouyn, — André Flameno, sculptaient à Rouen à la fin du XVe siècle et au commencement du XVIe.

Armand Roullin et Alexandre Huet travaillèrent aux stalles de la cathédrale d'Amiens. — XVIe siècle.

GLYPTIQUE.

L'art de graver les pierres dures fit de nouveaux progrès aux XIIIe et XIVe siècles. On cite quelques noms d'artistes appartenant au XIVe.

Jacques del Toc, — André de Carauta, tous deux à Montpellier en 1362 et 1365. — XIVe siècle.

Pierre Hure fit le sceau et le contre-sceau du bailliage de Champagne en 1393.

Jehan Dubois travailla pour le duc d'Orléans en 1394.

Vers la fin du XIVe siècle apparaissent les médailles ou pièces destinées à rappeler les évènements historiques, frappées à la manière des monnaies, mais n'ayant pas de cours. Les collections publiques renferment une médaille faite sous Charles VII, à l'occasion de l'expulsion des Anglais, et une médaille frappée en 1495, sous Charles VII, à propos de la conquête du royaume de Naples.

Mais c'est à partir du règne de Henry II que la gravure en médaille fit de notables progrès; cet art, encouragé par le roi Henry III et par ses successeurs, atteignit plus tard une grande perfection au moyen du balancier inventé par Nicolas Briot.

CÉRAMIQUE. — POTERIE.

L'Alsace semble avoir eu le privilége des inventions relatives à la céramique et à la poterie. En 1282, un potier de terre de Schelestadt découvrit un procédé pour vernisser les vases de terre, comme plus tard, vers 1750, un Strasbourgeois trouva le secret de la fabrication de la porcelaine dure. Cette première découverte amena de grands progrès, mais cependant au XIVe siècle on ignorait encore, en Europe, l'usage des poteries de pâte compacte dure et imperméable comme celle que nous appelons *grès*, ou solide comme le fut depuis la faïence de l'Italie. Ce n'est qu'à la fin du XVe siècle que la céramique et la poterie entrèrent dans une voie sensible de progrès.

Quelques écrivains assurent que, dès l'an 1300, il existait à Faenza, en Italie, des fabriques de faïence, mais rien ne justifie cette prétention. — Au XVe siècle seulement, de grandes fabriques sont en activité dans plusieurs villes de la Romagne : à Faenza, Urbino, Gubio, Forli, Bologne, Ferrare, Ravenne, Pérouse, Sienne, Pise, Florence, Rimini, Pesaro, etc. On fabriquait dans ces villes des vases, des plats, des plateaux, des médaillons, des coupes, des aiguières, des briques pour le carrelage (1). Ces poteries étaient couvertes de peintures représentant des sujets bibliques ou mythologiques, d'après les dessins des plus grands artistes de l'Italie à cette époque. Raphaël Sanzio, lui-même, fournit un grand nombre de compositions.

Il n'est pas certain que Luca della Robbia fut le premier qui imagina de peindre ainsi ces ouvrages de faïencerie, que les Italiens ont appelés *majolica* ou en *majolica*, pour rappeler l'origine des poteries de Faenza. En effet, on suppose que c'est dans l'île Majorque que furent établies les premières fabriques de poteries, transportées ensuite à Faenza. Nous avons donné le nom de cette dernière ville aux produits de cette industrie, et *faïence* est depuis longtemps un mot français.

Mais Luca della Robbia ne peut être dédaigné parce qu'on lui conteste la première application de la peinture à la poterie de Faenza ; il a d'autres titres à la gloire. — La famille des della Robbia fut célèbre aux XVe et XVIe siècles parmi les sculpteurs-émailleurs. Son chef, Luca, né à Florence en 1388, fatigué de produire des sculptures qui ne lui rapportaient qu'un mince profit, essaya de se servir de l'argile pour modeler plus facilement des bas-reliefs et des ornements. Après de longues recherches, il parvint à donner à ses ouvrages de terre cuite une solidité et un éclat qui égalaient ceux du marbre, en les revêtant d'un émail composé d'étain, d'antimoine et d'autres minéraux liquéfiés par le feu. Le premier émail trouvé par Luca della Robbia était blanc ; bientôt il pût le colorer, et il produisit des œuvres fort curieuses qui rappelèrent la sculpture polychrôme.

Pierre des Medici fit décorer par Luca la voûte et le plancher d'une salle de son palais de Florence, et cette pièce, au dire de Giorgio Vasari, était d'une grande fraîcheur pendant l'été ; la voûte et le plancher paraissaient d'un seul morceau, et la perfection de ce travail était au-dessus de tout éloge. La réputation de Luca della Robbia dépassant rapidement les Alpes, l'artiste ne put suffire aux demandes qu'on lui faisait de tous côtés, il s'adjoignit ses frères Agostino et Ottaviano, et leur réunion produisit un grand nombre de bas-reliefs et d'autres objets que Vasari a décrits longuement (1). Après la mort des trois frères, Andrea, fils d'Agostino, prit la suite de leurs travaux, que continuèrent ensuite ses deux fils Girolamo et Luca.

Girolamo della Robbia vint en France vers 1530, et François Ier le chargea de décorer le château de Madrid, au bois de Boulogne, qu'il faisait construire alors. Les façades de ce monument, les cheminées extérieures furent ornées de terres cuites et émaillées, dont on vantait le relief, énergique comme celui de la sculpture ; malheureusement les Vandales de 1792 ont brûlé le château de Madrid, et l'on dit que les émaux du dernier des della Robbia ont été livrés à un paveur pour faire du ciment !!!

Girolamo, dédaigné par Cosme des Medici, mourut en France, et son art s'éteignit bientôt (1565) avec Santi Buglioni, qui posséda, le dernier, les procédés des frères della Robbia.

Les collections de la manufacture royale de Sèvres, du musée du Louvre et du musée de Cluny, renferment un assez grand nombre d'ouvrages remarquables en majolica, avec les noms des auteurs :

A Sèvres, un plat, daté de 1487, représentant le Christ en croix, un autre plat, portant la date de 1527, sont signés par Marco Giorgio, de Gubio.

Au Louvre, on lit sur d'autres plats les noms de :

Guido Selvaggio, — Guido Duranti, d'Urbino, — Fran-

---

(1) L. Dussieux. — *Recherches sur l'histoire de la peinture sur émail* — 1841.

(1) Vita di Luca della Robbia.

cesco Xanto, de Rovigo, dont on trouve le monogramme écrit de cette manière : *Fra* : X. R. avec la date de 1535.

On connaît encore les noms de : Federico Brandini, d'Urbino, — Orazzio Fontana et son frère Flaminio, — Raffaello Ciarla et Raffaello della Colle, Taddeo Zuccaro et Battista Franco de Pesaro.

Ces artistes ont exécuté de nombreuses et belles pièces de majolicas pour les rois et les grands seigneurs ; Flaminio fit pour Charles-Quint et Philippe II de magnifiques services.

Les majolicas ont été imitées, mais grossièrement, à Nevers, au commencement du XVIIe siècle, par un ouvrier venu à la suite du duc de Gonzague, mais ces poteries restèrent bien loin de celles de Faenza. Nevers possède encore de nombreuses fabriques de poteries, mais qui ne se sont jamais élevées jusqu'à l'art.

Aux XVe et XVIe siècles, la poterie azurée de Beauvais était en grande renommée ; Me François Rabelais la cite souvent dans son *Pantagruel*, et les *painctres et potiers de terre* sont fort vantés par les chroniqueurs de ce temps. Les bourgeois de Beauvais offraient ces produits de leur industrie aux rois de France, lorsqu'ils traversaient leur ville. Nous avons déjà signalé les faïences émaillées qui décoraient deux maisons de la rue Saint-Pantaléon, à Beauvais.

Toutefois, M. Dussieux, qui s'est livré à de sérieuses recherches sur cette industrie, avoue qu'on ne sait pas encore au juste ce que c'est que la poterie de Beauvais. Il croit que c'est une poterie de grès émaillé de bleu et qu'une partie des grès dits de Flandre ne sont autres que des grès de Beauvais. « Ce qui sert de base à notre raisonnement, dit M. Dussieux, « c'est que la fabrication des poteries de grès est très-active « encore aujourd'hui à Savignies et à Beauvais, et que les « traditions du pays, en rappelant que Jésus-Christ et « saint Pierre visitèrent les fabriques de grès du Beauvoisis, « nous attestent au moins l'antiquité de cette industrie, et « que, constatant ainsi son existence avant et après le « XVIe siècle, rien ne s'oppose à ce qu'elle ait existé pen- « dant le XIVe siècle, et que d'ailleurs tous les caractères « donnés à cette poterie azurée conviennent très-bien à une « foule de vases de grès bleu attribués à tort à l'industrie « flamande. »

Bayeux possédait aussi des fabriques de grès, à cette époque.

Plus tard, vers le milieu du XVIe siècle, Bernard de Palissy, après des essais infinis, parvint à faire des *rustiques figulines*, comme il les appelle lui-même, des plats ornés d'animaux de toute sorte, modelés et peints en émail d'une façon merveilleuse, mais la découverte de Palissy appartient entièrement à la Renaissance, et nous n'avons pas à nous en occuper ici.

SERRURERIE.

L'histoire de la serrurerie pendant l'époque ogivale est obscure, comme celle de tous les arts industriels avant la découverte de l'imprimerie ; les ouvrages exécutés pendant cette époque sont fort rares, et ce n'est que dans quelques brochures difficiles à rencontrer, que l'on peut trouver quelque mention de monuments encore existants. Pour notre part, dans nos fréquentes excursions dans nos provinces, nous n'avons pu observer qu'un très petit nombre de morceaux de serrurerie appartenant aux trois siècles du style ogival. Nous avons déjà signalé les grilles de Notre-Dame d'Orcival, les portes de la cathédrale du Puy ; c'est encore à cette province peu explorée que nous avons demandé des renseignements.

Il y a quelques jours à peine, en parcourant les châteaux qui s'élèvent sur les bords de la Loire, dans les gorges profondes des montagnes du Velay, le hazard nous a fait découvrir une œuvre précieuse de serrurerie. Le propriétaire du château de la Tour, près Coubon, était absent ; désolé de ne pouvoir étudier à l'aise un charmant portail du XVe siècle, caché par les hautes murailles du pâté sur lequel est assis le manoir, nous cherchions de tous côtés une issue pour pénétrer sans effraction dans cette demeure silencieuse. —Nous enjambâmes les échaliers d'un verger, et à l'extrémité d'une allée, nous nous trouvâmes en présence d'une belle grille forgée ayant tous les caractères d'ornementation particuliers aux XIIIe et XVe siècles.

Les deux époques sont parfaitement reconnaissables. La partie inférieure de la grille a environ soixante centimètres de hauteur, est d'un travail serré, mais fort élégant ; le dessin représente une espèce d'entrelas exécuté avec une régularité parfaite et qui rappelle, mais avec plus de grâce, la grille du cloître de Notre-Dame-du-Puy. Pour nous, ce fragment appartient évidemment au XIIIe siècle ; la partie supérieure, haute de deux mètres, se compose de panneaux encadrés par des barres de fer unies et sur lesquels est appliquée une broderie de fer. — Les combinaisons de ce dessin du XIVe ou XVe siècle, présentent des quatre-feuilles lancéolés de vingt-cinq centimètres de diamètre, rattachés l'un à l'autre par une broche rivée et ornée d'une rosace forgée. La grille entière est encadrée par un câble, — les montants du chambranle sont terminés par une espèce d'astragale d'où sort une flamme. Le tout est couronné de bouquets à quatre-feuilles, recourbés intérieurement avec une lance lozangée et à jour, qui forme la fleur de ce bouquet.

Il est difficile de rencontrer une grille plus gracieuse et plus légère, celle-ci laisse bien loin derrière elle tous les colifichets de la fonderie contemporaine. — Ce morceau précieux figurerait honorablement dans un musée des monuments du moyen-âge, et il serait à désirer que le musée du Puy, déjà si riche en objets d'arts industriels, prît la peine d'en faire l'acquisition.

Dans les églises, dans les châteaux de certaines provinces, on peut sans doute rencontrer des spécimens des ouvrages de la serrurerie du XIII° au XVI° siècle, mais les études archéologiques n'ont pas encore été dirigées dans ce sens. D'ailleurs, l'art du serrurier est connu, il n'emploie pas de procédés particuliers : le marteau, la lime, voilà ses instruments à toutes les époques ! Quant à l'ornementation, il est bien évident que les serruriers ont, comme tous les autres industriels, subi l'influence de l'architecture, et qu'ils ont suivi, dans la composition des objets de leur art, les principes des styles accrédités. Ainsi, pendant le XIII° siècle, ils ont dû reproduire l'ogive et l'ornement byzantin, — au XIV° l'ogive rayonnante, et au XV° l'ogive flamboyante ou le cercle en mouvement. Autrefois, la serrurerie était un art ; aujourd'hui, malheureusement, ce n'est plus qu'un métier !

ORFÈVRERIE.

Avant le XIII° siècle, l'art de l'orfèvrerie avait été cultivé presque absolument dans les monastères, et l'on ne fabriquait de pièces importantes d'or ou d'argent que pour les églises ; cependant la corporation des orfèvres existait avant le règne de saint Louis. On a vu que Philippe III avait accordé des lettres de noblesse à l'orfèvre Raoul ; plus tard, en 1330, sous le règne de Philippe VI, la corporation des orfèvres de Paris fut reconstituée, et elle fut honorée d'armoiries, consistant *en une croix d'or dentelée en champ de gueules, accompagnée de deux couronnes et de coupes d'or, à la bannière de France en chef.* Vers 1360, sous Jean I°", le corps de l'orfèvrerie fit construire, à Paris, une chapelle sous l'invocation de Saint Éloy.

Les inventaires des églises, ceux faits après les décès des princes et seigneurs, des évêques et des abbés, peuvent donner une idée de la quantité de pièces d'orfèvrerie que l'on fabriquait, en dépit des ordonnances somptuaires. M. Bourquelot cite les objets suivants, possédés par Charles V. La vaisselle d'argent se composait de 437 pièces ; la vaisselle d'argent doré de 448 pièces, la vaisselle d'or de 289 pièces, enfin la vaisselle d'or ornée de pierreries, de 291 pièces. Les principaux morceaux de ce trésor étaient : une grande nef d'or pesant 53 marcs 4 onces, soutenue par six lions et portant un ange à chaque extrémité ; une autre nef d'or donnée par la ville de Paris, et pesant 125 onces, deux hydres ornées d'émaux, portant de chaque côté un sauvage armé d'une lance. En outre, Charles V avait fait placer au Louvre, dans la tour de la librairie, de magnifiques lampes d'argent.

Dans les *nefs* dont il est question, on serrait tous les objets servant à la table du roi ; les autres ustensiles d'orfèvrerie étaient placés comme en étalage sur des dressoirs, *dressouers*, qu'on appela *buffets* au XVI° siècle, et *crédences* au XVII°. — Les rois avaient trois dressoirs : un pour l'argent, un autre pour l'argent doré, et le troisième pour l'or. La plupart des plats ainsi dressés n'étaient pas d'un usage journalier, ils étaient surtout considérés comme meubles d'apparat.

Malheureusement, il nous reste peu de pièces de l'orfèvrerie civile de ces époques lointaines, et c'est encore à l'orfèvrerie religieuse qu'il faut avoir recours pour trouver quelques renseignements sur cet art pendant les XIII° et XIV° siècles.

Les reliquaires, les croix processionnelles, les crosses épiscopales ou abbatiales, les custodes, les ostensoirs existent encore en assez grand nombre dans les collections publiques et particulières, pour que sur ces modèles précieux on puisse prendre une idée de la valeur, au double point de vue de l'art et de l'industrie, de la fabrication de l'orfèvrerie et de l'orfèvrerie émaillée depuis le XII° jusqu'au XVI° siècle.

Limoges, pendant tout le moyen-âge, paraît avoir été le centre le plus actif de la fabrication de l'orfèvrerie. Depuis Abbon et Saint Éloy, au VII° siècle, jusqu'à Léonard, au XVI° siècle, une liste nombreuse d'argentiers et d'émailleurs témoigne de l'importance de cette industrie limousine. Mais ce qui rend encore plus évidente l'activité de cette industrie, ce sont les immenses catalogues des pièces d'orfèvrerie et d'émaillure que contenait cette province avant la révolution. — Dans un *Essai sur les argentiers et émailleurs de Limoges*, publié il y a quelques années, — M. l'abbé Texier a raconté consciencieusement et savamment l'histoire de l'orfèvrerie limousine depuis les temps les plus reculés jusqu'à nos jours ; c'est à cet excellent travail que nous empruntons les documents suivants.

En 1787, malgré les pillages successifs des XII°, XIV°, XV°

et XVIe siècles, l'abbaye de Grandmont possédait plus de cinquante reliquaires anciens. — La ville de Limoges, sans y comprendre les propriétés particulières, en possédait *quatre cent trente-huit*. L'abbaye de Grandmont montrait encore une croix haute de trois mètres, un autel immense, couvert de ciselures rehaussées d'émail. Le pape Grégoire XI, originaire du Limousin, avait fait don à l'abbaye de Saint-Martial de Limoges, en 1378, d'une image d'argent qui indique la présence d'une école d'argentiers et d'émailleurs à Avignon.—On lit en effet dans la bulle de donation : — « Nous avons fait exécuter en la ville d'Avignon une « image d'argent, dorée, émaillée et ornée de beaucoup de « perles et de pierres précieuses, du poids de *sept cents* « *marcs* et au-delà. » — Deux ans plus tard, le même pape adressait à la même abbaye une coupe d'or émaillée à ses armes formées d'une bande accompagnée de six roses en orle. Cette coupe portait la signature : B. VIDAL MA F.

Pierre Verrier, maître argentier de Limoges, exécuta une cassette pour renfermer cette coupe d'or, en 1496, et cette cassette était considérée comme un chef-d'œuvre de patience et de goût.

Le Limousin possédait encore, il y a quelques années, une châsse des plus importantes du XIIIe siècle, celle de Laguène, consacrée, comme la châsse de Mauzac, à saint Calminius; elle a été vendue. — M. Didron l'a longuement décrite :

« Elle reproduit en miniature la forme de la cathédrale de « Laon. La châsse de Laguène est *donc* une charmante église « de métal.—Cette châsse est longue d'un mètre environ et « large de vingt-cinq centimètres. Notre petite cathédrale « de cuivre émaillé a *donc* une nef, des transsepts, un « chœur, un sanctuaire. C'est dans l'intérieur de ce petit « monument, c'est dans ce cercueil *à forme* d'église en croix « que reposait, non pas en entier, mais en partie, le corps « de saint Calminius, un des apôtres de l'Auvergne. » (Didron. *Journal l'Univers*.)

L'église de Laguène conserve encore une suspension de cuivre émaillé en forme de colombe. Cet objet de l'orfèvrerie religieuse est assez rare, et il est nécessaire de le décrire. Thiers (1) analyse ainsi celle de Saint-Luprece, près de Chartres. « Elle est de cuivre rouge, émaillé par endroits. « Vers le milieu du corps, elle a comme une petite boîte « ronde, creuse environ un demi-doigt, dorée par le de- « dans, et ouverte par-dessus le dos entre les deux ailes, avec

(1) *Dissertation sur les autels*.

« un petit couvercle aussi de cuivre rouge. » Cette colombe, suspendue au baldaquin de l'autel, contenait l'hostie consacrée (1). Quelquefois, comme à Saint-Yrieix, le bras d'une statue la tenait suspendue au-dessus de l'autel, et un mécanisme caché dans le tabernacle servait à l'abaisser et à l'élever à volonté.

Les croix et les crosses du XIIIe siècle se rencontrent encore assez souvent.— Au musée d'Amiens, on voit une belle crosse en cuivre doré et émaillé. « Un serpent à} écailles « bleues bordées d'or forme la volute ; au centre du cercle , « l'archange saint Michel, vêtu d'une courte tunique, perce « de sa lance le monstre figuré sous les traits d'une sala- « mandre. Des animaux semblables, délicats et légers, « courent autour du pommeau, et trois de ces monstres « rampent le long de la douille. » Le musée de Poitiers en possède une à peu près semblable. Les crosses de Saint-Germain des-Prés étaient aussi de même forme.

Paris possédait, avant la Révolution, la fameuse châsse de Sainte Geneviève, qui remplaça en 1252 celle que saint Eloi avait exécutée. Elle était l'œuvre de l'orfèvre Bonnard ou Bonnait, qui l'avait entreprise en 1240 sous la direction de l'abbé Robert de la Ferté Milon. C'était une espèce d'église rectangulaire à toits inclinés et à deux pignons, sans flèche ni clocher. Les douze apôtres, placés dans des niches, étaient d'argent massif et d'un pied de haut. On ne mit pas moins de douze années pour réunir l'or, l'argent et les pierreries de ce beau reliquaire pour lequel on employa huit marcs d'or et cent quatre-vingt-dix marcs d'argent. Pendant tout le moyen-âge, la châsse de Sainte-Geneviève fut augmentée des dons des rois. Elle était littéralement couverte de pierres précieuses. Catherine des Medici lui donna une couronne de diamants. En 1793, cette superbe et riche châsse fut portée à la Monnaie et totalement détruite.

Il nous serait difficile de signaler toutes les pièces d'orfèvrerie religieuse que nous connaissons, et encore moins celles qui sont enregistrées parmi d'innombrables publications provinciales. Des volumes de descriptions ne donneraient pas une idée juste des styles de tous ces beaux ouvrages ; maintenant que Paris est pourvu d'un musée des monuments du moyen-âge, on pourra consulter avec fruit les objets qu'il renferme et auxquels on ajoute chaque jour. Toutefois, on se rappellera que les ouvrages d'orfèvrerie civile pendant l'ère ogivale sont fort rares.

(1) Voir page 19.

Pour compléter cette étude, trop rapide sans doute, de l'orfèvrerie, nous avons emprunté aux gravures de l'école allemande de la fin du XVe siècle certains modèles remarquables. Nous ignorons si ces pièces ont été exécutées, mais, dans tous les cas, elles peuvent être étudiées utilement, car elles sont empreintes du caractère riche et élégant qui distingue le style ogival tertiaire ou flamboyant.

Tous ces dessins sont réunis sur la planche XVI.

La Fig. 1 est copiée d'après un graveur dont le nom est inconnu et qu'on désigne par le *maître de* 1466. C'est, dit-on, le premier graveur qui ait publié des dessins d'ornements. Les cartons de la bibliothèque royale contiennent, de ce maître, trois pièces d'ornements, dont un grand rinceau avec figures, un écusson soutenu par des femmes et le chardon en forme de crosse ou crochet reproduit par le dessin, Fig. 1, Pl. XVI.

Les Fig. 5 et 6 sont d'un maître dont le nom n'a pas été conservé, mais désigné par son monogramme W, indiqué sur la planche. L'une montre un crochet fantastique et l'autre un vase très-riche avec son couvercle. Outre ces deux dessins, la bibliothèque royale possède dix-huit pièces d'ornements de ce graveur, notamment des figures de saintes dans des niches, des pièces d'architecture, un encensoir fort riche et trois crochets dans le goût du précédent.

Les Fig. 2, 3, 4, 7, 8 et 14 appartiennent à Martin Schongauer, orfèvre-peintre et graveur allemand, mort en 1499, que nous signalons à l'article GRAVURE — Fig. 2, gobelet. Fig. 3, crochet de feuillage. Fig. 4 ostensoir. Fig. 8, boîte avec son couvercle pour mettre les pains à chanter. Fig. 14, crosse d'abbé. Fig. 7, crosse épiscopale d'une grande richesse.

Outre ces dessins, la bibliothèque royale conserve dix-neuf pièces d'ornements de ce maître, entr'autres des figures supportant des écussons, un bel encensoir, deux crochets ou crosses et quatre rinceaux d'ornements et oiseaux.

Israël de Mecken a fourni les dessins des Fig. 9, 12, 13, 17 et 18. — La pièce principale, Fig. 9, est un magnifique ostensoir de style flamboyant très-caractérisé ; le dessin est daté de 1497. Les Fig. 12 et 13 représentent un lustre et sans doute un support de lustre ; la Fig. 17 un chandelier à deux branches, et la Fig. 18 une cuvette ou bassin destiné à rafraîchir les boissons. Ce dernier meuble se rencontre fréquemment dans les gravures de cette époque. Israël de Mecken a produit en outre plusieurs pièces d'ornements fort remarquables, entr'autres une crosse de 0^m 45 c. de hauteur, des rinceaux et un alphabet de lettres grises gothiques.

Fig. 11, lustre. — Fig. 10, boîte dont l'emploi est ignoré. Fig. 15, gobelet.

Fig. 16, espèce de calice, emprunté aux *monuments* français inédits de Willemin et André Pottier.

ORFÈVRES. — JOAILLIERS.

Raoul — Paris, orfèvre de saint Louis et de Philippe III, qui le premier, parmi les hommes du tiers-état, reçut des lettres de noblesse. — XIIIe siècle.

Bonnard — ou Bonnait, orfèvre chargé par l'abbé Robert de la construction de la fameuse châsse de sainte Geneviève de Paris. — 1240-52. — XIIIe siècle.

Guillaume Laconcha ,

G. Trobat, chasublier; tous deux cités dans l'inventaire des ornements conservés dans la trésorerie de l'abbaye de Saint-Martial de Limoges. — XIIIe siècle.

Li Flamans, — Bourges 1224. — XIIIe siècle.

Cent-seize orfèvres sont nommés dans le livre de la Taille (impôts) de l'année 1292. Cette liste des orfèvres réunis à Paris à la fin du XIIIe siècle comprend sept Limousins, — et entr'autres noms appartenant aux diverses provinces de la France : ceux de : Pierre de Chièle (Chelles) , — Jehannot de Laingni (Lagny) , — Alain de Pontoise, — Pierre de Moante, Estienne de Gien, — Richart d'Arraz, — Lambert de Blois, — Vincent de Provins, — Pierre de Montpellier, — Denizot de Tours, etc.

Léonard Guibert, — Limoges.

— Hance Crest ou Croist, orfèvre et valet de chambre du duc d'Orléans, fit pour ce prince des ouvrages d'or et d'argent. — 1397. — XIVe siècle.

Et. Marcel, — Paris. — XIVe siècle.

Aladrigues de Perpignan fit pour l'église de cette ville un ostensoir en or et en vermeil. — 1407-1412. — XVe siècle.

Pierre Baston, orfèvre du roi. — 1469. — XVe siècle.

Josset d'Esture, orfèvre de Paris, exécuta de superbes fermoirs pour le duc d'Orléans. — XVe siècle.

Pierre Quincault, — Arras. — XVe siècle.

Pierre de Choppes, du Berry. — XVe siècle.

Vallerand le Mire, abbé de Notre-Dame de Boulogne-sur-Mer, fit un reliquaire d'or émaillé pour renfermer un morceau de la vraie croix. — XVe siècle (1).

M. l'abbé Texier cite une épitaphe autrefois placée près de la porte de Saint-Michel-des-Lions de Limoges, ainsi conçue :

(1) *Trésor de Notre-Dame de Boulogne-sur-Mer.* — P. Hédouin 1846.

𝕮i gist soubs cette grande fame
𝕯enisot prêtre, 𝕯ieu a grappé son ame
subtil orfévre. . . . . .
de 𝕸eaux en 𝕷iége vraiment fut natif
mil quatre cents et soixante et vers dix
𝕻ries 𝕯ieu qu'il soit en paradis.

1470. XVᵉ SIÈCLE.

Pierre Verrier, argentier de Limoges. 1496, XVᵉ siècle.

Au XVᵉ siècle, Dinan en Belgique et Lyon fabriquaient une orfèvrerie de cuivre, ou chaudronnerie historiée, que nous appelons maintenant *repoussée au marteau*. Cette industrie s'appelait *Dinanderie*. Les chaudronniers de Saint-Flour en Auvergne et de Vire en Normandie imitaient les Dinandiers, et leurs ouvrages n'étaient pas moins recherchés. M. Michelet (1) dit que dès l'année 1112 les *Dynans*, potiers d'airain, étaient célèbres. Il cite parmi ces artistes industriels :

Lambert Patras. — 1112. — XIIᵉ siècle.
Jehan d'Outre-Meuse, — Étienne de la Mare. — 1385.—
Gautier de Coux. — XIVᵉ siècle.

ÉMAILLURE.—MOSAÏQUE.

S'il nous fallait seulement reproduire la substance des livres qui ont été écrits sur l'art de l'émailleur, ce volume ne suffirait pas; bien que cet art industriel semble reprendre faveur, nous ne croyons pas qu'il devienne populaire de longtemps ; la peinture sur porcelaine, plus agréable, il faut l'avouer, l'a remplacé avec avantage pour certains meubles, et la bijouterie fait un usage si restreint de l'émaillure, qu'une longue dissertation sur cet art serait sans profit pour nos lecteurs.

D'ailleurs, à partir du XIIIᵉ siècle, l'art de l'émailleur est tellement lié à l'art de l'orfèvrerie, qu'il est impossible de distraire l'un de l'autre. Cette histoire complexe intéresse donc plus les archéologues que les industriels. Nous nous contenterons de quelques mots.

« Les émaux du XIIIᵉ siècle se distinguent des précédents par les procédés matériels employés pour les fixer au métal qui les supporte et par le style des ornements qu'ils servent à former. La substance vitreuse, appliquée sur des feuilles de cuivre convexe, n'y est plus retenue que par l'adhérence de la fonte, et elle produit des tableaux par la seule variété des couleurs. (1)

Longtemps le style byzantin domina les travaux des émailleurs, mais au milieu du XIIIᵉ siècle, l'architecture des châsses se modifia comme celle des églises, et les sujets légendaires dont on les décora, furent composés d'après les idées du temps.

La plupart des monuments que nous avons cités, en parlant de l'ORFÉVRERIE, sont couverts d'émaux précieux des XIIIᵉ et XIVᵉ siècles. Nous les rappellerons brièvement : les tombeaux de Jean et de Jeanne, enfants de saint Louis, recouverts de plaques de cuivre émaillé, à l'abbaye de Royaumont; la châsse et la suspension de l'église de Laguene, la suspension de l'église de Saint-Yrieix, les crosses de Poitiers, d'Amiens, des collections du Louvre et du musée de Cluny; enfin tous les ouvrages en émail signalés dans plus de cent églises du Limousin par M. l'abbé Texier, et dont on peut trouver le détail dans ses excellents livres sur la matière.

En 1235, une confrérie du Saint-Sacrement fut établie entre les orfèvres-émailleurs de Limoges, dans la paroisse de Saint-Pierre-en-Querroyx; en 1317, il y avait une manufacture d'émail sur or à Montpellier, et nous avons constaté, au moyen de la bulle de Grégoire XI, qu'en 1378, il y avait une école d'émailleurs à Avignon. L'art de l'émailleur s'effaça un peu au XVᵉ siècle, mais il se releva plus brillant au XVIᵉ. — Pendant les trois siècles de l'époque ogivale, les émaux ont été fréquemment appliqués à la décoration des meubles, des armes, et particulièrement des instruments religieux, tels que : bagues, agrafes, colliers, hanaps, gobelets, burettes, aiguières, plats, boucliers, casques, poignées d'épées et de poignards, manches de couteaux, fermoirs et couvertures de livres, bahuts, tombeaux, châsses, reliquaires, crosses, calices, ostensoirs, parements d'habits sacerdotaux, croix de toute espèce et mille autres objets dont les noms nous échappent.

La mosaïque, — avons-nous dit, fut à peu près oubliée en France pendant le moyen-âge, et l'Italie seule continua d'en produire. Elle fut remplacée par la terre cuite vernissée ornée de dessins de diverses couleurs. A Florence, on employa beaucoup le *lavoro à composto* ou assemblage de pierres

(1) *Histoire de France*, t. VI.

(1) M. F. Bourquelot, *ouvrage déjà cité*.

dures, jaspes, albâtres, lapis lazzuli, agates que l'on découpait en raison de leurs nuances et des nécessités du dessin.

« Cette espèce de marqueterie, — dit M. Bourquelot, — qui
« avait été très-usitée à Constantinople et que les Orientaux
« faisaient servir à la décoration de leurs édifices publics et
« de leurs églises, donna naissance à un art tout-à-fait ana-
« logue dans son principe et dans ses effets et différant seu-
« lement par la nature des matières employées : la mar-
« queterie en bois. »

ÉMAILLEURS.

J. et P. Lemovici. — On ignore les noms patronymiques de ces deux grands émailleurs de Limoges. — 1315. — XIVe siècle.

Marc de Bridier, sacristain de l'abbaye de Saint-Martial de Limoges. — 1360. — XIVe siècle.

Jacques de Romans, argentier et émailleur de Montpellier, fit en 1366 des écussons émaillés portant les armes du pape Urbain V, et du consulat de Montpellier. — XIVe siècle.

Barth. Vidal. — 1378. — XIVe siècle.

Pierre Deu Bost, — Martial Benoit, — Pierre de Chastelnou, — Martial Julier, — Martial Soman, — Pierre de Julien, — Jehan Cap, — Aymeric Vidal et Barth. Aysuba, *dauradiers et argentiers* du château de Limoges, rédigent les réglements relatifs à leur profession, le 20 février 1389. — XIVe siècle (1).

S. B Vidal, argentier et émailleur. — Avignon, 1380. — XIVe siècle.

Enfin, le fameux Léonard Limousin, ainsi appelé pour le distinguer du grand peintre Lionardo da Vinci, — né à Limoges en 1480, et qui fut l'émailleur le plus distingué du règne de François Ier.

GRAVURE-NIELLURE.

Les nielles furent à peu près abandonnées à partir du XIIe siècle, mais cependant quelques artistes cultivèrent encore cette sorte de gravure, puisqu'au milieu du XVe siècle, elle donna lieu à l'invention de la gravure reproduite par l'impression.

Les allemands réclament pour leur patrie la priorité de l'invention de la gravure ; selon eux, ce serait Martin Schongauer, orfèvre et peintre, dont nous donnons plusieurs pièces à l'article ORFÈVRERIE, qui aurait découvert cet art, vers 1440, presque en même temps que Faust, Guttenberg et Schœffer

(1) M. l'abbé Texier. *Essai sur les argentiers et émailleurs du Limousin.*

découvraient la typographie. Il est bien certain que la gravure et l'imprimerie apparaissent simultanément au milieu du XVe siècle.

L'opinion la plus accréditée est que l'invention de la gravure en taille douce est due à Maso Finiguerra, orfèvre et statuaire florentin, élève de Lorenzo Ghiberti et de Masaccio. Il fut aidé, dit-on, dans ses premiers travaux, par le peintre Boticelli et par Antonio Pollaïolo, sculpteur, orfèvre et peintre. Une circonstance fortuite détermina cette découverte. La confrérie des ouvriers et commerçants en laine de Florence avait commandé à Finiguerra une *paix*, ornée de *niello*. Afin de juger de l'effet de son travail, avant de le terminer, l'artiste en prit une empreinte avec de la terre, coula des épreuves en soufre sur cette argile, tamponna avec du noir de fumée les sillons du soufre, pressa ensuite la planche ainsi préparée contre un papier humecté. Le dessin fut reproduit, dit M. Bourquelot ; Finiguerra répéta l'expérience en se servant du métal lui-même, et dès ce moment les modernes furent en possession d'un art qui avait manqué aux anciens. La bibliothèque royale, à Paris, possède une épreuve sur papier de la paix de Maso Finiguerra ; elle représente le couronnement de la Vierge.

La gravure était à peine née en Italie que déjà l'Allemagne produisait des œuvres remarquables : les premiers essais des graveurs Allemands furent des chefs-d'œuvres. On peut en juger par les pièces de Martin Schongauer et Israël de Mecken, reproduites Pl. XVI.

La gravure à l'eau forte, trouvée à la fin du XVe siècle, ajouta bientôt aux procédés de la gravure ; les artistes purent facilement préparer leurs tailles et parvenir à la perfection. La première gravure à l'eau forte, conservée à Londres est due à Wenceslas d'Olmutz et porte la date de l'an 1496.

La France fut lente à adopter l'art de la gravure et tandis que l'Allemagne et l'Italie se glorifient de nombreux graveurs célèbres, elle ne peut nommer que Bernard Milnet, 1454, Jean Duvet, dit le *Maître à la Licorne*, de Langres, en 1485, Nicolas Beatrizet, de Thionville, en 1500, et Noël Garnier.

TISSUS. — ÉTOFFES.

L'Italie, aujourd'hui si déchue de sa splendeur passée, l'Italie si pauvre maintenant, a doté la France de plus d'une industrie pendant le moyen-âge. — A la fin du XIIIe siècle, en 1260, les Gibelins, bannis de Florence, aidés des habitants de Sienne, reconquirent leur droit de cité, après une lutte meurtrière. A leur tour ils chassent les Guelfes et confisquent leurs biens. Ces nouveaux exilés se réfugient à Lyon et à Nîmes et ils importent, dans ces villes, le goût des Beaux-Arts, alors si développé dans leur patrie; ils déposent les premiers germes de l'industrie séricicole qui plus tard devint la source de la prospérité du Midi de la France. En même temps, les Papes, maîtres d'Avignon, introduisaient dans le Comtat, l'architecture italienne et la peinture. « On plantait des mûriers, on établissait des manufactures de soie dans lesquelles on imitait sur de riches étoffes les dessins qui avaient fait rechercher celles de la Perse et de la ville de Damas. » On comptait dans cette ville, pendant le moyen-âge, jusqu'à dix-huit cents métiers. — Malheureusement, Avignon n'a rien conservé de son admirable industrie.

« Mais, — dit un savant écrivain — (1) les manufactures de drap d'or, de soie, de canetille, de passements, de rubans et de franges qui ont fait, dans la suite, la richesse de Lyon et de Nîmes, la richesse de Lyon principalement, ne s'y établirent cependant, ni dans le XIIIe ni dans le XIVe siècle. La France était toujours tributaire de l'Italie, tant il est vrai qu'il faut que les Beaux-Arts aient suffisamment disposé les esprits à se livrer aux arts d'industrie commerciale, pour qu'ils s'y attachent avec force et utilité. » Ce fut Louis XI qui, en 1480, appela en France des ouvriers Grecs, Vénitiens et Génois ; il leur donna de grands privilèges et, sous sa protection, on établit des manufactures de soie à l'instar de celles d'Avignon. En 1498, on commença à planter le mûrier sur une grande échelle. — Pendant les guerres d'Italie, Charles VIII donna de grands encouragements à la fabrication de la soie. Sous François Ier, vers 1520, les manufactures de Lyon, si célèbres depuis, s'élevèrent rapidement, mais l'industrie séricicole n'atteignit son entier développement que sous Henri IV, et plus tard, sous l'administration de Colbert.

Vers 1400, des fabriques de toile peintes furent établies à Rheims.

TAPISSERIES.

Dans son *Livre des métiers*, Etienne Boileau, prévôt de la ville de Paris sous le règne de St-Louis, cite la corporation des tapissiers de *tapis sarrazinois* qui imitaient, dans leurs ouvrages, les procédés et les dessins des orientaux. Ainsi, au XIIIe siècle, les fabriques de tapisseries étaient déjà tellement nombreuses à Paris que les ouvriers en tapisseries formaient un corps à part. On sait que cette industrie était pratiquée au Kaire, à Damas, à Alexandrie; les Croisés durent rapporter de leurs voyages en Syrie et en Egypte de beaux ouvrages qui servirent de modèles aux fabriques françaises, mais il est évident que l'on a prétendu à tort que l'industrie des tapis était venue en Europe par les croisades. (1) « Saint-Louis envoya des tapis aux princes musulmans et quand la rançon de Jean, fils de Louis le Mâle, comte de Flandre, fait prisonnier en 1396, à la bataille de Nicopolis, fut payée à Bajazet, on donna à ce prince de riches tapisseries d'Arras, représentant l'histoire d'Alexandre. »

L'usage des tentures en tapisseries se répandit considérablement au XIVe siècle ; des fabriques s'établirent en Picardie, dans les Flandres et luttèrent contre celle depuis longtemps célèbre de St-Florent de Saumur. Un inventaire des meubles de Charles d'Orléans fait mention d'un *tappiz à ymages* représentant les *vices et les vertus*, les joûtes de Lancelot, l'histoire de Renaud de Montauban, la destruction de la ville de Troie, l'histoire de Thésée. « Ces ouvrages étaient fort anciens, dit M. F. Bourquelot, car le tapis de haute lisse représentant Thésée est mentionné dans une cédule de Louis d'Orléans, du 11 janvier 1392, comme ayant été acheté quelques années auparavant, moyennant la somme de 1200 francs d'or. Le même prince fit faire des tapisseries par Jehan de Foudroigne et Jacques Dourdan, 1393. — Il est question de *tapis sarrazinois à or de l'histoire de Charlemagne* faits pour le duc de Touraine, en 1398, et destinés au château de Beauté, par Jehan de Croisettes. »

Au XVe siècle, l'usage des tapisseries devint encore plus commun. Les églises, les monastères, les palais, les habitations des bourgeois et des gens riches en furent décorés. Les bannières des confréries, le tablier nommé *tasse*, dans lequel les maires mettaient les placets qu'on leur adressait, étaient garnis de tapisseries faites à l'aiguille. Dans ce siècle, on introduisit dans les dessins des tapisseries, des personnages, des portraits, des compositions représentant des scènes historiques, bibliques, ou mythologiques. Nous possédons personnellement quelques fragments de tapisseries de ce temps, très-précieux pour l'étude du costume des seigneurs au XVe siècle.

On cite parmi les monuments qui nous restent de cette époque : les tapisseries de Montpezat, provenant de la cathédrale de Montauban, à laquelle elles avaient été données par l'évêque Despiez, au XVe siècle. Elles représentent, en seize tableaux, la légende de St-Martin de Tours.

---

(1) Emeric David. — *Mémoire déjà cité.*

(1) M Félix Bourquelot. — *Ouvrage déjà cité.*

L'église de St-Anatole de Salins, possédait autrefois quatorze tapisseries de haute lisse faites à Bruges ; il n'en reste plus que quatre.

En 1428, Simon de la Croix, était « *répareur de la tapicerie* » de Charles d'Orléans.

En 1450, Nicolas de la Ruelle, tapissier, fabriquait pour les consuls de Montpellier, un bancal vert, portant les armes de la ville.

La cathédrale de Sens possède de belles tapisseries des XV° et XVI° siècle.

L'abbaye de la Chaise-Dieu, (Haute-Loire) a conservé une collection de tapisseries fort curieuses dont quelques unes sont tissues de fils d'or. — Elles ont été données à cette église par Jacques de Senneterre, son dernier abbé régulier au XVI° siècle. — « Les costumes, écrit M. P. Mérimée, (1) — et je n'hésite pas à le dire, un mérito quelquefois très-réel de dessin et de composition, donnent un grand intérêt à ces tentures. Les personnes qui se plaisent à rechercher les petits détails de la vie commune chez nos aïeux, y trouveront ample matière à leurs observations. — Ils jugeront, par exemple, des manières de la bonne compagnie au commencement du XVI° siècle, en voyant, dans la Cène, un apôtre se curant les dents avec son couteau, tandis qu'un autre essuie le sien à la nappe. »

L'Auvergne renferme encore quelques tapisseries anciennes ; on en trouve à Thiers, à Vic-le-Comte, à Artonne, et dans les châteaux d'Effiat; de Domaize et de Chazeron. (2)

Jean Brèche, avocat de Tours, (1558) signale de belles étoffes en soie et en or, et des tapisseries au point et au métier, exécutées par Jean Duval et ses enfants, ouvriers célèbres au XVI° siècle.

Quelques tapisseries de cette époque ornent la cathédrale de Beauvais; enfin le musée de Dijon conserve une tapisserie du commencement du XVI° siècle, divisée en trois compartiments et représentant le siège de Dijon par les Suisses, en 1513.

PEINTURE SUR VERRE.

Selon M. Emeric David, c'est sous le règne de Charles-le-Chauve ou de Louis-le-Débonnaire qu'il faut placer l'invention de la peinture sur verre; aucun document ne signale la présence des vitraux colorés avant cette époque. Mais quel était l'état de la peinture sur verre au XI° siècle, c'est ce que nous ne saurions dire. Nous ne reproduirons pas les hypothèses formulées à ce sujet, nous constaterons seulement que le moine Théophile fait observer que l'art de peindre sur verre était particulièrement cultivé en France ; or, nous pouvons considérer cet art comme une industrie nationale.

Nous suivrons, pour cette étude, la classification établie par M. E. H. Thévenot, peintre-verrier à Clermont-Ferrand, dans un travail fort remarquable, publié, il y a quelques années — (1). L'habile artiste auquel on doit la restauration d'un grand nombre de verrières de nos belles cathédrales et plusieurs vitraux très appréciés de Saint-Germain-l'Auxerrois, est un praticien trop consommé pour que ses études ne soient pas plus intéressantes et plus raisonnées que celles des archéologues compilateurs de livres.

« La première époque (âge byzantin) commence vers le milieu du XII° siècle vers 1150, et finit vers le commencement du XIV°.

« La deuxième époque (âge ogival de l'art) s'étend depuis le commencement du XIV° jusqu'à la fin du XVI°.

« La troisième époque (âge de transition) comprend le XVI° siècle, la renaissance des arts. »

La période de la décadence de la peinture sur verre, sensible vers la moitié du XVI° siècle, devint très caractérisée au commencement du XVII° — et vient finir au règne de Louis XV.

Les premiers vitraux dont la date est certaine, sont ceux de l'abbaye de Saint-Denys, exécutés par l'ordre de l'abbé Suger. Deux croisées situées dans une chapelle de l'abside témoignent seules, aujourd'hui, de ce précieux travail, qui avait coûté des sommes énormes. Le panneau qui contient le portrait de Suger a été conservé, il porte en caractères du XII° siècle : *Sugerius abbas*. Petites, trapues, raides et incorrectes, les figures de ces vitraux appartiennent à l'art byzantin, mais l'ornement, en général, les fleurons des frises, l'agencement des mosaïques des fonds sont remarquablement traités.

Les difficultés matérielles de l'art, à cette époque, sont vaincues dans ces vitraux avec une patience admirable. Les frises contiennent des rinceaux évidés avec la plus grande légèreté, dans un morceau de verre coloré. « Les champs de mosaïque sont formés de petits morceaux de verre teints

---

(1) *Notes d'un voyage en Auvergne*. 1858.
(2) J. B. Bouillet. — *Statistique monumentale du Puy de Dôme*. 1846.

(1) *Essai historique sur le vitrail*, par M. E. H. Thévenot, secrétaire-général de l'académie royale de Clermont, conservateur des monuments historiques du Puy-de-Dôme, correspondant des comités historiques. Clermont-Ferrand, 1855.

dans la pâte et assemblés par des plombs multipliés. » C'est une imitation des mosaïques orientales de cette époque.

Quatre fenêtres de la cathédrale de Bourges offrent des vitraux du même style et à peu près de la même époque que ceux de Saint-Denys. « On y reconnaît, dit M. Thévenot, — une tendance à imiter les dispositions pittoresques et colorées des étoffes de l'Orient et surtout des vieux tapis de Perse. »

Au XIII° siècle, l'imitation devient plus servile, la fenêtre ogivale permet le développement de ces longues bandes des anciennes tapisseries chargées de médaillons aux mille couleurs. « Si l'on compare les verrières byzantines du XII° siècle des églises de Saint-Denys et de Bourges, avec les vitraux de la Sainte-Chapelle de Paris et ceux de la cathédrale de Clermont, on verra que ces derniers, qui étincellent de tous les feux du prisme, n'ont plus rien de byzantin. » En avançant dans le XIII° siècle, on voit peu à peu les frises romanes s'effacer et devenir de minces bandes à petites rosaces, à petites feuilles et à filets perlés; les champs et les médaillons donnent de l'harmonie à ce système de décoration. En même temps, la raideur des figures disparaît, les artistes devinent le mouvement, puis la grâce, et les draperies sont jetées avec une ampleur que l'on ne retrouve pas dans les grandes figures du commencement du XIV° siècle.

Au XIV° siècle, l'art de peindre sur verre commence à revêtir la forme caractéristique du style ogival. Les verrières ne sont plus disposées en médaillons bordés de perles et chargés de figurines; on ne voit plus ces longues bandes de lozanges entrelacés, dont la mosaïque couvrait toute la surface des vitraux, à partir du règne de saint Louis jusqu'à la fin du XIII° siècle; de grandes figures brillamment drapées, sveltes et raides comme les statues de l'époque romane, remplacent cette ornementation. Ces longs personnages furent d'abord introduits dans les hauts vitraux des chœurs et des nefs des cathédrales. Les hautes croisées des cathédrales de Bourges et de Clermont-Ferrand, sont exécutées de cette façon. Elles représentent les personnages de l'Ancienne et de la Nouvelle Loi, les patriarches, les prophètes, les apôtres, revêtus quelquefois du costume du temps.

« Le vitrail, qui avait pris naissance en France presque « en même temps que l'architecture ogivale, subit à son « tour, comme celle-ci, une influence puissante : le type « primitif, importé peut-être dans l'Occident, ne tarda pas « à prendre un caractère tranché de naturalisation. Cette « transformation était due à l'art chrétien qui opérait alors « ses prodiges et couvrait la France et les pays voisins des « chefs-d'œuvre de la période ogivale.

« Ce nouveau type, débutant par les édifices religieux, s'in« troduisit dans l'architecture civile et militaire, s'empara « de la sculpture et de la peinture et donna un nouveau « caractère à la décoration des églises, en changeant l'as« pect général des vitraux. En effet, dans le XIV° siècle, « ceux-ci perdirent bientôt leur physionomie orientale et res« plendissante. Les longues fenêtres ogivales admirent dans « leurs verrières de vastes perspectives en grisaille; c'étaient « des tours élancées à un ou plusieurs étages, suivant la « hauteur des croisées, exprimant sur verre avec élégance « les capricieux détails que le sculpteur demandait à la « pierre. Le peintre verrier orna ces constructions pyrami« dales de niches à dais encorbellés, à pinacles aigus, et « soutenues par des culs-de-lampe. Les sommets se couron« nèrent de clochetons à jour, ornés de frontons fleuronnés « de rinceaux d'or. Les nombreuses découpures à jour de « ces constructions sveltes et légères se détachaient sur des « fonds d'azur, de pourpre ou d'émeraude.

« Les habitacles des différents étages se peuplèrent de « statues vêtues de pourpre et d'or, de vierges aux vêtements « de lin et d'hyacinthe, d'anges et de chérubins aux ailes « de feu; à cause de l'élévation qui était quelquefois prodi« gieuse, les figures des saints et des vierges étaient, pour « la plupart, dans des proportions colossales. »

Il est difficile de mieux résumer que ne l'a fait M. Thévenot la physionomie des verrières du XIV° siècle, nos lecteurs nous sauront gré de leur communiquer cette remarquable appréciation d'un artiste expérimenté.

Au XV° siècle, des grisailles ornées remplacent autour des personnages, les mosaïques et les fonds colorés; le dessin commence à l'emporter sur la couleur, qui est l'élément principal de ce système de décoration et les vitraux perdirent, à partir de cette époque, les effets brillants et harmonieux qui rendent si précieuses les verrières du XIII° siècle. Au XV° siècle encore, les constructions ogivales s'élargissant en s'abaissant, l'ogive s'affaissait et les dimensions des fenêtres, plus petites et plus rapprochées du sol, semblaient demander des tableaux très achevés et destinés à être vus de près plutôt qu'un vitrail à effet et calculé pour être vu à distance. En un mot, on abandonna l'ampleur de la composition pour chercher des difficultés de détail; symptôme qui annonce toujours la décadence des arts.

La France possède encore de nombreuses verrières du XIII° siècle; nous citerons particulièrement : les vitraux de la Sainte-Chapelle de Paris et de la cathédrale de Clermont, qui semblent avoir été faits par les mêmes artistes; ceux des cathédrales de Rheims, de Chartres, de Bourges, de Sens, la rose occidentale de Notre-Dame de Paris, la rose du transsept nord de la cathédrale de Soissons et les hautes verrières de la cathédrale de Rouen.

Ces mêmes édifices contiennent des vitraux des XIVe et XVe siècle. Pour ce dernier siècle principalement, nous citerons les vitraux de la chapelle souterraine de Bourges, les hautes fenêtres du chœur et de la nef de Saint-Séverin à Paris, la chapelle derrière le chœur de Saint-Gervais à Paris, neuf grandes croisées de la Sainte-Chapelle de Riom, enfin quelques croisées de l'abside de la cathédrale de Moulins.

Les peintres-verriers ont reçu de grands encouragements pendant le moyen-âge, ils tenaient le premier rang parmi les artistes, et ils étaient exempts de tailles, d'aides, de guet, de garde-poste, etc. Ils furent particulièrement considérés par les rois Charles V, Charles VI et Charles VII, qui leur accordèrent d'importants priviléges.

Les secrets de la peinture sur verre n'ont jamais été perdus en France, comme le prétend une tradition populaire, seulement cette fabrication est restée longtemps inactive. Aucun des procédés de cet art n'est ignoré, les expositions annuelles du Louvre et celles quinquennales de l'industrie témoignent assez hautement des progrès de nos manufactures modernes. Sous ce rapport, le XIXe siècle est entré dans une voie brillante et pleine d'avenir.

Peintres verriers.

Ballard. On trouve ce nom de Ballardus sur une verrière du chœur de la cathédrale de Chartres. — XIIIe siècle.

Clément, natif de Chartres, travailla aux vitraux du chœur de la cathédrale de Rouen. — XIIIe siècle.

Jehan de Damery, peintre-verrier, à Troyes, vers 1375. — XIVe siècle.

Jacquemin, retoucha une verrière de la cathédrale de Troyes, en 1383. — XIVe siècle.

P. de Copiac, vitrier, à Montpellier, en 1362. — XIVe siècle.

Jehan de Kircheim peignit des vitraux à la cathédrale de Strasbourg, en 1348. — XIVe siècle.

Guillaume Canonce. — Rouen. — 1385. — XIVe siècle.

Jehan Gualaup, verrier, à Montpellier. — 1400. — XVe siècle.

Guyot Brisetout, peintre-verrier, à Troyes, en 1412. — XVe siècle.

Guillaume de Gradville, cathédrale de Rouen. — 1430. — XVe siècle.

Henry Mellein, de Bourges. — 1430-1436. — On lui attribue le sacre de Charles VII, vitrail de l'Hôtel-de-Ville de Bourges. — XVe siècle.

Jehan, de Bar-sur-Aube, verrier de Sainte-Magdeleine de Troyes, en 1460. — XVe siècle.

Guillaume Barbe et Jehan son fils, — Robin Damaigne, verriers de la cathédrale de Rouen. — 1485-1458. — XVe siècle.

Guillemin Bréhal, fit des vitraux pour le château d'Évreux. — 1463. — XVe siècle.

Jehan Du Puy, verrier, à Montpellier. — 1492. — XVe siècle.

Jacques Lallemand, patron des peintres sur verre, mort en 1491. — XVe siècle.

Robert Courtois. — Limoges, 1498. — XVe siècle.

Enguerrand Le Prince. — Beauvais, 1530. — XVIe siècle.

Jehan Le Pot, son gendre, Beauvais. — XVIe siècle.

Industries diverses.

Miroirs-Glaces. — Il est fait mention de *mirouers* et *amés* dans le XIIIe siècle. Un moine franciscain d'Angleterre, John Peckam, professeur à la fois à Oxford, à Paris et à Rome, écrivit en 1272 un traité d'optique sur les miroirs doublés de plomb. — Un peu plus tard (1325), on inventait les glaces soufflées dans l'île de Murano, près de Venise.

La France n'a possédé de manufactures de glaces qu'au XVIIe siècle.

Lunettes. — Salvino degli Armati inventa les lunettes à Florence au commencement du XIVe siècle. — 1300.

Carosses. — En 1185, fin du XIIe siècle, on commença à paver les rues de Paris, mais on ne se servit de carosse que deux siècles plus tard, lors de l'entrée à Paris d'Isabeau de Bavière, femme de Charles VI, en 1379.

Les autres industries du moyen-âge, n'ayant aucun rapport avec l'ornementation, nous n'en parlerons pas. Disons seulement que le XVe siècle a été l'ère la plus féconde en découvertes industrielles; l'imprimerie, la peinture à l'huile, la gravure, les manufactures de soieries, enfin l'établissement des postes, voilà ses titres glorieux à l'admiration de la postérité!

Septembre 1847.   ANATOLE DAUVERGNE.

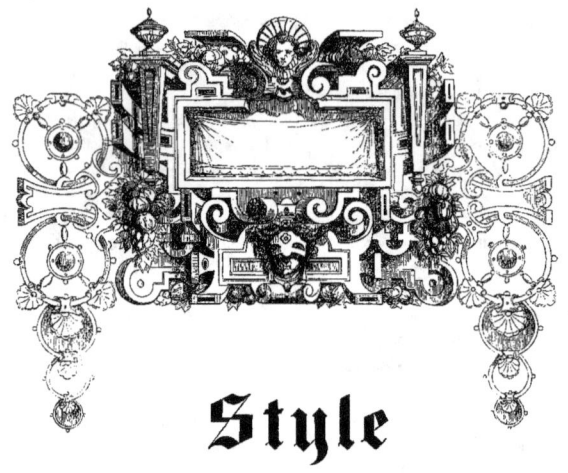

Style
DE LA
Renaissance.

Tableau chronologique des Règnes.

François Ier	1515 — 1547.	
Henri II	1547 — 1559.	
François II	1559 — 1560.	XVIe siècle.
Charles IX	1560 — 1574.	
Henri III	1574 — 1589.	

Henri IV	1589 — 1610.	XVIe et XVIIe siècle.
Louis XIII	1610 — 1643.	XVIIe siècle.

HISTOIRE.

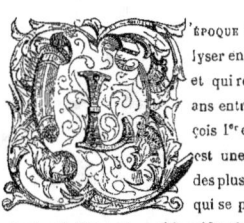'époque dont nous devons analyser en quelques mots l'histoire et qui renferme un espace de 128 ans entre l'avènement de François Ier et la mort de Louis XIII, est une des plus importantes et des plus fécondes en instructions qui se puissent présenter à l'attention de l'historien et à la méditation du philosophe. Nous ne pouvons pas avoir ici la prétention d'en faire ressortir les enseignements et d'en développer les conséquences, mais il doit nous être permis de la caractériser. Etudiée dans le détail de ses évènements, sans que ces évènements soient rattachés par le lien logique qui les unit, elle inspire plus de colère et de dégoût que d'intérêt. Les faits y sont multiples, désordonnés, incohérents en quelque façon ; c'est que les intérêts y sont nombreux, violents, pourvus de forces presque égales, et obligés tour-à-tour de se faire des concessions ou d'abandonner leurs conquêtes; mais dans cette confusion s'engloutit un monde, et d'elle sort un monde nouveau. Pendant ce siècle si agité, sous toutes les formes, avec bien des succès divers et surtout avec une insatiable passion, a continué la lutte du passé et de l'avenir, du libre examen contre l'autorité de la parole enseignée dans l'ordre religieux et philosophique, de la féodalité contre la monarchie, de la division du pouvoir contre son unité dans l'ordre politique, et sur tous les points dans l'ordre intellectuel et dans l'ordre politique, le passé, les institutions du moyen-âge, ses opinions et ses mœurs, devaient succomber dans leur combat avec les éléments nouveaux qui allaient se constituer pour former la société moderne, et desquels nous sommes si directement sortis, que la révolution de 1789, si rapprochée, et vue par conséquent de nous avec une importance si considérable et si dominante, n'est en effet qu'un épisode de cette suite de révolutions orageuses ou pacifiques qui avaient pour prélude les agitations sanglantes du XVIe siècle. Ce but une fois entrevu et rappelé, voyons, à grands traits, les faits principaux à l'aide desquels la société française devait l'atteindre.

A peine monté sur le trône, François Ier tourne ses regards vers cette Italie qui, depuis plusieurs règnes, excitait la convoitise de la France et servait de théâtre à ses prouesses; une grande victoire, celle de Marignan, lui livra pour un moment le duché de Milan, mais cette conquête ne devait pas être de longue durée. Un rival nouveau se levait contre le roi chevalier : Charles-Quint. François Ier voulut lui disputer l'empire, il échoua, et de la rivalité de ces deux princes belliqueux, de l'ambition de ces deux maisons souveraines qui toutes deux voulaient dominer l'Europe, naquit une guerre qui l'embrâsa pendant plus d'un siècle, et où se consumèrent les forces du roi de France. On connaît Pavie et ses funestes résultats, on connaît cette prison de Madrid, d'où François Ier ne devait sortir qu'en souscrivant des conditions indignes arrachées par la violence, et que la France allait refuser d'exécuter. Cette guerre entremêlée de paix trompeuses n'était pas achevée lorsque François Ier mourut, et ce fut à Henri II que fut réservé le soin de rétablir la paix par le traité de Cateau-Cambrésis, en 1559.

Cependant des luttes nouvelles et plus funestes devaient déchirer le royaume. Un instant on avait cru, sous le roi François I, que la féodalité était vaincue, que la réunion de tous les grands fiefs à la couronne avait retiré toute force et tout point d'appui à une noblesse depuis cinq siècles occupée de ses guerres, de ses résistances, et toujours obligée de reculer devant les envahissements du pouvoir royal. Il n'en était rien. La naissance du protestantisme et la division qu'il avait fait naître semblaient avoir réveillé l'esprit de révolte, et ravivé toutes les grandes espérances. Deux partis puissants divisaient la France : le parti catholique et le parti huguenot. Alimentés tous les deux dans les masses par des convictions sincères et par un fanatisme ardent, prêts à tous les excès parce qu'ils sentaient toutes les haines, ils trouvèrent bientôt des chefs qui cherchèrent à employer des forces vives au bénéfice de leur ambition personnelle. La maison de Guise, déjà puissante sous Henri II, se mit à la tête du parti catholique ; la maison de Condé embrassa la cause protestante, et chacun profitant des circonstances fâcheuses qui mettaient à la tête de l'Etat un roi enfant et une femme intrigante, ils espérèrent avoir bon marché de cette monarchie qu'ils voulaient confisquer à leur profit.

Catherine de Médicis, qui avait apporté de son Italie la politique double et insidieuse des Machiavel, femme sans conviction, sans grandeur, sans moralité, obsédée du désir de régner à tout prix, et trop faible pour résister ouvertement à deux partis puissants, voulut les diviser et obtenir par la ruse ce qu'elle ne pouvait emporter par la force, demander à la corruption ce qu'elle ne pouvait arracher au sentiment du devoir, épuiser les partis par l'intrigue, les amollir par les plaisirs. On connaît assez les épisodes de cette lutte pour que nous n'ayons pas même besoin de les rappeler. Nous ne dirons rien de cette conjuration d'Amboise qui devait livrer le roi aux protestants, et qui eût coûté la vie au prince de Condé leur chef, si François II ne fût mort à propos, des Etats d'Orléans, du colloque de Poissy, de cette guerre de 1567, qui livra la France à toutes les horreurs du pillage, et de la Saint-Barthélemy même, cette vengeance terrible d'un parti qui se réfugiait dans l'assassinat, ne pouvant se reposer dans la victoire ; ce massacre peut-être tua le roi qui l'avait ordonné plus par faiblesse que par passion, et amena sur le trône ce languissant Henri III, qui n'eut du courage qu'une fois dans sa vie ; les passions étaient montées à leur comble, la fortune des Guise avait atteint son apogée, les princes rebelles placés à la tête de la ligue dont le faible roi de France n'avait pas pu réussir à se faire reconnaître le chef, avaient chassé Henri de sa capitale, et allaient bientôt le priver de son royaume, lorsque le prince de Guise fut assassiné aux Etats de Blois. Un an après, Henri III, ce fantôme de roi, tombait lui-même sous le poignard d'un fanatique et livrait enfin le royaume à un prince intelligent, énergique, sage et capable d'y rétablir la paix, l'ordre, et à certains égards, la prospérité : telle fut la tâche d'Henri IV. Il l'accomplit en partie et mourut trop tôt pour le bien du royaume, frappé au milieu de vastes projets qui occupaient sa verte vieillesse et de préparatifs de guerre considérables, qui devaient assurer la puissance de la France et sa prépondérance en Europe. Il laissa le royaume à la merci des ambitions les plus vulgaires ; c'était le dernier soupir d'une noblesse turbulente, qui voulait toujours saisir le pouvoir, mais dont les héros abâtardis et ridicules semblaient n'être plus que la caricature des grands rebelles de l'âge précédent. On éprouve un irrésistible dégoût à parcourir l'histoire de cette régence de Louis XIII, où la France, exploitée par les favoris, déchirée par la cupidité puérile des princes, troublée par les exigences turbulentes des religionnaires, semble se dissoudre et se perdre dans une anarchie sans grandeur et sans terme, jusqu'à ce qu'un grand homme s'empare enfin de ce roi faible et maladif qui avait besoin d'un maître, dirige d'une main ferme cette politique jusque-là chancelante, rétablisse l'ordre, fortifie le pouvoir au-dedans, reprenne au-dehors une lutte sérieuse avec la Maison d'Autriche dont l'ambition menaçante effrayait l'Europe, et dispose tout enfin pour ce règne éclatant qui devait être le grand souvenir de la monarchie.

Mais nous l'avons dit en commençant, ce siècle fut grand, surtout par le mouvement des idées, par le travail de l'esprit, par les institutions dont il prépara les matériaux, par l'immense développement scientifique dont il jeta les bases ; il détruisit la puissance de la noblesse et fonda la monarchie absolue, mais il plaça à côté d'elle une bourgeoisie riche, compacte, avide de pouvoir et résolue à l'acquérir ; « ce « furent surtout nos guerres civiles, a dit Lemontey, et nos « querelles de religion, qui submergèrent les droits des « communes ; ce qui échappa de ce triste naufrage, fut en « général, puéril, illusoire, complètement honorifique, éludé « sans scrupule, et servit de prétexte à de nouvelles « rançons. » Les communes du moyen-âge périrent en effet dans ces troubles, et avec elles les *bourgeoisies* turbulentes divisées et sans forme de l'époque féodale ; mais de leurs débris se forma une *bourgeoisie*, comme la France était *une*, constituée en un corps vigoureux, le *Tiers-Etat*, d'autant plus forte qu'elle était plus calme, et marchant lentement, sournoisement quelquefois, mais sûrement à la conquête de la monarchie. Le protestantisme était venu proclamer la liberté dans l'ordre religieux, la philosophie proclama la liberté à son tour ; l'esprit s'émancipait, le cri de révolte contre la scolastique s'était élevé de l'Italie et trouva en France un long écho ; Rabelais, Montaigne et Ramus, furent les prédécesseurs de Descartes, qui fondait la philosophie sur la libre méditation de l'esprit, tandis que Bacon l'asseyant sur l'observation des faits, concourait avec Galilée à fonder cette méthode scientifique qui, dans les temps modernes, a brillé d'un tel éclat ; l'antiquité était remise en honneur, ses philosophes, ses historiens, ses lettrés, ses juristes étaient lus avec avidité, commentés avec ardeur, et renouvelaient sur toutes les matières l'état des opinions en même temps qu'ils ravivaient le désir des découvertes ; ces immenses horizons, qui s'ouvraient tout-à-coup devant les yeux de l'humanité, lui inspiraient un profond dédain pour la tradition, pour l'autorité qu'elle avait depuis si longtemps révérée, et, lui faisant voir un monde nouveau à parcourir, semblaient lui donner des forces pour en tenter l'entreprise.

Le moyen-âge expirant et déjà calomnié avait légué au siècle sorti de lui deux découvertes inappréciables, qui donnèrent une vigueur nouvelle à l'élan moderne: l'imprimerie, c'est-à-dire, la conquête du monde intellectuel, l'Amérique et le passage dans l'Inde par le Cap de Bonne-Espérance, c'est-à-dire, la conquête pacifique du monde matériel et de toutes ses richesses par le commerce. Dire quelle influence ont eue ces deux découvertes sur les sciences, sur les arts, sur l'industrie qui les alimente, sur la prospérité des peuples qui les provoque, ce serait écrire l'histoire de ces arts et de ces sciences ; nous allons, en ce qui concerne la spécialité que nous avons en vue, tâcher d'en tracer quelques traits.

ARCHITECTURE.

La révolution considérable que nous venons d'indiquer, et dont nous avons tâché de présenter une esquisse, ne pouvait ébranler toutes les institutions du moyen-âge, modifier les opinions, changer la face des sciences, et produire des mœurs nouvelles, sans que les beaux-arts en ressentissent immédiatement le contre-coup ; ce contre-coup ne se fit pas attendre, ou pour mieux dire, la révolution s'opéra à-la-fois dans toutes les branches de l'activité humaine, et l'architecture, la sculpture et la peinture participèrent comme toutes les autres à ce grand mouvement de *Renaissance*.

Le nom seul donné à cette époque fameuse révèle assez quel était le but des hommes qui en furent les auteurs ; il ne s'agissait pas de *créer* un art nouveau, mais de *ressusciter* un art depuis longtemps éteint, de le faire *renaître*. — La Renaissance fut donc dans les beaux-arts, comme dans le droit, comme dans les lettres, un retour vers les idées, vers les systèmes de l'antiquité.

Ainsi et de prime-abord, la Renaissance posait un principe funeste, s'appuyait sur une base étroite et stérile, *l'imitation*; enchaînée volontairement dans des règles qu'elle n'avait pas créées, qui n'avaient pas été créées pour elle, elle se refusait la partie la plus haute de l'activité intellectuelle, et renfermait son invention et son travail dans le cercle étroit des combinaisons secondaires ; elle reculait en quelque sorte devant la révolution que lui imposait le mou-

vement des esprits ; au premier pas, elle s'avouait vaincue, et résolue à briser un monde qui ne lui convenait plus, elle allait chercher dans le passé, pour l'abattre, des armes dont elle n'avait pas la parfaite intelligence, qu'elle maniait d'une main novice et inexpérimentée, et à l'aide desquelles elle ne devait jamais obtenir qu'une impuissante victoire. Cette résolution arrêtée d'imiter lui fut funeste à bien des égards ; elle stérilisa l'esprit moderne, elle éteignit en lui les germes de toute originalité véritable, elle l'égara des voies nationales, nous parlons de cette nationalité plus large que la nationalité géographique, et qui trace un abîme entre l'antiquité et le monde chrétien ; elle l'engagea enfin dans ce cercle sans issue, dans lequel il tourne depuis trois siècles et demi, et qu'il ne peut pas encore aujourd'hui parvenir à briser ; certes, il y avait de bons et nobles modèles à puiser dans l'antiquité ; il fallait lui demander le secret de cette admirable esthétique qui inspira tant d'artistes et produisit tant de chefs-d'œuvre, mais il fallait l'étudier avec plus d'indépendance, et l'imiter avec moins de servilité. Ceci toutefois, nous devons le répéter, s'applique bien plutôt aux conséquences produites ultérieurement par le principe sur lequel se fonde la Renaissance, qu'aux œuvres mêmes de ce temps, remarquables souvent par leur originalité.

Quoi qu'il en soit et pour caractériser cette transformation, il nous suffira de dire que l'art moderne, pour secouer le joug des traditions du moyen-âge, suivait en sens inverse la route que ce même moyen-âge avait parcourue pour se constituer comme art indépendant.

L'époque ogivale s'était caractérisée de la façon la plus tranchée et la plus originale par sa tendance à « déguiser les « lignes horizontales et à accentuer les lignes perpendicu- « laires (1) » ; son principal moyen pour arriver à ce but avait été « l'affranchissement de l'arcade » (2) ; elle l'avait transportée sur le chapiteau de la colonne, elle avait brisé l'entablement pour lui permettre de s'élever sans obstacles, elle avait remplacé la forte stabilité de l'antique, par l'élancement hardi de sa construction, et elle avait trouvé sa décadence dans l'exagération même de ce principe. La Renaissance proscrivit dès son premier pas (Château de Gaillon) ces hardiesses, elle ramena dans les édifices le sentiment dominant de la ligne horizontale, elle replaça l'architrave sur le tailloir du chapiteau et en fit une limite infranchissable que l'arcade ne devait plus dépasser ; en un mot, elle rendit aux ordres antiques la souveraineté qu'ils avaient depuis si longtemps perdue, et elle subordonna à leurs impérieuses exigences tout son système de construction.

Tout le monde sait comment le mouvement moderne pénétra dans notre pays ; il nous vint de l'Italie, où depuis Charles VIII, la noblesse, plus disciplinée et tenue en respect par la royauté, cherchait un aliment à son activité et à son amour des batailles. Non pas que l'Italie eût reçu elle-même l'art nouveau des fugitifs que Mahomet II chassait de Constantinople, cette opinion, qui a été émise, n'est pas soutenable ; les Grecs corrompus, et ce n'est peut-être pas trop de le dire, abrutis, n'étaient plus capables de rien enseigner, si ce n'est les ambages d'une dialectique creuse et opiniâtre. La Renaissance avait poussé sur ce sol de l'Italie, dépôt de toutes les traditions antiques, comme sur une terre qui lui était propre ; jamais d'ailleurs l'antiquité n'y avait été complètement oubliée, jamais les arts des peuples du nord n'y avaient été adoptés complètement ; « l'antique abâtardi n'a pas cessé d'y régner un seul jour, et n'a cédé la place qu'à l'antiquité régénérée. (3) »

---

(1) Vitet. — Notre-Dame de Noyon ; — Revue des Deux-Mondes, 15 décembre 1844.

(2) Albert Lenoir et Vaudoyer. — Études d'architecture en France.— Époque de la Renaissance. — Magasin pittoresque, année 1842 et suiv. Nous avons beaucoup emprunté à cet excellent travail si remarquable par la sagesse et l'élévation des idées, et l'on s'apercevra souvent, même lorsque nous ne le citerons pas, que nous nous en sommes inspiré.

(3) Vitet, ubi sup.

Il faut remonter jusqu'aux dernières années du XIIIe siècle et jusqu'au Dante pour trouver le début de cette rénovation. La cathédrale de Florence en fut le premier type architectural ; Arnolfo di Lapo, contemporain de Dante, la commença, et elle fut successivement continuée et non achevée par Giotto, Taddéo Gaddi, Orcagna et Brunellesco (1446), noms célèbres de cette grande époque de l'Italie, et sous l'invocation desquels doit être placée notre Renaissance française.

Les archéologues ont fixé la durée de celle-ci entre l'avènement de François Ier (1515) et celui de Louis XIV (1643), nous adopterons cette division ; nous n'ignorons pas d'ailleurs tout ce qu'elle a d'arbitraire et de conventionnel, mais nous savons aussi que dans les œuvres de l'homme comme dans celles de la nature, il est impossible de trouver des démarcations tranchées, des transformations subites ; tout est progressif, tout s'enchaîne, et la soudure est le plus souvent difficile à trouver ; nous n'attachons pas d'ailleurs une grande importance aux noms sous lesquels on désigne ces périodes, et si nous parvenons à bien déterminer leurs caractères et à indiquer suffisamment leurs rapports, nous croirons avoir assez fait. C'est au reste une tâche qui présente quelque difficulté, car au milieu de l'engouement dont l'époque ogivale a été l'objet, la Renaissance a été à peu près absolument négligée ; les études sont rares, les sources peu abondantes, et les idées encore mal fixées et systématisées. Nous emprunterons aux autorités les plus sûres les faits dès à présent hors de doute, car nous ne voulons que présenter un tableau de la science au point où elle en est arrivée, et nous ne pouvons dans un cadre si restreint avoir la prétention de la transformer, ni même de lui apporter des lumières nouvelles.

Il est donc bien entendu, malgré la division que nous avons adoptée, que l'époque de la Renaissance ne s'y renferme pas rigoureusement. Quelques années avant le règne de François Ier, on la voit déjà poindre et s'annoncer avec éclat, et lorsqu'elle se perd dans l'école jusqu'à présent si célèbre de Louis XIV, elle a depuis longtemps perdu les traits et la physionomie de sa jeunesse. C'est qu'en effet, la Renaissance ne conserve pas, pendant toute sa durée, un caractère uniforme et stable, original et tranché ; elle se modifie sans cesse et se modifie profondément. On pourrait d'abord la diviser en deux phases principales. L'une s'étendrait de François Ier à Henri II. Pendant ce temps, elle tâtonne encore, elle cherche, elle conserve dans une proportion toujours décroissante quelques traditions, quelques habitudes de l'art qui l'a précédé ; quand elle en rejette la forme, elle en garde comme malgré elle le principe. Ce serait à notre avis la Renaissance proprement dite. La seconde phase embrasserait le temps qui s'écoule entre Henri II et Louis XIII. L'art alors a perdu tout ressouvenir de l'époque gothique, et il se présente sous des formes qui lui sont propres et que nous aurons à caractériser. Mais dans chacune de ces phases, combien de différences encore, combien de divisions on pourrait établir. Chaque règne à peu près crée un style différent, et dans le même temps on rencontre des diversités frappantes. Il ne faudrait pas d'ailleurs s'étonner outre mesure de ces variations multipliées; l'époque ogivale elle-même qui se présente avec un grand caractère de fixité et de respect pour la tradition, n'a pas cette uniformité impossible et chimérique. Chaque siècle modifie l'œuvre du siècle précédent, et comme nous l'avons vu, ajoute de nouveaux éléments à l'art, ou développe ceux que le siècle précédent avait fait germer. Seulement pour nous, pour la Renaissance, les transformations sont plus promptes, elles sont plus considérables, et le mouvement que l'art gothique met près de trois siècles et demi à accomplir, la Renaissance l'exécute en moins d'un siècle et demi, elle l'exécute plus varié, plus profond.

Ce phénomène tient à des causes fort simples, et qu'il est bon d'indiquer en quelques mots.

1° L'architecture de la Renaissance, et ceci est un fait d'une haute importance, a un caractère exclusivement laïque et civil; elle s'élève non pas sous l'inspiration d'une idée générale et religieuse, mais contre la tradition religieuse et pour satisfaire à des besoins d'un ordre bien subordonné, à des besoins de luxe, de bien-être matériel, de vie opulente et douce jusqu'alors inconnus. La noblesse de France, forcément pacifiée à l'intérieur par l'influence prédominante de la royauté, entourée d'une sécurité nouvelle, abandonnée à une oisiveté qui la fatiguait, et renfermée toujours dans cette forte et triste cuirasse qui abritait autrefois sa vie austère, se sentit gênée dès qu'elle ne se sentit plus défendue. Elle fut charmée jusqu'à l'enivrement, à la vue de ces demeures riantes, ouvertes, splendides, relativement commodes, qu'elle trouva en Italie. Elle en introduisit la mode parmi nous, et l'on conçoit que n'étant plus retenue par la tradition religieuse, n'étant plus arrêtée par ce besoin général et uniforme d'assurer sa sûreté, elle donna l'essor à tous ses besoins divers, à tous ses goûts individuels, à toutes ses recherches, à tous ses caprices, avec une liberté d'allure que la vie sévère, pauvre, monotone du moyen-âge ne pouvait pas connaître ;

2° L'art nouveau avait à détruire un autre art constitué depuis longtemps, et depuis longtemps maître de l'opinion ; il fallait entamer une lutte avec toutes ses chances diverses ; les opinions du moyen-âge avaient encore des racines profondes dans les esprits, les artistes révolutionnaires ne pouvaient créer de toutes pièces, et tout-à-coup, un système nouveau ; ils mêlaient inévitablement, involontairement ou de parti pris des doctrines anciennes aux doctrines récentes, et selon que ce mélange contenait un des éléments en plus grandes proportions, il donnait naissance à des caractères particuliers, il présentait une physionomie propre;

3° Les associations étroites et peut-être mystiques des maîtres de l'œuvre, les confréries destinées à conserver les doctrines des ancêtres, et à empêcher autant que possible qu'elles s'altérassent, se dispersèrent avec l'ère moderne ; dès-lors plus de lien, plus de tradition en quelque façon sacrée, plus d'obligation religieuse de conserver l'enseignement oral, et de le transmettre intact ; dès-lors l'imagination individuelle recouvre, non pas toute son indépendance, puisqu'elle s'était, dès le début, comme nous l'avons dit, imposé une règle nouvelle, mais une partie de sa spontanéité;

4° Enfin toutes les doctrines de ce temps, en religion par la protestation de Luther, en philosophie, en politique, poussaient les esprits vers le développement de la raison individuelle, vers le mépris de toute école, de toute doctrine fortement, rigoureusement constituée ; le besoin des innovations était universel, et cette admiration superstitieuse de l'antiquité elle-même, dont les intelligences subissaient le joug par une bizarre inconséquence, n'était acceptée avec tant de facilité que parce qu'elle prenait le caractère d'une révolte.

Telles furent, il nous semble, les circonstances tour-à-tour dominantes, au milieu desquelles se produisit l'art de la Renaissance, et qui présidèrent à son évolution ; il est temps maintenant de l'étudier dans ses diverses phases, avec un peu plus de détails.

Remarquons toutefois avant de poursuivre, que quelques formes générales, qui influent sur le style sans le constituer absolument, et qui se rattachaient d'ailleurs à des opinions particulières dans les classes nobles sur la nature de leurs pouvoirs et les priviléges de leur ordre, se perpétuèrent pendant toute la durée de la Renaissance, et beaucoup plus longtemps encore, comme des figures et des symboles, représentants des traditions, des réalités antiques et des nécessités passées. Ainsi les palais des princes, les châteaux de la noblesse, dans les villes et à la campagne, étaient à peu près universellement soumis à des formes consacrées : quatre corps de logis étaient disposés autour d'une cour carrée, « suyuant l'art d'architecture, » dit Ducerceau (1). Les pavillons placés aux quatre angles de cette cour, dominaient le reste de la construction ; et au milieu du corps en façade, ordinairement composé d'un seul rez-de-chaussée, s'élevait une porte surmontée d'une niche monumentale, d'une sorte d'arc de triomphe, d'un dôme ou de tout autre motif d'architecture ; les habitations de campagne entourées de fossés n'étant accessibles que par un pont-levis ; ces dispositions se retrouvent dans presque tous les édifices importants qui nous sont restés de cet âge, dans le château d'Ecouen, dans celui de Chambord plus que dans tous les autres, dans ceux d'Anet, de Nantouillet, et jusque dans le palais du Luxembourg. Le Louvre a son pavillon central, Fontainebleau a le pavillon de la porte dorée et le baptistère de Louis XIII. C'est la trace encore visible du vieux monde féodal, c'est l'image effacée et transformée par l'art, de ces châteaux bâtis pour la guerre; ces fossés inutiles, ces pont-levis qu'on ne lève jamais, sont les symboles de l'ancienne puissance; ces pavillons des angles, ces entrées élevées figurent encore les tours et les donjons d'autrefois (2). Il suffit de parcourir les divers projets imaginés par Ducerceau, (3) pour se convaincre que cet usage n'avait pas encore été abandonné durant le règne de Louis XIII. Tantôt entourés de fossés ou placés au milieu d'un lac, tantôt construits sur une terrasse, flanquée et défendue elle-même par des fossés inondés, plus souvent disposés autour d'une cour centrale, quelquefois au contraire présentant dans le centre un massif de construction protégé par des pavillons aux angles, les édifices proposés par ce célèbre architecte ont dans leur forme générale cette apparence militaire à laquelle ne pouvait pas si vite renoncer une noblesse qui n'avait d'autre occupation que de manier l'épée.

C'est comme nous l'avons dit, à Charles VIII et dans les dernières années du XV° siècle qu'il faut remonter pour trouver les premiers signes de la révolution dans l'art. On peut citer comme un monument de ce règne l'hôtel-de-ville d'Orléans ; mais les doctrines nouvelles prirent un rapide développement sous le règne de Louis XII, son successeur, et dès cette époque, leur triomphe fut assuré. Le cardinal d'Amboise s'en était montré le plus fervent partisan, il se mit à la tête du mouvement, et attira en France les artistes

(1) *Les principaux bâtiments de France.*
(2) Albert Lenoir et Vaudoyer, *ubi sup.*
(3) *Livre d'architecture.*

italiens. Lui-même, il voulut donner le premier modèle de cet art nouveau, et confia à Govanni Giocondo la construction de son château de Gaillon ; cet édifice, avec le corps occidental du château de Blois, construit aussi sous Louis XII, peut servir de type pour le style de cette époque ; nous donnons dans notre planche XVIII deux fragments du premier. Ce sont, comme on voit, les produits d'un art mixte, et encore incertain. Dans le premier, (Fig.1.) l'art gothique se mêle aux principes nouveaux dans des proportions qui semblent le faire encore dominer. Le plein cintre de l'arcade, la corniche, les ornements en bas-reliefs des pilastres (Fig. 2 et 3), rappellent l'antiquité, mais le plan même de ces pilastres (Fig. 4. 5.), la disposition des colonnettes, la retombée des arcades, la clef du milieu, les clochetons qui s'élèvent entre ces arcades, tout cela nous replonge dans le gothique ; la physionomie générale laisse l'esprit en suspens ; la Fig. 2 donne le profil de la Fig. n° 1.

Le second fragment (Fig 6), qui appartient au même monument, présente cependant un caractère tout différent ; il semble, à le voir, que l'art se soit complètement dégagé de la tradition ogivale. A peine les arcades en anse de panier, et la prodigalité des ornements rappellent-elles encore l'art qui va s'effacer ; le médaillon (Fig. n° 7), trahit doublement les préoccupations modernes, et par sa forme empruntée à l'antiquité, et par le personnage même qu'il représente, demandé aux souvenirs classiques. Les deux consoles indiquées aux n°s 8 et 9 appartiennent par leur forme aux usages du monde gothique, par leurs ornements, aux idées qu'on s'efforce d'introduire.

En somme, et si nous tentons de déterminer les caractères de l'architecture sous Louis XII, tels qu'ils résultent de l'examen du château de Gaillon et du château de Blois, ils nous paraissent constitués par le mélange harmonieux plutôt que par la combinaison du style gothique et du style nouveau ; pendant longtemps on trouvera encore dans les édifices des traces et comme des ressouvenirs des traditions ogivales, mais transformés, mais appropriés aux idées nouvelles, mais réduits à de simples tendances de l'esprit, et non plus revêtus matériellement des formes consacrées ; ici les deux écoles se touchent, s'unissent, transigent en quelque sorte ; en conservant chacune toute la sincérité de leurs allures, et la colonne antique dans toute sa pureté, se retrouve auprès du clocheton complètement gothique. Cet art du reste, selon nous, allie à une exquise élégance une grande fermeté de contours, une apparence de force, une noblesse dans la physionomie qui vont bientôt s'amoindrir dans cette première école de François Ier, où la grâce, si nous ne nous trompons, s'amollit et commence à devenir fadeur; les arcs en anses de panier, la construction, mi-partie en brique et en pierre, la présence du porc-épic couronné de fleurs de lis et de l'hermine de Bretagne, servent aussi à distinguer les édifices de cette époque (1). Quant à la profusion des ornements, on la retrouvera encore sous le règne suivant et même longtemps après.

MM. Albert Lenoir et Vaudoyer signalent et constatent dans le règne de François Ier trois époques et comme trois phases différentes par les doctrines des artistes qui les ont produites, et par le caractère des œuvres qui les distinguent; dans la première, des architectes inconnus continuent les théories nouvelles produites sous Louis XII; dans la seconde, ces théories se développent et donnent naissance à un style nouveau qui forme comme un second pas dans la Renaissance; la troisième enfin appartient tout entière à l'influence des artistes italiens qui y règnent en maîtres, soit qu'ils aient eux-mêmes présidé à la construction des ouvrages qui rappellent leur manière, soit qu'ils aient imposé leurs vues aux artistes français.

A la première manière appartiennent la galerie de l'hôtel de Bourgtheroulde à Rouen, une maison qu'on pouvait encore étudier naguère dans la rue Saint-Paul, et la maison de Moret, dite maison de François Ier, transportée à Paris, en 1823. Nous avons donné dans notre planche XIX (Fig. 1) la façade de cette dernière maison. Il est impossible de n'y pas reconnaître encore très-sensible et facilement discernable l'influence du goût et même des formes gothiques, et quand on la compare au second fragment que nous avons donné du château de Gaillon, on peut y retrouver même moins pure et moins correcte la reproduction de l'antique. Quant à la maison de la rue Saint-Paul, que la plupart de nos lecteurs connaissent sans doute, on dirait qu'elle a encore des racines plus profondes dans le monde ogival.

Ici viennent se placer, dans une situation intermédiaire et comme un trait d'union entre le système que nous venons de décrire et celui qui va suivre, deux des principaux édifices de ce règne, le château de Chambord (1523) et le château de Blois (aile du nord). Le premier par plus d'un point rappelle l'ère gothique. Les ornements n'ont plus la forme de cette époque de plus en plus oubliée, mais ils s'en rapprochent par la prodigalité. La disposition générale de l'édifice d'ailleurs, est celle d'un château féodal, et Chambord « peut être considéré comme un ancien château français habillé à la Renaissance » (1). « Tristement caché, dit un anonyme, dans une ondulation de la triste Sologne, il ne me semble, après tout, qu'un caprice gigantesque, une rêverie fantastique, dont la bizarrerie dépasse la grandeur. Parvenu sur ce toit singulier, où s'accumulent toutes ses merveilles, on croirait parcourir une ville suspendue sur la masse de l'édifice, comme sur un piédestal, et habitée autrefois par une race de pygmées tout-à-coup anéantie; ici la splendeur des ornements, la richesse des sculptures, la prodigalité des décorations atteint les extrêmes limites du goût. L'art s'amollit alors outre mesure et s'égare dans la multiplicité des détails, et je ne compare pas pour mon compte cet éblouissant château de Chambord à la partie du palais de Blois si riche et si noble en même temps, qui appartient au règne de Louis XII. » C'était le procédé gothique appliqué à un édifice de disposition gothique, mais avec des formes empruntées à l'art nouveau.

Il y avait en effet, comme nous l'avons dit, une lutte et comme une hésitation entre le passé et l'avenir, qui imprime à tout ce règne une physionomie complexe ; les styles différents, les doctrines diverses s'y présentent concurremment et s'y distinguent par la diversité des inspirations qui les ont conçues bien plus que par leurs dates.

La seconde phase a pour représentant principal et comme pour type la partie du château de Fontainebleau qui entoure la cour ovale. Ces bâtiments « peuvent être considérés comme un exemple complet du style de notre architecture française conçue et exécutée par des artistes nationaux sans le secours d'étrangers. Ce style qui succède aux essais déjà tentés sous Louis XII, se fait remarquer par une plus grande simplicité, par plus de correction ; l'application des ordres qui le caractérise n'est pas une pure imitation, soit de l'antiquité, soit du style italien, et l'on y remarque au contraire un sentiment d'originalité pleine d'élégance et de bon goût, qui fait regretter que cette direction n'ait pu être suivie dans tous ses développements, par suite de l'influence toujours croissante de l'Italie et de l'arrivée des Italiens en France. » (2)

L'hôtel-de-ville de Paris qui fut commencé en 1533 par Dominique Cortone, appartient encore à cette école, bien que nous devions ce monument à un étranger « on pourrait presque dire, disent encore les auteurs que nous suivons, que c'est de l'architecture française faite par un Italien » ;

---

(1) Albert Lenoir et Vaudoyer.

(1) Albert Lenoir et Vaudoyer.
(2) Albert Lenoir et Vaudoyer.

ARCHITECTURE.

on trouvera sur notre planche XX (Fig. 7), un fragment de cet édifice, c'est une partie d'élévation de la cour intérieure, et un seul regard suffit en effet pour se convaincre que ce style a quelque chose d'austère, de puissant et d'original qui lui marque une place à part dans les œuvres de ce temps. Les détails des Fig. 8 et 9 sont empruntés au même édifice.

Toutefois, comme nous venons de le voir, la direction des esprits devait changer; François Ier, qui avait embrassé avec enthousiasme la cause de la réforme dans les arts, qui en faisait comme la gloire de son règne, et qui avait rapporté de ses campagnes le goût le plus vif pour l'architecture de l'Italie, appela à sa cour les artistes de ce pays. Léonard de Vinci, André del Sarte, Primatice, Serlio, Benvenuto Cellini, il Rosso, furent accueillis à la Cour de France avec des honneurs inconnus jusque-là et récompensés avec une noble prodigalité. On ne chercha pas à contester leur supériorité, et on se laissa facilement convaincre par leurs doctrines dans les régions de la Cour. L'architecture prit alors une direction nouvelle, et de l'influence italienne, résultèrent dans ce château de Fontainebleau, ce rendez-vous de toutes les doctrines et de tous les styles, la façade du corps de bâtiment de la Cour des Fontaines, adossé au vieux château que nous devons sans doute à Serlio (1), l'autre corps situé au fond de la même cour, la galerie d'Ulysse, et la façade de la cour du grand escalier, que François Ier laissa inachevée. Quelques autres édifices appartiennent à cette école, nous les indiquerons dans la liste générale, et nous nous contenterons de citer ici le château de Madrid, où les doctrines italiennes sont déjà visibles, bien que la construction précède l'arrivée du Primatice en France (2) ; il nous semble que ce monument, malheureusement perdu pour les arts, pourrait se placer comme une sorte de transition entre la période française que nous avons signalée comme la seconde de ce règne, et la période purement et complètement italienne.

Vers la fin du règne de François 1er s'était formée une école qu'on peut dire nouvelle, et qui devait briller de tout son éclat sous son successeur ; trois maîtres la représentent, également illustres par la puissance et par l'originalité de leur génie, Pierre Lescot, Jean Bullant et Philibert Delorme qui étaient allé étudier leur art dans l'Italie, qui en avaient rapporté l'admiration de l'antique, mais qui ayant puisé à la source les modèles de cette beauté recherchée par la Renaissance, étaient plus indépendants de l'école Italienne un instant dominante. Jean Bullant construisit en 1540 le château d'Écouen, la cour du Louvre fut commencée en 1544 par Pierre Lescot, et six années plus tard, Philibert Delorme entreprit le magnifique château d'Anet, dont il ne nous reste plus qu'un précieux fragment, et il suffit de se rappeler le premier que tout le monde connait, de comparer les deux autres dont nous donnons une élévation, du château d'Anet Planche XX (Fig. 10), du Louvre, Planche XXI (Fig. 1), de mettre en parallèle la grave austérité du premier, la grâce délicate du second, et l'opulence surabondante du troisième, pour se convaincre que l'art de cette époque, et cette école célèbre de la Renaissance ne peuvent-être soumises comme les écoles qui ont précédé, à des formules générales, et que le sentiment individuel y domine ; tout ce qu'on en peut dire, c'est qu'à ce moment, selon nous, la Renaissance atteint son apogée ; on y trouve à la fois plus de simplicité, plus de grâce et plus de noblesse ; la tradition gothique laisse encore quelques traces à peine sensibles et qui se révèlent par l'excès de la décoration, mais ces traces vont bientôt disparaître, et d'ailleurs, on peut dire que dans les formes matérielles, dans les dispositions, rien de gothique ne subsiste plus ; c'est seulement un souvenir presque effacé du sentiment et du goût qui ont présidé à la construction des édifices précédents ; les spécimens que nous en avons fournis dans nos planches et que nous avons indiqués ou que nous signalerons plus tard à l'attention du lecteur suffiront pour faire apprécier le caractère distinctif de cette période de la Renaissance, et nous n'avons pour en faire comprendre l'importance, qu'à transcrire l'éloge que font du Louvre de Pierre Lescot, les artistes éminents que nous avons souvent cités. « Dans ce monument plus d'importation, plus d'imitation, aucune influence étrangère ne se fait sentir, c'est une production vraiment nationale qui l'emporte de beaucoup sur ce qui l'a précédé, et qui malheureusement, disons-le, n'a pu être surpassée depuis (1). »

Arrivée à ce point, que serait devenue l'école française si elle avait pu se développer librement, si elle avait été comme depuis un demi-siècle, favorisée par les circonstances, fécondée par la protection de princes riches et libres d'en seconder les progrès ? Nul ne peut le dire. Il est bien vrai que Catherine de Médicis eut une grande part dans le mouvement de la Renaissance et s'y dévoua avec chaleur, mais il est im-

(1) Albert Lenoir et Vaudoyer, *ubi sup*.
(2) *Id. Ibid.*

(1) Albert Lenoir et Vaudoyer.

possible de penser que la misère des temps et la fureur des guerres civiles ne modifièrent en rien la marche que cet art aurait suivie dans la sécurité de la paix et de l'opulence. L'activité des éminents artistes que nous avons nommés se portait sur tous les points; en même temps qu'ils s'efforçaient de constituer un art nouveau, un style moderne et national, de donner à leurs œuvres une physionomie originale, ils abordaient avec hardiesse les difficultés les plus grandes de la coupe des pierres et de la construction, et l'on peut dire qu'ils n'ont pas été dépassés depuis (1); Philibert Delorme surtout excellait dans cette matière, et il recherchait avec une certaine avidité l'occasion d'employer ses connaissances dans des constructions capables d'étonner. On a de lui plusieurs trompes admirablement construites, deux à Lyon, une autrefois placée dans le château d'Anet, on lui doit un système particulier d'assemblage pour la charpente des planchers.

Cependant un mouvement de décadence rapide se fit sentir après le règne de Henri II. En 1564, Philibert Delorme nous donna encore le pavillon central des Tuileries, mais, ce monument excepté, les règnes de Charles IX et de Henri III restèrent stériles, et quand la paix, sous le successeur de ce dernier, rendit quelques loisirs à l'État et aux grands, et permit de pratiquer des arts si longtemps noyés dans le sang, et affligés par la destruction et le pillage de leurs plus beaux modèles, on les trouva bien dégradés et comme abâtardis.

Le style de Henri IV et de Louis XIII est rude et austère; il manque d'élégance et de correction; on y trouve de la force et de l'énergie, mais la plupart du temps sans grandeur et sans richesse; l'esprit et la main ont perdu à-la-fois, l'un sa fécondité, et l'autre son adresse ; sans abandonner l'emploi de la pierre de taille comme unique élément de la construction, on revient dans ce temps au mélange de la pierre et de la brique, « la pierre permet de plus vastes constructions, un grand luxe de sculptures ; la lourdeur est le défaut des artistes de ce temps, elle se communique aux profils à la sculpture. On avait été élancé et fluet, on se fit court et trapu. Les arts procèdent assez souvent par ces extrêmes. Quand les architectes associent la brique à la pierre, il y a en général plus de simplicité dans la disposition des corps de bâtiments, moins de charge sur les étages, plus de sobriété dans les ornements. On se sent plus à l'aise au logis, car ces matériaux conviennent à l'ha-

(2) Willemin et Pottier; *Monuments français inédits*.

bitation particulière, à notre climat, à nos besoins, et, à l'extérieur, l'opposition des couleurs entre la brique, la pierre et l'ardoise s'harmonie d'une manière gaie et pittoresque. » (1)

Le recueil de Jacques Androuet Ducerceau que nous avons cité (2) donnera bien mieux que tout ce que nous pourrions dire une idée complète et juste du style de ce temps. On ne saurait refuser à ce grand artiste une variété inexprimable et une habileté merveilleuse dans la disposition et la distribution générale de ses édifices, mais tous ils se font remarquer par la lourdeur, par la bizarrerie des constructions, par le goût souvent condamnable des détails et de l'ornementation, par une recherche excessive des effets singuliers, par le peu de simplicité des lignes. Nous ne saurions trop conseiller à ceux qui s'occupent de ces matières de consulter ce précieux recueil, il renferme tout le secret de l'école qui y dominait.

Quelques édifices et un assez grand nombre d'hôtels datent du règne de Henri IV ; nous en donnerons une nomenclature plus complète dans la liste générale; qu'il nous suffise de citer ici la partie du Louvre qui s'étend du jardin de l'Infante au pont des Saints-Pères, la place Dauphine, puis la Place Royale et le château de Saint-Germain, auquel l'Italie ne peut rien opposer « comme disposition monumen-« tale et grandiose » (3), commencés par ce roi et continués par son successeur.

Mais le caractère du règne de Henri IV est plutôt l'utilité que le luxe, plutôt une administration savante, qui se fondait alors en France, que la magnificence des récompenses accordées aux beaux-arts, et l'enthousiasme pour leurs créations ; aussi ce règne, pour des raisons d'ordre, vit disparaître autant d'édifices qu'il en vit construire. De ce temps, date « la tyrannie destructrice de l'alignement, « et les envahissements vandales, au nom de l'utilité « publique. » (4)

Le règne de Louis XIII, comme celui de Charles IX, s'inaugura sous des auspices bien fâcheux pour les arts ; il n'était pas permis de leur demander des progrès, et pendant cette minorité orageuse, ils déchurent plutôt de l'état déjà misérable où ils étaient tombés; toutefois la régente Marie de Médicis apporta en France ce goût et cette intelligence des

(1) Comte de Laborde, *de l'organisation des bibliothèques dans Paris*, quatrième lettre.
(2) *Livre d'architecture*.
(3) Albert Lenoir et Vaudoyer.
(4) De Laborde, *ubi sup*.

arts héréditaires dans sa famille, et c'est à elle que nous devons ce magnifique palais du Luxembourg, commencé par Jacques de Brosse, en 1616, et qui constitue en France comme une seconde Renaissance italienne.

Quelques années avant la construction de ce remarquable édifice, si puissant dans sa masse, si majestueux dans son ordonnance, et en même temps d'une grandeur si forte, si austère et si dédaigneuse en quelque sorte des richesses de l'ornementation ; quelques années, disons-nous, avant son inauguration, s'était opérée dans l'architecture une révolution importante et dont nous devons dire quelques mots. Il s'agissoit, non plus de créer un style nouveau, une école différente, un système de décoration inconnu, mais tout simplement d'appliquer aux maisons d'habitation, à l'extérieur et à l'intérieur, un système de distribution qui fût plus en harmonie avec des mœurs nouvelles, avec la politesse des manières qui s'introduisirent vers les premières années du XVII° siècle, avec les mille recherches de la vie élégante, dont la paix et la sécurité mieux établies créaient de plus en plus le besoin. Nous avons montré comment une révolution analogue avait eu lieu dans le commencement du XVI° siècle, mais il s'en fallait de beaucoup qu'elle eût été complète et qu'elle répondît aux besoins de la société nouvelle, élégante et polie, d'où allait sortir la cour de Louis XIV. On s'était contenté, en quelque sorte, de dégager les abords des habitations seigneuriales, et de supprimer ce que l'abolition des guerres privées rendait désormais inutile ; le progrès était considérable, il fallait le continuer. « Les grands hôtels, en général, réservaient pour la cour extérieure et les façades des jardins, toutes les beautés de l'architecture. Bien qu'à l'extérieur on n'étalât plus le formidable appareil de fortifications, des créneaux et des meurtrières, on ne jugeait pas prudent, néanmoins, de faire parader sur la rue d'une richesse d'ornements qui n'eût attiré que des regards dont on se souciait peu et qu'on avait lieu de redouter. Des changements dans les mœurs produisirent dans l'extérieur des habitations quelques modifications heureuses. Le corps de bâtiments principal, qu'isolaient la cour et le jardin ou que fermait une enceinte, fit une avance aux passants en se reliant par des ailes aux deux pavillons qui s'élevèrent sur la rue et qui flanquèrent la grande porte. Leur architecture fut un nouveau programme dont les artistes tirèrent parti pour montrer leur savoir faire à un public qui désormais compte pour quelque chose. Nous avons conservé dans les hôtels de Carnavalet, de Mayenne et de Sully trois spécimens différents et curieux de cette innovation (1). »

Toutefois ces changements à l'extérieur des édifices ne suffisaient pas pour les rendre commodes et habitables ; la délicatesse des mœurs nouvelles se trouvait blessée de distributions qui allaient si mal à ses goûts. Les portes basses, étroites et obscures, avaient un aspect triste et d'ailleurs devenaient impossibles dans une société où le luxe avait multiplié les carrosses ; les escaliers à vis, à marches élevées, étaient restés jusqu'alors universellement adoptés ; quelques escaliers à rampes droites, selon la mode italienne, servirent de modèles. D'abord, sous Louis XII, on en construisit deux, un à la cour des Comptes, et l'autre à la Sainte-Chapelle, mais on les avait placés en dehors de l'édifice. Un escalier à doubles rampes droites conduisait à la chapelle du château de Nantouillet. « C'est peut-être le plus ancien exemple d'escalier ainsi disposé qu'on puisse citer dans nos habitations du XVI° siècle.(2) » Des degrés de ce genre avaient été placés par Dominique Cortonne à l'Hôtel-de-Ville, par Pierre Lescot au Louvre, mais peu nombreux, ils n'avaient pas fixé l'attention et n'avaient pas été imités. L'intérieur des appartements n'était pas mieux disposé que leurs abords ; de grandes salles humides, froides, obscures, disposées en enfilades, éclairées par des fenêtres étroites, que diminuaient encore des meneaux de pierre, échauffées à peine par des cheminées immenses, dont on ne pouvait ni s'approcher, ni se tenir éloigné, tout paraissait disposé pour les galas et pour l'apparat, rien pour la vie intime, rien pour la société choisie qui se retirait mal à l'aise derrière un paravent au fond d'une ruelle taillée dans une chambre immense.

Dans ces demeures vastes et incommodes, fastueuses et grossièrement distribuées, pleines souvent des chefs-d'œuvre des arts, privées toujours des éléments du bien-être, le siècle de Louis XIV, on peut le dire, n'était pas possible ; il fallait une réforme ; ce fut une femme qui s'en chargea, mais cette femme était la marquise de Rambouillet ; elle avait habité pendant longtemps le vieil hôtel de Rambouillet. « Toutes ces pièces et ces édifices, comme ayant été faits dans un siècle brute et fort grossier, n'étoient ni réguliers, ni symétriés, et pourtant ne laissoient pas de composer ensemble un tout très-considérable (3). » La noble Arthénice sentit vivement la gêne que lui imposait une habitation si mal ordonnée. La vie qu'elle

(1) De Laborde, *ubi. sup.*
(2) Albert Lenoir et Vaudoyer.
(3) Sauval.

était obligée d'y mener, contraire à ses mœurs, à ses instincts choisis, à ses goûts pour les réunions d'élite et pour les causeries discrètes lui parut bien vite insupportable. Plus que tout autre, son intelligence distinguée la mettait à même d'apprécier ces inconvénients, et son goût pur, son vif sentiment des arts et de la vie élégante, la rendaient capable d'en trouver le remède. Si nous insistons un peu sur ce point, c'est qu'on y trouve un exemple remarquable de ce que peut, pour le développement des beaux-arts, l'observation attentive des goûts et des mœurs d'une nation.

Madame de Rambouillet donc « un soir, après y avoir bien rêvé, se mit à crier : vite, du papier, j'ai trouvé le moyen de faire ce que je voulois ; sur l'heure elle en fit le dessin car naturellement elle sçait dessiner, et, dès quelle a vu une maison, elle en tire un plan fort aisément ; on suivit son dessin de point en point (1). » Dès lors, la révolution fut opérée ; les portes d'entrée s'élevèrent et s'élargirent ; les fenêtres suivirent le même mouvement, et elles abandonnèrent leurs lourds meneaux de pierres pour prendre des croisées de bois ; les rampes droites devinrent d'un usage universel, et l'on construisit les escaliers de coté pour réserver plus de place aux appartements. Ces appartements devinrent eux-mêmes plus commodes ; ils se divisèrent tout naturellement, et selon les exigences de la vie nouvelle, en salles de réception, ouvertes seulement aux grands jours, et en chambres commodément disposées pour le petit comité ou la vie de famille. Ces chambres furent moins vastes, et on put plus facilement communiquer de l'une à l'autre par des couloirs ou des escaliers de dégagement. Les cheminées, ces vastes constructions du temps passé, se proportionnèrent aux besoins d'une compagnie moins nombreuse, et plus rapprochée pour les besoins de la conversation. Les lits enfin s'entourèrent d'une alcove plus chaude et plus discrète. Tous les accessoires du luxe, du bien-être et de l'élégance se rassemblèrent dans la demeure : des cabinets de toilette, des salles de bain, des escaliers de service qui préservaient les maîtres du contact des valets ; l'ameublement lui-même se ressentit de ces goûts nouveaux ; mais ce n'est pas ici qu'il nous convient d'en parler, et nous reviendrons sur ce sujet.

On voit que ces premières années du XVIIe siècle sont une date importante dans l'architecture pratique, et nous ne pouvions faire autrement que de nous y arrêter. La réforme entreprise par Madame de Rambouillet fut d'ailleurs rapidement comprise par une société fatiguée d'agitations et qui avait besoin de jouir. Son habitation servit de modèle, et « il ne se construisit plus ni un palais, ni un hôtel, ni une maison de quelque élégance sans que les architectes n'aient été envoyés à la demeure d'Arthénice, pour copier ou imiter ces innovations (1). »

Marie de Médicis fut la première à les goûter ; elle ordonna à de Brosse de les étudier pour les appliquer à sa nouvelle demeure, et le magnifique palais du Luxembourg, qui inaugura en France cette seconde Renaissance italienne dont nous avons déjà parlé, sanctionna aussi la révolution qu'avait provoquée la noble marquise, et mérita cet éloge de la grande Mademoiselle : « le Luxembourg est le lieu du monde le plus propre à donner de grandes et petites assemblées. » Quelque temps après, Richelieu adopta ces perfectionnements dans le petit Luxembourg et dans le palais-cardinal que lui construisit Mercier, et Mazarin, bien plus avide encore que son illustre prédécesseur des jouissances du luxe et du bien-être, les appliqua à sa magnifique demeure de la rue Richelieu.

« De ce moment la distribution des appartements fut un art, chaque besoin nouveau devint un sujet d'étude, les architectes se mirent à la disposition des personnes qui leur demandaient une demeure, et au lieu de la construire sur un patron traditionnel et uniforme, ils reçurent les désirs comme des ordres, les moyens financiers comme des programmes, les caprices même comme des indications ; et quelles que fussent l'irrégularité du terrain, la différence des niveaux, ils n'y virent qu'un stimulant à leur zèle, qu'un moyen de faire preuve de talent avec plus d'évidence (2). »

Nous n'avons que très-peu de mots à dire des maisons de la petite bourgeoisie ; ces habitations d'ailleurs ne rentrent guère dans notre objet et sont d'un moindre intérêt pour les arts. Dans ces régions inférieures, on le comprend, les progrès avaient moins accès, et les habitudes anciennes persistèrent plus longtemps; aussi les maisons de ce genre restèrent pendant tout le XVIe siècle ce qu'elles avaient été antérieurement. Elles étaient construites tantôt en pierre, plus souvent en bois ; la charpente était apparente, le pignon faisait face à la rue, et, dans beaucoup de cas, les étages supérieurs s'avançaient sur elle au moyen de constructions en encorbellement. Mais les ornements, les sculptures nombreuses, les figures dont elles étaient chargées avaient

---

(1) Tallement des Reaux.

(1) Comte de Laborde.
(2) Comte de Laborde. — *Ubi sup.*

changé de caractère, et au lieu d'appartenir à la manière gothique, elles s'étaient rangées du côté du vainqueur et avaient pris les formes consacrées par l'art de la Renaissance. Nos villes d'ailleurs sont pleines de maisons qui datent de ce temps. Rouen en possède un grand nombre en pierre et en bois ; il faut citer parmi ces dernières les deux situées dans la rue du Gros-Horloge qui « sont peut-être le type le plus achevé des maisons du XVIᵉ siècle (1). » On en trouve encore à Bayeux, à Saint-Lô, à Caen, et dans toutes les villes de la Normandie. On peut en étudier de fort remarquables à Abbeville, dont les pignons ont été dessinés avec soin par l'architecte anglais Pugin. La maison de Beauvais de 1562 est encore une des habitations privées les plus remarquables du XVIᵉ siècle. Nous sommes obligé de nous arrêter dans l'énumération de ces édifices, et il n'est pas d'ailleurs un de nos lecteurs qui n'ait eu l'occasion d'en examiner plus d'un.

ARCHITECTURE RELIGIEUSE.

Nous l'avons dit, l'art de la Renaissance eut avant tout un caractère laïque et profane. Il s'éleva non pas dans l'église, mais contre l'église, contre ses doctrines, contre ses tendances. La religion, appuyée sur un dogme invariable, doit communiquer à tout ce qui l'entoure ce caractère d'éternelle stabilité ; gardienne fidèle de toutes les traditions, elle lutte inévitablement contre toute innovation qui ne sort pas de son sein. Sans doute certaines transformations deviennent à la longue nécessaires, possibles même dans les arts religieux, et le dogme est assez large pour recevoir plus d'un symbole sans se modifier ; mais les hommes, dans le premier moment, résistent parce qu'il leur manque l'immensité du regard pour embrasser les harmonies nouvelles, et la puissance de la pensée pour les réaliser. Ainsi en arriva-t-il à l'époque dont nous nous occupons. Pendant longtemps le style ogival parut le seul qui pût convenir aux édifices religieux, le seul que la tradition acceptât et que le respect des fidèles voulût appliquer aux besoins de son culte. Le mélange des ornements et des détails de la Renaissance fut beaucoup plus lent, et l'adoption définitive des données antiques beaucoup plus tardive ; elle date seulement du commencement du XVIIᵉ siècle. L'église de Saint-Eustache paraît faire exception à cette règle ; mais toutefois, cette église, élevée de 1532 à 1642, contemporaine par conséquent de Fontainebleau, d'Ecouen et du Louvre, présente, on ne saurait le contester, un art placé encore bien plus près des doctrines du passé, et ne semble pas appartenir à la même époque que les édifices que nous venons de nommer. La chapelle d'Anet forme une nouvelle exception, et Philibert Delorme la construisit dans le style de l'édifice. Mais que l'on compare à ces deux monuments les chapelles de Fontainebleau, des châteaux de Nantouillet, de Gaillon de Blois, de Chenonceaux, d'Ecouen, de toutes ces habitations seigneuriales desquelles les formes gothiques disparaissent de plus en plus et où elles finissent par ne plus laisser de traces, et l'on trouvera ces chapelles construites en style ogival et complètement soumises aux traditions de l'art gothique. Pendant ce temps, les édifices religieux que l'on achevait conservaient pour la plupart les dispositions et l'ornementation du moyen-âge. « On bâtissait le transsept de Beauvais, certaines parties de Notre-Dame de Saint-Ouen et de Saint-Nicolas à Rouen, la chapelle du château de Vincennes, Saint-Etienne-du-Mont à Paris, l'église de Brou, celles de Notre-Dame de l'Epine, de Senlis, d'Abbeville, de Troyes » (1), on élevait la cathédrale d'Orléans.

Toutefois, il était impossible que cette résistance se continuât indéfiniment ; il était contre la nature des choses que cette division persistât. Toute science humaine tend à l'unité, toute société humaine y marche et s'épuise pour l'atteindre ; nous voulons invariablement rattacher chacune de nos connaissances à un principe unique dont elles découlent, et dans lequel s'harmonisent toutes les variétés secondaires d'application, et nous élevons le faisceau de ces connaissances jusqu'à Dieu qui en est le principe unique et universel, l'origine, et l'immense synthèse ; le temple qui est, en quelque façon, le symbole extérieur de Dieu lui-même, ne saurait être conçu par conséquent que comme le centre de cette unité universelle. Il en est le siège à double titre, dans les limites de l'art qui l'a créé, parce qu'il en est l'expression la plus élevée, dans la société entière, parce qu'il figure le dogme qui doit embrasser sous son large abri toutes les branches des connaissances humaines, toutes les forces de l'activité sociale. Dire que l'art religieux et l'art civil d'un peuple doivent être différents et découler de principes contraires, c'est émettre un principe dangereux ; qu'on y prenne garde, c'est peut-être prononcer un blasphème ; c'est dire en effet que cette religion et ce peuple sont incompatibles, que cette religion est dans ce peuple comme une chose étrangère, comme une vieillerie, comme une tradition qui meurt, et non plus comme la

---

(1) Willemin et Pottier.

(1) Albert Lenoir et Vaudoyer.

forme de sa pensée, comme la souveraine impulsion, comme le lien suprême, comme l'ame inspiratrice, comme le symbole vivant.

A la fin donc et malgré de longues répugnances, les deux doctrines se mêlèrent, mais de mauvaise grâce, et en se juxtaposant comme elles avaient fait d'abord et longtemps avant pour les édifices civils. « Souvent c'était sur le fond même de l'église que l'on essayait de composer un portail dans le nouveau style, comme dans l'église de Saint-Nicolas à Dijon. Quelquefois c'était au transsept, comme à Sainte-Clotilde-des-Andelys, ou à l'abside, comme à Saint-Pierre de Caen, que l'on voyait se reproduire les formes et les ornements de la Renaissance. Dans d'autres cas on se contentait de la décoration d'une porte, comme à Aumale ou à Epernay. L'église de Saint-Gervais et de Saint-Protais, à Gisors, offre encore un exemple d'architecture de la Renaissance adaptée aux églises. Près de Paris, dans les églises de Sarcelles et du Ménil, on voit aussi quelques détails qui se ressentent d'Ecouen... Toujours est-il que nous ne possédons en France aucune église du XVIe siècle conçue entièrement d'après les principes de la Renaissance (1). »

C'est en 1613 que fut commencée la première église de ce genre, l'église des Carmes de la rue de Vaugirard. Elle est intéressante à deux titres : d'abord parce qu'elle inaugura dans notre pays l'application des idées nouvelles aux constructions ecclésiastiques, et ensuite parce qu'elle introduisit dans ces constructions un élément qui, jusqu'alors et pendant tout le moyen-âge, en avait été exclu par les peuples du Nord. Nous voulons parler du dôme auquel l'œuvre célèbre de Michel-Ange avait acquis dans ce temps une renommée universelle. Cependant le dôme de l'église des Carmes était encore bien petit et bien timide, et quelques années plus tard, Lemercier devait, dans l'église du Val-de-Grâce, élevée par la piété d'Anne d'Autriche, en faire une application plus large et plus heureuse. Mais entre ces deux monuments viennent se placer deux églises nouvelles qui font époque dans l'histoire de l'art (2), qui d'ailleurs créèrent une tradition et méritent à ce titre, plus que pour leur valeur propre, d'être rappelées. Nous voulons parler du portail de Saint-Gervais, et de l'église de Saint-Louis et Saint-Paul, construits l'un en 1616, l'autre en 1634. De Brosse est l'auteur du premier, et certes il n'y apporta pas la puissante originalité dont il a fait preuve dans le palais du Luxembourg. Il appliqua dans

(1) Albert Lenoir et Vaudoyer.
(2) Albert Lenoir et Vaudoyer

toute sa vérité le style italien qui reprenait l'empire de la mode. On lui reproche de n'avoir pas assez consulté, guidé par un parti pris peu raisonnable, les convenances auxquelles il devait se conformer, d'avoir méconnu les exigences d'un goût sévère et pur, et d'avoir assuré le règne de cette imitation servile, inintelligente et surtout maladroite qui devait succéder à l'imitation plus indépendante et mieux inspirée des grands artistes de la Renaissance. Ces reproches sont fondés. Saint-Louis s'éleva bientôt après. Cette église était construite par les jésuites et sur les plans d'un des leurs, François Derrand. Ce n'était guère qu'une imitation du portail de Saint-Gervais, mais plus riche, plus chargée d'ornements et d'un goût à notre sens plus défectueux encore. Quoi qu'il en soit, ces deux églises servirent de type et de modèle à toutes celles qu'on éleva pendant les XVIIe et XVIIIe siècles. Toutes nos villes sont remplies de ces prétentieuses églises de jésuites, dont les contours recherchés, pénibles, visant à la grandeur et n'atteignant que l'effort, sont disgracieux au regard. L'introduction de ces édifices en France n'est pas à vrai dire, à notre avis, un des moindres torts de l'ordre célèbre auquel on en doit la vogue. Deux artistes éminents (1) que nous suivons pas à pas en portent ce jugement. « Ce style ne brille ni par la simplicité, ni par la correction, mais il est empreint d'une grande richesse et ne laisse pas que de produire un certain effet. » Nous trouvons ce jugement trop indulgent.

Désormais enfin, cette unité dont nous parlions plus haut était constituée. L'architecture religieuse et l'architecture civile marchaient du même pas et dans la même voie. La lutte avait cessé ; l'art, à force de tâtonnements et d'efforts, après des essais brillants produits par des imaginations puissantes qui ne devaient pas être dépassées, allait se reposer dans les douceurs d'une imitation volontairement acceptée, d'une grandeur stérile plus magnifique que séduisante, plus imposante que gracieuse : tout était prêt pour les pompes de Louis XIV.

Nous devons donner ici et pour terminer, la liste des principaux édifices construits pendant la période que nous avons parcourue. Leur examen et leur étude pourront, mieux que toutes les explications, familiariser avec une école si féconde, si agitée, et douée d'un mouvement si rapide et d'une activité si puissante, qu'il est presque impossible d'en saisir les caractères généraux et d'en extraire des principes fixes et invariables.

(1) Albert Lenoir et Vaudoyer.

CHARLES VIII et LOUIS XII. — Hôtel-de-ville d'Orléans, terminé 1498, — le château Gaillon, architecte Jean Giocondo, 1510 ; — L'ancienne cour des Comptes , près de la Sainte-Chapelle ;—le château de Blois (aile de l'ouest), il est probable que Gioconde y a travaillé ;— la cour des comptes de Rouen ; — le château de Neillant ;— ceux de — Chenonceaux, commencé par Thomas Bohier, — Azay le Rideau , — Châteaudun (partie occidentale).

FRANÇOIS Ier. — 1re *époque*. — Maison de Moret, — maison de la rue Saint-Paul, à Paris ; — galerie de l'hôtel de Bourg-theroulde, à Rouen ;— château de Nantouillet, milieu du XVIe siècle.

Chambord, commencé en 1523, dû à des architectes inconnus mais probablement français (1).

2me *époque*. — Cour ovale de Fontainebleau ; — hôtel-de-ville de Paris, 1533, Dominique Cortonne ; ce monument n'a été achevé qu'en 1605.

Madrid, commencé vers 1530 par un architecte inconnu, et terminé en 1550 par Philibert Delorme.

3me *époque*. — Fontainebleau : cour des Fontaines, — bâtiment adossé au vieux château, — bâtiment au fond de la cour, — galerie d'Ulysse, — façade de la cour du grand escalier, due peut-être à Serlio ;— maison de François Ier (1543), et maison d'Agnès Sorel à Orléans ; — manoir d'Ango à Warengeville, 1525.

Le Louvre, commencé par Pierre Lescot, de 1539 à 1541. Ce monument, malgré la date où ont été entrepris les travaux, appartient, en réalité, au règne d'Henri II. — Le château d'Ecouen, élevé par Bullant, 1540.

Eglise de Saint-Eustache, 1532 à 1642.

Tombeaux. — Du cardinal d'Amboise, dans la cathédrale de Rouen, 1522-1529 ; — de Louis XII, à Saint-Denis. Nous en donnons un fragment , fig. 4 de notre planche 19 ; — tombeau de Louis de Brezé, 1535-1544. Ce monument remarquable, malgré sa date qui nous a obligé de le placer ici, appartient tout entier au style qui devait dominer sous Henri II, et l'on suppose même que la conception en appartient à Philibert Delorme (1).

HENRI II. — Château d'Anet, architecte Philibert Delorme, 1548 ; — maison de Diane de Poitiers, à Orléans ;— voûte de la rue de Nazareth, à Paris ; — fontaine des Innocents, architecte Pierre Lescot, sculpteur Jean Goujon, 1550.

CHARLES IX. — Les Tuileries , Philibert Delorme et Jean Bullant, 1564 ; — hôtel de Soissons, 1572 ;— partie du Louvre.

Tombeau de Henri II, architecte Philibert Delorme, Primatice ou Jean Goujon.

HENRI IV. — Le Louvre, du jardin de l'Infante au pont des Saints-Pères, par Duperac, et du pont des Saints-Pères vers les Tuileries , par J.-B. Ducerceau ; — le baptistère de Louis XIII, à Fontainebleau ; — l'hôtel-de-ville de Paris, terminé.

La Place Royale, 1604, — la Place Dauphine, 1607. — Château de Saint-Germain , commencé sous ce règne, continué par Louis XIII et Louis XIV, jamais achevé.

Les hôtels Carnavalet et de Bretonvilliers , architecte, Androuet Ducerceau.

L'hôtel de Sully, les châteaux de Monceaux, de la duchesse de Beaufort, par J.-B. Ducerceau, qui termina aussi le château de Verneuil.

Le temple de Charenton, par Debrosse, 1606.

LOUIS XIII. — Versailles. — Luxembourg, 1616-1620 , architecte, Debrosse ; — Grande salle du Palais, architecte, Debrosse, 1622 ; — Hôtel-de-Ville de Rheims, 1627 ; — Sorbonne, par Lemercier, 1627 ; — Palais cardinal , par le même, 1629-1636 ; — Château de Cheverny ; — Château de Berny, par François Mansard ; — Château de Balleroy, par le même ; — Église des filles Sainte-Marie, le même , 1632 ; — Château de Blois, (aile occidentale), par le même, 1635.

Église des Carmes , 1613 ; — Portail de l'église de Saint-Gervais , par Debrosse, 1616 ; — Eglise de Saint-Louis et Saint-Paul par les Derrand et Marcel Ange, jésuites , 1627-1641.

---

(1) Albert Lenoir et Vaudoyer.

(1) Albert Lenoir et Vaudoyer.

ORNEMENTATION ET DÉTAILS DE L'ARCHITECTURE.

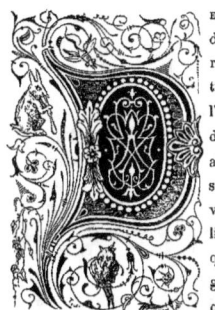

ES ORDRES. — Nous avons dit que le mouvement de la renaissance n'était rien autre chose qu'un retour à l'architecture antique et l'adoption nouvelle des *ordres* abandonnés pendant plusieurs siècles par l'art ogival. Ce serait donc ici le lieu d'étudier ces ordres que l'antiquité nous a légués, de comparer ceux que nous présentent les monuments grecs ou romains à ceux que nous trouvons dans les édifices de la renaissance, de caractériser chacun d'eux, de noter les différences qui les séparent et la physionomie qu'ils présentent; mais cette tâche est tout simplement impossible. Il ne faut pas considérer les ordres antiques comme un cadre inflexible où tout est tracé et fixé d'avance et qui ne laisse aucun jeu, aucun développement à l'imagination de l'artiste. S'il en était ainsi, son travail se trouverait réduit à une copie matérielle et servile, et s'il était rendu plus facile, il serait rendu par là-même stérile, sans mérite, sans variété; toute création humaine aurait disparu. Heureusement il n'en est point ainsi. Si l'on examine les monuments anciens qui appartiennent à différentes époques, ou qui, construits à la même époque, sont dûs à des artistes différents ou destinés à divers objets, on trouve que les mêmes ordres se présentent avec un aspect divers, n'offrent exactement ni les mêmes rapports, ni les mêmes détails. Si l'on compare les ordres appliqués par les architectes modernes soit avec ceux des anciens, soit entre eux, on rencontre des différences encore plus considérables; et pour n'en citer qu'un exemple, Palladio donne quinze modules à la colonne dorique, tandis que Scammozzi en donne dix-sept, Vignole et Abbati seize, que Serlio et Jean Bullant la réduisent à quatorze, et que Philibert Delorme la ramène à quinze. Par un écart encore plus grand des règles adoptées dans l'antiquité, les modernes ont placé sous la colonne dorique une base que les anciens ne semblent pas avoir connue, car ils posaient cette colonne sur le sol. Il y a donc, même dans les limites des règles posées par les anciens, un vaste champ réservé à l'intelligence et au goût des architectes, de nombreuses combinaisons offertes à leur invention et même à leur génie. Il n'y a donc pas enfin de formules générales à déterminer, et nous ne pouvons pas, comme nous le disions plus haut, établir nettement, entre les deux époques ancienne et moderne, des dissemblances où l'arbitraire et la fantaisie ont pu se glisser, et qui nous entraîneraient dans des détails auxquels nous ne pouvons pas nous livrer ici. Nous n'avons pas, d'ailleurs, la prétention de faire un ouvrage d'architecture élémentaire, nous supposons au contraire les éléments connus de nos lecteurs, et nous n'avons qu'à caractériser les modifications qu'ont fait subir à ces éléments le goût et l'inspiration des différents temps. Nous avons à indiquer ce qui est général pour le temps et le fait reconnaître, ce qui est national, en quelque façon, et non ce qui est complètement individuel.

Toutefois, il ne sera peut-être pas hors de propos de rappeler ici quelques-uns des principes auxquels sont soumis les ordres d'architecture. Un ordre est, comme on sait, un ensemble convenu de proportions et de rapports entre les divers membres d'un même motif d'architecture, d'une partie donnée d'un édifice; nous disons d'un même motif, parce que plusieurs ordres peuvent être réunis dans un même édifice qui se trouve ainsi placé sous l'empire de plusieurs séries de rapports et de proportions.

« En architecture, dit M. Donaldson (1), et cette définition nous semble juste, le terme ordre signifie proprement, non-seulement la colonne et l'entablement qu'elle porte, mais plutôt un principe reconnu de décoration, un arrangement systématique, une certaine proportion caractéristique qui embrasse non seulement la colonne et l'entablement, mais aussi tous les autres accompagnements d'un édifice et tous les moindres détails de chaque partie. »

Les ordres sont au nombre de trois, tous originaires de la Grèce. Les architectes modernes ont voulu en ajouter deux

(1) Architectural maxims and theorems.

autres : le toscan, dont ils attribuent l'invention aux Étrusques; le composite, dont il font honneur aux Romains. Mais ces deux ordres nouveaux, inspirés aux architectes italiens par la manie de classer et de faire des catégories, n'ont réellement d'existence que dans leur imagination ; ni les textes anciens, fort rares et quelquefois fort obscurs, ni l'inspection des monuments n'établissent leur chimérique existence (1). L'un est un abâtardissement de l'ordre dorique, l'autre une corruption de l'ordre corinthien ; ils ne diffèrent de ces deux ordres que par la disposition et les détails du chapiteau, et ne s'écartent pas plus, en somme, de leurs types que certaines applications auxquelles personne ne conteste leur nom originaire, et dans lesquelles cependant les artistes ont laissé pour la disposition du chapiteau une libre carrière à leur imagination. Ces différences légères, blâmables ou dignes d'éloge, ne sauraient constituer un ordre particulier ; et quant aux rapports et aux mesures particuliers que les traités donnent comme propres à ces prétendus ordres, ils sont d'invention moderne et ne méritent aucune confiance.

Il faut donc se borner à trois ordres : le dorique, l'ionique, et le corinthien. Le premier semble être l'ordre-type et avoir donné naissance aux deux autres qui n'en sont que les développements (2). Plus court que les autres et quelquefois même un peu trapu, (nous avons dit que nous n'entrerions pas dans le détail des mesures), il exprime la force et la solidité et n'admet rien que de sévère dans ses ornements. Les simples moulures suffisent à le décorer, les triglyphes le caractérisent plus spécialement. Il s'appuie, comme nous l'avons dit, sur le sol, franchement, rudement, sans qu'aucune base en supporte la colonne. L'ordre ionique, le second en date autant qu'on peut le croire, se reconnaît à la volute qui entoure le sommet de son chapiteau et qu'on a comparée à la gracieuse coiffure d'une jeune fille grecque. Il donne l'idée de l'élégance jointe encore à la force et à la simplicité. L'ordre corinthien, enfin, étale toutes les pompes du luxe. Il ne prétend plus à la force, et la grâce pour lui se charge d'ornements qui appellent plutôt l'admiration que le recueillement. Son chapiteau s'épanouit en feuilles d'acanthe, ses moulures se chargent d'oves, de chapelets, de mille détails, et sa frise se déroule en riches sculptures de bas-reliefs. Déjà l'ionique avait accueilli la plupart de ces ornements, mais avec plus de sobriété et de discrétion.

Pendant toute la durée de la Renaissance, des artistes plus ou moins habiles s'efforcèrent de soumettre à des règles fixes les proportions qui caractérisent les divers ordres, et de nombreux traités virent le jour, qui servent encore aujourd'hui à l'enseignement de l'art. Celui de Vignole, plus connu en France, est devenu le nom générique de ces sortes de livres. Il ne faut chercher dans ces traités ni la pureté, ni le goût exquis, ni la puissance d'invention de l'antique, et leurs auteurs ont été souvent guidés par une critique étroite et par un goût de second ordre. Aujourd'hui que les études sérieuses et profondes ont multiplié les monographies des monuments anciens, accompagnées de dessins mesurés et exécutés d'une façon tout à fait irréprochable, c'est là que nous conseillons à ceux qui veulent appliquer les ordres anciens dans toute leur beauté, d'aller chercher des modèles et puiser des inspirations. Les *Vignoles* toutefois peuvent servir subsidiairement ; ils sont utiles surtout, et c'est en cela que de tels ouvrages se rattachent plus particulièrement à notre objet, à donner une idée assez juste des opinions qu'on se formait sur l'art antique à l'époque où ils ont été écrits. MM. Errard et Chambray (1) ont réuni dans un seul livre les modèles donnés par dix de ces principaux auteurs, en plaçant en regard de leurs ordres des copies aussi exactes qu'on les faisait alors d'ordres antiques empruntés aux monuments romains, et qui écrasent toujours leurs imitateurs. On pourra consulter cette compilation pleine d'idées justes et de vues saines. Les faiseurs d'ordres que les auteurs ont choisis sont André Palladio, Vincent Scammozzi, Sébastien Serlio, Jacques Barozzio surnommé Vignole, Daniel Barbaro, Pierre Cataneo, Leo Bapt. Alberti, Viola, Philibert Delorme, et Jean Bullant. MM. Errard et de Chambray peignent la plupart de ces auteurs d'un trait vrai et pittoresque qui peut nous servir de renseignement. Palladio, disent-ils, a apporté « dans ses plans et mesures une telle diligence, qu'il n'y reste rien à désirer. » Vincent Scammozzi, un peu sec, mesquin et de mauvais goût, est « bien plus grand parleur, mais beaucoup moindre ouvrier, et moins délicat au fait des dessins. » Quant à Serlio et à Vignole, « il serait bien avantageux pour tous que le livre du premier fût désigné comme celui de l'autre et que Vignole eût fait des études aussi excellentes que Serlio. » « Ces deux maîtres d'ailleurs ont beaucoup d'obligation à leurs traducteurs, et particulièrement à nos ouvriers français, qui les tiennent en très-

(1) Voir Quatremère de Quincy. *Dict. d'architecture*.
(2) Blouet. — *Cours de théorie de l'architecture*.

(1) *Parallèle de l'architecture antique et de la moderne, avec un recueil des dix principaux auteurs qui ont écrit des cinq ordres*, par Errard et de Chambray. — Paris. 1702, in-folio.

haute estime. » Pierre Catanco « ne sera qu'un petit clerc à la suite de Barbaro. » Ils reprochent de la négligence à Alberti, et pensent que Viola « est de la catégorie de ceux qui parlent sans cesse et quasi toujours hors de propos. » Ses dessins sont mal ordonnés et très-mal exécutés. Les deux derniers, ces deux grands maîtres de notre renaissance française, sont traités avec plus d'égards qu'on ne pouvait en attendre d'écrivains du siècle de Louis XIV, de ce temps où le Bernin proposait d'abattre le Louvre de Pierre Lescot : « on ne peut pas dire qu'ils soient moindres que ceux qui les précèdent, ni aussi de même force que les premiers, mais j'estime qu'ils peuvent entrer en concurrence avec trois ou quatre. » Toutefois il y a bien des restrictions à ce jugement assez avantageux, et nous trouvons quelques pages plus bas, à propos de Philibert Delorme, « que ce bonhomme, quoique studieux et amateur de l'architecture antique, avait néanmoins un goût moderne qui lui a fait voir les plus belles choses de Rome comme avec des yeux gothiques. » Cette pensée, qui était bien dédaigneuse alors, est juste néanmoins.

Avant de terminer ce qui concerne les *ordres* en général, qu'il nous soit permis de présenter deux réflexions sur leur emploi pendant la Renaissance.

Pendant toute cette période, les architectes appliquèrent un ordre séparé et distinct à chaque étage de leurs édifices. Cette règle est fort générale. Nous croyons cependant nous rappeler qu'on trouve une exception au château d'Ecouen, mais nous n'en connaissons pas d'autre. Cette disposition est excellente à notre avis. Elle est avouée à la fois par la raison et par le goût. Elle donne aux édifices une physionomie plus vive, une apparence plus gaie, plus habitable, et qu'on nous passe le mot, plus familière. On comprend que ces constructions sont faites pour des hommes et proportionnées à leur taille ; on se sent plus à l'aise dans ces riantes demeures, et l'on ne se trouve pas écrasé par l'immensité de l'édifice. Ici l'unité n'est pas achetée aux dépens de la variété et n'arrive pas à la monotonie ; la grandeur n'exclue pas la grâce comme dans ces édifices pompeux, mais froids, emphatiques du siècle suivant, où des ordres gigantesques de pilastres ou de colonnes enserrent plusieurs étages dans leurs lignes froides et monotones, et donnent l'idée, il nous semble, d'un édifice trop grand pour notre usage et dans l'ossature duquel on a bâti après coup quelques loges réduites à notre petitesse.

Une autre disposition se rencontre, surtout dans la première moitié de la Renaissance ; elle ne nous semble pas aussi digne d'éloges. Il arrive souvent que les artistes font ressauter sur la colonne appliquée à la muraille ou placée près d'elle l'entablement qu'elle supporte (voyez Planche 19, Fig. 4, tombeau de Louis XII à Saint-Denis), et produisent ainsi sur la façade une ligne en quelque sorte crénelée. L'effet quelquefois n'est pas sans grâce, il faut l'avouer, mais il est loin de satisfaire l'esprit. Cette disposition nous paraît un non sens ; pour que la colonne soit employée d'une façon judicieuse, il faut qu'elle supporte quelque chose, il faut qu'elle soutienne l'édifice. Si on la réduit à porter la seule partie de l'entablement qui lui est superposée, elle devient inutile, on n'a plus qu'à la supprimer, car dans ce grand art de l'architecture, la raison n'admet pas d'ornements superflus, et toute partie de la construction qui n'est pas absolument nécessaire et qui ne concourt pas à la solidité de l'édifice, blesse le regard et produit sur les juges compétents l'effet d'une superfétation parasite.

Colonnes et Pilastres. — Nous donnons dans notre Planche XXII (Fig. 1 à 18), les divers types de fûts de colonnes employés par les architectes de la Renaissance. On voit au premier regard combien ces artistes s'éloignaient, dans la plupart des cas, du goût sobre et sévère de l'antiquité quand ils abordaient les détails de l'ornementation. Toutes les combinaisons, toutes les ressources de l'élégance, toutes les coquetteries de la décoration plaisaient singulièrement à leur esprit encore imbu, malgré qu'ils en eussent, des traditions de l'époque précédente, à leurs yeux encore éblouis de ces détails infinis, de ces ornements sans nombre dont la verve sans frein des artistes du moyen-âge surchargeait les monuments. Pour nos artistes, le fût de la colonne accepte tous les enjolivements ; tantôt il est uni (Fig. 1), mais plus souvent il est cannelé dans le sens perpendiculaire (Fig. 2, 3, 4,) cannelé en spirale, ou entouré de feuillages et de tiges qui grimpent à sa surface (Fig. 9, 10, 11, 12, 15). La colonne torse prête par sa forme bizarre une physionomie plus originale aux constructions qu'elle décore (Fig. 11, 12, 13). Quelquefois, hors d'état de trouver des pierres dans lesquelles on puisse tailler une colonne tout entière, ils renoncent à dissimuler, comme faisaient les anciens, les joints de leur appareil, et prennent le parti plus simple et plus hardi de les orner. Alors naissent des colonnes partagées par des anneaux ou par des sculptures circulaires (Fig. 3, 4, 5, 6, 7, 8, 15), ou des colonnes à tambour divisées régulièrement en assises de différents diamètres (Fig. 16, 17, 18). Ces colonnes furent d'un fréquent emploi du règne de

Charles IX à celui de Louis XIII, et elles constituent un des caractères bien reconnaissables de l'architecture de ce temps. L'antiquité les avait connues, bien qu'elle en eût fait un usage fort restreint, et l'on en trouvait des applications récentes en Italie, mais c'est à Philibert Delorme que revient l'honneur de les avoir introduites en France. Il les employa pour la première fois au pavillon des Tuileries. Il mêla même du côté du Carrousel, dans leur construction, le marbre à la pierre, et c'était alors un fait digne de remarque, car le marbre, au temps de cet architecte, était d'une grande rareté et ne paraît guère dans nos édifices. Ce fut lui encore pourtant, peut-être à l'imitation des modèles qu'il avait étudiés en Italie, qui introduisit des marbres de différentes couleurs dans la décoration de la porte d'Anet. Ces exemples méritent d'être cités.

Nous avons donné (Fig. 19 à 25), des modèles de pilastres empruntés à ce temps. La Figure 20 présente une cariatide. Ce genre de supports était bien conforme à l'esprit de ce temps, à son amour de la richesse et de la décoration, à son peu de goût pour l'austérité des lignes. Le plus bel exemple de cariatides qu'on puisse citer nous a été fourni par Jean Goujon, dans la salle du Louvre qui en a pris son nom. Nous y reviendrons. Les Fig. 24 et 25, plus ornées, rappellent par leurs formes les pilastres qui supportent le premier étage de la maison de Moret (Pl. XIX, Fig. 2), et se rattachent par conséquent aux premiers temps de la Renaissance. Les Figures 21, 22 et 23, ornées seulement de compartiments formés par de simples moulures, appartiennent plus particulièrement à la manière d'Henri II. Enfin nous donnons (Pl. XX, Fig. 1, 2), un pilier et un pilastre de l'église de Saint-Eustache qui nous reportent encore à ce genre mêlé de gothique et d'un certain sentiment de l'antiquité. Le mélange à notre avis est difficile à démêler. Le plan du pilier (Fig. 1 bis), est franchement gothique, le sentiment des ornements appartient à un autre temps, tandis que leur nombre et leur disposition sont inspirés par le moyen-âge. Autant en dirons-nous du pilastre qui l'avoisine.

Chapiteaux. — Plus on pénètre dans les détails de cette architecture capricieuse, et plus on s'assure, qu'empruntant aux anciens la disposition générale des lignes, et surtout, comme nous l'avons signalé en commençant, l'importance attribuée dans l'aspect d'ensemble à la ligne horizontale, en s'inspirant des modèles de l'antiquité pour le sentiment et l'expression des contours, elle avait gardé toute la verve capricieuse du moyen-âge, tout ce goût pour les détails arbitrairement choisis, cet irrésistible penchant à faire l'école buissonnière dans les champs de l'imagination. Nous donnons un grand nombre de chapiteaux, copiés sur les monuments de la Renaissance, ou dans les œuvres des maîtres graveurs de cette époque, (Pl. XIX, Fig. 7, 8, 9, 10, 11, 12, 22, — Fig. 26 à 37). Qu'on les examine attentivement, il n'y en a pas un seul qui soit régulièrement composé d'après les traditions antiques. Sans doute nous aurions pu en fournir, mais le goût dominant est évidemment dans ceux que nous avons donnés. Or, ce sont des chapiteaux composés selon le caprice de l'artiste, ce sont de vrais chapiteaux du moyen-âge, sauf le caractère du dessin, sauf le choix des motifs qui appartiennent à un autre temps. L'inspiration, le parti pris est gothique. Du reste on peut remarquer, dans les modèles que nous donnons, et c'est là un des côtés saillants de la Renaissance, une grande fécondité, une grâce molle et souriante, une disposition harmonieuse et dans la contemplation de laquelle l'esprit s'arrête volontiers et se complaît. Cet art est sensuel, il lutte contre l'austérité et contre l'ascétisme du moyen-âge, et c'est en empruntant ses propres armes qu'il retourne contre lui.

Bases. — Nous n'avons pas l'intention d'insister plus longtemps sur les membres des ordres tels que les a conçus la Renaissance, et de les juger à part et en détail. On trouvera (Planche XXII. Fig. 38 à 43), des bases de colonnes. On pourra louer le plus souvent l'ampleur de leurs formes et la richesse de leurs ornements. La force, comme il est naturel dans ce qui supporte le fardeau, s'y allie bien à l'élégance.

Entablements. — Corniches. — (Planche XXIII. Fig. 1 à 8). Les entablements ou les corniches isolés, que nous donnons dans cette planche, sont de beaux modèles, riches et un peu surchargés d'ornements ; ils ne manquent pas, toutefois, d'une certaine correction.

Cartouches et Panneaux. — Nous aurions pu multiplier à l'infini les ornements de ce genre, si fréquemment employés dans la décoration de ce temps, et où s'épuisait sans limites et sans scrupules l'imagination des artistes. Ceux que nous avons reproduits suffiront pour en faire apprécier le caractère. Les formes plus trapues et plus rudes des numéros 17 et 18, semblent annoncer la seconde moitié de la Renaissance et une époque de décadence. On trouvera encore (Planche XXI, n° 7) un panneau emprunté à l'église Saint-Louis.

Frises. — Les frises que nous donnons sur notre Planche XXIII (Fig. 25 à 33), sont en général gracieuses, fortes et bien composées. Elles sont empruntées aux meilleurs types

14

et n'appartiennent pas toutes à la même époque et au même style. On peut remarquer dans les Fig. 25, 28, 29, 30, 31, une reproduction assez fidèle des modèles de l'antiquité. Les numéros 26, 27, 32, sont incontestablement moins purs, et le feuillage du numéro 27 rappelle assez bien les feuillages gothiques ; enfin le numéro 32, d'un goût moins irréprochable et d'une très-contestable élégance, paraît d'une invention plus moderne et plus indépendante. Il a une originalité propre, sinon digne de beaucoup d'éloges, au moins facile à constater.

Portes et fenêtres.—Pour les artistes de la Renaissance, tout était un motif à ornements, séparé en quelque sorte et indépendant, bien qu'il se fondît dans l'effet général. Chaque partie était traitée comme un petit édifice. Cette vérité est surtout évidente quand elle s'applique aux premiers temps de la Renaissance, et le château de Chambord en est un exemple frappant. Quand on monte sur le toit singulier de ce bizarre monument, tous les détails prennent la forme d'édicules particuliers, dont l'ensemble compose, comme nous l'avons déjà dit, une façon de ville en miniature. On est donc obligé, dans cette architecture féconde, d'insister sur les parties accessoires qui, au lieu de reproduire simplement les moulures qui dominent dans l'édifice, se chargent de petites constructions monumentales revêtues d'un caractère particulier.

Nous donnons quelques exemples de fenêtres des édifices de la Renaissance, Planche XIX, XX et XXI. Le n° 3 de la Planche XIX est emprunté au manoir d'Ango, et bien que cette construction date de 1525, le goût gothique en paraît absolument absent. On n'en peut pas dire autant des numéros 5 et 6, qui appartiennent à Chambord, et où les formes seules sont antiques, tandis que la fécondité un peu excessive des détails, est d'une autre époque, et n'est pas à l'abri de la critique. Ces trois fenêtres toutefois sont remarquables par l'élégance parée, bruyante, souriante, qui caractérise cette époque. Les figures des n°s 4, 5, 6, copiées au château d'Ecouen sont au contraire plus sévères, plus pures, et si l'on peut dire, plus sérieuses, et outre qu'elles portent l'empreinte du grave génie de Jean Bullant, elles nous indiquent assez que les folies de la jeunesse sont passées pour l'école nouvelle. Bientôt le style s'alourdit, s'appauvrit, chercha un effet dans la bizarrerie des lignes, dans la complication des contours ; il perd à-la-fois la gravité et la grâce pour ne conserver qu'une forme un peu brutale, et il nous donne les fenêtres n° 4 et 5 de la Planche XXI, et la porte n° 6 de la même Planche, qui sont reproduites de l'église de Saint-Louis et de Saint-Paul. Cela n'est à la vérité ni gothique ni grec, c'est bien de son temps et de son pays.

Cheminées. — Puisque nous essayons de donner une idée de l'ornementation pratiquée par le siècle de la Renaissance, nous ne pouvons passer sous silence ces cheminées gigantesques, où se réunissait tout le luxe décoratif de ce temps, et dans lesquelles les artistes semblaient mettre toutes leurs complaisances. Les meubles étaient rares dans les grandes salles du XVIe siècle, et l'on trouvait dans la décoration de la cheminée, un moyen facile de les orner et de les meubler pour ainsi dire. Leur disposition générale était monumentale. Toutes les ressources de la sculpture, les colonnes, les pilastres, les statues, les riches enroulements, concouraient à les embellir. Le portrait du chef de la famille formait souvent le motif principal autour duquel se groupaient tous les autres accessoires ; des allégories, des rébus, des ornements fantastiques, charmaient les yeux et exerçaient l'esprit des membres de la famille réunis autour du foyer ; des sentences morales leur rappelaient souvent leurs devoirs et les conditions fragiles de la nature humaine. La Renaissance, du reste, avait hérité du moyen-âge l'amour de ces aphorismes brefs, graves ou touchants, empruntés quelquefois à l'antiquité, plus souvent aux saintes Ecritures, et qui rappelaient l'attention sur les grandes vérités que nous sommes obligés de méditer sans cesse. Les maisons du XVIe siècle portent souvent à leur façade des inscriptions à l'aide desquelles le maître du logis semble adresser aux passants tour-à-tour des encouragements, des consolations et des conseils. Quoi qu'il en soit, le goût d'orner et d'embellir les cheminées ne fut jamais porté plus loin qu'à cette époque. Il nous en reste encore beaucoup de modèles, soit dans les châteaux du temps, soit dans les dessins que nous ont été laissés. Nous nous contenterons de citer la cheminée de l'hôtel d'Alluye, à Blois, les deux cheminées de l'appartement du roi et de la salle de bal d'Henri II, à Fontainebleau, et celle du château de Villeroy. Quel que soit d'ailleurs notre goût pour la reproduction de ces ornements du passé, nos habitudes, notre économie domestique et les inconvénients réels de ces vastes foyers, incapables de donner aux appartements la chaleur qu'on leur demande, seront, il nous semble, un obstacle insurmontable à la reproduction bien fidèle de ces modèles, d'ailleurs remarquables.

Toitures. — Nous n'avons plus qu'un mot à dire de l'excellent parti que les artistes de la Renaissance tiraient de ces vastes surfaces planes des toits qui nous embarrassent aujourd'hui, et qu'ils savaient rendre agréables et variées

ORNEMENTATION ET DÉTAILS DE L'ARCHITECTURE.

au regard, par une décoration pleine de grâce et d'élégance. Nous pourrions en cela profiter de leurs leçons, et appliquer à nos édifices un procédé si ingénieux et d'un si heureux effet; la tentative même, nous devons le dire, en a été faite avec un plein succès par M. Duban, à l'École des Beaux-Arts. Nous n'avons pas d'ailleurs à nous étendre sur ce sujet. La Renaissance n'avait fait qu'emprunter ce mode de décoration au moyen-âge, en y appliquant seulement ses doctrines et ses formes. On conserve encore dans un grand nombre de maisons des épis, des crêtes, des girouettes de ce temps qui pourront servir de modèles (1). Cette mode, d'ailleurs, ne s'étendit pas au-delà du règne de Louis XIV pendant lequel même elle fut presque complètement négligée. Les artistes couvraient les faîtières, les larmiers, les girouettes, et les épis sculptés d'un enduit transparent qui les préservait de l'intempérie des saisons. (2)

ORNEMENTATION DES MAITRES GRAVEURS.

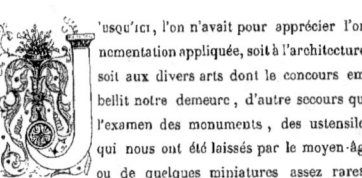

Jusqu'ici, l'on n'avait pour apprécier l'ornementation appliquée, soit à l'architecture, soit aux divers arts dont le concours embellit notre demeure, d'autre secours que l'examen des monuments, des ustensiles qui nous ont été laissés par le moyen-âge ou de quelques miniatures assez rares. Maintenant et à partir du XVIe siècle, s'offre pour nous une source d'investigations nouvelles, c'est celle des recueils nombreux et considérables que nous ont laissés les maîtres graveurs répandus dans toute l'Europe, recueils dans lesquels ils ont déposé des trésors de verve, de fécondité, d'imagination, de puissance et de grâce dépensés sans mesure pour produire et pour décorer tous les instruments, les ustensiles et les jouets brillants qui nous entourent et rendent nos habitations plus agréables ou plus commodes. C'est en effet un caractère de ce temps, qui mérite d'être noté, que les artistes du plus grand mérite, les architectes, les peintres, les sculpteurs de renom concouraient volontiers aux travaux de l'industrie et introduisaient dans le commerce une quantité énorme d'objets d'une valeur inappréciable, d'un haut mérite et d'une perfection que nous ne pouvons atteindre aujourd'hui qu'en les copiant. Il est bien vrai qu'on a tenté dans ces derniers temps de faire participer à la production des objets industriels les artistes éminents que nous pouvons encore nous enorgueillir de compter parmi nous, mais cette coopération précieuse ne s'est pas étendue autant qu'il serait à désirer, et les conditions essentiellement économiques imposées à notre fabrication sont pour elle un obstacle qui l'empêchera pour longtemps encore d'apporter dans la confection des objets destinés à la consommation générale, cette exquise recherche, ce goût raffiné, ce soin minutieux de détails, qui distinguent à un si haut degré le moyen-âge et la Renaissance.

Nous aurions pu, tout en profitant des modèles qui nous ont été transmis par les maîtres graveurs, ne nous en occuper qu'à mesure que nous aurions à parler de l'art ou de l'industrie à laquelle ils avaient destiné leurs ouvrages. Nous avons mieux aimé les étudier avec ensemble, et les grouper en considérant la source où nous les avons puisés, afin de rappeler plus particulièrement l'attention de nos lecteurs sur cette source féconde et en quelque façon inépuisable à laquelle ils pourront chercher des inspirations.

La gravure, comme on sait, est originaire du XVIe siècle. A cette époque, et à quelques années de distance, on parvint à reproduire sur le papier des images gravées en relief sur des planches de bois (Gravure sur bois), ou gravées en creux sur des planches de métal (Gravure au burin). Ces deux arts firent de rapides progrès et fournirent bientôt aux beaux-arts un instrument fécond et puissant. Pendant le

---

(1) Voyez sur ce sujet le livre de M. Laquerrière, *Essai sur les girouettes, épis, crêtes et autres décorations des anciens combles et pignons*, in 8° de 7 f.—1846.

(2) Monteil, *Les Français des divers états*.

XVIe siècle, la gravure sur bois atteignit un degré de perfection que l'on n'a peut-être pas dépassé depuis (1). Elle devait bientôt, et dès la fin de ce siècle, déchoir, pour ne plus se relever que dans notre temps. La gravure sur métal, pratiquée avec moins de bonheur en France, fit cependant, à la même époque, de remarquables progrès, dûs aux efforts de Lucas de Leyde, qui perfectionna singulièrement la régularité, la finesse et la flexibilité des tailles.

On doit distinguer, parmi les graveurs de ce temps, quatre écoles, qui ont chacune leur caractère particulier : l'école Française, l'école Allemande, l'école Italienne et l'école Hollandaise. Nous avons consacré quatre Planches (24 à 27) aux spécimens que nous donnons de ces diverses écoles et des maîtres qui les signalent à l'attention. Nous allons nommer ces maîtres aux œuvres, desquels on pourra recourir pour une étude plus attentive.

La Planche 24 contient les maîtres de l'école Française.

Les cinq premiers numéros appartiennent à J.-A. Ducerceau, dont nous avons déjà parlé comme architecte, et qui était en outre un très-habile graveur. Son œuvre est très-considérable, et nous avons cherché ailleurs à faire connaître la fécondité singulière de cette imagination puissante. Les détails que nous en donnons, et surtout les premiers, en sont une preuve frappante. Ce sont deux cartouches ornés. Le numéro 3 est un dessin de chenets, un peu maigre peut-être; les numéros 4 et 5 représentent des coupes d'un dessin vigoureux et hardi.

P. Wœriot, dessinateur, sculpteur, ciseleur, graveur sur cuivre et sur bois, né en Lorraine en 1533, nous a fourni le numéro 6 ; une poignée d'épée aussi riche, plus fine de détails, moins énergique de contours que les ouvrages de Ducerceau.

Les numéros 7, 8 et 9, sont puisés dans Etienne de l'Aulne ou Stephanus, né en 1509. Son œuvre est remarquable pour la finesse de l'exécution. Ils représentent deux miroirs à main, et un médaillon orné d'arabesques sur fond noir, d'une disposition que nous parait véritablement irréprochable.

L'harmonie dans l'ordonnance générale, la grâce dans la disposition de chacun de ces minutieux détails ne sauraient être poussées plus loin.

Le n° 10 est un flambeau de Réné, graveur au burin, né en 1530. Il y a déjà un peu de lourdeur, elle ne fera qu'augmenter.

Nos 11 et 12. Ornements arabesques et de fantaisie, l'un

(1) Bourquelot — Patria. — *Histoire de la gravure sur bois* col. 2285.

de Jacques Mestre, orfèvre et graveur (1619), l'autre de Petrus, marchand orfèvre (1623). On y trouve encore de la verve et de l'invention, mais la grâce exquise et suave du médaillon de Stephanus, et l'harmonie de la composition ont disparu.

Antoine Jacquand, graveur au burin et arquebusier de Poitiers (1624), est l'auteur du n° 13. On remarquera la sévérité des lignes dans cet ornement.

Avec Et. de la Belle, graveur, et Pierre Pirens (1601-1690), la décadence est visible. Les cartouches du premier (n° 14 et 15), les deux supports du second (n° 16 et 17), livrent à la critique ces formes contournées, ces lignes bizarres et trapues, cette énergie désordonnée, cette lourdeur qui les distinguent.

La Planche XXV et la première moitié de la suivante sont consacrées à l'école allemande. Il y a peut-être en général moins de grâce dans cette école. Les conceptions sont un peu plus bizarres, et les contours plus fortement accusés.

Les deux vases numéros 1 et 2 sont de Albert Altdorfer, peintre et graveur de Ratisbonne, mort en 1538.

Le panneau numéro 3, d'une rare perfection et d'une grande puissance de mouvement, est dû à Hans Sébald Beham, de Nuremberg (1516-1550).

Le numéro 4 a été gravé par Henri Aldergrever, célèbre entre tous par son goût et la perfection de son exécution, né en 1502 en Westphalie.

Le gracieux calice numéro 5 appartient à un maître inconnu de la même époque.

Virgile Solis, de Nuremberg (1514-1562) nous a fourni les numéros 6, 7, 9.

G. Wechter, de la même ville (1579) a gravé la remarquable coupe du numéro 8.

Nuremberg nous offre encore l'auteur de la charmante coupe numéro 10, si élégante et d'un parti pris si simple en même temps ; c'est Paul Flint, graveur et orfèvre, qui, selon Gori, travailla le premier dans ce genre qu'on nomme *opus mallei*.

Le numéro 11 est copié dans l'œuvre de Théodore de Bry, de Liège (1528-1598).

Dans le numéro 12, nous avons reproduit le frontispice du livre d'ébénisterie composé et gravé par Frédéric Unteutsch, ébéniste à Francfort (1650). L'école suit ici à peu près la même marche qu'en France ; elle s'alourdit, elle rend ses formes plus massives et plus brutales. Cet artiste donne à ses ornements l'aspect, fort à la mode en ce temps, d'oreilles enroulées, qui lui a fait donner le nom de *genre auriculaire*.

Autant pourrions-nous en dire de Lucas Killian, graveur d'Augsbourg (1579-1637), il appartient à la même école comme en fait foi la lettre du numéro 13, empruntée à son alphabet orné.

Ce genre bizarre, difficile, contourné, laborieux, atteint sa perfection dans l'œuvre de Dietterlin le strasbourgeois (1550-1599). Les numéros 1, 2, et 3 de la Planche XXVI en offrent des modèles; c'est à Stuttgartt, que ce maître, d'ailleurs estimé, fit paraître en 1593 et 1594 son ouvrage consacré à l'architecture ; on en a une édition complète de Nuremberg (1598), qui contient 209 planches et le portrait de l'auteur. Une autre édition de 1655 peut être encore consultée avec fruit.

La seconde partie de la Planche XXVI nous offre quelques types de l'école italienne. Cette école présente au premier aspect un caractère très tranché. Ici il ne faut plus chercher la vigueur et la force, mais seulement la grâce exquise, la finesse un peu molle des contours, l'abondance de l'inspiration, la vivacité de l'esprit. Les formes s'efféminent en quelque façon et n'ont plus cette netteté, cette précision que nous avons pu admirer tout à l'heure ; mais le charme tout sensuel qu'on éprouve devant ces compositions est poussé aussi loin que possible.

Les numéros 4 et 5 appartiennent à Jean-Antoine de Bresse.

Nous avons pris les numéros 6, 7, 8, à Augustin Vénitien, élève de Marie Antoine, qui exerçait sa profession entre 1509 et 1536. Ces dates remarquables peuvent nous faire apprécier les caractères synchroniques de l'école Italienne et des écoles du Nord. La Renaissance alors commençait à poindre en France.

Dans la Planche XXVII nous avons réuni quelques ouvrages de l'école Hollandaise.

Lucas de Leyde (1494-1533) est l'auteur des numéros 1 et 2.

Le numéro 3 nous rappelle la manière de J.-A. Ducerceau. Hans Vredeman Vriesse, peintre architecte et dessinateur de Leeuwarden, né en 1527, à qui nous l'avons emprunté, s'efforça en effet, dans sa laborieuse carrière, d'imiter le célèbre architecte Français, jusque dans la distribution de ses ouvrages et dans leur publication.

Les numéros 4 et 5 sont dûs à Balthasar Sylvius (1554).

Abraham de Bruyn, né à Anvers en 1518, a composé, pour les damasquineurs, un recueil d'ornements fort estimé. Le panneau que nous en donnons dans notre numéro 6, est d'une composition merveilleusement riche et merveilleusement harmonieuse. On n'y trouve pas à un égal degré la finesse et la grâce du numéro 9 de notre Planche XXIV, mais la puissance de l'imagination y est fort remarquable.

Le numéro 7 est d'une composition peut-être plus pure, nous le tirons de l'œuvre de Michel Blondus, orfèvre et graveur au burin, de Francfort (1590-1656). Cet œuvre est très considérable. Nous avons de cet artiste célèbre par son éloquence, un portrait peint par Vandyck et gravé par Matham.

Hans Collaert, qui naquit à Anvers, vers 1540, a dessiné et gravé un assez grand nombre de motifs destinés à la bijouterie et à l'orfèvrerie, qui sont fort estimés. Les deux spécimens que nous donnons aux numéros 8 et 9, ne manquent pas, on le voit, d'une certaine élégance, malgré la complication des ornements et la lourdeur des contours.

Enfin les numéros 10 et 11 nous permettent d'apprécier le talent original et fort estimé d'un artiste qui se rapproche un peu, dans ses compositions, du style de Blondus, son contemporain, sans que ce rapprochement puisse passer pour une imitation, et tout en conservant un caractère assez tranché. Nous voulons parler de H. Janssen, orfèvre-dessinateur et graveur au burin, qui travaillait à Amsterdam vers le milieu du XVIIe siècle.

En somme, et vue dans son ensemble, cette école Hollandaise, placée entre l'école Française et l'école Allemande, ne paraît pas avoir un caractère qui la distingue d'une façon bien précise. Elle procède volontiers de ses deux voisines et semble les réunir, empruntant tour-à-tour à l'une et à l'autre, ou pour mieux dire obéissant à une inspiration libre, ingénieuse et puissante, originale aussi, mais qui la rapprochait tantôt de la première, tantôt de la seconde, et réalisait dans le monde de l'imagination et de la fantaisie, cette situation intermédiaire, image de celle qu'elle occupe sur le sol. Quoi qu'il en soit, ces maîtres sont dignes d'une étude approfondie, et l'on trouvera dans leurs ouvrages nombreux et considérables des secours précieux.

BEAUX ARTS ET ARTS INDUSTRIELS.

SCULPTURE.

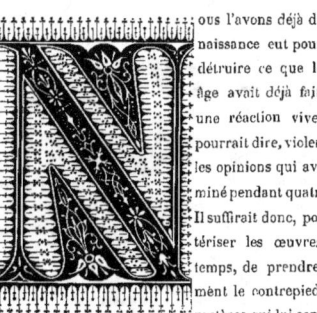

ous l'avons déjà dit, la Renaissance eut pour objet de détruire ce que le moyen-âge avait déjà fait ; ce fut une réaction vive, et l'on pourrait dire, violente contre les opinions qui avaient dominé pendant quatre siècles. Il suffirait donc, pour caractériser les œuvres de ce temps, de prendre exactement le contrepied des caractères qui lui conviennent pendant la Renaissance, et ce que nous avons dit de l'architecture, nous pouvons le dire encore de la sculpture, qui en est si voisine, et qui en a suivi à cette époque, comme toujours, la destinée. Les facultés humaines d'ailleurs sont toutes sœurs, et quand on a décrit les traits qui distinguent l'une d'elles dans une période donnée, on est bien près d'avoir fait reconnaître toutes les autres. Le moyen-âge avait, comme nous l'avons vu, conçu la figure humaine d'après un idéal austère et même ascétique ; — il avait négligé la force qui rappelle la matière, et ne s'était guère préoccupé que de la grâce et de la physionomie qui se rapportent davantage à l'esprit. Ses figures longues, mélancoliques n'exprimaient guère que l'élévation de l'âme humaine vers son créateur et la mystique exaltation de la prière. La Renaissance étudia les formes humaines à un autre point de vue. Elle chercha avec plus de soin l'exactitude anatomique et le sentiment de la réalité ; elle reprit à l'antiquité son admiration de la beauté plastique ; pour la force musculaire elle la dépassa même, et, sous l'inspiration de son imagination souvent déréglée et sans frein, le naturalisme puissant, sérieux et sincère de l'antiquité descendit au niveau d'une sensualité qui n'était pas toujours irréprochable et qui semblait prendre sa source dans les mœurs détestables de ce temps. Pour l'Antiquité, la beauté humaine était un culte ; pour la Renaissance, c'était l'objet d'un désir. Dans la première la nudité était chaste, pendant la seconde elle fut voluptueuse. Pendant le moyen-âge la statuaire était mystique et religieuse, consacrée exclusivement, sauf les statues funéraires qui semblent appartenir encore à la religion, à des sujets dictés par le culte, dont elle était en quelque sorte une forme ; dans la Renaissance, son but ne va pas au-delà du plaisir qu'elle procure. Elle n'est plus un enseignement, elle est un spectacle ; de là la diversité des sujets et l'attrait tout profane qu'ils présentent. Pour le plus grand nombre ils appartiennent aux idées païennes, à la mythologie dont ils reproduisent les fables et les dieux. On voit renaître pour l'agrément des yeux ou pour les besoins de l'allégorie tout ce peuple divin qui remplissait chez les anciens et le ciel et la terre : Jupiter, Apollon, Vénus, la déesse préférée de ce siècle dissolu ; les muses, les nymphes, les divinités des champs et des forêts, faunes, naïades, dryades et satyres, tous reprennent et leurs places et leurs voix dans le concert des arts et dans les fêtes de notre fantaisie. Les personnages du temps en empruntent les formes selon qu'ils prétendent en avoir, ou les vertus ou quelquefois les vices brillants. Quelques artistes demandent encore leur inspiration au dogme chrétien, mais le plus souvent l'inspiration leur manque, et nous pouvons transcrire ici quelques lignes que leur auteur applique à la peinture et qui caractérisent avec une égale justesse l'état de la statuaire : « A cette époque aussi l'anarchie, qui s'était introduite dans l'Eglise par l'effet du protestantisme, se glissa par la même voie jusque dans le domaine de l'art. Avec le trouble qu'elle porta dans les croyances chrétiennes s'affaiblit encore davantage le culte des types primitifs et des traditions hiératiques qui avaient été l'une de ses croyances ; et l'artiste qui avait besoin de la foi pour l'exécution comme pour l'effet de son ouvrage, perdit avec elle le principal ressort de son talent. L'étude même de l'Antiquité, presque toujours mal dirigée, devint à son tour une nouvelle occasion de méprises, une nouvelle cause de désordres en cherchant à retremper l'art chrétien dans l'imitation de l'antique. L'école des Carrache tenta une entreprise impossible et malheureuse, et la Madeleine du Guide, dans le caractère d'une Niobé, avait presque cessé d'appartenir au christianisme sans appartenir pour cela à l'antiquité (1). »

Comme en architecture, il y eut en statuaire deux écoles : l'école italienne la première, celle qui donna l'impulsion, et plus tard l'école française. Les idées italiennes furent importées en France par Benvenuto Cellini, Francesco Rustici, Lorenzo Naldini son élève, Antonio Rumini, Paul Ponce.

« L'école milanaise, un peu maniérée, pénétra d'abord au-delà des Alpes, puis vint l'école de Michel-Ange, remarquable par la science du dessin, la pose académique des personnages, l'accentuation des muscles, et qui eut pour coryphées Hugues Sambin en Bourgogne, Benvenuto-Cellini et Paul Ponce Trebati à Paris, les frères Genty à Troyes (2).»

L'école française avait pour principaux représentants Germain Pilon, Jean Goujon, Jean de Bologne, Pierre Bontemps, Jean Cousin.

Le travail des statuaires et des sculpteurs d'ornement s'appliquait à la fois à la pierre, au marbre, rare, comme nous l'avons dit, à cette époque, aux métaux et au bois. Nous aurons occasion d'y revenir. Il était peu remarquable en général, et l'on ne saurait accorder de grands éloges à la perfection de la main d'œuvre ; si les ouvrages des Benvenuto, des Paul Ponce, des Germain Pilon et des Jean Goujon ont obtenu une place si honorable dans l'histoire de l'art, si les travaux de ce dernier étaient préférés par quelques-uns à ceux de l'Antiquité (3), il s'en faut que la plupart des autres artistes recommandent beaucoup par leur habileté le siècle auquel ils appartiennent, et malgré les prétentions d'un temps qui voudrait faire revivre les splendeurs de Rome, il y a entre la Renaissance et l'Antiquité un abîme, le véritable génie, la grandeur alliée à la simplicité.

Les promoteurs de la Renaissance n'épargnèrent pas cependant les efforts pour procurer à nos artistes les bons modèles et les salutaires leçons. François Ier remplit Fontainebleau de figures moulées sur l'antique et rapportées à grands frais d'Italie ; il y appela, comme nous l'avons vu, les artistes italiens, et y fit exécuter de grands travaux. On doit

(1) Raoul-Rochette. — Discours sur l'origine, le développement et le caractère des types qui constituent l'art du Christianisme.
(2) Bourquelot. — Patria.
(3) Monteil. — Les Français de divers états.

y reconnaître une imagination puissante et féconde, mais le goût et la sobriété généralement y font défaut.

Jean Goujon introduisit dans l'art moderne un élément que les anciens avaient connu, mais qui depuis bien des siècles avait été abandonné. Nous voulons parler des cariatides dont il a donné un si magnifique échantillon dans cette salle du Louvre qui en a pris son nom. Il alla même plus loin que les anciens, et par une résolution hardie, il coupa les bras de ses statues et leur donna un caractère exclusivement architectural. Ainsi « il a ôté volontairement à ces cariatides toute apparence de statues et surtout de réalité, et il a prouvé l'intention qu'il avait d'en faire seulement de véritables supports en forme de figures. C'est aussi afin de conserver le principe de colonnes qu'il les a élevées sur une base et les a couronnées d'un chapiteau (1). »

Plus tard la sculpture déchut comme nous avons vu que l'architecture avait fait, et l'on ne retrouve plus dans les artistes des derniers temps le mérite qu'il faut louer dans les premiers. Bourdin et Guérin nous en fournissent la triste preuve, l'un dans les statues de saint Gervais et de saint Protais, l'autre dans celles des Evangélistes.

Nous allons donner la liste des principaux sculpteurs de la Renaissance avec l'indication des œuvres qui ont assuré leur célébrité. Nous ne pouvions mieux faire que d'emprunter nos renseignements à l'excellent travail que M. Bourquelot a fourni à *Patria*.

Bullant (J.) Le même que l'architecte.

Simon de Bar, sculpteur du Roi (XVIe siècle).

Juste (Antoine) ou *Antoine de Just*.— Château de Gaillon, 1497.

Milon (Jacques) fut un des habiles ouvriers qui décorèrent au XVIe siècle les églises de Troyes.

Bourdin (Michel), né à Orléans. — Partie du pourtour du chœur de N.-D. de Chartres.

Pilon (Germain) mort en 1590. — Le groupe des trois grâces (musée royal). — Les statues du tombeau de Henri III. — Une partie des bas-reliefs du tombeau de François Ier à Saint-Denis. — Tombeau de Guillaume Langey du Belloy au Mans. 1557. — Les Saints de Sollesmes.

Goujon (Jean), mort en 1572. — Fontaine des Innocents à Paris. — Diane de Poitiers (au musée royal). — Les cariatides de la tribune des Suisses (au Louvre). — Les sculptures de la façade du Louvre près le pavillon de l'Horloge. — L'hôtel Carnavalet.—Les ornements d'Anet avec Jean Cousin.

(1) Albert Lenoir et Vaudoyer.

Benvenuto Cellini, — Paul Ponce Trebati, — Fra Giovanni Giocondo, — Matteo del Nassaro. — Paris, Fontainebleau, Gaillon.

Lefevre (Jacques). — Stalles du chœur de la cathédrale de Caen. 1588.

Cousin (Jean), — 1520-1590. — Tombeau de l'amiral Chabot aux Célestins.

Jean de Boulogne. — 1524-1612.

Bontemps (Pierre). — Partie des bas-reliefs du tombeau de François Ier, et statues de François Ier, de la reine Claude, du Dauphin François, de Charles d'Orléans et de Charlotte de France qui décorent ce monument. Tombeau de Louis XII et d'Anne de Bretagne. — Ce mausolée est attribué encore à Paul Ponce et à Jean Juste.

Juste de Just, 1530. — Francheville (P.), 1548. — Biard (P.). 1559-1609. — Prieur (Barthélemy), mort en 1607.

Guilain (Sim.), fondateur d'une société d'artistes qui donna naissance à l'académie royale de peinture et de sculpture, 1581-1658. — Figures du portail de Saint-Gervais et des Feuillants de la rue Saint-Honoré. — Statues en bronze de Louis XIII, d'Anne d'Autriche et de Louis XIV enfant. — Mausolée de Catherine de La Trémouille.

PEINTURE.

Ce que nous avons dit de la statuaire nous dispensera d'entrer dans de grands détails sur la peinture au XVIe siècle. Pour celle-ci comme pour l'autre, la révolution fut provoquée par des artistes italiens, et ce sont les Rosso, les Primatice, les Léonard de Vinci qui l'apportèrent en France. Pour celle-ci comme pour l'autre, plus que pour l'autre même, on rechercha la correction du dessin, la vérité des couleurs, la variété et le naturel des poses. Même révolution dans la tendance des idées, dans le choix des sujets.

La peinture monumentale et la peinture des tableaux mobiles furent pratiquées pendant la Renaissance avec une égale ardeur et avec un égal succès. Le champ le plus large ouvert à la fécondité et à l'imagination des artistes fut sans aucun doute le château de Fontainebleau. Tout ce que l'Italie avait de peintres illustres y laissa quelques traces de son passage. Non seulement les travaux du Rosso, de Primatice et de Nicolo del Abate embellirent cette demeure célèbre, mais ils répandirent parmi les artistes français le goût de l'art, et furent pour eux une école d'où sortirent des peintres habiles, et Jean Cousin à leur tête. « Quant aux magnifiques peintures exécutées (à Fontainebleau) sur les parois des murailles par Nicolo del Abate, sous la direction et d'après la composition du Primatice..., c'est bien certainement la décoration monumentale la plus importante et la plus complète qui existe en France (1). »

Cette époque célèbre a vu faire aussi un grand nombre de portraits estimables. Les hôtels et les châteaux contenaient tous ou presque tous quelque grande salle dans laquelle venait se placer, chacun à son rang, la longue série des aïeux dont s'illustrait le maître, et dont les images étaient dans le Nord garnies d'un rideau, tandis qu'on les laissait découvertes dans le Midi (2). Ces collections n'étaient encore rassemblées que dans un intérêt de famille ; l'art, on peut le dire, leur était étranger. Ce fut vers la fin du siècle qu'elles commencèrent à prendre un autre caractère, et le cardinal de Richelieu fut probablement le premier en France qui, sous l'inspiration du goût italien, par un pur sentiment d'art, et sans que le culte de la famille y prît aucune part, rassembla dans son palais et dans une galerie des hommes illustres 25 portraits de Champaigne et de Simon Vouet. Ce goût devait trouver des imitateurs. Nous en reparlerons.

Le règne de Louis XIII nous a laissé encore un exemple peut-être unique de la peinture appliquée à l'extérieur des édifices et comme moyen de décoration. C'est à la préfecture de police de Paris qu'il faut le chercher. On voit encore dans les trumeaux d'un des édifices qui donnent sur la cour des médaillons qui renferment des portraits peints en couleur, et l'on ne peut s'empêcher d'admirer le bel état de conservation de ces peintures déjà anciennes et exposées à tant d'intempéries. Cette décoration, d'ailleurs, est d'un excellent effet, et pourrait, nous le croyons, être imitée avec avantage pourvu qu'on appliquât un semblable moyen avec la sobriété convenable.

Citons les principaux peintres de la Renaissance :

André del Sarte. — *Leonardo da Vinci.* — *Primaticio* — *il Rosso.* — Châteaux royaux.

Cousin (Jean), peintre et sculpteur, 1520-1590. — Jugement dernier, — les Cyclopes forgeant la foudre, — le Serpent d'airain.

Clouet (F.), vers 1547. — Portraits de Henri II, — de Charles IX, — d'Élisabeth d'Autriche, — de Henri IV, — de François, duc de Guise, — de Michel de l'Hospital, — de Marguerite de Valois, — de Henri III, etc.

(1) Albert Lenoir et Vaudoyer.
(2) Monteil. — *Les Français de divers états.*

Dubreuil (Toussaint), mort en 1604. — Histoire d'Hercule (salle des Poëtes à Fontainebleau).

Dumoutier (D,) 1550-1631. — Portraits de Charles IX, — Henri III. — Henri IV. — Louis XIII.

Quesnel (François). — *Dupérac* (Et.), le même que l'architecte.

Fréminet (Mart.), 1567.-1619. — Plafond de la chapelle à Fontainebleau.

Rubens, 1547-1640. — Palais du Luxembourg.

Vouet (Simon), 1582-1640.

PEINTURE SUR VERRE. VITRAUX. VERRE. MIROIRS.

La peinture sur verre éprouva naturellement une révolution analogue à celle de la peinture proprement dite pendant le XVIe siècle, mais si l'on pense à l'éclat que cet art avait jeté pendant le moyen-âge et aux traces brillantes qu'il avait laissées dans nos cathédrales et jusque dans nos plus modestes églises, on hésitera peut-être avant de décider si cette révolution lui fut favorable ou funeste. Pour ceux qui aiment et regrettent l'art mystique, traditionnel et hiératique du moyen-âge, ce fut certainement une décadence Tel est l'avis de M. Thévenot, que nous continuerons de suivre, et qui fait de la Renaissance, depuis 1500 jusqu'à 1616, la troisième période de l'histoire du vitrail.

Les conditions qui avaient paru au moyen-âge essentielles dans ce genre de peinture, furent bientôt abandonnées sous l'influence de l'école nouvelle ; les vitraux appliqués non seulement aux églises, mais aux palais des grands, reçurent, en même temps que des sujets religieux, des sujets historiques ou mythologiques. Ces sujets furent traités à la manière antique comme c'était la mode alors ; leurs auteurs, habitués à étudier la nature et à chercher la réalité dans leur imitation, y déployèrent une science anatomique peut-être hors de propos, et la grande abondance des nuds fit dominer dans ces verrières un rouge terne et de mauvais effet. On oublia la simplicité de composition de la Légende; les meneaux de pierre gênaient, on n'en tint nul compte ; ils avaient été un cadre, ils devinrent un obstacle. Les personnages devinrent plus courts et moins élancés. « Les groupes se pelotonnent, forment des masses compactes et lourdes et ne pyramident plus. (1) »

Il reste toutefois de ce temps des verrières remarquables et dignes d'éloges; si l'on n'y trouve plus la naïveté religieuse du moyen-âge, elle est remplacée par une science nouvelle et par des qualités que quelques-uns peut-être trouveront plus solides. Nous les citerons plus bas.

Vers le temps de François 1er s'introduisit aussi le goût des vitraux en grisaille qui, dans beaucoup de lieux, remplacèrent les vitraux coloriés. Philibert Delorme fut un de ceux qui firent exécuter les premiers dans notre pays. C'est dans la chapelle du château d'Anet qu'ils furent placés, et nous les devons au talent de Jean Cousin ; d'autres vitres en grisaille fermaient aussi les fenêtres du château. Maître Roux, qui excellait dans ce genre d'ouvrage, en avait également orné le château d'Ecouen, et enfin dans les verrières de Saint-Eustache la grisaille dominait encore.

Les vitres qui fermaient les fenêtres étaient alors, comme chacun sait, de fort petites dimensions, mais vers la fin du siècle elles étaient liées avec plus de soin. A l'aide d'instruments nouveaux les plombs étaient également aplatis, également amincis, également ouverts des deux côtés (1) ; le luxe même allait plus loin, et dans le Palais du Luxembourg, l'architecte, au lieu de plomb, avait employé des liens d'argent, et, au lieu de verre, de fin cristal (2). Mais l'usage du cristal ou des glaces pour les vitres des fenêtres était fort rare, c'était « une magnificence extraordinaire qui n'appartenait qu'aux grands princes et aux plus beaux palais (3). » Le plus souvent « on se servait pour les vitres de verre de France et de verre de Lorraine qui n'était ni beau ni cher (4). »

La fabrication des miroirs ne devait s'introduire en France que plus tard. Nous en étions réduits aux glaces de Venise, de dimensions fort petites, et d'un prix si exorbitant que l'on se servait encore, pour les usages de la vie, de miroirs en métal poli (5), Voyez Pl. XXIX, Fig. 2, un miroir tiré du Musée de Cluny.

Selon notre habitude, nous donnerons ici la liste des principaux peintres verriers du XIVe siècle.

Barbe (Jean) 1488-1530. — Cathédrale de Rouen. — Château de Gaillon.

Le Pot (Jean). 1500-1513. — Beauvais.

Pinaigrier (Robert) 1527. — Saint-Hilaire de Chartres, — Saint-Gervais de Paris.

Pinaigrier (Nicolas), son fils ou son petit-fils ? — Saint-Paul de Paris. — Saint-Etienne-du-Mont.

---

(1) Thévenot. — *Essai historique sur le vitrail*.

(1) Monteil. — *Les Français des divers états*.
(2) Malingre. — *Antiquités de Paris*.
(3) Savary — *Dictionnaire du commerce*, article GLACE.
(4) Ducerceau. — *Principaux bâtiments de France*.
(5) Willemin et Potier.

Palissy (Bernard). — Château d'Ecouen.
Lequier (Jean).—Mort en 1556. — Cathédrale de Bourges.
Leprince (Angrand). Saint-Etienne de Beauvais.
Cousin (Jean). — Saint-Gervais de Paris. — Charnier de Saint-Etienne-du-Mont. — Eglises de Moret et de Fontainebleau. — Château d'Anet. — Sainte-Chapelle de Vincennes. — Eglise des Cordeliers de Sens.

CÉRAMIQUE.

Nous avons vu plus haut comment la fabrication de la faïence émaillée s'était développée en Italie de 1415 à 1540, de Luca della Robbia à Florence, à Orazzio Fontana à Pezzaro. Luca avait-il inventé le procédé à l'aide duquel il produisait ces belles poteries connues sous le nom de *Majolica*? le tenait-il au contraire des ouvriers arabes ou espagnols qui vers le même temps vinrent des Iles Baléares s'établir en Italie ? la science n'a pas encore résolu ce problème. Quoi qu'il en soit, les *Majolica* obtinrent tout d'abord un grand succès ; le duc de Florence en protégea activement la fabrication, et le soin qu'apportaient les artistes du temps dans l'exécution de ces poteries en faisait des objets d'art du plus haut intérêt recherchés par les princes et par les plus riches seigneurs. La prospérité de cette fabrication se maintint jusqu'en 1580; en 1550, elle était à son comble. « C'est dans ce court intervalle (de 1540 à 60), que s'exécutèrent les plus beaux vases, les plus beaux services de table qui aient jamais été faits de cette matière (1). » Luca della Robbia avait eu pour successeurs Ottaviano et Agostino ses frères, Andrea, un autre Luca, et Girolamo, ses neveux et petits-neveux. Le dernier était venu en France où nous le retrouverons tout à l'heure. Orazzio Fontana d'Urbin à Castel Durante, Flaminio son frère à Florence, assuraient la réputation de ces beaux produits ; avec le goût qui s'en répandait s'élevait la concurrence des autres villes de l'Italie. Pezzaro toutefois conservait sa supériorité, maître Geronimo et maître Matthieu entr'autres, s'y rendaient célèbres, tandis que Guido Selvaggio travaillait à Faenza. Mais vers 1560, Orazzio Fontana mourut, le duc Guidobaldo descendit presqu'en même temps dans la tombe. « On crut que cette branche des beaux-arts devait se soutenir par elle-même, et qu'on devait la livrer au concours des intérêts particuliers (2). » La nécessité de fabriquer des objets qui pussent entrer dans le commerce et dans la consommation courante obligea de baisser les prix; on n'apporta plus la même perfection dans le travail, la fabrique déclina, et en 1572, les ouvrages qu'elle produisait n'avaient plus aucun mérite qui pût les recommander à l'attention des hommes de goût. Déjà douze années avant cette époque, Girolamo était mort en France, et les procédés employés dans la fabrication des *Majolica* y étaient restés complètement inconnus.

Cependant l'art céramique devait renaître parmi nous, et jeter encore un grand éclat, grâce aux efforts d'un homme de génie, de Bernard Palissy, dont la vaste intelligence a dominé presque tous les sujets. Dès 1530, il avait vu avec admiration un vase de poterie émaillée. On a supposé que ce vase appartenait à l'espèce des *Majolica*, mais M. Brongniart, dont l'autorité est si décisive en cette matière, est porté à croire par la considération même des caractères de la popalène de Palissy, qu'il s'agit plutôt d'un vase de fabrique allemande. Quoi qu'il en soit, toute la vie du potier de Saintes n'eut plus qu'un but, trouver le moyen de composer un émail semblable à celui qui recouvrait cette faïence. Il ne nous appartient pas de raconter la lutte qu'eut à livrer ce grand homme, on sait quel en fut le succès, et l'on connaît la célébrité des poteries qui portent son nom. Mais sa découverte, qui nous a valu un grand nombre de chefs-d'œuvre conservés encore dans nos musées, ne fut d'aucune utilité à l'industrie française, car il mourut avec son secret, et dix ans après sa mort, il fallut aller chercher en Italie les procédés qui depuis cent ans déjà y étaient en usage. La carrière de Bernard Palissy fut comme une parenthèse dans l'histoire de son art, et le lien s'établit au-dessus de lui entre les œuvres de Luca della Robbia et les produits de l'industrie nouvelle. C'est à Nevers que s'en fit l'importation, et cette ville devint un des centres les plus renommés de la fabrication en Europe. « Là sont les premières manufactures de faïence blanche qui aient été créées en France (1). » Des ateliers nouveaux s'ouvrirent à la même époque à Paris et à Brillantbourg en Saintonge.

Une autre fabrique, mais celle-ci mystérieuse et qui n'a pas laissé de vestiges, semble avoir existé dans le XVIe siècle. On a trouvé et l'on conserve encore dans quelques collections, 37 pièces environ qui se rattachent par leur nature à l'espèce des faïences fines et qui n'appartiennent par conséquent ni à l'école de Della Robbia, ni aux procédés de Palissy. Leurs formes générales et le style de leur décoration révèlent au premier coup d'œil l'époque de Henri II. Mais quelles

(1) Brongniart. — *Traité des arts mécaniques.*
(2) *Id.* — *Ibid.*

(1) Brongniart, *Traité des Arts mécaniques*

mains les a pétries, en quel lieu ont-elles été exécutées, nul ne le sait, et probablement ce mystère restera impénétrable. « C'est un exemple unique, d'une fabrication entièrement nouvelle, pour le siècle où elle a été faite, qui est née, a été portée tout de suite à une grande perfection, et a cessé tout-à-coup, sans qu'on sût par qui ni dans quel lieu elle avait été pratiquée. (1) « Tout ce qu'on en peut dire, c'est qu'elle est Française.

A ces diverses faïences, nous devons ajouter les grès Flamands, Allemands et Hollandais, et les grès de Beauvais qui de 1540 à 1615 obtinrent une grande vogue et devinrent la poterie de luxe ; les porcelaines chinoises qui furent introduites en Europe par les Portugais dans les premières années du XVIᵉ siècle, et enfin les faïences de Delft (vers 1500), qui les imitaient de façon à tromper les plus clairvoyants.

Ces quelques lignes sur l'histoire des poteries nous ont semblé nécessaires, parce qu'il fallait déterminer clairement quelles étaient les diverses espèces de produits céramiques, qui, pendant le XVIᵉ siècle concouraient à la décoration et à l'ornementation des demeures. Nous voyons qu'elles étaient nombreuses. Nous avons indiqué tour à tour, les Majolica, les faïences de Bernard Palissy, la *faïence fine* de Henri II, les grès Flamands, Allemands, Hollandais; les porcelaines de Chine, la faïence de Delft, et enfin la faïence de Nevers. Il nous reste maintenant à signaler en peu de mots, le style qui est propre à chacun de ces produits, et les caractères auxquels on peut les reconnaître.

La faïence connue sous le nom de *Majolica* est composée d'une pâte un peu colorée, couverte d'un émail opaque. Les couleurs employées par Luca Della Robbia sont un jaune assez pur, un bleu opaque pur, le vert de cuivre d'un violâtre sale. On ne trouve dans ces faïences ni carnations carminées, ni fleurs roses, rarement on y rencontre de véritable dorure. Lanfranco prit en 1509 un brevet pour l'application de l'or sur ces poteries; Maestro Georgio les couvrit en 1525 d'un lustre d'or rubis (2). Elles étaient en général ornées de peintures plates d'une exécution parfaite (3) ; toutefois on fabriquait à Pesaro de grands plats avec des ornements en relief moulés (4). « On apportait dans l'exécution de ces assortiments de pièces de faïence, le talent, le soin, les recherches d'érudition et de convenance qui pouvaient ajouter à leur richesse, à leur intérêt et à leur mérite (1). » Les artistes les plus célèbres fournissaient les dessins de ces services magnifiques, parmi lesquels nous devons noter celui qui fut exécuté pour l'empereur Charles-Quint, sous la direction des frères Flaminio et Orazzio Fontana, par les artistes habiles Taddeo Zuccaro et Batista Franco.

Les faïences de Bernard Palissy sont aussi recouvertes d'un émail opaque mais dur et de beaucoup d'éclat. « On y remarque souvent une multitude de tressaillures (2) », la pâte en est grisâtre. « Les formes du nu sont en général assez pures. Il n'y a point ou presque point de peinture proprement dite, c'est à dire de peinture à plat, à couleurs nuancées ; ce sont toujours des reliefs coloriés... Les couleurs sont vives mais peu variées, elles se bornent au blanc jaunâtre » inférieur à celui de Della Robbia et à celui de Nevers, « à un jaune assez pur, un jaune d'ocre, un beau bleu indigo, et un bleu grisâtre ; on y voit encore le vert émeraude... un vert jaunâtre, le violet de manganèse et un brun violâtre.... On n'a trouvé aucun rouge dérivant soit du fer, soit de l'or, ni le noir. » Nous avons dit que les ornements dont ce grand artiste couvrait ses faïences étaient en relief ; ce sont pour la plupart des objets naturels, « très-vrais de forme et de couleur. Ils ont été moulés sur nature... » Toutes les coquilles dont il a orné ces différentes pièces sont des coquilles tertiaires du bassin de Paris, et probablement de Grignon et des environs. Les poissons sont de la Seine, les reptiles et les plantes des environs de Paris. Il n'y a aucune production étrangère (3).

Les pièces de Palissy que l'on conserve encore dans nos collections sont fort nombreuses ; on peut les classer en plusieurs catégories distinctes ; elles se composent : 1° de portraits en relief et bas relief de grande dimension ; 2° de figurines en ronde bosse ou statuettes; 3° de meubles, comme écritoires, salières, chandeliers; 4° de riche vaisselle, fort impropre au service auquel elle parait destinée, dont on se contentait d'orner les dressoirs et les étagères de ce temps, et parmi lesquelles on peut distinguer encore : — des plats à sujets religieux, historiques, allégoriques ou de fantaisie ; — des plats arabesques, à compartiments, à salières, à mascarons, à entrelacs pleins et découpés à jour ; — des plats qui présentent pour décoration, une foule de crustacés, de reptiles, de coquillages, de poissons et d'insectes (4). Si nombreux

---

(1) Brongniart, *Traité des Arts mécaniques*.
(2) Brongniart, *Ubi sup*.
(3) Willemin et Pottier.
(4) Brongniart, *Ubi sup*.

(1) Brongniart, *Traité des Arts mécaniques*.
(2) Id. *Ibid*.
(3) Id. *Ibid*.
(4) Willemin et Pottier.

cependant que soient ces objets, on n'y trouve pas la variété à laquelle on pouvait s'attendre. « Il paraît que la même forme, le même sujet, les mêmes ornements ont été fréquemment répétés, car les amateurs qui ont fait comme l'inventaire de ces formes et de ces sujets ne comptent guère qu'une trentaine de pièces qu'on puisse caractériser par leurs formes, leurs sujets ou leurs ornements. » (1)

On sait encore qu'indépendamment des objets dont elles étaient ornées, ces pièces elles-mêmes affectaient des formes bizarres, imitations d'objets de la nature ou de l'art avec lesquelles elles n'avaient aucun rapport de destination ; c'étaient des navires, des fruits, des animaux, etc.

La faïence d'Henri II est remarquable par la perfection de ses formes et par le goût exquis qui a présidé à son invention. Le style n'a rien d'exagéré, les contours en sont souples, les ornements riches, sans surcharge, leur pâte est formée de terre de pipe « très-blanche et peu dure ; quelques figures d'animaux d'un jaune d'ocre extérieurement ont une pâte légèrement rosâtre. Les pièces sont minces et légères. (2) » Le vernis qui les recouvre est transparent, mince et un peu jaunâtre. Elles ont comme la *Majolica* des peintures plates, comme les faïences de Palissy elles ont des reliefs. Les ornements ne sont pas tracés au pinceau, mais imprimés soit superficiellement par l'opération du calcage, soit par incrustation, à l'aide de matrices et de rouleaux en relief (3).

Les grès-cérames de Flandre, de Hollande et d'Allemagne sont des poteries tout-à-fait dignes d'estime. « Les formes si variées, quelques-unes si étranges, mais toujours comme liées ensemble par un style particulier, la richesse d'ornements en relief et même des figures dont ils étaient couverts, les émaux de couleur dont ils étaient encore enrichis ne laissent point de doute sur leur double destination, comme vases à contenir des boissons et comme vases d'ornement (4). »

Les faïences de Delft sont « célèbres, non par leur singularité et leur rareté, mais par leur réelle perfection. Elles sont remarquables par la beauté de leur émail, qui n'est pas d'un blanc éclatant, mais qui, avec une nuance légèrement bleuâtre, présente un glacé et même une finesse qui permettent aux ornements en bleu et même en toute autre couleur qu'on y place, de conserver des couleurs nettes sans maigreur (5). »

(1) Brongniart, *Traité des Arts mécaniques.*
(2) Id., *Ibid.*
(3) Willemin et Pottier.
(4) Brongniart, *ubi sup.*
(5) Id., *Ibid.*

Enfin les faïences de Nevers se faisaient remarquer par leur légèreté, la grâce des formes et l'élégance du style.

Nous donnons sur notre planche 29 quelques spécimens de l'art céramique au XVIe siècle. Les figures 9, 10, 11, 16, 17, représentent des poteries copiées dans le musée de Cluny ; la figure 16 reproduit un plat de Bernard Palissy.

Nous avons parlé plus haut des grands portraits et des bas-reliefs historiques de Bernard Palissy. Ces travaux qui constituent une branche particulière des arts céramiques, la statuaire plastique, eurent une grande vogue et jetèrent un grand éclat pendant le XVIe siècle. C'est Luca della Robbia qui, le premier, imagina de modeler des statues en terre émaillée ; il produisit dans ce genre des œuvres très-remarquables, et les membres de sa famille que nous avons nommés y excellèrent à leur tour. Nous avons vu dans le chapitre précédent (page 76), comment Girolamo della Robbia fut chargé par François Ier d'orner de ses émaux les façades du château de Madrid et les tuyaux des cheminées. « Ce genre d'ornements, distribué avec goût dans les diverses parties de cette architecture, dit un artiste compétent, devait produire un effet vraiment merveilleux (1). » Nos artistes français ne laissèrent pas de cultiver aussi cette branche de l'art. Nous avons nommé Bernard Palissy, nous pouvons indiquer encore Germain Pilon, auquel on doit les statues en terre cuite d'un *Ecce homo*, d'un Christ au tombeau, d'un saint François ; toutes ces figures sont de grandeur naturelle.

ORFÈVRERIE.

A chaque article nouveau, il nous faut constater la révolution opérée au commencement du seizième siècle, les progrès accomplis, et l'influence de l'Italie. Nous avons vu combien les travaux d'orfèvrerie avaient été nombreux pendant le moyen-âge. Ils avaient donné lieu au développement d'ateliers célèbres sur le sol de la France ; mais, nous l'avons vu encore, le temps ne nous a conservé à peu près exclusivement que des objets consacrés au culte, et les modèles d'orfèvrerie civile nous manquent complètement. Il n'en est pas de même pour la Renaissance. Nous avons donné dans nos planches 24, 25 et 26, et nous avons décrit au chapitre des graveurs un assez grand nombre d'objets qui, s'ils n'ont pas été exécutés d'après les graveurs chez lesquels nous les avons pris, sont au moins les analogues de ceux que l'art de

(1) Alber. Lenoir et Vaudoyer.

l'orfévrerie livrait au luxe de ce temps. On peut juger par eux du style et des formes que la Renaissance affectionnait. Au commencement du XVIe siècle, les orfèvres de Paris formaient une école nombreuse, prospère, habile, qui jetait dans le commerce une grande quantité de grosse argenterie. Benvenuto Cellini, appelé par François Ier, vint deux fois dans notre pays, en 1537 et en 1550. Son premier voyage ne fut pas de longue durée; mais au second il séjourna parmi nous pendant plus de quatre années, et y exécuta pour François Ier de nombreux travaux qui donnèrent une nouvelle impulsion à l'orfévrerie française et firent école parmi nous. Les Courtais, les François Briot, les Jean Cousin, les Étienne de Laulne soutinrent dignement notre réputation. L'or, l'argent, le cuivre et l'étain reçurent mille formes diverses, quelquefois élégantes et irréprochables, comme les belles aiguières en étain de Jean Briot, quelquefois bizarres, à l'imitation des faïences de Palissy, mais toujours exécutées avec une grande perfection. Vers le commencement du XVIIe siècle, on en revint à un goût plus pur et plus sévère. Les mille accessoires qui chargeaient les pièces de vaisselle disparurent, l'imitation des animaux ou des objets naturels fut oubliée. Les faïences de Bernard Palissy d'ailleurs étaient déjà bien loin de la vogue qu'elles avaient obtenue; celles de Nevers ou de quelques autres fabriques n'avaient pas un mérite qui leur permît de trouver leur place sur les riches dressoirs ou sur les tables magnifiques des familles opulentes, la vaisselle plate alors se multiplia rapidement. « Les vieilles maisons l'avaient noire et bosselée; les neuves blanche, brillante, neuve et ornée à l'excès, quand elles ne se donnaient pas la peine, comme le conseiller d'État Sevin, de la faire rouler du haut en bas des escaliers pour contrefaire violemment l'action du temps et de l'usage (1). »

Pl. XXIX, Figures 12 et 13, vases en cuivre ciselé, tirés du musée de Cluny ; Figures 14 et 15, aiguière en étain et son bassin, par François Briot.

MOSAÏQUE, PEINTURE EN ÉMAIL.

L'art de la mosaïque ne fut jamais, comme nous l'avons vu, un art français : nous n'avons qu'un mot à en dire. Pendant le XVIe siècle, il continua d'être cultivé en Italie, surtout à Florence, et les beaux ouvrages sortis des mains des artistes italiens, vinrent souvent orner les demeures des hommes opulents de notre pays. Ces ouvrages on en connaît et le goût et le style. Il n'y aurait donc aucune crainte de

(1) Comte de Laborde.

commettre un anachronisme en plaçant, dans un appartement meublé à la mode du XVIe siècle, des tables ou d'autres objets en mosaïque.

La peinture en émail fut pratiquée en France, on peut le dire, avec éclat pendant la Renaissance, et elle y atteignit un très-haut degré de perfection (1). Nous avons déjà cité les terres émaillées de Girolamo Della Robbia qui formaient, sur la façade du palais de Madrid, un système de décoration si nouveau, si original et si gracieux. En retraçant la prospérité des arts céramiques dans les écoles italienne, française et allemande, nous avons encore nécessairement indiqué la perfection de l'émaillure qui y est si intimement liée. Nous nous contenterons de quelques paroles pour achever, et nous les emprunterons à un érudit plein d'exactitude et de soins. « Au XVIe siècle, l'art d'émailler prit une direction nouvelle et se plaça à côté de la peinture. On ajouta un fond d'émail blanc entre le métal et la couleur, et l'on put ainsi exposer l'objet au feu et le livrer à de nombreuses retouches. Les Limousin, les Courtais, les Raymond firent de véritables tableaux remarquables par la pureté du dessin et par l'harmonie des couleurs (2). »

TAPISSERIES. — TENTURES.

Les tapis que l'on tendait sur les murailles pendant le XVIe siècle, étaient un grand objet de luxe et un sujet de décoration plein de magnificence. Nous les tirions le plus souvent à grands frais de l'Orient et surtout de la Turquie, d'où ils nous venaient par les commerçants Italiens. De nombreux efforts furent faits par les souverains pour naturaliser chez nous cette grande industrie. Ils furent d'abord sans succès, mais enfin Henri IV fonda en 1597, dans la maison des Jésuites, une manufacture qui fut en 1608 transportée au Louvre, et devint en 1634 la fabrique de la Savonnerie à l'époque de son installation dans la maison de ce nom. La Savonnerie fabriquait de très beaux tapis veloutés, et aussi des imitations des tapis de Turquie et de Perse qui égalaient, si elles ne les dépassaient pas, les productions du Levant (3).

Toutefois, ces tapisseries si belles et d'une décoration si majestueuse étaient lourdes et incommodes; quand la vie devint plus facile et comme nous l'avons dit plus intime, on se fatigua de leur magnifique parure et l'on chercha quelque chose qui se prêtât mieux aux usages courants. On préféra

(1) Willemin et Pottier.
(2) Bourquelot. — *Patria*.
(3) Savary. — *Dictionnaire du Commerce*.

les étoffes de soie ou de velours, sur lesquelles on pût suspendre des tableaux ; on choisit aussi des couleurs plus agréables à l'œil ; Madame de Rambouillet fut la première qui s'avisa de faire tendre sa chambre de velours bleu ; on ne connaissait avant elle d'autre couleur que le rouge et le tanné, aussi sa *chambre bleue* devint célèbre. Celle de Madame Scarron était tapissée de damas jaune (1).

TABLETTERIE.—ÉBÉNISTERIE.—MENUISERIE.

Il nous reste un si grand nombre d'ouvrages de la tabletterie et de l'ébénisterie du XVIe siècle, qu'il nous semble inutile d'insister sur cet intéressant sujet. Il n'est personne qui ne connaisse parfaitement le soin et la perfection que les ouvriers de ce temps apportaient dans leur travail. Ils assemblaient ou sculptaient avec une égale recherche l'ivoire, le bois indigène et les bois étrangers. On employait encore souvent l'ébène, mais toutefois elle commençait à être abandonnée pour les bois plus éclatants que nous avait fait conquérir la découverte de l'Amérique, et bientôt elle allait disparaître.

Les lits comme on le sait étaient vastes au-delà de toute mesure ; ceux qui n'avaient que six pieds carrés n'étaient les petits, on les désignait dédaigneusement par un diminutif, c'étaient les *couchettes* ; mais les couches n'avaient pas moins de 8 pieds 1|2 sur 7 1|2, elles en avaient quelquefois 11 sur 10, ou 12 sur 11 (2).

La menuiserie, dans ce temps de patience, était poussée à un haut point de perfection. Nous en citerons quelques exemples, et d'abord la porte de la chapelle du château d'Anet. « Les panneaux en étaient découpés à jour, mais, toutefois, se fermant à volonté. Par ce moyen, les personnes placées à l'extérieur pouvaient prendre part au service divin. Cette porte, toute en bois de noyer richement sculpté et doré, était, sur sa face intérieure, entièrement incrustée des bois les plus rares et les plus beaux : l'acajou, l'amaranthe, l'ébène (3). » Nous pouvons citer encore les lambris de l'appartement de Henri II. « Ceux du Louvre sont si ingénieusement faits, qu'ils se démontent, se remontent, se plient, se replient pour ainsi dire comme une tenture de tapisserie (4). » On voyait, dans les appartements de cette époque, des parquets à compartiments, incrustés de bois précieux, et des plafonds qu'enrichissait tout le luxe de la sculpture.

Planche XXVIII, figure 1, lit, d'après une gravure de la bibliothèque royale ; n° 2, lit (fin du XVIe siècle), (tiré du musée de Cluny) ; n° 3, tabouret ; n° 4, siége à dais ou chaire (musée du Louvre) ; n° 6, fauteuil (*id.*) ; n° 7, chaise ; n° 5, banc d'œuvre (François Ier) ; n° 8, table en bois de noyer sculpté ; n°s 9, 10, coffres en bois sculptés ; n° 11, armoire à deux corps (fin du XVIe siècle) ; n° 12, coffre à pans coupés ; n° 13, coffre de mariage (depuis le n° 8, musée de Cluny).

Planche XXIX.— Figure 1, lit de l'époque de Louis XIII ; n° 4, meuble en ébène, dit Cabinet (musée du Louvre, époque de Henri II) ; n° 6, une table du temps de Louis XIII ; n° 7 et 8, une chaise et un fauteuil de la même époque (musée de Cluny.)

SERRURERIE.

L'art de la serrurerie fut aussi pratiqué pendant le XVIe siècle, avec un succès particulier et avec un éclat que, selon deux artistes éminents (1), nous pourrions avec peine égaler aujourd'hui. Il n'y avait pas alors d'ouvriers dans le monde qui sussent, mieux que les nôtres, mettre les métaux en œuvre (2), et la perfection du travail s'appliquait non-seulement à la plus grande utilité de l'ouvrage, mais aussi à sa plus grande beauté, car on ne concevait guère en ce temps un objet, si vulgaire qu'il fût et si humble qu'en fût l'usage, dépourvu de toute recherche et de toute élégance.

Les serrures affectaient quelquefois des formes monumentales : elles figuraient des colonnades, ou bien elles étaient ornées d'un grillage d'acier placé sur une étoffe de drap de couleur. Les clés surtout étaient travaillées avec un art et un soin infinis ; c'était, en quelque sorte, l'objet de prédilection des artisans de ce temps. C'étaient des objets d'art du plus grand mérite et du plus grand prix.

Nous pouvons nommer, parmi les plus célèbres serruriers de ce temps, Biscornette, qui trouva le secret de fondre le fer et qui mourut sans l'avoir révélé (3) : nous lui devons les portes de Notre-Dame de Paris, qui sont en fer fondu.

Pl. XXIX, Fig. 3 et 5, serrure et marteau de porte (XVIe siècle).

---

(1) Comte de La Borde.
(2) Sauval.
(3) Albert Lenoir et Vaudoyer.
(4) Monteil.— *Les Français des divers états*.

(1) Willemin et Pottier.
(2) Monteil.— *Les Français des divers états*.
(3) Sauval.

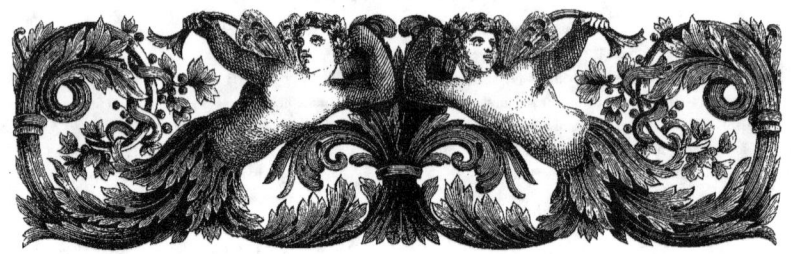

Ecole Moderne.

STYLES LOUIS XIV, LOUIS XV, LOUIS XVI, EMPIRE ET RESTAURATION.

Tableau chronologique des Règnes.

Louis XIV..............	1643 — 1715. —	XVIIe siècle.
Louis XV...............	1715 — 1774.	⎫
Louis XVI..............	1774 — 1792.	⎬ XVIIIe siècle.
Convention.............	1692 — 1795.	
Directoire.............	1795 — 1799.	⎭

Consulat...............	1799 — 1804.	⎫
Empire.................	1804 — 1815.	⎬
Louis XVIII............	1815 — 1824.	XIXe siècle.
Charles X..............	1824 — 1850.	⎭

PREMIÈRE PÉRIODE.

DEPUIS L'AVÈNEMENT DE LOUIS XIV JUSQU'A LA MORT DE LOUIS XVI.

LOUIS XIV.

ARCHITECTURE.

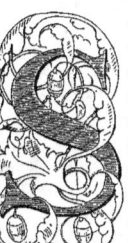

i l'onveut caractériser d'un mot l'architecture de ce grand siècle, il faut dire, il nous semble, que dans ses œuvres, empreintes d'un mérite que l'on ne saurait méconnaître, il a brillé par l'unité plutôt encore que par l'harmonie, par la pompe et par la magnificence plutôt encore que par la grandeur inséparable, selon nous, de la simplicité. A l'époque à laquelle nous sommes arrivés, les artistes avaient depuis longtemps oublié cette originalité féconde et cet esprit inventif qui distinguent si éminemment les maîtres de la Renaissance ; ceux-ci, comme nous l'avons vu, avaient cherché à s'inspirer de l'antiquité ; mais au milieu du puissant mouvement intellectuel, dans l'entraînement duquel ils vivaient, ils avaient naturellement gardé une physionomie particulière, ils avaient fondé un art qui, en plongeant ses racines dans le sol de la tradition, ne tenait cependant que de sa fécondité propre ses plus remarquables beautés, un art que l'on peut dire vraiment national. Les architectes de Louis XIV ne conservèrent pas une telle indépendance, et ils ne surent en aucune façon échapper à l'admiration passionnée et souvent fanatique que provoquaient dans les esprits les modèles laissés par l'antiquité. Aussi ils ne se contentèrent plus d'y chercher une inspiration en quelque façon fécondante, et par l'étude approfondie des procédés antiques, de trouver, pour notre temps et pour nos mœurs, des procédés analogues qui leur convinssent, comme les autres s'appliquaient aux idées des anciens ; ils se bornèrent, dans leur enthousiasme stérile, à une imitation plus directe, et cherchèrent à transporter parmi nous les formes mêmes adoptées par les artistes de l'antiquité, et pour construire un édifice, Blondel lui-même nous apprend le secret de ce temps, à l'exemple du sculpteur qui, pour créer une statue parfaite, empruntait quelque charme à chacune des femmes qui passaient devant lui, on allait chercher dans les monuments anciens des parties admirées, que l'on raccordait avec plus ou moins d'art. Idée malheureuse, et qui, si elle pouvait produire à sa naissance des œuvres estimables, devait enfanter, par la suite, de si tristes résultats. L'antiquité, d'ailleurs, était mal étudiée à cette époque ; on avait plutôt la volonté de l'imiter, qu'on n'en avait la puissance, et l'on était loin d'en comprendre la véritable grandeur et l'exquise pureté. On aimait son ampleur, mais on la trouvait et trop grave et trop nue ; on lui voulait plus d'opulence et l'on ne craignait pas de la charger d'ornements d'un goût recherché, à l'aide desquels on croyait la perfectionner. Si bien que ce siècle, qui se posait à lui-même l'imitation pour règle, eut l'étrange malheur, par une contradiction bizarre, de gâter ce qu'il imitait.

Ce principe, d'ailleurs, appliqué avec tant de génie dans les autres branches de nos connaissances, avait, pour l'architecture, des inconvénients particuliers. Dans les arts abstraits, qui s'adressent uniquement à l'esprit et qui n'ont que la beauté pour objet, on peut emprunter peut-être à des traditions étrangères les types d'une beauté absolue ; mais les ouvrages de l'architecture, créés pour nos besoins plutôt encore que pour notre admiration, doivent scrupuleusement se plier à nos mœurs, à nos habitudes, à la nature des matériaux qui sont mis à la disposition des artistes, sous peine de produire entre les édifices et leur destination une disparate intolérable et ridicule. C'est ce qui trop souvent arriva à l'époque dont nous parlons. Aussi une pensée frappe quand on examine les monuments qu'elle nous a laissés. Dans ce temps, où le bon sens s'élève jusqu'aux proportions du génie, où la philosophie, les sciences, les lettres, préservées des écarts désordonnés de l'imagination par les inspirations d'une invincible sagesse, gardent dans tous leurs ouvrages une si noble mesure, un si ferme maintien, une simplicité si grave, une vue si claire du but qu'il faut atteindre et une route si droite pour y arriver, l'architecture seule manque de bon sens : sacrifiant tout à l'extérieur, à la magnificence du coup-d'œil, elle ne tient aucun compte ni des besoins qu'elle doit satisfaire, ni des moyens qu'elle a d'y pourvoir; et loin de chercher des formes qui s'appliquent au programme donné, elle brise son programme, elle le torture pour l'assouplir à des formes extérieures conçues d'avance, à *priori*, et en dehors de l'utilité qu'on cherche. Si elle fait un observatoire, elle élève un monument grave et d'une belle physionomie, mais elle repousse les avis de l'astronome célèbre qui veut diriger son inspiration, son édifice est impropre à l'objet qu'on se proposait, et il faut construire à côté l'observatoire véritable. Montée toujours au niveau de l'épopée, le sens pratique lui manque. Partout elle transporte le temple antique avec ses vastes colonnades, et la colonne, ainsi prodiguée hors de propos, en désaccord par sa solennité avec notre vie pratique et l'utilité plus humble de nos édifices, produit une fatigante monotonie; partout elle répète dans ses monuments la même ordonnance, où rien n'est en proportion avec notre taille; c'est-à-dire, « un étage richement décoré s'élevant au-dessus d'un soubassement (1) » qui donne ainsi des dimensions colossales à des édifices qui, destinés à notre usage, doivent rester en rapport avec nous.

Cette architecture ne se contente pas de négliger les conditions d'utilité qu'elle devrait respecter, elle méconnaît les lois qui lui sont imposées par la nature des matériaux qu'elle emploie, et dans sa construction factice, où la réalité est toujours cachée sous une menteuse apparence, elle emploie sans scrupule les subterfuges, les moyens cachés, les armatures, pour faire croire ce qui n'existe pas et pour soutenir des édifices qui s'écrouleraient à l'instant s'ils n'avaient d'autres appuis que ceux qu'ils paraissent avoir. Ainsi, pour but unique, la magnificence emphatique de l'aspect; pour moyen, le mépris des conditions imposées à l'édifice par son objet, le mensonge dans les artifices de la construction, tels sont en trois mots les caractères de l'architecture sous le règne de Louis XIV et sous les régimes qui l'ont suivi jusqu'à nos jours, disons-le tout de suite pour n'avoir plus à y revenir. Pour résultat enfin un aspect magnifique qui n'est pas certainement sans grandeur, mais froid et monotone, et qui presque toujours en désaccord avec l'objet qu'on se propose, fatigue le regard plutôt qu'il ne le charme. « Les façades extérieures semblaient être considérées comme de grandes enveloppes dans lesquelles on pouvait renfermer plus ou moins bien tel ou tel établissement public, pourvu que la physionomie générale fût pompeuse et solennelle (1). »

L'espace dont nous pouvons disposer ne nous permet pas d'examiner un à un les nombreux monuments que le règne de Louis XIV vit élever. Nous nous contenterons d'appeler en quelques mots l'attention du lecteur sur les trois principaux qui sont incontestablement la colonnade du Louvre, le château de Versailles et les Invalides.

Louis XIV et Colbert n'étaient pas hommes à laisser inachevée l'habitation des rois. Les travaux du Louvre furent repris en 1660. Levau en fut d'abord chargé, mais ses projets ne plurent pas au maître, et l'on institua pour leur exécution un concours « certainement le premier qui fut ouvert en France pour l'exécution d'un monument public (2). » Claude Perrault l'emporta, mais Bernin jouissait alors en Italie d'une réputation qui s'était rapidement répandue dans toute l'Europe, et le roi l'appela pour finir le Louvre. L'artiste étranger, un peu enivré de gloire, arriva en France avec un grand fracas, mais l'enthousiasme qu'il avait excité baissa quand on le vit à l'œuvre, on le congédia poliment, chargé de dons et de caresses, et le projet de Claude Perrault fut repris en 1665. C'est celui que nous voyons aujourd'hui exécuté. La colonnade du Louvre a été depuis cent ans, on peut le dire, l'objet d'une admiration européenne. Considérée comme une huitième merveille du monde, elle a exercé sur les destinées de l'art une influence tyrannique et dont on ressent encore aujourd'hui les effets. C'est elle qui a inspiré à peu près tous les grands édifices qui l'ont suivie, depuis le Garde-Meuble jusqu'à la Madeleine: c'est elle qui a jeté les bases de l'art moderne, et c'est à peine si aujourd'hui même nous parvenons à nous dégager des étreintes de cette tradition. Nous n'avons pas besoin de dire qu'une telle gloire

(1) Albert Lenoir et Vaudoyer.

(1) Albert Lenoir et Vaudoyer.
(2) Albert Lenoir et Vaudoyer.

dépasse de beaucoup le véritable mérite de ce monument. Il serait injuste toutefois de ne pas lui accorder une haute estime. On ne saurait lui contester ce caractère de noblesse, de grandeur et de majesté qui frappe au premier regard, mais il a donné lieu à de nombreuses et justes critiques. On a blâmé ces colonnes énormes et accouplées sans raison, ce parti pris en désaccord avec les convenances d'une habitation même royale, cette pompe affectée qui dépasse son objet, la froideur extrême du soubassement qui forme un contraste désagréable avec l'extrême richesse de l'étage supérieur, et enfin le peu de soin apporté dans l'exécution des détails.

Versailles parut être pendant ce règne magnifique l'objet de toutes les complaisances du grand roi, et il a acquis à son tour une réputation singulière qui semble être le glorieux privilége de toutes les œuvres de ce temps. Pour Versailles comme pour la colonnade du Louvre, plus encore peut-être, on a porté l'éloge jusqu'à l'exagération. Levau le commença, il fut achevé par J. Hardouin Mansard, le plus célèbre architecte de ce temps, celui qui a exercé la plus grande influence sur l'art de son siècle. Si nous considérons seulement la disposition extérieure et architecturale de ce château, nous ne pouvons pas pour notre compte le tenir en haute estime. Nous donnons Pl. XXX, Fig. 2, le pavillon du milieu sur la façade des jardins, c'est encore la même froideur solennelle dans le rez-de-chaussée en forme de soubassement, le même abus des colonnes dans le premier étage, et les détails sont d'une conception mauvaise et d'une exécution vicieuse. Il est impossible d'ailleurs de juger de l'ensemble de ce château par la partie fort peu considérable que nous en offrons, mais si l'on imagine cette construction sans hauteur et sans comble se répétant sur une longueur excessive et formant une immense façade régulière et monotone, dans laquelle un corps central avancé produit une disposition bizarre sans introduire la variété, on se rendra peut-être compte de l'effet défectueux qui résulte de l'aspect de tout l'édifice ; la façade du côté de la ville toutefois, dans laquelle on a trouvé le moyen d'utiliser le pavillon de Louis XIII, a plus de variété dans les lignes et plus de charme. Les dispositions de palais, d'ailleurs, ne sont ni commodes ni bien conçues, et la chapelle seule mérite des éloges à peu près sans restrictions. « C'est peut-être de tous les édifices religieux du XVIIe siècle celui dans lequel, à l'aide des éléments de l'architecture antique, on ait le mieux réussi à produire un effet vraiment imposant. » (1) Et toutefois,

(1) Albert Lenoir et Vaudoyer.

malgré tant de défauts qui rendent le château de Versailles indigne de l'admiration qu'il a pendant si longtemps usurpée, ce château dans son ensemble, cette ville tout entière dans laquelle Louis XIV engloutit 87 millions et demi ou plus de 169 millions de notre monnaie, qui semble un seul monument, et qui offre le seul exemple d'une cité née le même jour, d'une seule pensée et comme d'un seul jet, présente au milieu de sa tristesse je ne sais quoi de grandiose qui saisit l'esprit et l'émeut. C'est en quelque sorte le symbole matériel de l'unité de ce grand règne.

Enfin on trouvera sur notre Pl. XXX, Fig. 1, une élévation du dôme des Invalides, dû à Hardouin Mansard, successeur de Liberal Bruant dans la construction de l'édifice. On y retrouve le luxe et la majesté communs aux ouvrages de ce temps ; c'est une grande idée recouverte d'une grande forme. « Le dôme des Invalides, disent nos guides habituels, s'éloigne de la forme sphérique et ne produit pas un heureux effet ; on ne saurait non plus admettre ces trois coupoles les unes au-dessus des autres dont deux en pierre et l'autre en charpente. Ce système de construction, qui était adopté alors, nous paraît contraire aux vrais principes de l'art (1). »

Quelqu'importance, toutefois, qu'il faille accorder aux grands édifices du siècle de Louis XIV, ce n'est pas là que se développe la plus grande activité de l'art dont nous nous occupons. Ce qui doit surtout attirer l'attention et ce qui nous touche de plus près, c'est la quantité incroyable de constructions particulières, d'hôtels dans la ville et de châteaux dans la campagne, qui s'élevèrent pendant toute la durée de ce règne. Nous avons vu plus haut comment madame la marquise de Rambouillet introduisait une révolution favorable dans la distribution des habitations privées, et comment elle substitua à l'opulente misère des temps anciens un luxe mieux calculé et plus approprié à notre bien-être. Nous nous rappelons qu'elle trouva bien vite d'illustres imitateurs. Après Richelieu et la reine-mère, Mazarin, habitué à tout le faste de l'Italie, fit élever dans la rue Richelieu le magnifique hôtel où est situé aujourd'hui la Bibliothèque, et dans lequel, rassemblant tous les prestiges de l'élégance et du bon goût, il donna à la cour de France un spectacle qu'il ne lui avait pas encore été permis d'admirer. « Tout le monde, dit Sauval en parlant de cet hôtel, y remarque une certaine grandeur qu'il avait apportée d'Italie et qui n'est point encore entrée dans les maisons particulières, non pas

(1) Albert Lenoir et Vaudoyer.

même dans les royales ; ce palais est une des merveilles de Paris et de la France. » Le luxe ainsi excité par l'émulation que faisait naître entre des seigneurs opulents le désir de briller et d'occuper la ville de leur bon goût et de leurs fêtes, favorisé d'ailleurs par un maître fastueux auquel chacun voulait plaire à tout prix, le luxe bientôt ne connut plus de bornes. Fouquet, le célèbre surintendant accumulait dans ses demeures de Vaux, de Saint-Mandé, de Bellisle et de Paris tout ce que les arts contemporains pouvaient lui fournir de jouissances et de parure, et consacrait en folles dépenses plus de 50 millions de notre monnaie. Entre les années 1645 et 1670, l'île Notre-Dame s'emplissait de ces beaux et brillants hôtels, parmi lesquels on peut citer comme les plus fameux l'hôtel Pimodan et l'hôtel Lambert; François Mansard élevait pour le président René de Longueil, à quelques lieues de Paris, le beau château de Maisons, « de toutes les œuvres de ce grand architecte, celle qui a réuni le plus de suffrages » (1). Enfin Sauval pouvait dire dans son mâle et pittoresque langage : « Il n'y a pas quinze ans que nous regardions les hôtels de Soissons, de Lesdiguières, de Chevreuse, de Guéméné, de Chaulnes, de Sully, de Liancourt, d'Effiat, d'Aumont, de Saint-Paul, de Jears, le Petit Luxembourg, et tout de même, les maisons de Hesselin, de Deshameaux, d'Astry, de Lambert et autres, comme les derniers efforts du luxe; à peine maintenant ose-t-on les comparer à celles de Fontenai ou d'Aubert', qu'on appelle l'hôtel Sallé, non plus qu'au logis d'Amelot de Bisseuil, qui étincelle d'or et d'azur de toutes parts, et à ceux de Lionne, secrétaire d'État, de la Bazinière, de Beauvais, de Desbordes, de Ruart, des deux Guénégault, des deux Monnerots et de plusieurs autres avortons de fortune que les concessions et le brigandage ont comblés de biens ; et cependant ce n'est rien pour ainsi dire au prix de ce qui se voit d'eux à la campagne.»

Nous ne pouvons avoir la prétention de décrire, même en courant, toutes ces somptueuses habitations, qui ont été d'ailleurs reproduites presque toutes dans des recueils du temps auxquels on pourra recourir; qu'il nous suffise de dire que les architectes y avaient apporté des améliorations nombreuses; la distribution générale en était toujours de plus en plus commode, l'apparence extérieure devenait tous les jours plus magnifique et plus agréable, la gravité sombre des anciens temps cédait la place à une physionomie en quelque sorte plus attrayante et plus ouverte ; la porte d'entrée se

(1) Albert Lenoir et Vaudoyer.

chargeait souvent d'une architecture somptueuse, et attirait principalement les regards. Lister, voyageur anglais, qui à cette époque visitait Paris, en fait la remarque avec étonnement. Nous devons encore noter ici une innovation qui remonte à l'année 1657, et dont l'hôtel de Beauvais, rue Saint-Antoine, fut le théâtre. Jusqu'alors, comme nous l'avons vu, les hôtels étaient séparés de la rue par une vaste cour et par des constructions en avant-corps. Déjà depuis quelque temps les opulents propriétaires, tentés par l'appât du gain, avaient accordé dans ces constructions avancées l'hospitalité à l'industrie et au commerce ; l'hôtel de Beauvais fut le premier qui abandonna sa grave solitude pour se placer sur la rue à la portée du bruit et des passants, et qui, sans crainte de déroger, consentit à ouvrir quatre boutiques au rez-de-chaussée du corps de bâtiments qu'habitaient les maîtres eux-mêmes. (1) Il n'est pas sans intérêt d'assister à ce premier pas que devaient faire les unes vers les autres, les mœurs aristocratiques et les mœurs industrielles.

Nous joindrons, selon notre coutume, aux notions générales la liste des principaux édifices élevés sous le règne de Louis XIV.

— Façade du Louvre, architecte, Claude Perrault.—1665.
— Observatoire royal.—Perrault.—1667, 1672.
— Invalides.—Libéral Bruant, et pour le dôme, J. Hardouin Mansard, 1671.
— Versailles. — Levau, 1661. — J. Hardouin Mansard, 1670. — Chapelle, 1699, 1710. C'est le dernier ouvrage de Mansard.
— Trianon.— Mansard, 1683.
— Marly, id.— Château de Clagny, id.— Place Vendôme, id., 1699.— Place des Victoires, id.
— Château de Maisons. — François Mansard, 1657. — Hôtels-de-Ville de Troyes et d'Arles, par le même.— Portail des Minimes de la Place Royale, par le même. — C'est par erreur qu'on a attribué à cet architecte l'invention d'une sorte de construction qui a reçu son nom et qu'on appelle mansarde ; on trouve des *mansardes* dans le château d'Ecouen.
— Hôpital Général de la Salpétrière.— Liberal Bruant.
— Achèvement du château des Tuileries. — Levau et Dorbay.
— Porte Saint-Denis. — Architecte, Blondel, 1673.
— Porte Saint-Martin.— Bullet, élève de Blondel, 1674.

(1) De Laborde.

ORNEMENTATION ET MAITRES GRAVEURS.

Nous avons déjà trouvé la preuve, dans un passage de Sauval, cité plus haut, que les riches du temps dont nous nous occupons n'épargnaient rien pour introduire dans leurs demeures toutes les somptuosités du plus grand luxe. Aussi rien n'est plus magnifique et plus noble que les décorations intérieures pendant le XVIIe siècle. Les matières les plus précieuses y sont employées avec profusion : l'or, le bronze, les marbres de toutes couleurs y brillent de toutes parts; on sent, dans cette ornementation luxuriante, une verve puissante, une imagination féconde qui approche du génie; l'ensemble est imposant par sa majesté, par son unité surtout, il étonne, il éblouit, mais il ne charme pas. En effet, si la matière est précieuse, si cette parure est pleine de richesse et d'abondance, la grace des formes, la précision des contours, le bon goût de l'agencement, la sobriété lui font défaut, les formes sont molles, capricieuses, bizarres, contournées, les détails trop nombreux surchargent les objets qu'ils devraient embellir et fatiguent le regard. Comme nous l'avons dit déjà, on croit imiter et perfectionner les beaux modèles de l'antiquité, on ne fait que les défigurer. MM. Evrard et Chambray ont parfaitement dépeint ce luxe excessif et cette confusion regrettable, et nous voulons citer d'eux quelques lignes qui caractérisent bien l'ornementation de leur époque. Ces hommes habiles, franchement admirateurs de l'antiquité, s'efforçaient de ramener leurs contemporains à sa noble et grande simplicité; ils voulaient qu'on l'étudiât dans son sanctuaire, au milieu des beaux modèles qu'elle nous a laissés, et non dans les interprétations, souvent si vicieuses, des artistes de la Renaissance.

« Maintenant, disent-ils en parlant d'un autel du Panthéon dont ils cherchent à faire ressortir les beautés, c'est comme une mode ou plutôt comme une manie universelle, de n'estimer beau que ce qui est tout rempli et surchargé d'ornements de toutes sortes, sans choix, sans discrétion et sans convenance, ni à l'ouvrage ni au sujet, tellement que cette composition d'autel sera estimée très-pauvre au jugement de nos petits maîtres, qui, pour l'enrichir, au lieu que le frontispice n'est soutenu que d'une colonne à chaque côté, y en feroient une pile de quatre ou six à chaque côté et peut-être davantage, avec deux ou trois ressautements de moulures de la corniche, afin de rompre la suite et l'alignement des membres dont la régularité leur est ennuyeuse. Ce seroit aussi pour eux trop peu d'un fronton, ils y en ajoutent deux assez souvent et quelquefois trois tous l'un sur l'autre; ils n'estiment pas encore qu'un fronton soit beau s'il n'est brisé et lambrequiné de quelqu'écusson ou bien d'un cartouche. Les colonnes mêmes, qui sont le soutien des ordres, ne sont pas plus épargnées que le reste; on les contrefait non-seulement en leurs chapiteaux et en leurs bases, mais encore dans leur fût; car maintenant c'est un trait de maître de faire une tige de colonne torse ou entortillée d'anneaux ou de quelques ligatures capricieuses qui les font paraître remastiquées et restaurées. Enfin, on peut dire que la pauvre architecture est maltraitée, mais il ne faut pas en imputer le plus grand reproche à nos anciens François, car les Italiens sont maintenant encore plus licencieux et font bien voir que Rome a présentement ses modernes aussi bien que ses antiques. » Ce passage, écrit par des hommes d'un goût assez pur, nous initie assez vivement, il nous semble, aux procédés de décoration du XVIIe siècle.

Plus loin, ils nous apprennent ce qu'étaient devenus les ordres antiques, en déplorant le sans-façon avec lequel les traitait l'imagination des artistes de leur temps : c'est encore une note utile pour nous et qui répond à notre objet. « C'est, disent-ils, le mauvais génie de l'art qui s'est venu introduire entre les ordres sous le nom de composite et à la faveur de l'ignorance et de la présomption de je ne sais quels petits nouveaux architectes qui en ont fait leur marotte, et l'ont habillé en tant de modes bizarres et capricieuses, qu'il est devenu une chimère et comme un Prothée qu'on ne sauroit avoir arrêté sous aucune forme...... Il seroit donc, à mon avis, nécessaire, pour le bien de l'art et pour l'honneur de l'architecture, d'étouffer ce monstre..... La réunion de l'ordre toscan avec un ordre grec est d'une importance fort petite en comparaison de la licence effrénée qui règne aujourd'hui parmi nos compositeurs de composite, laquelle ne change pas seulement le rang des ordres, mais va renversant tous les principes et sapant tous les fondements de la vraie architecture, pour en introduire une nouvelle tramontaine plus barbare et moins plaisante que la gothique. »

Nous ne trouvons pas ces paroles trop sévères, si l'on se place comme font nos auteurs au point de vue de la véritable grandeur, de la simplicité des formes et du bon goût; toutefois nous le répétons, on doit tenir compte à cette époque, de sa fécondité, de sa magnificence un peu fastueuse et du grand air qu'on retrouve dans toutes ses créations. Les décorations intérieures du château de Versailles resteront toujours comme un modèle qu'à de certains égards on n'a jamais dépassé.

Un autre élément inconnu jusque-là relevait le luxe décoratif de ce temps. Nous voulons parler du goût qui s'introduisit vers le commencement du siècle des collections d'objets d'art et de curiosités de toutes sortes. Nous avons dit déjà comment Richelieu, le premier sans doute, rassembla dans son palais des portraits qui n'avaient pour lui d'autre mérite que celui de leur perfection. Ce luxe presque royal lui avait été inspiré par Mazarin, élevé dans les habitudes italiennes; il trouva des imitateurs. On cita bientôt les galeries de Mazarin, de Bussy-Rabutin, de Brienne, de Fouquet, de Scarron et de quelques autres ; le premier rassembla encore dans une salle de son hôtel, pour les plaisirs d'une cour étonnée et ravie, les chefs-d'œuvre de la sculpture antique ou moderne : « les François, dit un auteur du temps, auroient méprisé toujours ces idoles, mais ce pompeux cardinal les a rendues chères en leur faisant bailler de l'or pour avoir des pierres taillées. » Ce goût se répandit bien vite, on accumula autour de soi non seulement des tableaux ou des statues, mais toutes sortes de curiosités achetées à grands frais, et dont le brocantage même commença dès-lors à s'emparer. Les tables et les buffets de Florence, les ouvrages de mosaïque, les chefs-d'œuvre d'orfèvrerie, les cabinets de la Chine, les meubles d'écaille et d'ébène, formèrent de chaque hôtel opulent, comme un petit musée que les étrangers et le public étaient conviés à visiter. Louis XIV avait formé un musée de ce genre dans la galerie des glaces à Versailles. Quelquefois même le maître de la maison exigeait à la porte un tribut des curieux attirés par son luxe. (1) On voit que l'amour des collections et le goût intelligent des arts, qui dégénère parfois en manie de bric à brac, ne date pas d'aujourd'hui ; c'est une indication essentielle pour ceux qui s'occupent de la décoration des appartements.

Nous donnons dans notre Planche XXX quelques modèles de décoration du style Louis XIV ; les intérieurs assez bien conservés de ce temps sont encore trop nombreux, et les figures d'ensemble qui en ont été faites, trop faciles à se procurer pour que nous y insistions longuement.

La fig. 3 est le dessin du baldaquin du maître-autel dans la chapelle des Invalides, elle justifie bien les remarques critiques de MM. Errard et Chambray.

Fig. 4, 5, 6, 7, détails de sculpture pris dans l'hôtel des Invalides.

(1) De Laborde.

Fig. 8. Panneau dans le grand escalier du château de Versailles. Cette composition, sans aucun doute, a de l'ampleur et de la majesté.

La lanterne qui surmonte la chapelle manque d'élégance et de légèreté; il suffit de la comparer à la lanterne du château de Chambord, pour apprécier toute la distance qui sépare ces deux arts.

Les graveurs du XVIIe siècle, comme ceux de la Renaissance, nous ont laissé une immense quantité de modèles, qu'ils livraient à l'industrie ou dont ils composaient des recueils, mais qui sont dans tous les cas des documents précieux pour l'histoire des arts en ce temps ; nous allons constater en quelques mots la manière des principaux maîtres.

La Planche XXXI est consacrée tout entière à Jean Lepautre, architecte, dessinateur et graveur à l'eau-forte, qui naquit à Paris, en 1617, et mourut en 1682. Nous n'avons pas à nous arrêter à chacune de ces figures ; elles justifient les réflexions générales que nous avons présentées au lecteur, ou plutôt ces réflexions étaient le résultat de leur étude. Force, puissance, fécondité, mais en même temps, lourdeur, confusion, manque d'élégance, surcharge de détails, tels sont les traits qui les caractérisent. On appréciera facilement et ces qualités et ces défauts, si l'on prend la peine de comparer un instant cette planche avec celle que nous avons donnée des graveurs de la Renaissance. On remarquera toutefois les vases 13, 14 et 15 ; toujours un peu lourds ils ne sont pas dépourvus de souplesse, la composition en est harmonieuse et heureusement conçue.

Les treize premières figures de la Planche XXXII appartiennent à l'œuvre de Jean Berain, dessinateur des menus plaisirs du Roi, né en 1636, mort en 1711, et l'un des artistes les plus célèbres de son temps. Son œuvre se compose de plus de 400 pièces d'ornements et ne justifie pas, il nous semble, le grand crédit dont il a joui. On y peut reprendre un peu de maigreur et de sécheresse, et si les ornements sont moins chargés de détails, ce n'est pas, il nous semble, au profit de l'élégance et de la grâce. Le mauvais goût des quatre chapiteaux que nous avons choisis n'échappera à personne.

Les numéros 14 à 21 sont de Daniel Marot, architecte de Guillaume III, né vers 1650. Son recueil forme un volume in-f° ; nous n'avons rien à dire en vérité des figures qu'il contient, et dont nous donnons un spécimen, si ce n'est qu'on peut y trouver, sinon de bons modèles, au moins des échantillons de l'ornementation de Louis XIV.

LOUIS XV.

Architecture.

Quand nous avons placé dans un même chapitre et sous le titre commun d'*École moderne*, les notions sommaires que nous voulions fournir au lecteur sur l'état des arts depuis le règne de Louis XIV jusqu'à nos jours, nous avons suffisamment indiqué que, selon nous, quelles que transformations de détail qu'aient éprouvées ces arts pendant cette longue et active période, ils ont toujours été inspirés par un même principe et par les mêmes vues générales, et ne diffèrent entr'eux que comme les espèces diverses d'une même famille. Dans l'examen que nous avons fait de l'architecture gothique, ou de celle de la Renaissance, nous avons trouvé aussi des dissemblances frappantes aux nombreuses phases de ces périodes célèbres, dissemblances plus dignes de remarque peut-être et plus fondamentales que celles que nous pourrons constater entre les produits de l'art qui se rattachent aux différents règnes de notre dernière époque; et cependant l'ère gothique et l'ère de la Renaissance, malgré leurs développements continuels, sont enfermées sous le même nom; de même il nous a semblé qu'un nom commun convenait à l'ère moderne. Peut-être le temps où nous vivons, caractérisé surtout par l'absence de conviction arrêtée et universelle, et par son eclecticisme intelligent, ouvrira-t-il une période nouvelle, et comme de transition, mais cette évolution encore inachevée et sur laquelle nous n'aurons par conséquent que bien peu de mots à dire, ne pouvait pas faire pour nous l'objet d'une division spéciale. Toutefois, pour nous conformer à l'usage et pour satisfaire au besoin de plus grande précision qu'on éprouve, quand il s'agit de décrire des faits plus rapprochés du lecteur, nous avons consacré une notice spéciale à chacun des règnes qui forment notre dernière période.

Nous aurons peu de mots à dire du règne de Louis XV; nous avons fait connaître dans l'article précédent les caractères généraux des beaux-arts, qui persistent pendant toute sa durée; ses différences ne s'établissent que sur des détails.

Pendant les premières années du dix-huitième siècle, d'ailleurs, le goût s'affaiblit et se corrompit; les architectes se divisèrent et suivirent deux routes opposées, qui ne peuvent ni l'une ni l'autre être absolument approuvées.

Dans l'architecture monumentale, et en quelque façon officielle, les artistes graves, consciencieux, nourris de bonnes études, et portant très-haut le respect de leur art, mais plus recommandables par leurs bonnes intentions que par la puissance de leur génie, défendirent courageusement les doctrines de l'âge qui venait de s'écouler; ils soutinrent avec persévérance la cause de la *grande architecture*, mais leurs œuvres solennelles et pompeuses comme celles de leurs maîtres, sont empreintes d'une certaine sécheresse, d'une froideur plus pénible encore, et en ont l'emphase, sans en atteindre le grandiose. Comme dans tous les arts qui se posent l'imitation pour principe, l'esprit d'invention, le sens des convenances et l'intelligence des besoins véritables vont en s'amoindrissant, et le travail de l'artiste se réduit de plus en plus à l'application de certaines formules convenues.

L'autre école, obéissant à une inspiration contraire, procédait directement de la philosophie sensualiste et désordonnée de ce temps. On ne trouve chez elle ni grandeur, ni élévation dans les vues; l'art, entre ses mains, perd de sa majesté, et oubliant les nobles aspirations vers le beau absolu, s'abaisse à la seule recherche de l'agréable, et n'ambitionne plus d'autre résultat que de distraire et d'égayer le regard; mais on ne peut refuser à cette école une imagination singulière et une grande habileté pour se prêter aux goûts et aux instincts de la société au milieu de laquelle elle se développait. Ce n'est pas l'originalité qui lui manque, bien plutôt elle la porte jusqu'à la bizarrerie. C'est dans les hôtels du faubourg Saint-Germain, c'est dans une multitude d'habitations particulières, qu'elle verse à flots sa verve inépuisable. Ce qui la préoccupe surtout, c'est la recherche du bien être; aussi nous la voyons obéir avec une habileté merveilleuse, avec une souplesse de génie incroyable au programme si compliqué que lui imposait une société polie à l'excès, pleine de mille délicatesses, assiégée par les besoins infinis d'une civilisation poussée jusqu'à la corruption, se prêter à ces mœurs si élégantes, si recherchées, fournir aux exigences multiples de cette société si molle et si avide de jouissances, tous les moyens de se développer à l'aise et de s'allanguir dans une quiétude enivrante que le pli de la feuille de rose ne puisse pas troubler; tel est le but de toute sa sollicitude; et de tant d'efforts secondés par tant d'esprit, résultent, comme un enchantement nouveau, le meilleur système de distribution, les dispositions les plus favorables à la vie élégante et douce qu'on ait jamais pu concevoir, dispositions que nous ne savons aujourd'hui qu'imiter.

Les principaux édifices construits sous le règne de Louis XV, sont les suivants :

Place Louis XV. — 1763. Le monument du garde-meuble dont nous donnons un pavillon dans la figure 1 de notre planche XXXIV, est certainement un des plus remarquables de Paris. Inspiré visiblement par la colonnade du Louvre, il la dépasse à certains égards. Cet édifice est de l'architecte Gabriel.

Ecole Militaire, 1752, par le même. — Salle du théâtre de Versaille, 1770, par le même ; édifice remarquable à la fois par sa disposition et par le système de sa décoration. — Château de Compiègne, par le même.

L'église de Saint-Sulpice commencée en 1646, continuée en 1718 par Oppenord, achevée, sauf la d euxième tour, par Servandoni qui éleva la façade (1733). Ce monument gigantesque, qui n'emprunte son caractère de grandeur qu'à l'énormité de sa masse, nous paraît caractériser parfaitement le genre faux, exagéré et froid de cette époque.

Sainte-Geneviève, 1757, par Soufflot.

Tous ces édifices appartiennent à la première école que nous avons cherché à définir.

Nous n'avons pas l'intention de citer l'immense quantité d'hôtels et d'habitations particulières qui se rattachent à la seconde ; qu'il nous suffise de mentionner la fontaine de la rue de Grenelle, type du mauvais goût de ce temps, alliage de la plus pure antiquité et des détails les plus capricieux du genre dominant (1) ; et le couvent des Dames de Saint-Chaumont dont nous donnons la porte d'entrée dans la figure 2 de notre planche XXXIV.

ORNEMENTATION ET MAITRES GRAVEURS.

Le style décoratif de ce temps est resté trop célèbre parmi nous par la bizarrerie et la complication de ses formes, par le mauvais goût qui l'inspirait et au service duquel se sont mis pendant si longtemps tant d'esprit et tant d'invention, il est trop connu d'ailleurs par les imitations que nous a commandées dans ces derniers temps la mode capricieuse, pour que nous insistions beaucoup sur sa description. C'est lui surtout qui semble être la conséquence d'une philosophie légère et sensuelle qui obéit à tous les caprices, qui répond par la dépra-

(1) Vaudoyer. — *Patria*.

vation du goût à la dissolution des mœurs, qui ne hait rien tant que l'ordre, l'harmonie, la sévérité des lignes, la simplicité des formes, la sobriété des détails, et qui semble se proposer pour but unique, par la multiplicité des objets qu'il fait chatoyer sous nos yeux, dont il éblouit nos regards, par le jaillissement insensé de tant d'inépuisables fantaisies, de distraire une société blasée et de placer sous sa vue un perpétuel kaléidoscope.

Notre planche XXXIV renferme, depuis le numéro 3 jusqu'au numéro 15, des motifs de sculpture pris sur différentes maisons de Paris.

La planche XXXV tout entière est consacrée aux ornements dans le même style que nous ont laissés les graveurs. On y trouve, quoi qu'on en ait et malgré la critique que mérite ce faux goût, un charme indéfinissable, quelque chose de riant et une heureuse mollesse qui produisent un plaisir tout sensuel, mais incontestable.

Le n° 1 est de J. de la Joue, né à Paris en 1698.

Les n°s 2, 3, 8 appartiennent à Juste Aurel Messonnier, né en 1695, mort en 1750, auteur d'un recueil de plus de cent pièces, publié par Huguier.

Nous avons pris le n° 4 à P.-E. Babel, mort en 1770, et celui qu'il faut surtout consulter pour les ouvrages du genre rocaille.

Balechou est l'auteur des n°s 5, 6, 7, 9, 11.

Oppenord a gravé les n°s 10 et 14.

Les n°s 12 et 13 sont empruntés à l'école allemande : le premier est dû à François-Xaxier Habermann, célèbre par sa fécondité, et qui a dessiné cinq ou six cents planches ; le second est de J. Isaïe Milson (1769), très-habile dans le genre rocaille.

LOUIS XVI.

ARCHITECTURE.

« Sous Louis XVI, dit un artiste éminent, l'architecture française eut un caractère moins franc et moins indépendant que sous Louis XV. La recherche mal entendue du style et de la pureté antique lui fit perdre le grandiose, l'abandon et l'originalité qui distinguaient certaines productions du siècle précédent, en dépit du goût un peu hasardé de leurs détails (1). » Ainsi, l'art allait toujours en se dégradant et demandait de plus en plus une régénération profonde. Depuis la Renaissance qui s'était distinguée par la recherche de l'élégance et par les efforts d'un sens droit, le règne de Louis XIV avait enlevé à l'architecture son apparence pratique et en quelque façon familière, pour la charger d'une pompe solennelle et d'un éclat emprunté ; le règne de Louis XV, dissolu, contempteur de la règle, asservi à la folie du logis, avait voulu la parer des oripeaux d'une ornementation bizarre, mais plaisante par sa fécondité ; Louis XVI promettait un règne plus austère, l'architecture se modifia de nouveau, elle voulut réagir contre la mollesse des années passées, contre les exagérations du faux goût, contre cette végétation luxuriante et trop confuse de l'ornementation ; mais comme toujours, elle s'avança trop loin dans la réaction, et à cette impétuosité mal réglée elle substitua une sobriété stérile. Les contours devinrent maigres, les profils s'appauvrirent outre mesure, la simplicité ressembla à de l'affectation, et la raideur des détails priva l'ensemble de toute grandeur.

Nous citerons d'abord, parmi les monuments de ce règne, l'Hôtel de la Monnaie qui fut commencé quelques années avant l'avènement de Louis XVI, en 1771, par M. Antoine, mais qui fait déjà pressentir les doctrines qui devront dominer ; nous donnons, dans notre planche XXXVII, figure 1, le pavillon du milieu de cet édifice, d'ailleurs estimable.

Le collége de France fut bâti par Chalgrin, en 1774.

Gondoin commença l'école de médecine dans la même année.

Nous devons à M. Louis : 1° les galeries du Palais-Royal (1781), si célèbres dans toute l'Europe par la grandeur de l'ensemble et par l'habileté des distributions ; 2° la Comédie Française (1789), où l'on employa, pour la seconde fois, le fer dans la construction ; l'architecte Brebion en avait fait le premier essai dans les combles du grand salon du Musée du Louvre, en 1778 ; 3° l'Opéra de la rue Richelieu ; 4° l'Opéra de Bordeaux.

Citons encore l'Odéon de Peyre et Devailly (1779-1782) et les barrières de Paris, constructions bizarres et de mauvais goût de M. Ledoux, qui y a fait preuve seulement d'une déplorable fécondité (1784).

(1) Vaudoyer. — *Patria*.

ORNEMENTATION ET MAITRES GRAVEURS.

Nous n'avons pas à insister sur les détails de l'architecture et les caractères de l'ornementation pendant le règne de Louis XVI. On y remarque un parti pris de réaction parfaitement analogue à celui que nous venons de constater plus haut. Les figures de nos planches XXXVII et XXXVIII en donneront d'ailleurs une juste idée.

Planche XXXVII, figure 2. Détail d'une porte cochère, rue Barbette, n° 11, au Marais.

Figure 3. Dessus de porte, faubourg Saint-Honoré ; fig. 4, dessus de porte de salon, figure 8, porte cochère.

Figures 5 et 6, panneaux.

Figures 7, balcon, quai des Célestins ; 9, consoles de balcon, rue Saint-Philippe-du-Roule ; 10, id., rue du Figuier ; 11, rosaces ; 12 et 13, moulures ornées.

Planche XXXVIII, figures 1 et 2, motifs de frises, d'après Salembrier ; figures 3, 4 et 5, trois motifs d'après Cauvet ; 6 et 7, motifs d'après J.-C. de La Fosse, graveur très-fécond ; 8, motif d'après un dessin du temps ; 9, 10, deux frises d'après deux autres dessins du temps ; 11, 12 et 13, motifs divers. Tous ces dessins, sans aucun doute, ne sont pas dépourvus d'élégance, et il faut rendre justice aux efforts qu'ont fait les artistes pour atteindre la pureté des contours ; mais combien il y a de distance de cette manière sobre, mais un peu sèche et comme pédante, à la grace des artistes de la Renaissance.

BEAUX-ARTS ET ARTS INDUSTRIELS

PENDANT LA PREMIÈRE PÉRIODE.

Sculpture et Peinture. — Nous ne parlerons de la sculpture et de la peinture pendant cette période que pour mémoire. Si nous voulions étudier ces deux arts avec tous les développements que leur examen comporte, nous serions entraînés dans des développements dont nous n'avons pas ici la place, et pour les caractériser, quelques mots nous suffiront. On peut dire que pendant les diverses phases que nous avons cherché à faire connaître, ils se développèrent dans le même sens que l'architecture, mais on doit avouer qu'ils lui restèrent constamment supérieurs, et qu'ils nous laissèrent admirer des génies du premier ordre et des œuvres éternellement dignes d'éloges. Il suffit de citer parmi les sculpteurs Pierre Puget et Girardon, parmi les peintres, Lebrun, et surtout Poussin, Lesueur et Claude Lorrain, pour faire connaître quel vif éclat jeta cette école célèbre, et à quel degré de véritable grandeur elle sut atteindre. Sous Louis XIV, elle rechercha, comme c'était le goût général, la pompe et la magnificence ; Lebrun surtout, le maître le plus influent de ce temps, adopta cette manière, mais elle réalisa les conceptions du style le plus véritablement noble, et du plus parfait idéal. Sous Louis XV, si la manière s'abaisse, si l'inspiration a moins de grandeur, on ne peut contester aux artistes de ce temps une souplesse extraordinaire de main, une grande habileté d'exécution, une grâce singulière dans l'entente de leur sujet, et pour la peinture, l'éclat séduisant du coloris. Sous Louis XVI, on commença toutefois à penser que cette manière attrayante avait aussi tous les inconvénients de la mollesse, et plaçait l'art dans une situation subalterne, et c'est alors que David provoqua ce retour aux formes antiques et à la gravité de la composition qui ont si puissamment relevé l'école française, et au milieu de succès divers, l'ont amenée au point de célébrité où nous la voyons aujourd'hui.

Les principaux artistes de cette période sont les suivants :
Sculpteurs. — Guilain (Sim.) 1581-1658. — Sarrazin (Jacq.) 1590-1660. — Buister, 1595-1688. — Auguier (Michel.) 1612-1686.—Puget (P.) 1622-1694.—Girardon (J.) 1630-1715. — Coysevox (Ant.) 1640-1720. — Slodtz (P.-M.) 1705-1764. — Coustou (N.) 1658-1733. — Coustou (G.) 1678-1746. — Bouchardon (Edme.) 1698-1762. — Pigalle (J.-B.) 1714-1785.—Houdon. (J.) 1741-1828.

Peintres.—Poussin (Nic.) 1594-1665.—Sarrazin (Jacques). 1598-1666. — Lorrain (Claude.) 1600-1682. — Champagne (Ph. de) 1612-1674. — Mignard (P.) 1610-1695. — Lesueur (Eust.) 1617-1655. — Lebrun (C.) 1619-1690. — Coypel (N.) 1638-1707.—Jouvenet (J.) 1647 1717.—Vanloo,—Watteau, 1684-1721. — Natoire, 1700-1777. — Vernet (Cl.-Jos.) 1714-1789.—Greuze, 1726-1805.—Fragonard, 1732-1806.

Peinture sur verre.—*Vitraux, Glaces.*—Sous Louis XIV, la peinture sur verre fut complètement abandonnée ; ce genre de décoration ne convenait pas aux édifices construits dans le style des anciens, et il devait périr avec l'architecture gothique qui lui avait donné naissance. Nous l'avons vu dégénérer sous la Renaissance, maintenant il disparaît tout-à-fait ; à peine peut-on citer encore les frises des vitraux de la chapelle de Versailles, et les grisailles du chœur de Saint-Sulpice.

Les vitres à l'aide desquelles on ferme les croisées s'agrandissent peu à peu. Attachées au commencement du XVIIme siècle avec des ligatures de plomb, elles n'excédaient guères les dimensions de deux pouces carrés (1) ; bientôt ces carreaux atteignirent six pouces superficiels, et furent engagés dans des châssis de bois à la fin du XVIIIme siècle, comme nous en trouverons encore aujourd'hui des milliers de preuves ; ils n'avaient pas à beaucoup près la surface que l'on a pu leur donner depuis.

Une industrie bien précieuse naquit dans ce siècle, c'est celle des miroirs. Nous avons dit combien ils étaient rares et coûteux dans les premières années. La France était obligée d'aller les demander à l'étranger. Lorsque leur fabrication put être introduite chez nous, les glaces de Venise furent prohibées, et bientôt nous atteignîmes dans ce genre une supériorité incontestable sur tous nos rivaux. Les glaces soufflées d'une fabrication difficile ne pouvaient excéder 45 à 50 pouces de haut sur une largeur proportionnée (2). En 1688, Thevart trouva un nouveau procédé de fabrication beaucoup plus parfait, et les glaces fondues purent arriver d'abord aux dimensions de 60 pouces de haut sur 40 de large. Bientôt elles s'élevèrent à 84 pouces sur 50, puis enfin à 100 pouces sur 60, mais ces glaces étaient les plus grandes et montaient jusqu'à 3000 livres. Cette partie de l'ameublement était alors l'objet d'un grand luxe, non seulement par sa cherté propre, mais par l'ornementation magnifique dont elle devenait le prétexte.

Céramique. — Il y avait longtemps que les faïences de Bernard de Palissy avaient été abandonnées par la mode, que celles de Henri II étaient tombées dans l'injuste obscurité d'où quelques amateurs modernes les ont tirées, que le secret de la fabrication des majolica était perdu, et que la vaisselle plate était seule en usage, lorsqu'une découverte précieuse vint renouveler le goût des produits céramiques. Les porcelaines de la Chine avaient toujours été fort recherchées par les curieux depuis leur introduction en Europe, mais leur rareté, leur haut prix et leurs formes ne les rendirent guères propres à nos usages ; dans les premières années du XVIIIme siècle, l'art de fabriquer la porcelaine fut découvert en Allemagne, et en 1738, ce genre de fabrication s'établit en France ; mais ce ne fut qu'en 1768, que la découverte de gisements de kaolin près de Saint-Yrieix, et l'art de faire de la porcelaine dure acquirent à l'industrie française le premier rang dans ce genre de produits. Or les

(1) Monteil.
(2) Savary, *Dictionnaire de commerce.*

porcelaines de Sèvres sont bien connues, et le style de leur décoration suit le goût particulier du temps de leur production. On doit noter ici que les porcelaines tendres de l'Angleterre furent pendant une partie du XVIIIme siècle, fort en vogue parmi nous.

Tapisseries et tentures. — Nous ne voulons pas énumérer les différents genres de tapisseries qui, pendant les XVIIe et XVIIIe siècles, concoururent à la décoration des appartements. La plupart de ces tapisseries, d'ailleurs, étaient dues à des procédés particuliers de fabrication tombés aujourd'hui en désuétude, et les tentures de ce genre ne sont guères possibles parmi nous et dans nos appartements étroits ; mais nous voulons noter la date d'un genre de décoration universellement adopté depuis, c'est-à-dire, les tentures de papier. C'est vers la fin du XVIIe siècle qu'il s'introduisit : « il n'est point de maison à Paris, dit Savary (1), pour magnifique qu'elle soit, qui n'ait quelque endroit, soit garde-robes, soit lieux encore plus secrets qui n'en soit tapissé et agréablement orné. »

Ebénisterie et ameublements. — Tout le monde connaît la grande célébrité que mérita sous Louis XIV, le tapissier Boulle par la perfection de son travail dans les meubles de marqueterie. Les artisans Bon l'aîné, Bon le cadet, Borelle, Bernier et Mallet-Lefebvre partagèrent sa réputation. Nous avons consacré nos trois Planches XXXIII, XXXVI et XXXIX à la reproduction de quelques-uns de ces objets d'ameublements qui suffiront pour faire apprécier les styles

(1) *Dictionnaire du commerce.*

acceptés par la mode aux temps de Louis XIV, de Louis XV et de Louis XVI.

Pl. XXXIII. Style Louis XIV.—Fig. 1. Lit de Louis XIV, qui existe encore à Versailles. — 2, 3, 5, 6. Siéges divers. — 4. Petit miroir porte-Flambeau. — 7. Petite console. — 8. Table. — 9. Candelabre. — 10. Vase.—11. Pendule. — 12. Grand miroir (Hôtel de Cluny.)—13. Ecran de cheminée (*Id.*) — 14. Meubles de Boulle. — On remarquera dans tous ces objets combien la richesse de détails est habilement combinée avec la gravité des formes.

Planche XXXVI. Style Louis XV. — Ici plus de caprices, plus de fantaisie, l'amour des formes bizarres et des contours capricieux, l'horreur de la ligne droite. — Fig. 1. Lit. (Hôtel de Soubise.) — 2, 4, 5. Canapé, Fauteuil et Console d'après Meissonnier.—3. Commode.— 6, 7. Table et Pendule d'après Balichou.—8, 9, 11. Lustres d'après Oppenord. — 10. Lampe d'église d'après Balichou. — 12 à 16. Motifs divers d'orfèvrerie.

Planche XXXIX. Style Louis XVI. — On y retrouve la gravité de Louis XIV, moins sa richesse et son ampleur, plus la lourdeur.—Fig. 1. Lit (d'après de La Fosse, ainsi que toutes les autres figures jusqu'au n° 10.)—2, 3, 4. Siéges. — 5. Ecran de cheminée. — 6. Console. — 7. Table-Console. — 8. Petite console.—9. Ciboire. — 10 et 11. Chandeliers d'après Forty (J.-F.) — 12, 13. Pupitre d'église et Ostensoir d'après de La Fosse.—14, 15. Vases.—16. Porte-Bougies.— 17. Lustre d'après Forty.

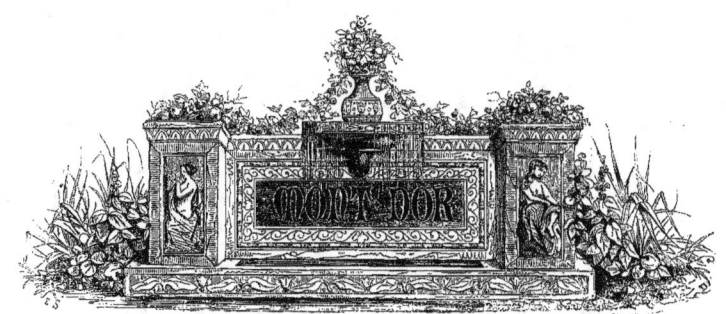

DEUXIÈME PÉRIODE.

DEPUIS LA MORT DE LOUIS XVI JUSQU'A NOS JOURS.

CONCLUSION.

Nous sommes arrivés réellement au terme de notre tâche, et nous nous contenterons pour la dernière époque, que nous pourrons appeler contemporaine, de présenter au lecteur quelques considérations générales et d'indiquer en peu de mots la marche des arts dont nous avons cherché dans les chapitres précédents à constater les progrès. En effet, nous nous sommes proposé d'indiquer, selon la succession des âges et des écoles d'art, aux personnes qui ne peuvent embrasser tout entier le vaste champ des études archéologiques, les formes principales qui caractérisent les produits de l'art et de l'industrie qui prend les arts pour guide. Que pourrions-nous faire pour l'époque à laquelle nous sommes arrivés qui fût comparable aux ressources abondantes que les hommes de la pratique trouvent autour d'eux? Nous vivons, tous tant que nous sommes, au milieu de ces produits de l'art qu'il nous faudrait décrire. Presque tous nos monuments sont inspirés par ces doctrines que nous aurions à définir. Les décorations, les ameublements, les ustensiles réclamés par les besoins de la vie privée, sont tous sous notre main, d'autant plus nombreux que nous nous rapprochons davantage du temps présent, et l'on peut dire qu'au point de vue de l'étude de ces objets, nos villes entières sont de véritables musées, qui les contiennent en nombre presque infini. Une étude approfondie de l'art depuis le commencement du siècle jusqu'à nous, nous entraînerait, à cause de la multitude des renseignements et des sources, bien loin au-delà des limites que nous nous sommes tracées; un examen superficiel serait insuffisant; contentons-nous donc de quelques généralités.

Aussi bien, cette période dernière de notre histoire, si l'on en excepte les quelques années qui la terminent, est triste pour les arts. Il semble que les facultés de l'imagination soient complètement épuisées, et que le goût, qui peut survivre encore à l'invention, donner du charme à nos œuvres et jeter sur elles comme un dernier reflet, ait été complètement dépravé. L'ère funeste de la République semble marquer la décadence définitive de l'art. L'architecture suivit jusqu'à la fin la route qu'elle s'était tracée, et partie de l'imitation intelligente des maîtres de la Renaissance, qui était une création véritable, elle aboutit, pour la première fois peut-être dans l'histoire des révolutions, à la franche et brutale copie.

La République et le Consulat ne produisirent rien qui mérite d'être noté. L'architecture de ce temps comme celle de Louis XIV, est pompeuse, affectée, emphatique, mais dans la première époque, elle brille par une extrême distinction et par une grande richesse, elle pose si nous pouvons ainsi parler en grand seigneur; dans la seconde, elle a perdu toute noblesse, pour se parer d'une fausse austérité qui n'est que de l'impuissance et de la grossièreté; la noblesse est devenue de la déclamation, le grand seigneur un plat comédien, elle tombe dans le mélodrame, elle ressemble à s'y méprendre à l'éloquence de la Convention. Ce sont des formes romaines, mal comprises par des esprits faux, mal copiées, sans qu'on prenne aucun souci de les accorder à nos mœurs, à nos besoins, à nos ressources; c'est un symbolisme ridicule, sans valeur pour ceux mêmes qui l'imaginent, arbitraire et superficiel, qui n'a sa racine dans aucune foi sincère, et qui n'est que la sotte prétention d'esprits grossiers. C'est l'art à son plus bas degré.

Un instant la merveilleuse campagne d'Egypte attira l'attention de nos artistes vers ces régions mystérieuses. Ils admirèrent ces monuments magnifiques qui étonnent l'esprit par leurs dimensions gigantesques, et qui le charment par la grave harmonie de leurs lignes. Ils furent frappés de tant de grandeur, en quoi certes ils avaient raison. Mais ils s'imaginèrent bientôt de transporter dans nos climats les formes qui les avaient séduits, et ils le firent avec autant d'intelligence pour l'architecture égyptienne que pour l'architecture romaine. Heureusement cette mode ne dura pas, et l'on en revint à l'antiquité classique, aussi mauvaise à la façon dont on l'entendait alors, mais moins ridicule que les importations de l'Égypte.

On vit alors et pendant tout l'empire ce spectacle déplorable et nouveau : des artistes laborieux mais impuissants, prendre à Rome ou dans l'Italie un monument tout fait, et le transporter dans notre climat, ligne pour ligne, colonne pour colonne, diminué quelquefois, agrandi souvent, gâté toujours; là dedans, dans cette enveloppe adoptée *à priori*, dans cette chose sans nom, nos besoins, nos services publics, nos habitudes s'arrangeaient comme ils pouvaient, c'était le moindre souci de l'artiste. Il résultait de là ce qu'on peut imaginer; un art sans caractère, qui n'était d'aucun pays ni d'aucun temps; l'esprit humain avait par une étrange abnégation renoncé à sa faculté la plus noble et la plus haute, à celle de créer; il semblait que la force matérielle se fût emparée du monde, et qu'elle eût seule le droit d'entraîner les âmes par le développement de son énergie.

Nous n'avons pas besoin de dire que les décorations intérieures, que les ameublements, que les objets destinés à l'usage de l'homme avaient été copiés sur les mêmes modèles. Nos vêtements eux-mêmes avaient cherché à s'y accommoder, de sorte que cette société factice semblait, sous le masque d'un carnaval éternel, jouer quelque incompréhensible comédie, et pendant quelques années nous fûmes le terne reflet et la copie infidèle de la Rome impériale. Cette abdication de notre nature et de nos instincts était devenue une flatterie.

La Restauration ouvrit la voie à une ère nouvelle; non pas qu'elle ait créé un art qui lui fût propre, il n'était pas donné à ce régime de rien créer; mais la société enfin reposée, retrouvant un peu de calme, et se sentant d'ailleurs comme ahurie par le bruit des dernières années, et comme isolée au milieu des ruines et des décombres, chercha à relier un peu son présent à son passé et à reformer la chaîne des temps et des traditions si violemment brisée. Quelques esprits méditatifs abordèrent avec courage l'histoire de l'ancienne France, et ils trouvèrent dans les produits jusque là si dédaignés de sa littérature et de ses arts, des beautés qu'on n'avait pas encore aperçues. L'archéologie du moyen-âge prit d'immenses développements, de science morte et d'érudition qu'elle était devint un goût dominant dans le monde des hommes éclairés, et fut même, on le peut dire, créée en ce qui concerne les beaux arts.

Alors commença l'anarchie. Chaque esprit, selon ses préférences, s'attacha à telle ou telle époque, et tâcha d'en faire prévaloir les doctrines. La mode y puisa à pleines mains des inspirations pour satisfaire tous ses caprices, la critique prit la place de l'esprit créateur depuis si longtemps disparu, un ecclectisme absolu se substitua dans l'art à la foi sincère et convaincu en une doctrine déterminée et en une forme adoptée. Chaque artiste eut son goût de prédilection, chaque année eut sa mode différente, et nous vîmes tour à tour nos maisons envahies par le gothique fleuri, par le gothique du XIIIe siècle, par le style roman ou celui de la Renaissance.

C'est dans cette situation que se trouve l'art encore aujourd'hui. Loin de nous cependant la pensée que ce mouvement ait été stérile. Si les travaux de ces dernières années n'ont rien produit de précisément original et qui puisse mériter à notre temps le renom d'une époque créatrice, il faut convenir au moins que nous avons fait d'immenses et heureux progrès dans la connaissance de tous les passés. Au milieu de toutes les fluctuations de notre temps et de toutes les exagérations dont les excès mêmes appelaient des réactions nombreuses, toutes les doctrines ont été étudiées, étudiées avec persévérance, avec ardeur, avec intelligence. Notre esprit, peu propre à créer, s'est trouvé admirablement disposé à tout comprendre, à accepter tous les systèmes, à en pénétrer les mystères, à en apprécier les avantages; et notre temps, on peut le dire, a amassé une quantité incalculable de matériaux précieux dont l'avenir profitera.

On peut, si nous ne nous trompons, remarquer trois tendances diverses parmi les artistes de notre temps. Les uns, déjà vieillis sous d'autres régimes, sous lesquels ils ont acquis leur réputation par des travaux honorables et nombreux, restent invariablement attachés aux doctrines qui les ont formés. Ils se cramponnent à leur passé, et voient avec terreur cet esprit chercheur et critique de leurs élèves qui ne craignent pas d'abandonner la route battue par eux. C'est le parti du passé auquel certainement l'avenir n'appartient pas, c'est le parti des regrets bien plus qu'un parti d'opinions.

Le second, plus sage et plus judicieux, occupe aujourd'hui les positions officielles et donne à l'école son caractère et sa couleur : c'est un parti intermédiaire. Il ne considère plus comme une époque barbare, comme une ère non avenue et qu'il faut rayer de l'histoire de l'art l'époque qui a vu s'élever nos magnifiques cathédrales et nos innombrables églises. Il accepte cette école avec ses doctrines, c'est à dire il l'accepte dans le passé, il lui donne une place honorable dans l'ensemble des œuvres humaines, il consent à y voir un des éléments de cette vaste science archéologique qui décrit toutes les œuvres de tous les temps; il ne se refuse pas à considérer ses produits à certains égards comme des modèles, comme des foyers d'inspiration; il demande qu'on en conserve les précieux témoignages, qu'on les respecte et qu'on les restaure, et ce n'est plus lui qu'on verrait aujourd'hui provoquer leur mépris et leur destruction ; sans enthousiasme, il est intelligent, il est studieux, il est judicieux surtout, il a un grand sens de la réalité des choses. Il veut que l'artiste, avant de se mettre à l'œuvre, consulte à la fois les besoins qu'il doit satisfaire et les moyens qui sont mis à sa disposition ; qu'il s'inspire de tout, qu'il jette par sa force créatrice l'harmonie et l'unité au milieu des éléments divers que sa science recueille ; qu'il imite avec intelligence, avec jugement, mais qu'il ne copie pas, qu'il ne copie rien, pas plus le grec que le gothique, pas plus le romain que le style de la Renaissance. Il prêche enfin un eclectisme modéré, un peu froid, consciencieux et habile.

Les artistes de la troisième école se présentent avec des convictions plus ardentes et un dogmatisme plus étroit. Ils arborent bravement le drapeau du moyen-âge. Ils n'osent plus soutenir que l'art de ce temps soit l'art chrétien par excellence, les faits démentent trop formellement cette hautaine et commode affirmation ; mais chassés du terrain religieux, ils se tiennent fièrement sur le sol national ; ils prétendent que le style gothique est le seul style français, que né chez nous, créé par nous, il s'est développé, fécondé par le génie de nos artistes, qu'il nous appartient, qu'il est notre héritage inaliénable, et que par forme de compensation sans doute, nous lui appartenons un peu. Et de la nationalité de cette école gothique, de l'origine étrangère de toutes les autres, ils concluent que c'est à l'école gothique qu'il faut revenir. Chose étrange, ces hardis novateurs, partis il y a quelques années du mépris que leur inspirait l'imitation servile ou la copie de l'antiquité, arrivent enivrés, on pourrait dire, par leur propre enthousiasme, au but déplorable où nous avons vu choir l'école de l'empire, à l'imitation servile et à la copie. Cette école qui reprochait si amèrement à ses prédécesseurs l'impuissance où s'était engloutie leur faculté créatrice, cette école pleine de science, pleine d'esprit, pleine de verve, et l'on doit le dire pleine d'imagination, renonce volontairement à créer ; le modèle a changé et voilà tout. Tandis qu'à la fin du siècle dernier les maîtres allaient le chercher vers le Capitole ou vers l'Acropole, elle fait une route moins longue et le trouve sous sa main à Amiens, à Reims et à Beauvais. Selon cette école donc, l'architecture depuis le XIVe siècle, depuis que des influences étrangères l'ont gênée dans son développement, et ont en quelque façon déterminé dans sa marche des *perturbations*, depuis qu'elle a reçu les premières atteintes du mal italien, l'architecture a fait fausse voie, et s'éloignant de plus en plus de la ligne droite qu'elle devait suivre, a peu à peu abouti aux abîmes sans issues dans lesquels elle est aujourd'hui tombée. L'art ne peut trouver d'autre salut qu'en rétrogradant. Il faut qu'il oublie cette route fleurie, séduisante mais funeste dans laquelle il s'est si imprudemment engagé. Il faut qu'il recule jusqu'à ce mystérieux carrefour auquel il s'est trompé de chemin, comme la locomotive qui va chercher l'aiguille destinée à la remettre sur le rail qu'elle doit parcourir. Une fois arrivé là, sur ce terrain solide, l'art reprendra la voie qu'il n'aurait jamais dû quitter, et s'élancera à la conquête de l'avenir. Libre à lui en partant de ce point de se développer et de fournir sa carrière. Mais avant toutefois de tenter ce hasard, il faut s'arrêter un moment, il faut prendre langue dans ce pays abandonné depuis si longtemps, il faut reconnaître notre ancien patrimoine dont nous avons perdu la mémoire ; calmons un peu notre ardeur, maîtrisons notre impétuosité. Nous voudrions bien marcher peut-être et découvrir des pays nouveaux, arrêtons-nous cependant, et reconnaissons ce pays déjà parcouru avant nous. Le salut est à ce prix. Restons stationnaires quelque temps, longtemps peut être, afin d'acquérir pour le voyage des forces nouvelles. Renonçons à l'exercice de nos facultés propres, pour nous absorber dans la pensée de ceux qui nous ont précédés. « Ce n'est pas dire, poursuivent les docteurs de notre école, que nous voulions immobiliser l'art de l'architecture en France, ce serait folie que d'y songer ;...... nous demandons que notre architecture du XIIIe siècle soit d'abord étudiée de nos artistes, mais étudiée comme on doit étudier sa langue, c'est à dire de façon à en connaître non seulement les mots, mais la grammaire et l'esprit ; nous demandons que l'enseignement officiel entre dans cette voie ; que l'étude de l'antiquité ne devienne que ce qu'elle aurait toujours dû être : *l'archéologie* , et l'étude de l'architecture française au XIIIe siècle, *l'art*......... Ce principe une fois enseigné, mais sans restriction, laissez faire à chacun ; dans notre pays, au milieu de l'activité et de l'industrie moderne, cet art national *ne tardera pas à progresser. Vous commencerez par avoir des copies, cela est inévitable, cela est* NÉCESSAIRE *même pour connaître toutes les ressources de l'architecture gothique ;* nous dirons plus, vous aurez probablement de mauvaises copies (nous ne sommes pas à cela près d'un méchant monument de plus ou de moins), mais le principe étant bon, l'art, type inépuisable d'enseignement, les artistes en auront bientôt saisi le sens ; *leurs copies alors deviendront intelligentes, raisonnées,* et enfin l'architecture nationale, tout en conservant son unité, sa *racine* toute française, pourra se perfectionner aussi bien que la langue l'a déjà fait (1). » Et comme on a fait aussi à notre langue le reproche de s'être corrompue au contact du latinisme et d'avoir perdu la bonne voie, la proposition que l'on vient de lire équivaut à celle d'un grammairien, qui nous engagerait à parler pendant quelque temps la langue de Villehardouin, de Joinville ou du roman de la Rose, pour recommencer à développer notre idiôme dans la direction véritable et nationale. Si l'on veut quelque chose de plus clair encore, il nous suffira de citer quelques lignes de l'apôtre fanatique de cette religion nouvelle, de cette croisade contre l'école classique, de celui qui a poussé la dévotion au moyenâge, on peut le dire, jusqu'aux extrêmes limites du bon sens. « M. Leduc, dit-il, tient déjà dans ses cartons les dessins mesurés d'une centaine de maisons des XIIe et XIIIe siècles. Il prouvera qu'on pourrait, qu'on *devrait* copier ces maisons du moyen-âge comme on doit en copier les églises (2). » Veut-on savoir enfin jusqu'à quels excès de zèle se laisse entraîner cette petite et ardente église, c'est chez le même écrivain que nous en trouverons la preuve. « Nous parcourons, dit-il en racontant un voyage en Angleterre, la terre classique du gothique moderne, nous parcourons les chantiers des travaux et nous y voyons les procédés du moyen-âge pour les *outils, la taille des pierres, les moyens de transport et d'appareil* ressuscités par M. Pugin; les ouvriers, ils nous l'ont dit eux-mêmes, *s'en trouvent à merveille; ils marquent leurs pierres par des signes absolument semblables à ceux dont on se servait aux XIIIe et XIVe siècles (3).* »

Enfin, il est quelques artistes de nos jours qui désespèrent de leur art. Ils repoussent également toutes les écoles du passé et toutes les imitations. Ils ne voient dans aucun des modèles qui nous restent l'énergie nécessaire pour donner la vie à un art nouveau. Les sociétés modernes leur paraissent différer autant de celle du moyen-âge que de celles de l'antiquité, et ils ne croient pas les éléments que nous trouvons dans l'une de ces époques, plus propres que ceux que nous offre l'autre à exprimer nos idées et à satisfaire nos besoins. Aussi dans le grand isolement où se trouve leur

(1) Viollet-Leduc. — *Du style gothique au XIXe siècle. Réponse à l'Académie.* — Annales archéologiques. IV, 551-582. — Juin 1846.
(2) Didron. — *Annales archéologiques*, vol. V. — Décembre 1846. p. 583. — *Avenir et passé des annales*.
(3) *Id.-Ibid.*, V. — Novembre 1846, p. 507. — *Promenade en Angleterre.*

pensée, ils tendent leurs bras vers l'avenir, ils invoquent le Dieu inconnu, ils demandent un art nouveau. Le souhait est légitime, qui de nous ne l'a pas formé au fond de son cœur, mais aucun effort au monde ne peut hâter sa réalisation. En vain dira-t-on à ce génie créateur qui change la face du monde, viens, viens; il prend son temps et ne vient qu'à son heure. On ne lui commande pas, on l'attend. Il n'a pas besoin des programmes que ses précurseurs lui préparent. Quand il surgit, il se manifeste tout seul. Peut-être l'avenir le renferme-t-il dans son sein, Dieu le veuille. Mais que son attente ne diminue pas notre courage et n'anéantisse pas nos efforts. Cherchons, par un travail opiniâtre et persévérant, à tirer des éléments qui sont à notre disposition le meilleur parti possible, en attendant que le génie invoqué vienne les transformer de son souffle puissant.

Nous avons voulu donner, par des figures, une idée sommaire de l'art pendant l'époque que nous venons de parcourir. On trouvera à la fin de notre recueil trois planches consacrées à la période Impériale et à celle de la Restauration.

La planche XL contient :—Fig. 1, la colonne Vendôme, imitation de la colonne Trajane. Fig. 8 et 9, corniche et base du socle du même monument.

Fig. 2, l'arc de triomphe du Carrousel, dû à M. Fontaine.—Fig. 3, 4, 7, détails du même monument. — Fig. 5, 6, 11, détails provenant de la colonne du Châtelet.

Fig. 10, et 12 à 16, divers détails de l'époque Impériale.

Dans la planche XLI, nous avons placé les objets d'ameublements fabriqués dans le style du même règne.

Fig. 1 à 12, détails de décorations intérieures.

Fig. 13, lit décoré.—Fig. 14, fauteuil.—Fig. 15, canapé. —Fig. 16, chaise.—Fig. 17, commode.—Fig. 18, guéridon. —Fig. 19, table.—Fig. 20, 21, 22, pièces d'orfévrerie.— Fig. 23, lustre. Modèles puisés dans l'ouvrage très-estimé et très-digne de l'être, de MM. Percier et Fontaine.

La planche XLII est consacrée à la Restauration.

La Fig. 1 est celle de la porte d'un hôtel de la marine, d'après un projet de M. Lecointe, architecte; ce projet a remporté le prix d'émulation en 1822.

Les Fig. 2 à 12, détails divers dûs à Bennat, décorateur.

Les Fig. 13 à 16 sont extraites de divers ouvrages du temps.

Fig. 17 et 19, fauteuils provenant de la collection de M. Pasquier. —18, lit provenant de la collection de M. Caron.

FIN.

Table.

Avant-propos. . . . . page 1
Introduction. PREMIÈRE PARTIE, abrégé chronologique.
— Ère celtique. 5
— Ère Chrétienne. 9
DEUXIÈME PARTIE. Architecture. — Ère celtique.—Ère gallo-romaine.—Ère chrétienne 13
CLASSIFICATION DES STYLES ARCHITECTONIQUES. 21
Style Roman. Tableau chronologique des règnes. 23
Architecture. 26
Ornementation.— Arcs.— Portails. — Œils de bœuf. — Roses. — Moulures. — Colonnes, pilastres, piliers et pieds droits.— Bases Fûts. — Chapiteaux. — Couronnements, corniches, modillons, corbeaux.— Appareils et décorations murales— Crêtes et arrêtes.— Fragments d'ornement. 30
Ensemble d'un monument Roman. 36
Orfèvrerie, bijoux. 56
Meubles. 57
État des Arts et de l'Industrie pendant la période romane. Architecture. — Sculpture Glyptique.— Céramique.— Poterie.— Serrurerie. — Orfèvrerie. — Orfèvres de l'époque. — Gravure, niellure. — Tissus, étoffes. — Tapisseries. — Verrerie. — Émaillure. — Émailleurs de l'époque. — Mosaïques. . . 39
Style Ogival. Tableau chronologique des règnes. 47
Architecture. 48
Ornementation.— Arcs.— Roses.— Arcades, fenêtres— Colonnes, chapiteaux, piliers bases, arcatures.— Panneaux.— Balustrades.— Dentelures, festons, crêtes. — Contreforts. — Nervures — Crochets, crosses, bouquets.— Gargouilles.— Ornements divers. 55
Ornements du style ogival en Angleterre et en Allemagne. 63
Architecture civile. — Maisons privées — Halles.— Hôtels-de-Ville.— Monastères, cloîtres.— Châteaux 64

État des Arts et de l'Industrie pendant la période ogivale.— Architecture.— Architectes. — Sculpture.— Menuiserie, hucherie meubles. — Statuaires, sculpteurs, huchiers.— Glyptique.— Céramique. poterie. — Serrurerie. — Orfèvrerie. — Orfèvres joailliers.— Émaillure, mosaïque, émailleurs.— Gravure, niellure.— Tissus, étoffes.— Tapisseries. — Peinture sur verre, peintres, verriers. Industries diverses. . 70
Style DE LA RENAISSANCE. Tableau chronologique des règnes 87
Histoire. 88
Architecture 90
Ornementation et détails de l'Architecture.—Des ordres. — Colonnes et pilastres,— Chapiteaux. — Bases. — Cartouches et panneaux.— Frises. — Portes et fenêtres. Cheminées. — Toitures. 102
Ornements des maîtres graveurs 107
Beaux-Arts et Arts industriels. — Sculpture. Peinture. — Peintures sur verre, vitraux, verre, miroirs.— Céramique.— Orfèvrerie. Mosaïque. — Peinture en émail.— Tapisserie, tentures.— Tabletterie, ébénisterie, menuiserie. — Serrurerie 110
École Moderne. STYLE LOUIS XIV, LOUIS XV, LOUIS XVI. EMPIRE et RESTAURATION.— Tableau chronologique des règnes. 119
PREMIÈRE PÉRIODE. — Louis XIV. — Architecture. — Ornements et maîtres graveurs 120
Louis XV. — Architecture. — Ornements et maîtres graveurs 126
Louis XVI. — Architecture. — Ornements et maîtres graveurs 127
Beaux-Arts et Arts industriels pendant la première période. 128
DEUXIÈME PÉRIODE. — Depuis la mort de Louis XVI jusqu'à nos jours. — Conclusion. 131

FIN DE LA TABLE.

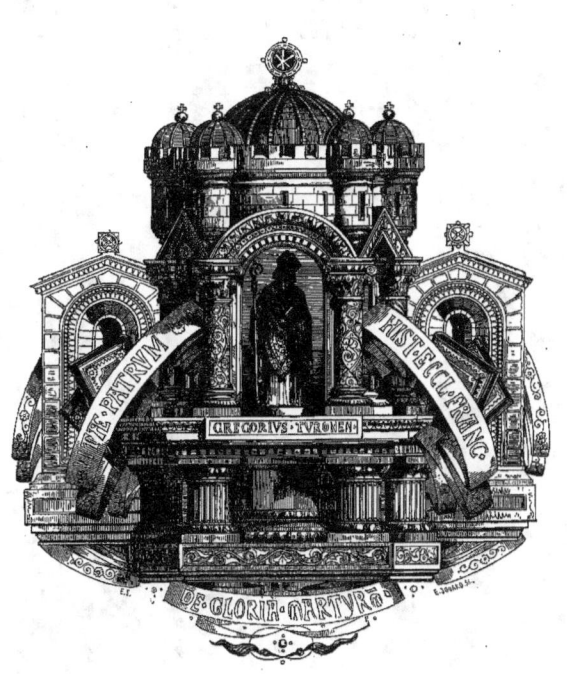

Moulins, typ. de P.-A. Desrosiers.

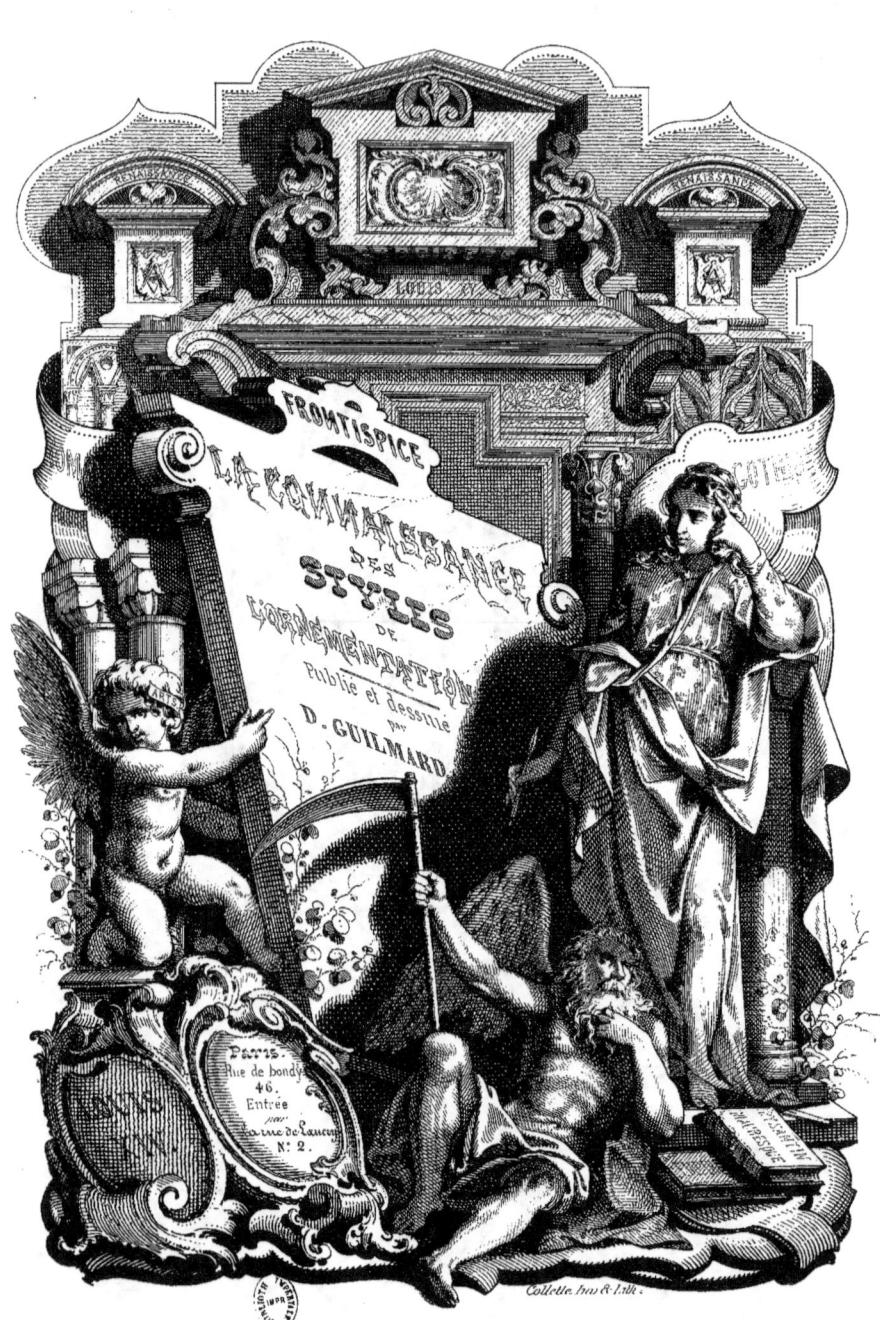

LA CONNAISSANCE DES STYLES DE L'ORNEMENTATION,

Depuis l'ère Chrétienne jusqu'à nos Jours.

STYLE ROMAN.

ARCADES PLEIN CINTRE, ARCATURES, ROSES, ET ORNEMENS COURANTS.

LA CONNAISSANCE DES STYLES DE L'ORNEMENTATION.
Depuis l'ère Chrétienne jusqu'à nos Jours.
STYLE ROMAN.

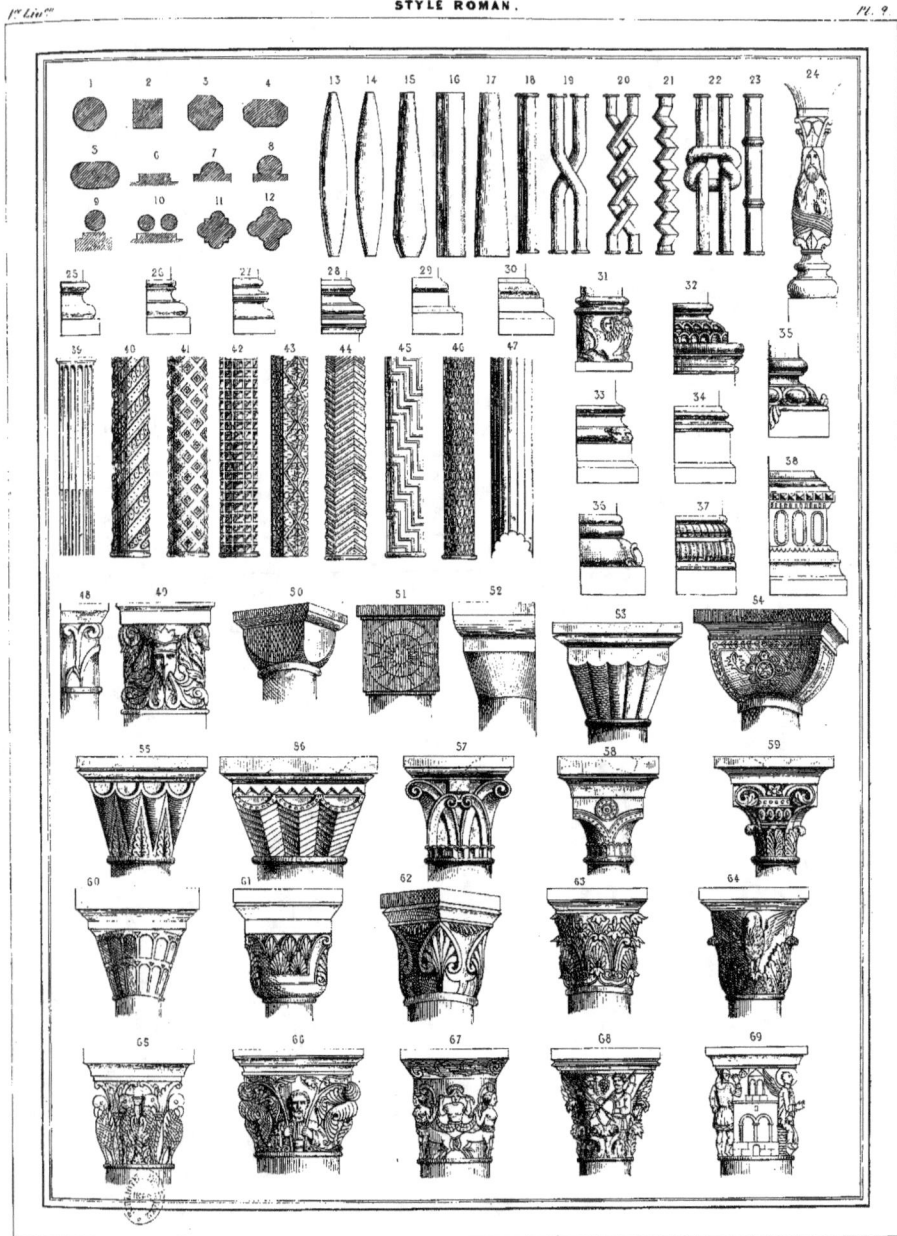

COLONNES, FUTS, BASES ET CHAPITEAUX.

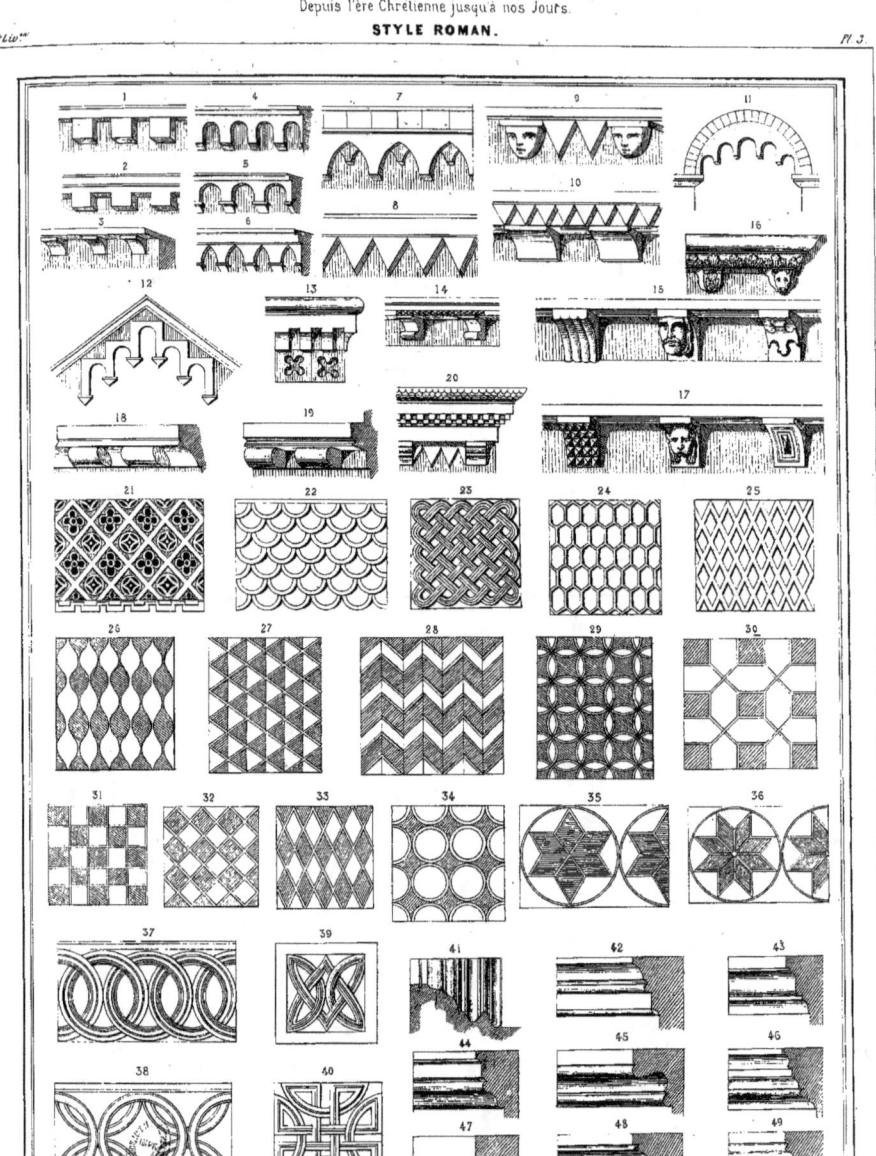

LA CONNAISSANCE DES STYLES DE L'ORNEMENTATION.
Depuis l'ère Chrétienne jusqu'à nos Jours.

STYLE ROMAN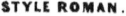

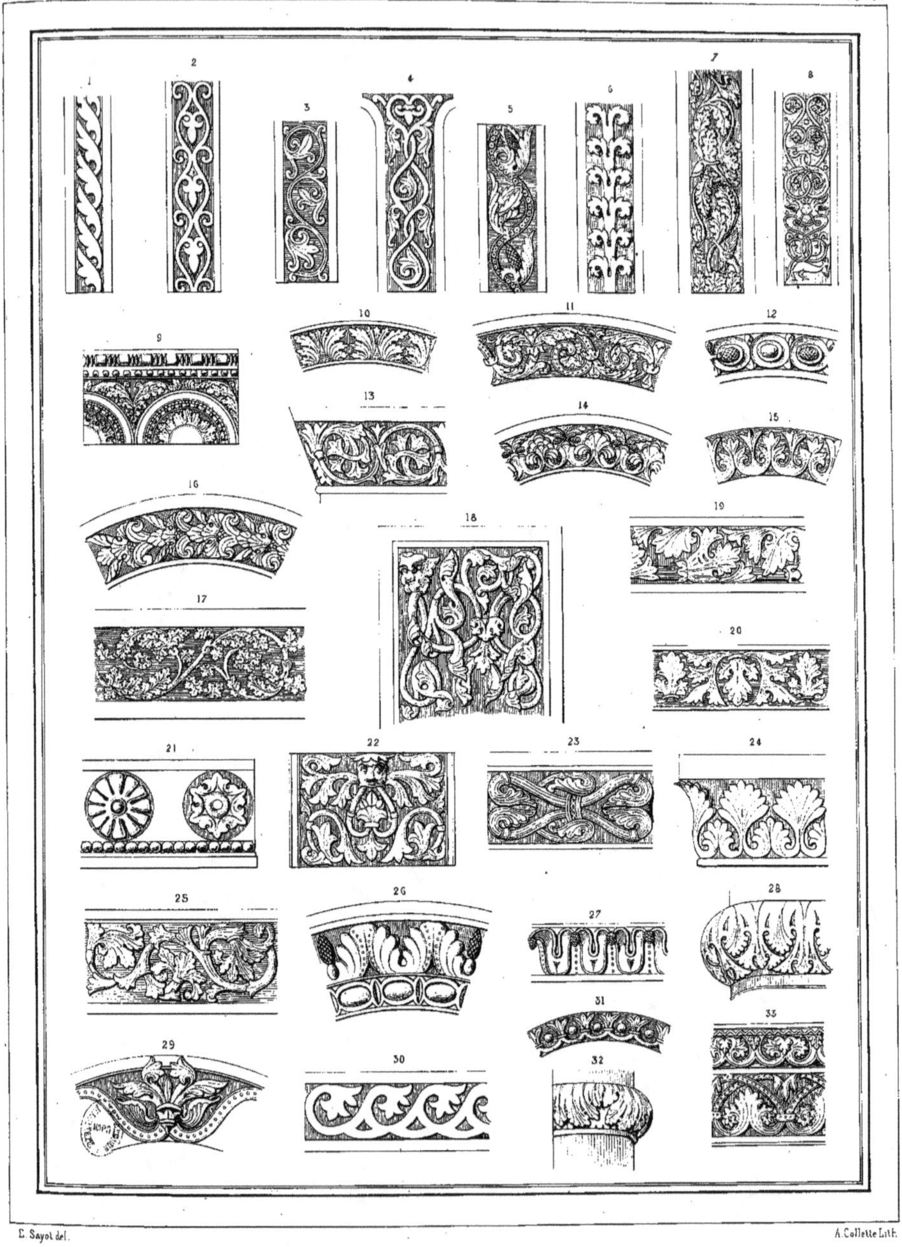

ORNEMENTS DIVERS.

LA CONNAISSANCE DES STYLES DE L'ORNEMENTATION.
Depuis l'ère Chrétienne jusqu'à nos jours.
STYLE ROMAN.

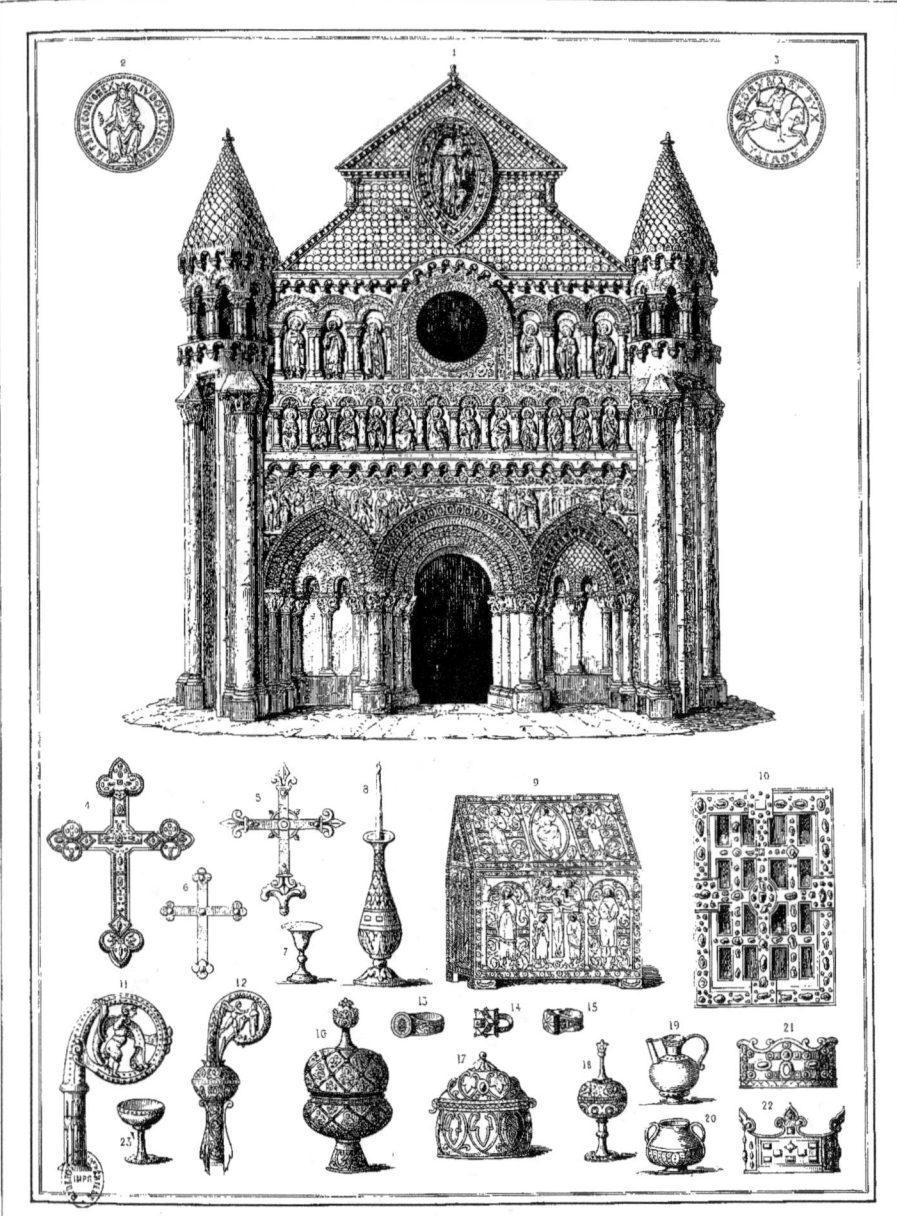

MONUMENT ET OBJETS D'ART.

LA CONNAISSANCE DES STYLES DE L'ORNEMENTATION.
Depuis l'ère Chrétienne jusqu'à nos Jours.
STYLE ROMAN.

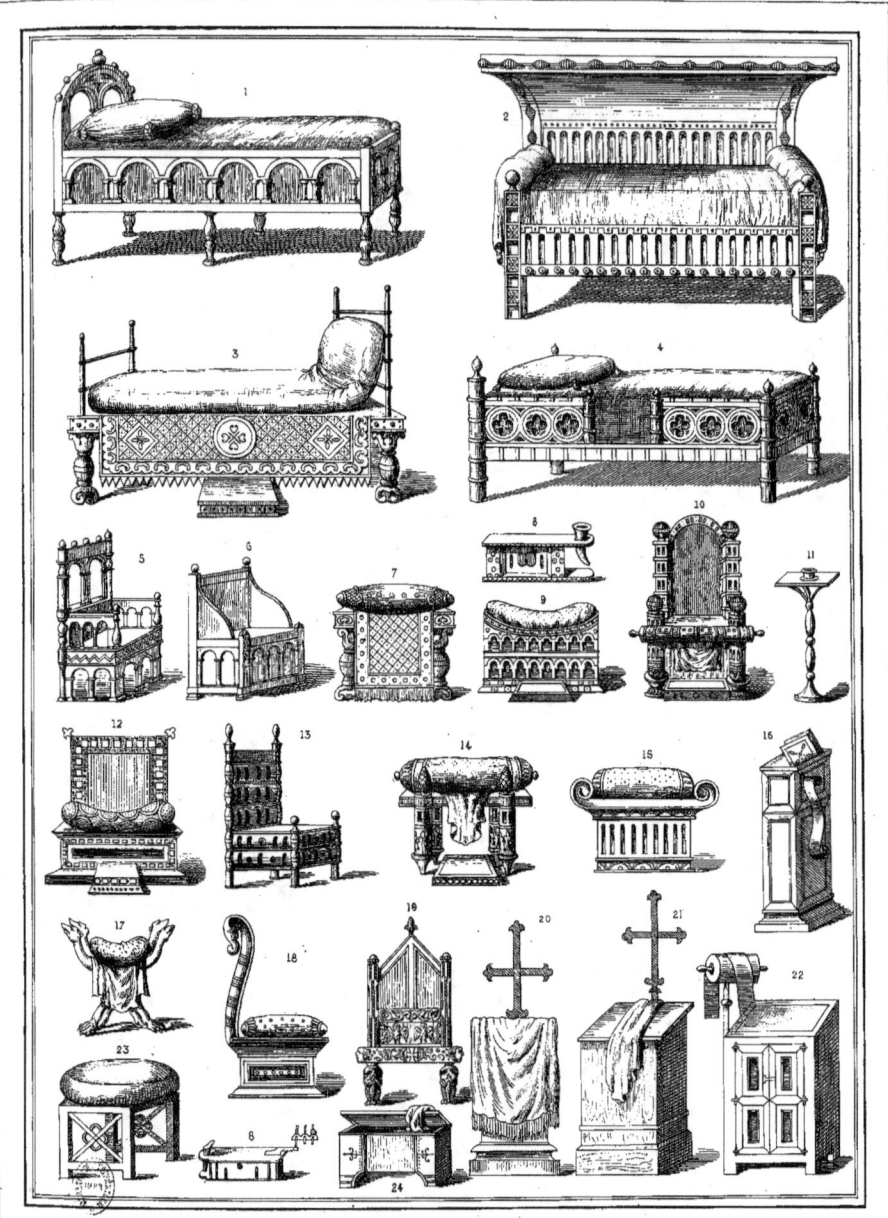

MEUBLES.

LA CONNAISSANCE DES STYLES DE L'ORNEMENTATION.
Depuis l'ère Chrétienne jusqu'à nos jours
STYLE OGIVAL.

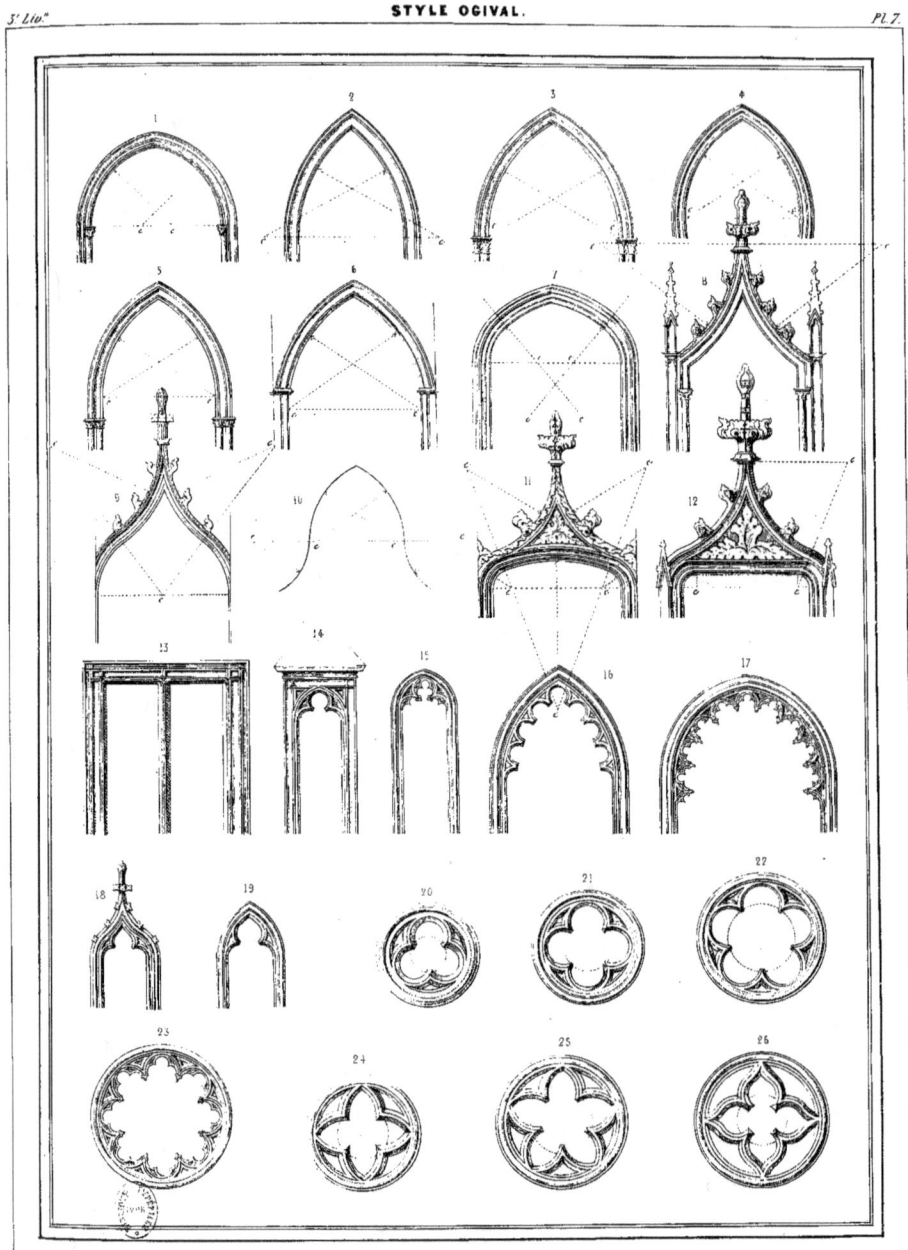

ARCS ET ROSES

LA CONNAISSANCE DES STYLES DE L'ORNEMENTATION.
Depuis l'ère Chrétienne jusqu'à nos Jours
STYLE OGIVAL.

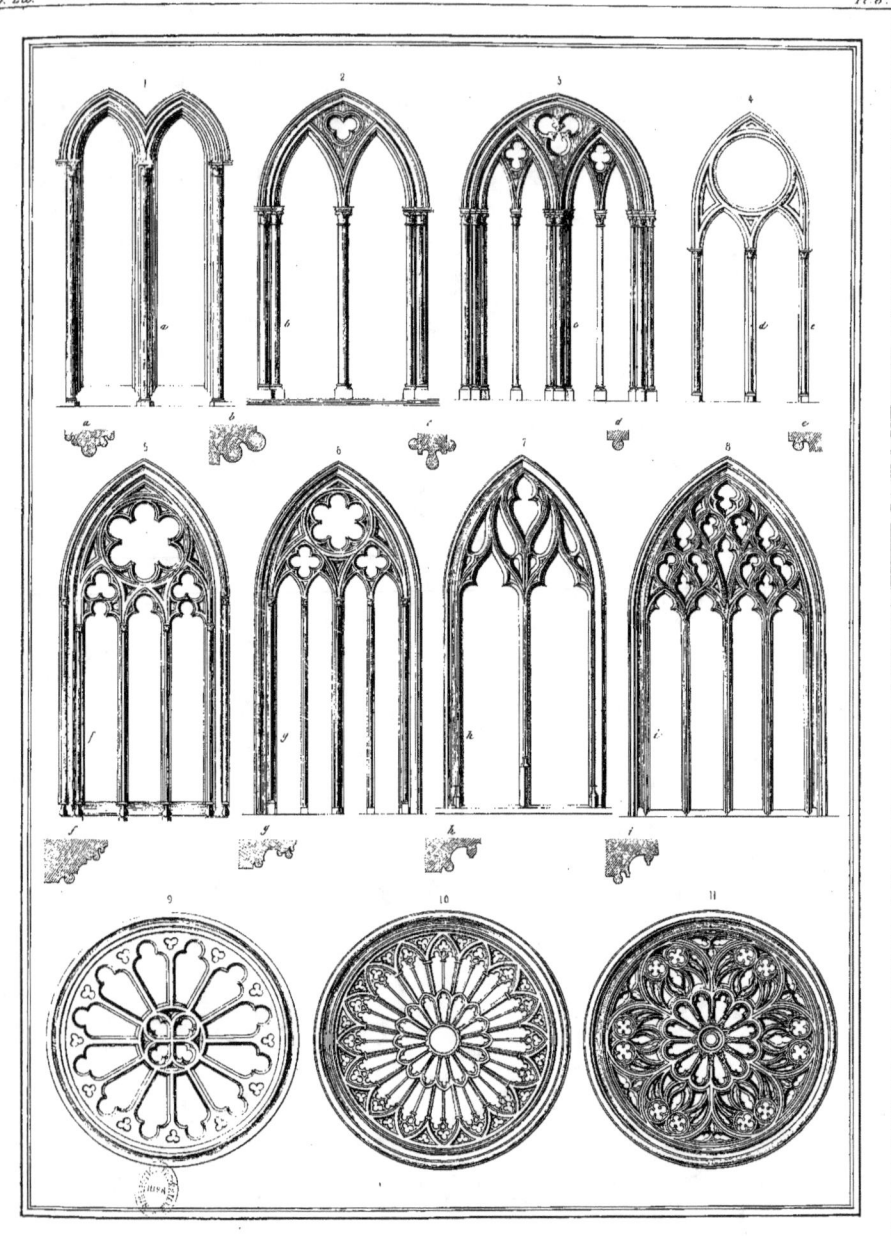

ARCS ORNÉS ET ROSES ORNÉES

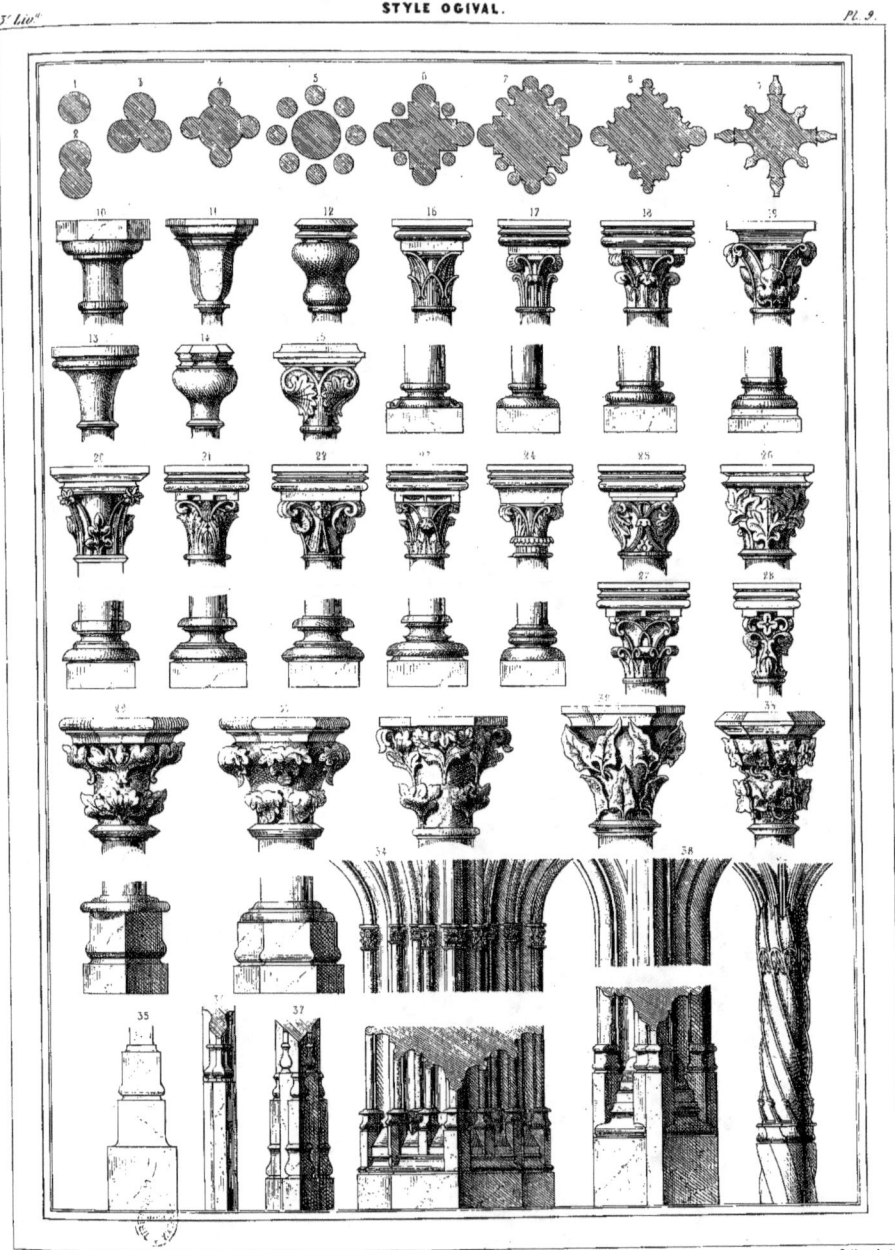

COLONNES, CHAPITEAUX, BASES ET PILIERS

LA CONNAISSANCE DES STYLES DE L'ORNEMENTATION.
Depuis l'ère Chrétienne jusqu'à nos Jours.
STYLE OGIVAL.

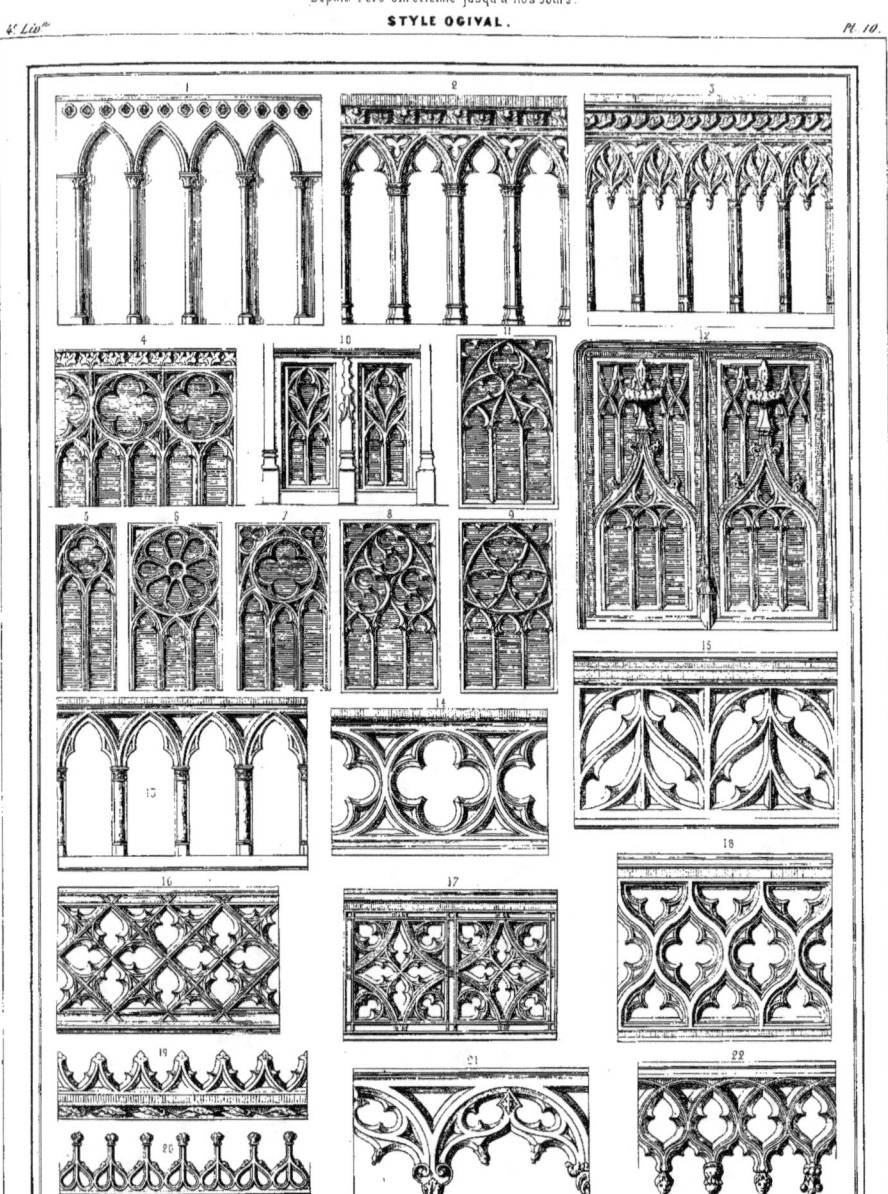

ARCATURES, PANNEAUX, BALUSTRADES, DENTELLES.

LA CONNAISSANCE DES STYLES DE L'ORNEMENTATION.

Depuis l'ère Chrétienne jusqu'à nos Jours

STYLE OGIVAL.

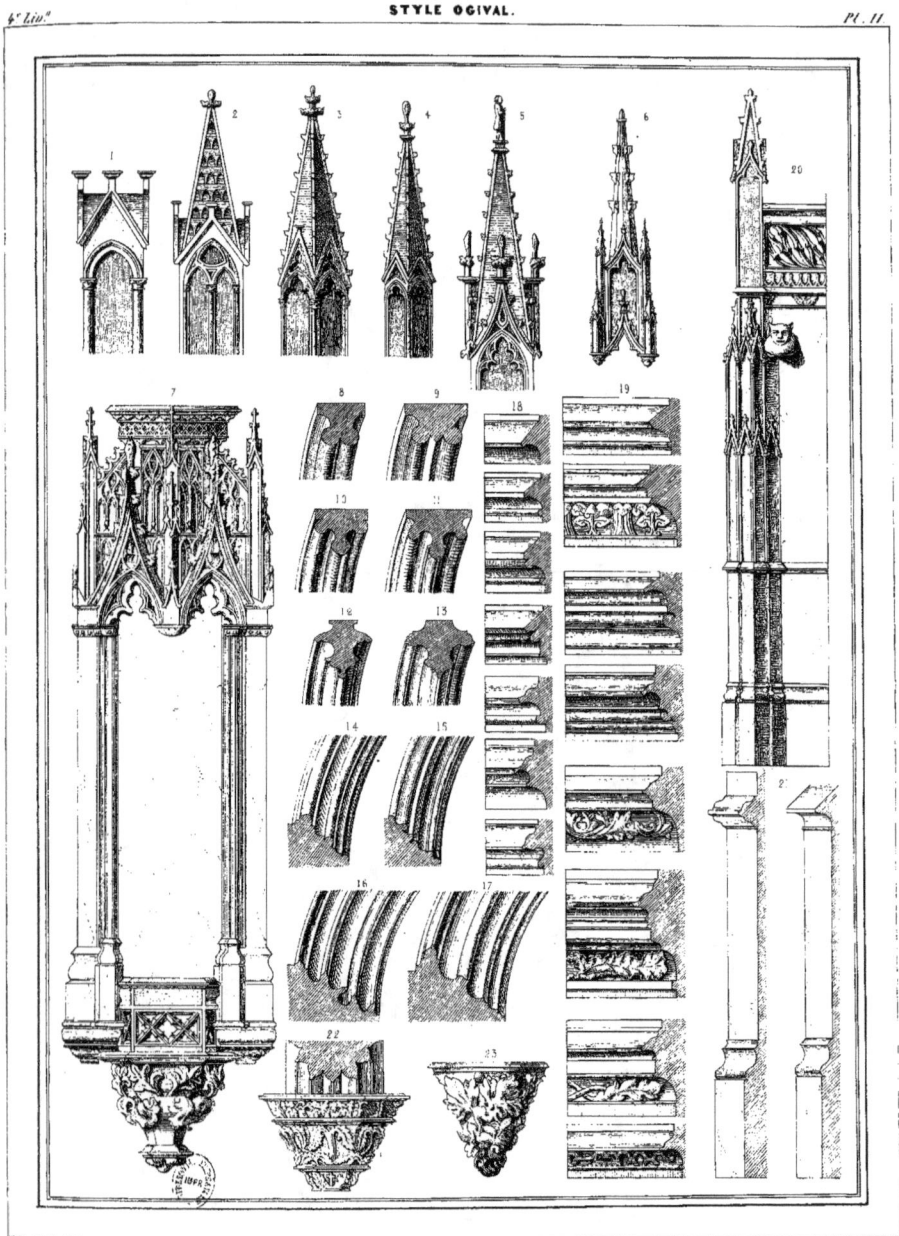

CLOCHETONS, PINACLE, MURS, MOULURES DIVERSES ET PENDENTIFS.

LA CONNAISSANCE DES STYLES DE L'ORNEMENTATION.
Depuis l'ère Chrétienne jusqu'à nos Jours.
STYLE OGIVAL.

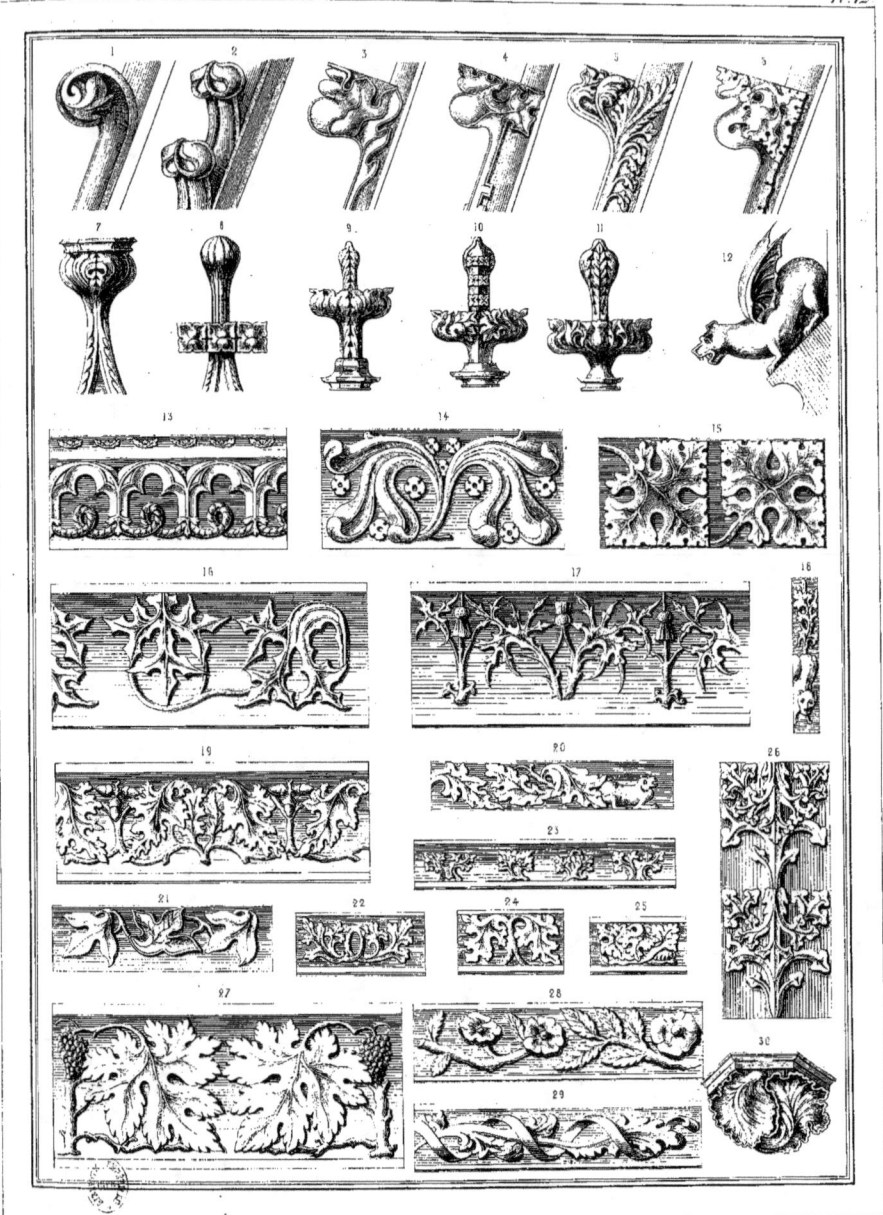

LA CONNAISSANCE DES STYLES DE L'ORNEMENTATION.
Depuis l'ère Chrétienne jusqu'à nos Jours.

STYLE OGIVAL.

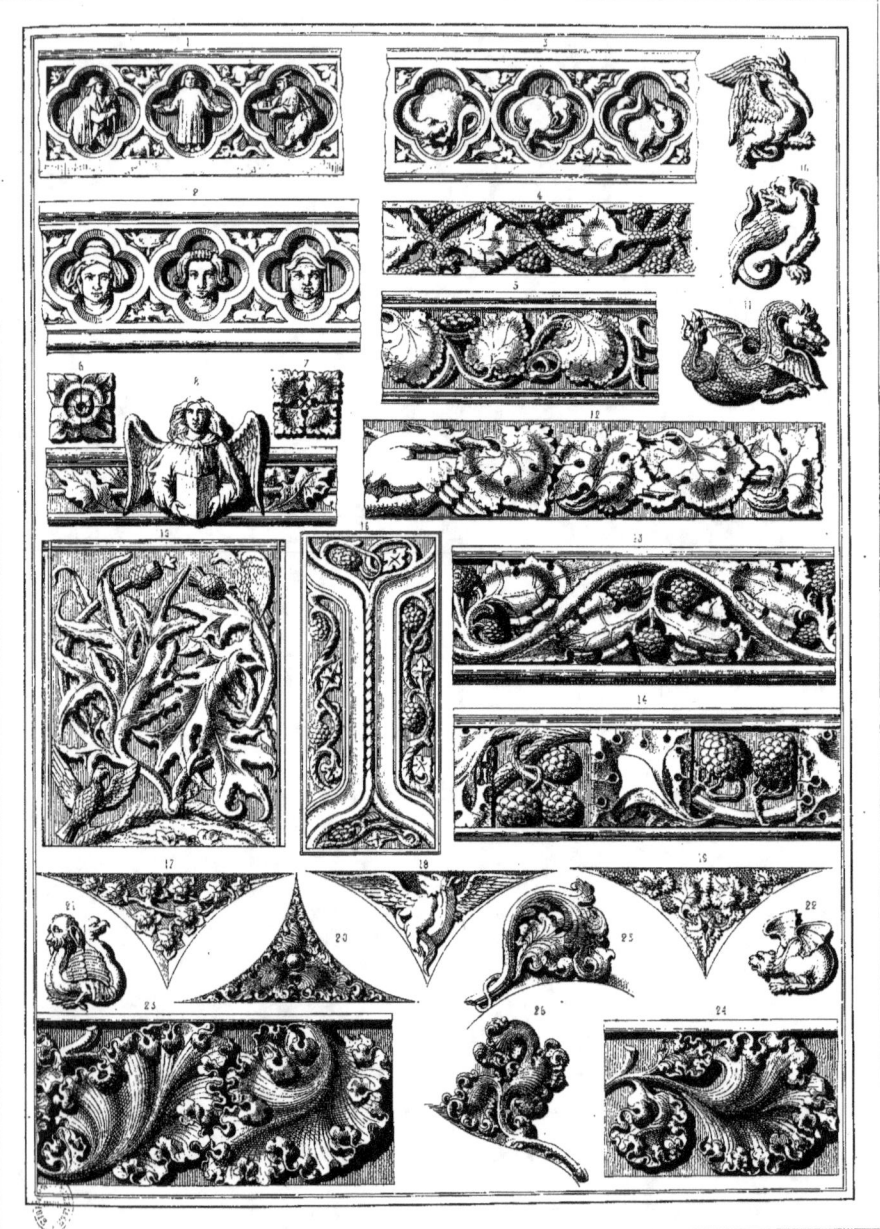

ORNEMENS DIVERS

STYLE OGIVAL

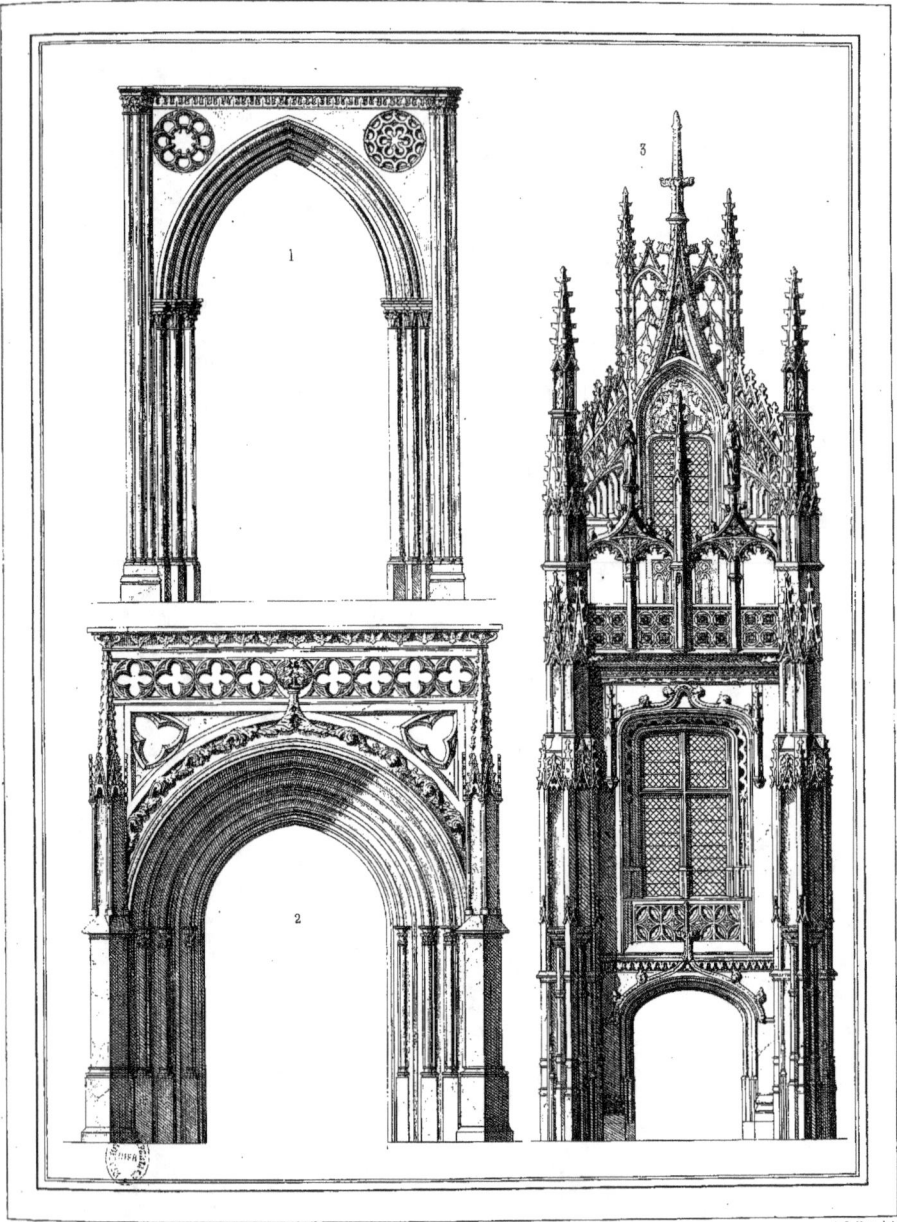

PORTAILS

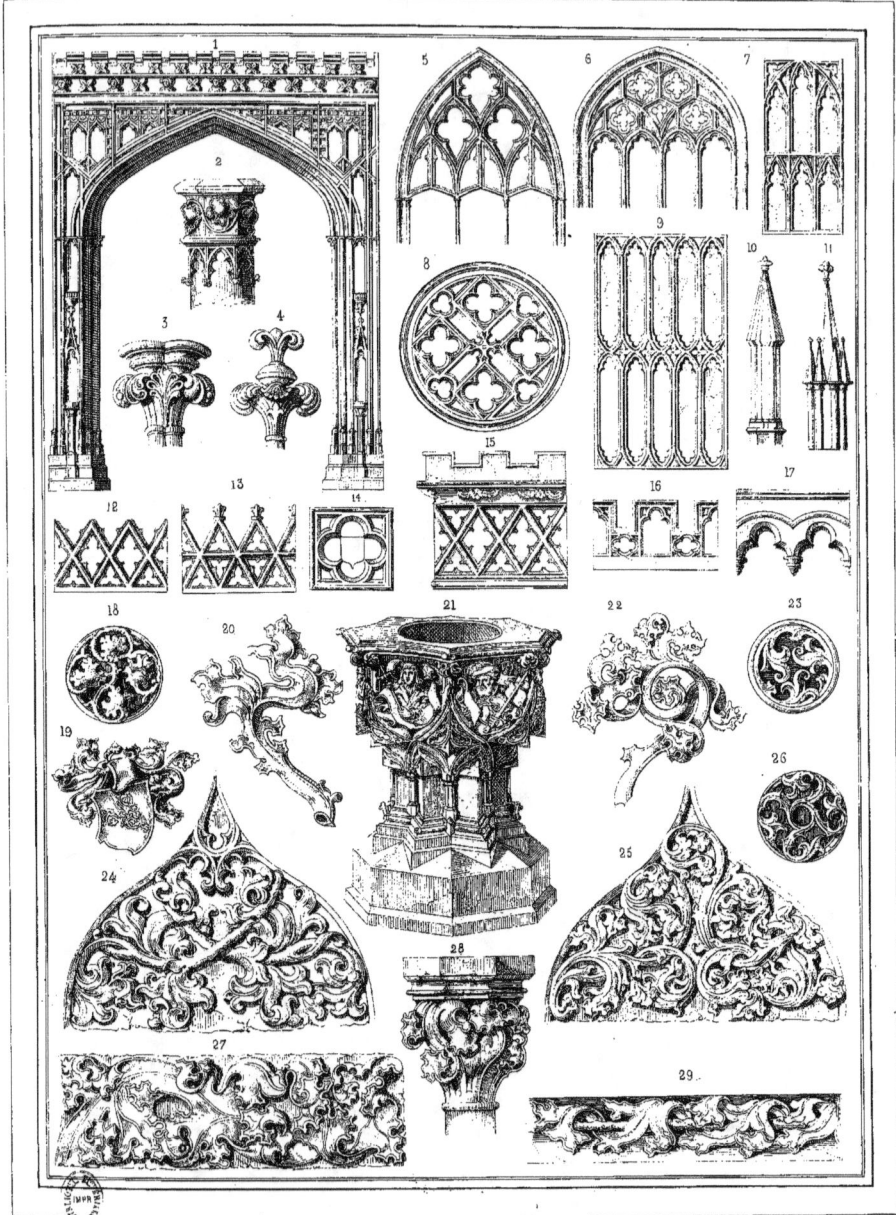

GOTHIQUE ANGLAIS ET ALLEMAND.

LA CONNAISSANCE DES STYLES DE L'ORNEMENTATION.
Dépuis l'ère Chrétienne jusqu'à nos jours
STYLE OGIVAL.

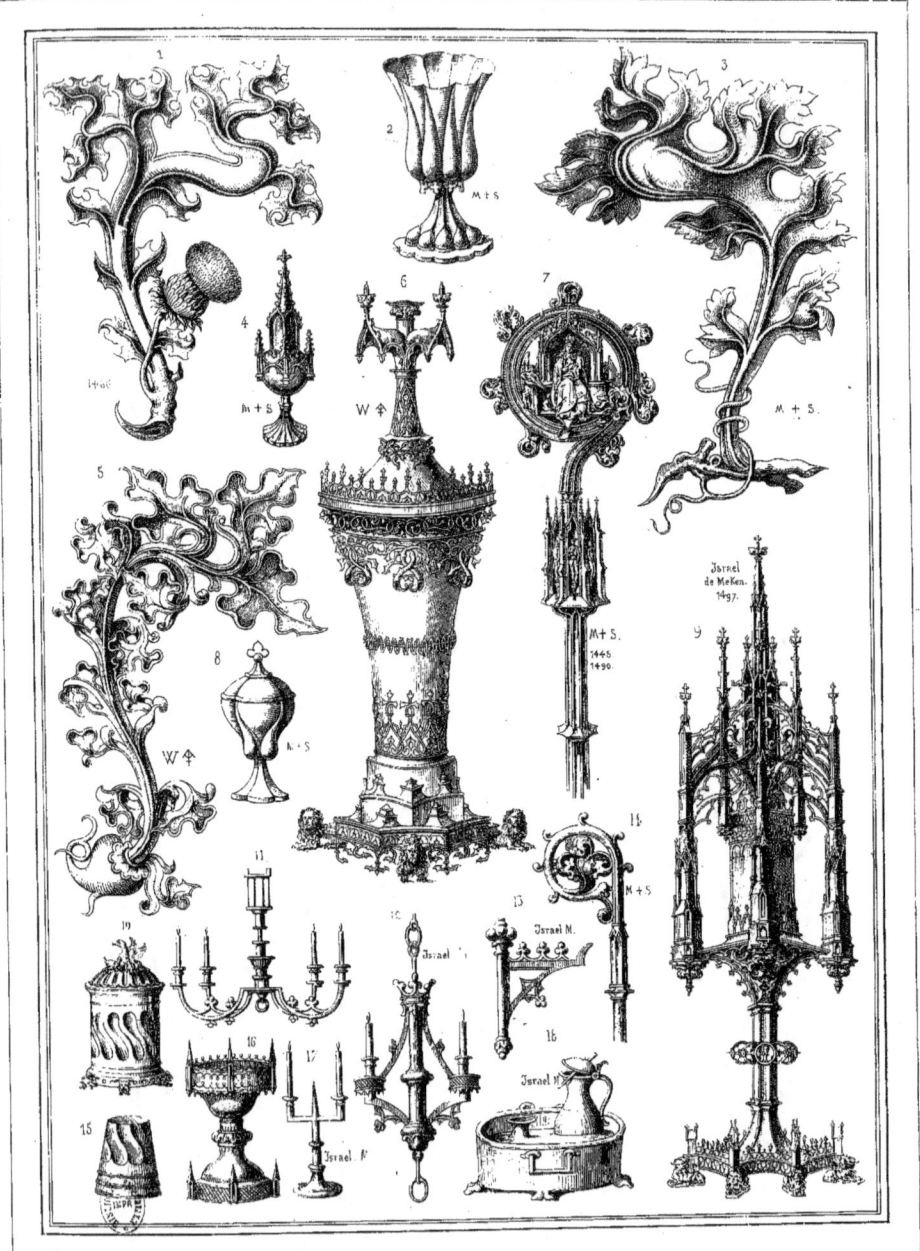

D. Guilmard del.   A. Coitelle lith.
GRAVEURS — OBJETS INDUSTRIELS.
Imp. J. Rigo Lebref et Cie

STYLE OGIVAL.

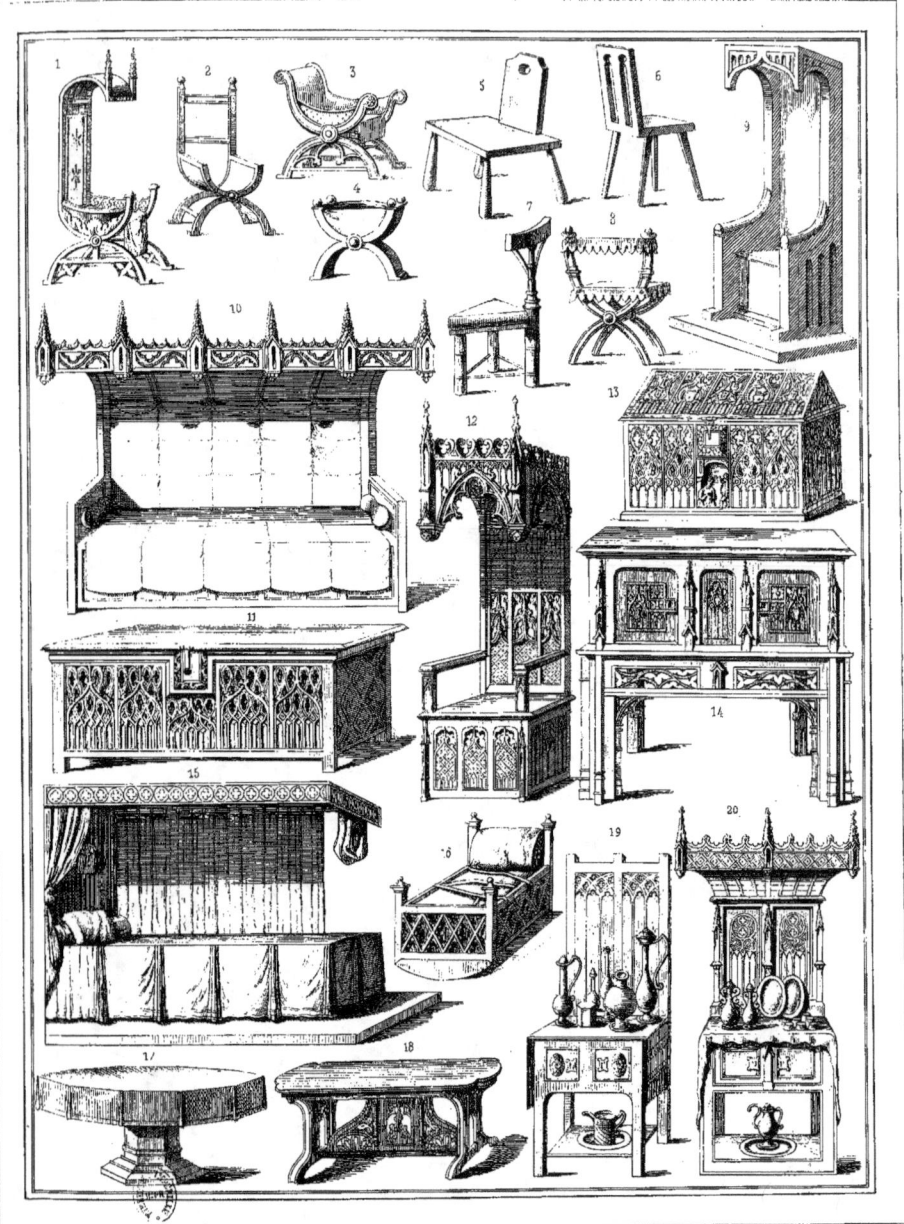

MEUBLES.

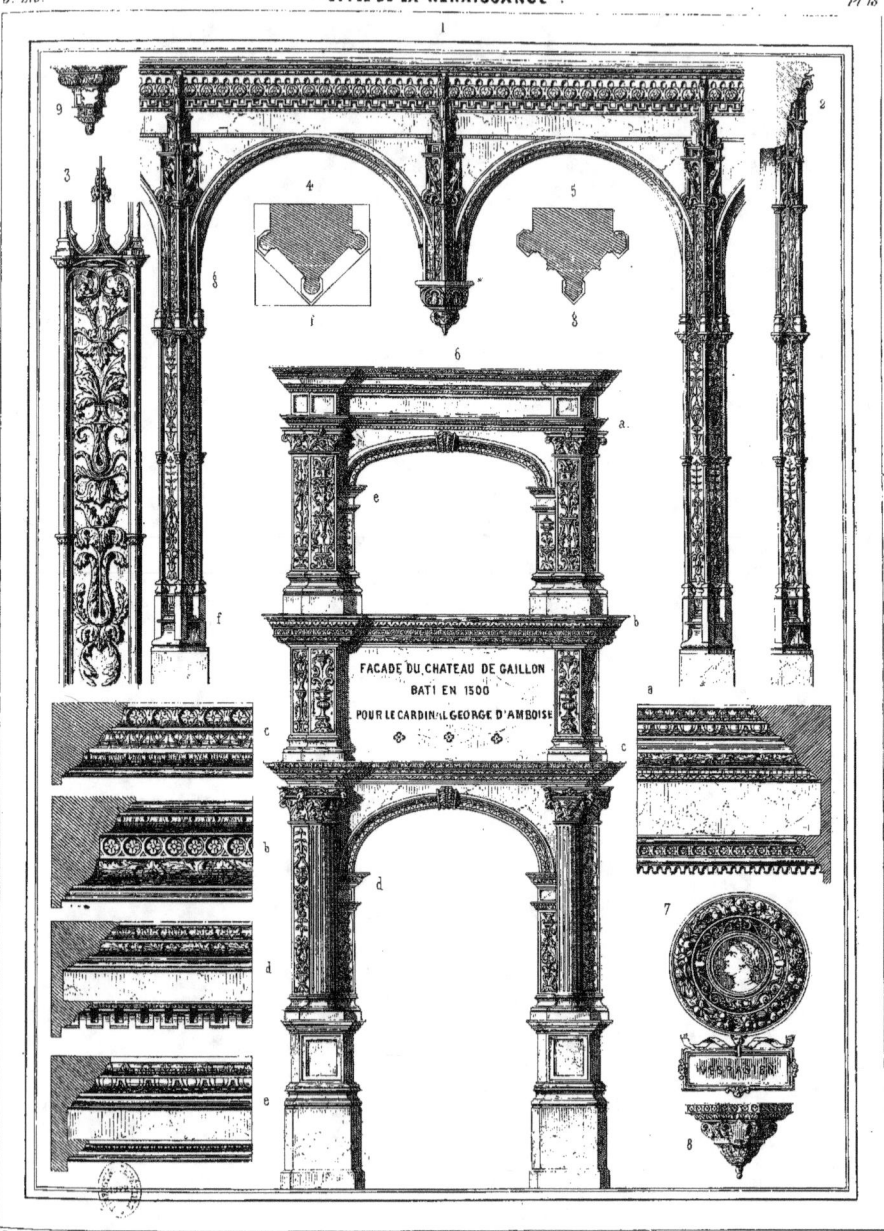

MONUMENTS. — DÉTAILS.

STYLE DE LA RENAISSANCE.

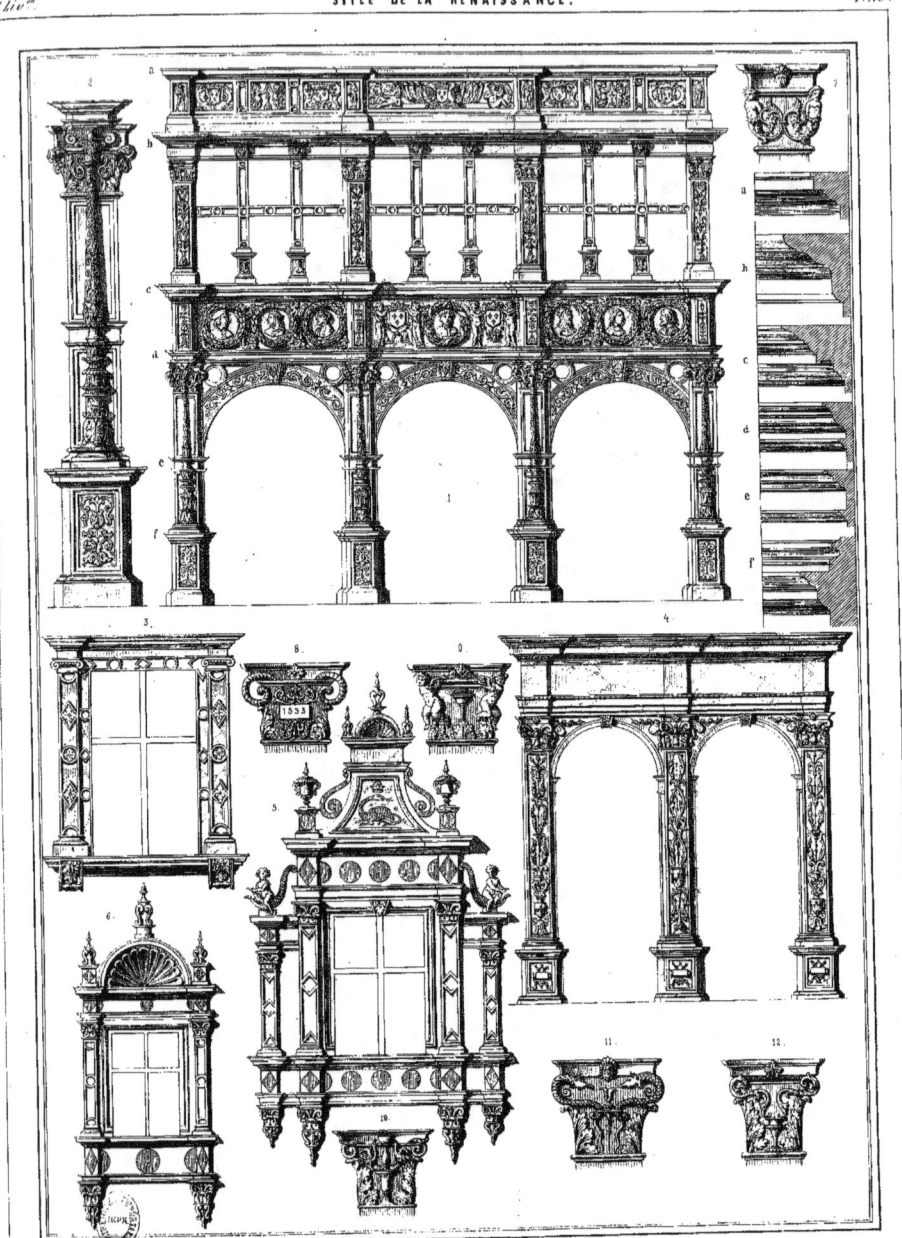

MONUMENTS — DÉTAILS.

LA CONNAISSANCE DES STYLES DE L'ORNEMENTATION.
Depuis l'ère Chrétienne jusqu'à nos jours.
STYLE DE LA RENAISSANCE.

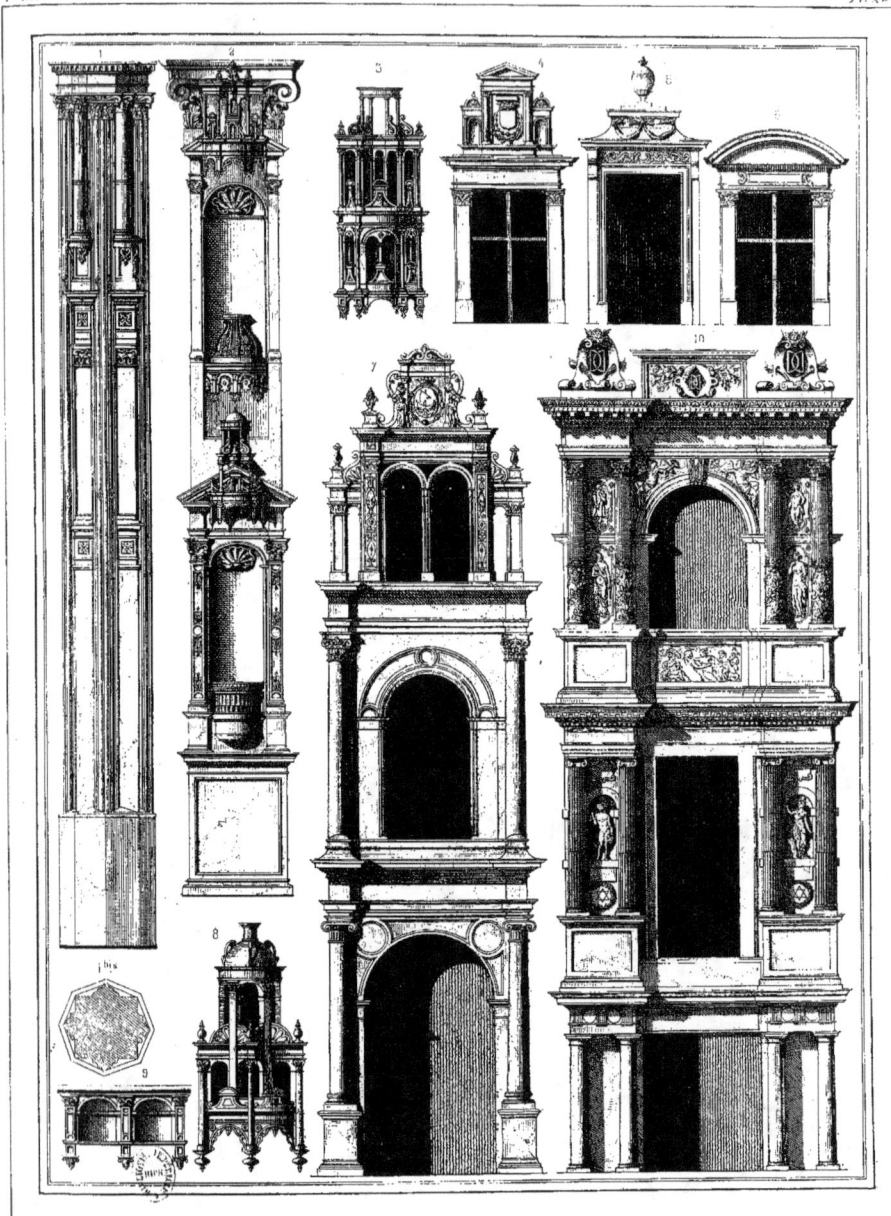

MONUMENTS. — DÉTAILS.

STYLE DE LA RENAISSANCE.

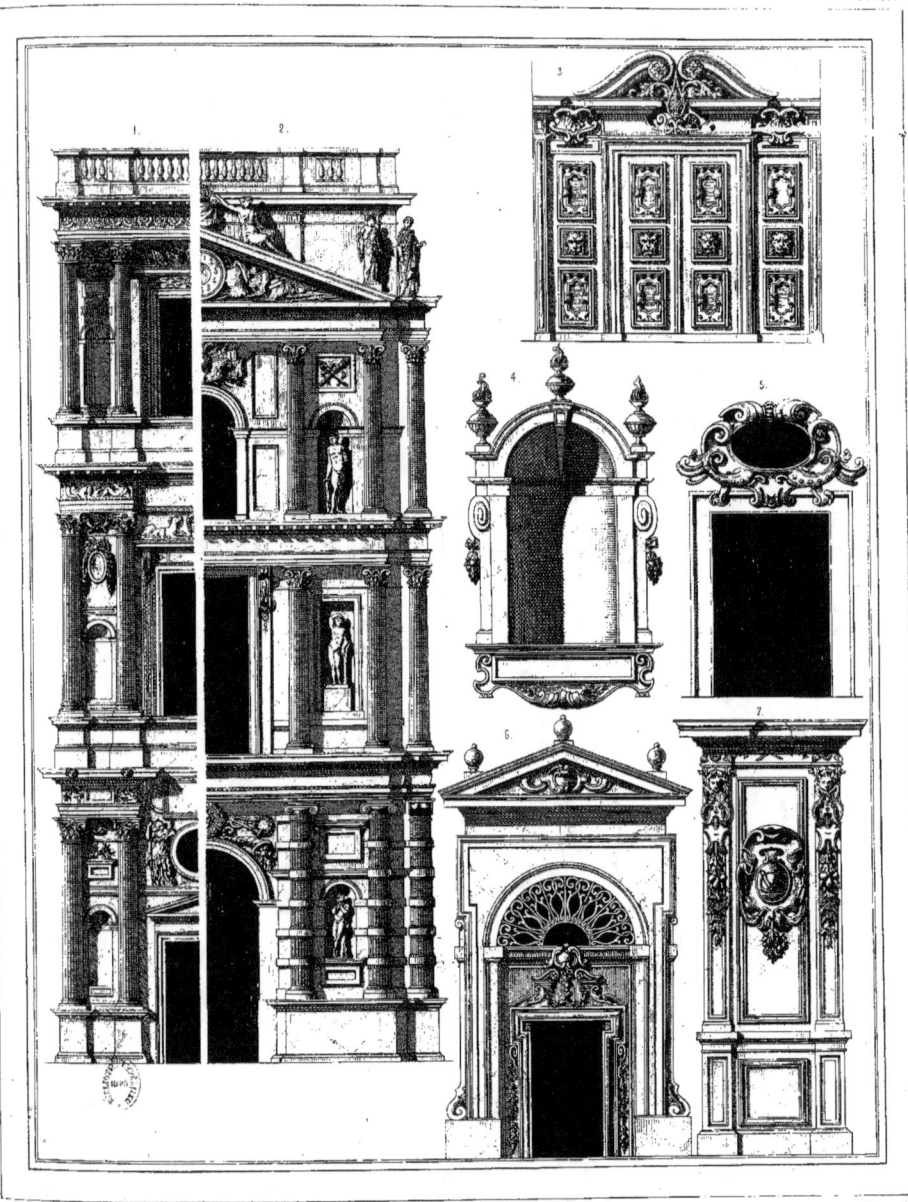

MONUMENTS. — DÉTAILS.

STYLE DE LA RENAISSANCE.

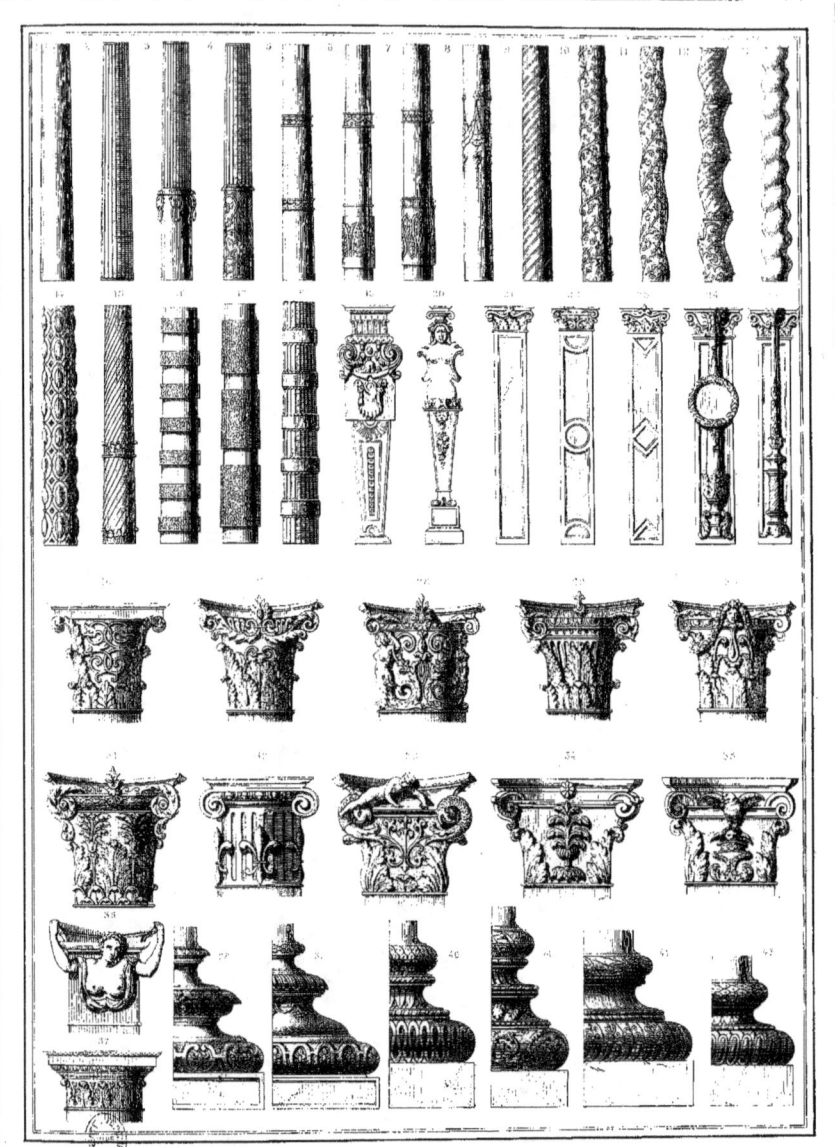

STYLE DE LA RENAISSANCE.

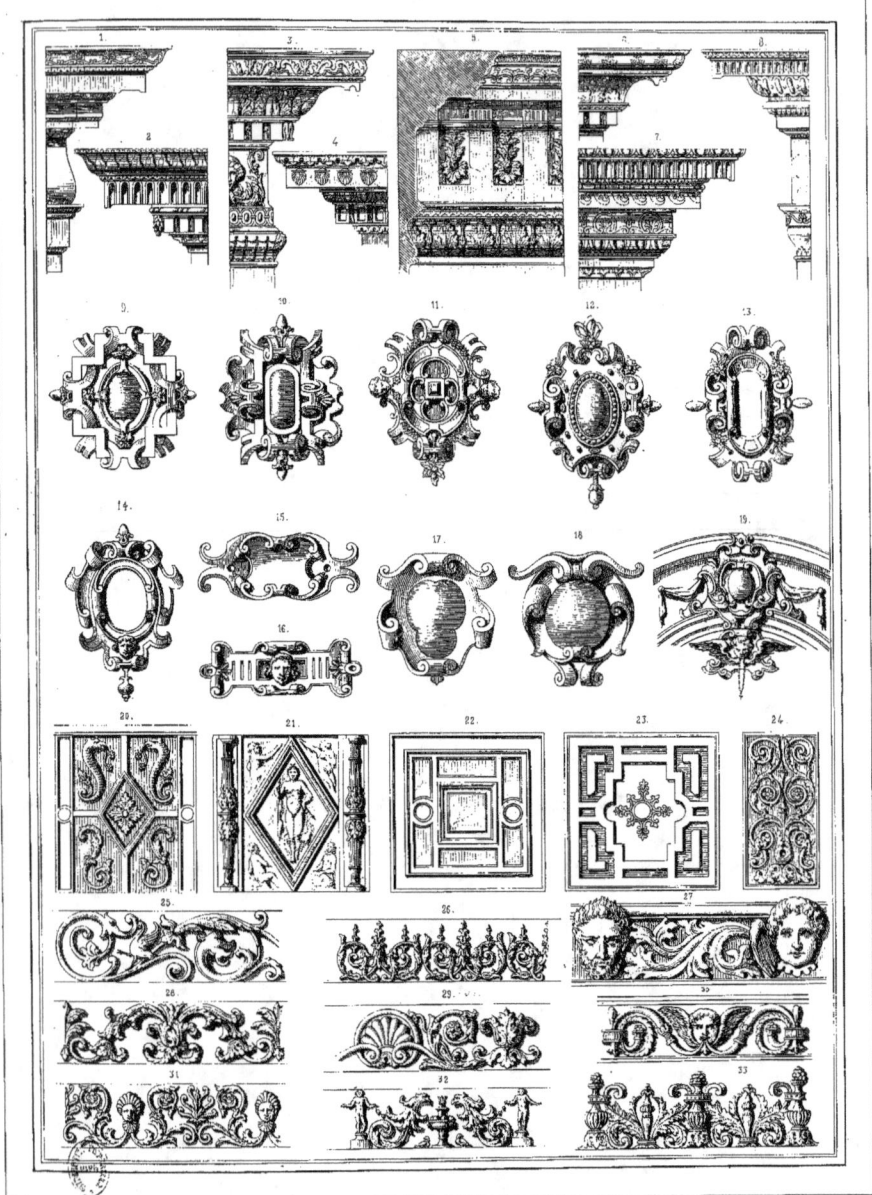

CORNICHES, CARTOUCHES, PANNEAUX, FRISES.

LA CONNAISSANCE DES STYLES DE L'ORNEMENTATION
Depuis l'ère Chrétienne jusqu'à nos jours.
STYLE DE LA RENAISSANCE.

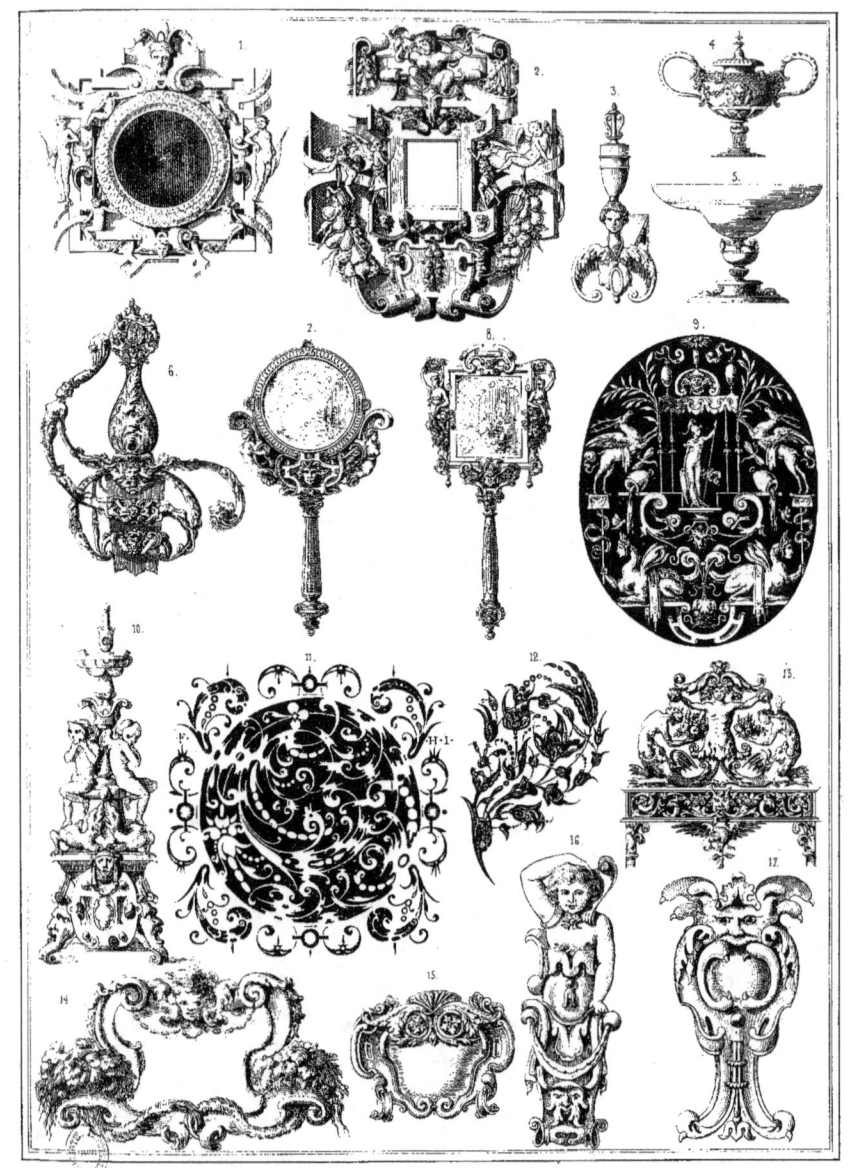

LA CONNAISSANCE DES STYLES DE L'ORNEMENTATION
Depuis l'ère Chrétienne jusqu'à nos jours
STYLE RENAISSANCE

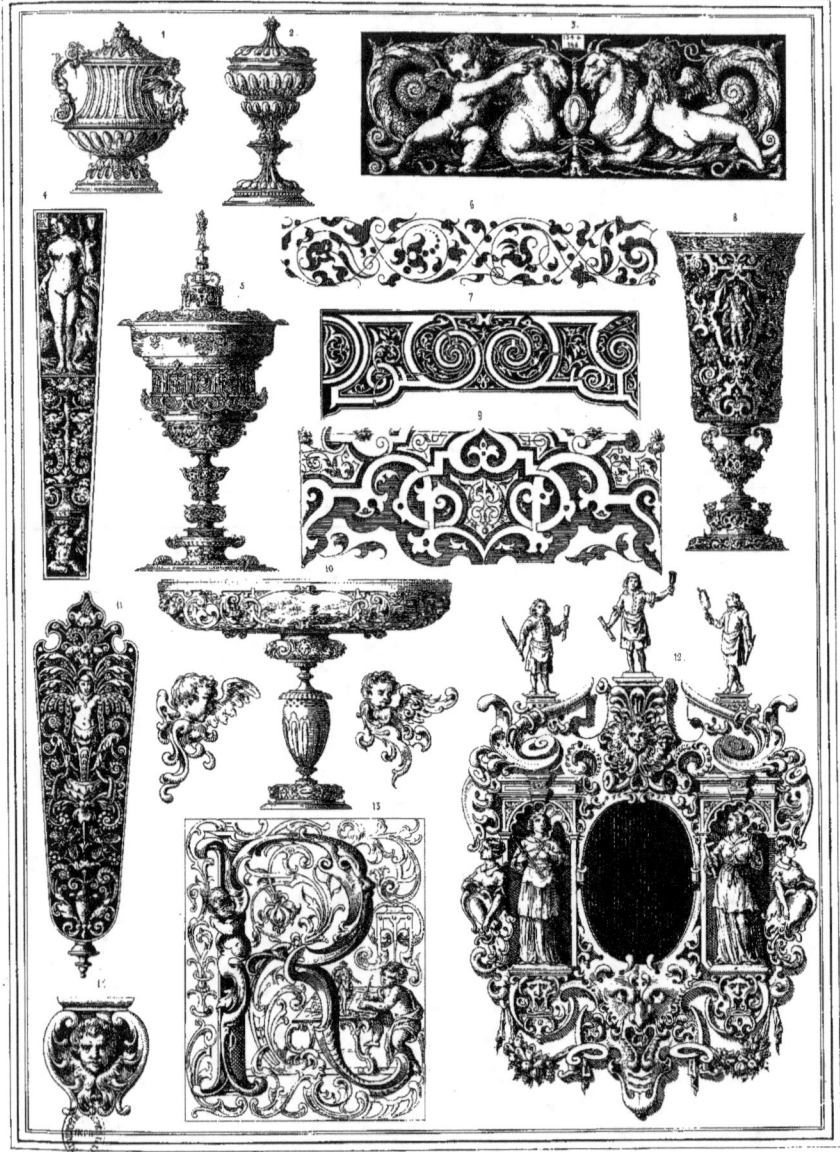

VIEUX GRAVEURS — ÉCOLE ALLEMANDE

STYLE RENAISSANCE.

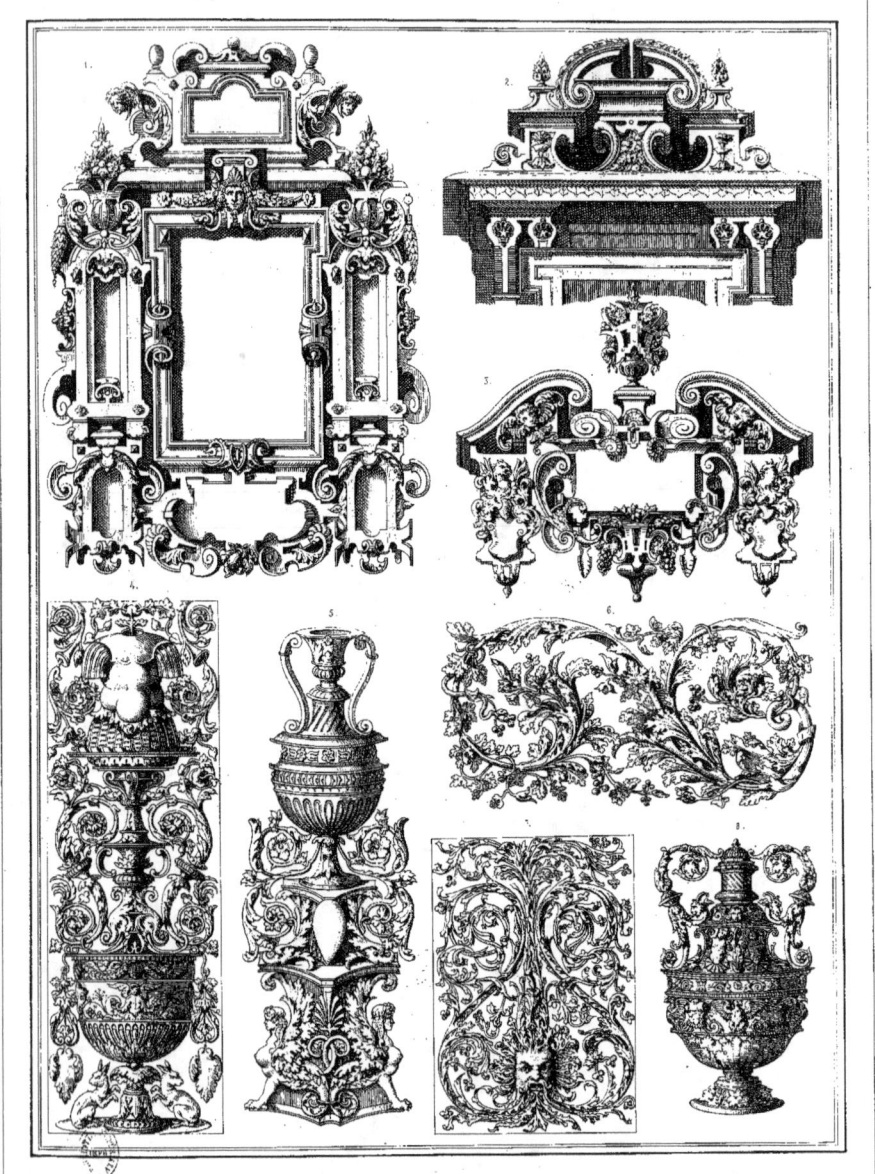

ÉCOLES ALLEMANDE ET ITALIENNE.

LA CONNAISSANCE DES STYLES DE L'ORNEMENTATION
Depuis l'ère Chrétienne jusqu'à nos jours.
STYLE DE LA RENAISSANCE.

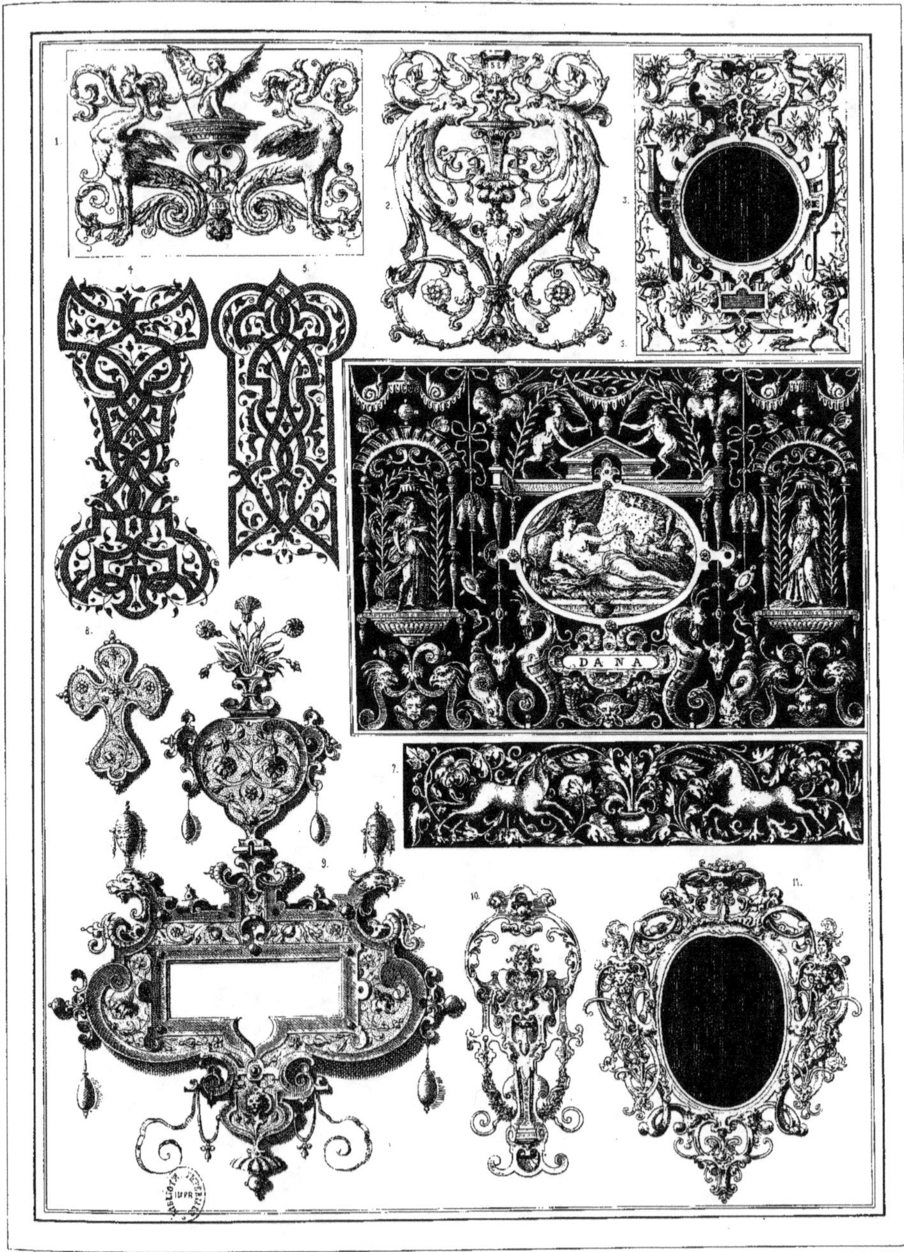

VIEUX GRAVEURS — ÉCOLE HOLLANDAISE.

LA CONNAISSANCE DES STYLES DE L'ORNEMENTATION.
Depuis l'ère Chrétienne jusqu'à nos jours.
STYLE RENAISSANCE.

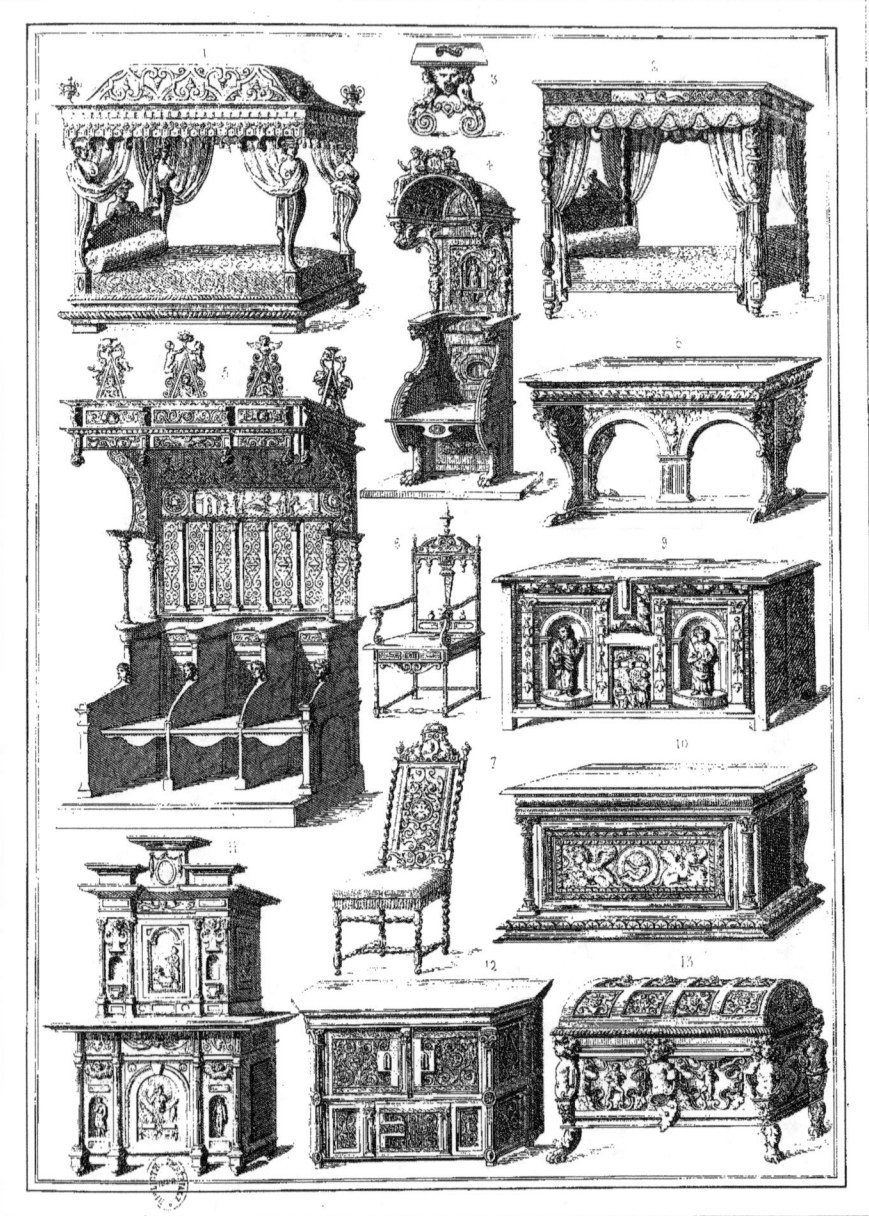

LA CONNAISSANCE DES STYLES DE L'ORNEMENTATION.
Depuis l'ère Chrétienne jusqu'à nos jours.
STYLE RENAISSANCE.

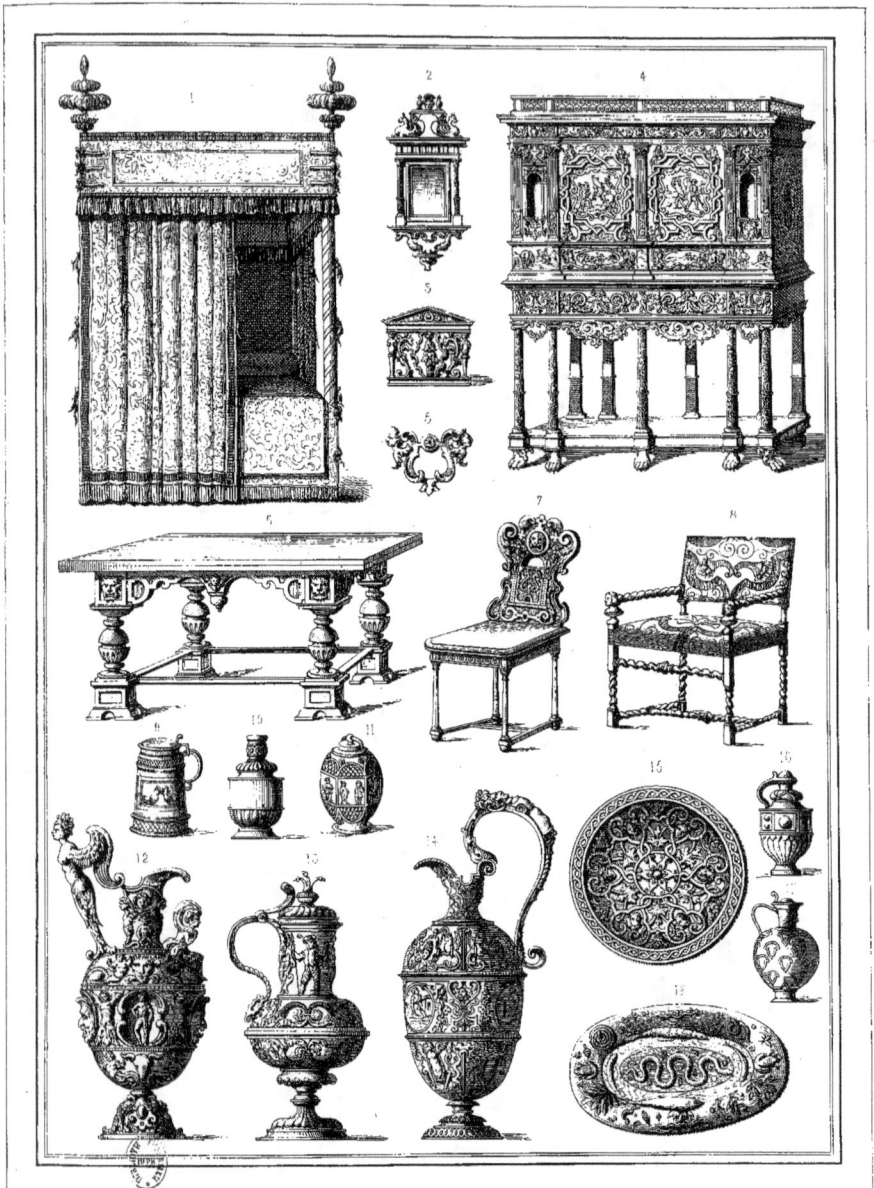

MEUBLES ET OBJETS D'ART.

LA CONNAISSANCE DES STYLES DE L'ORNEMENTATION.
Depuis l'ère Chrétienne jusqu'à nos jours.
STYLE LOUIS XIV

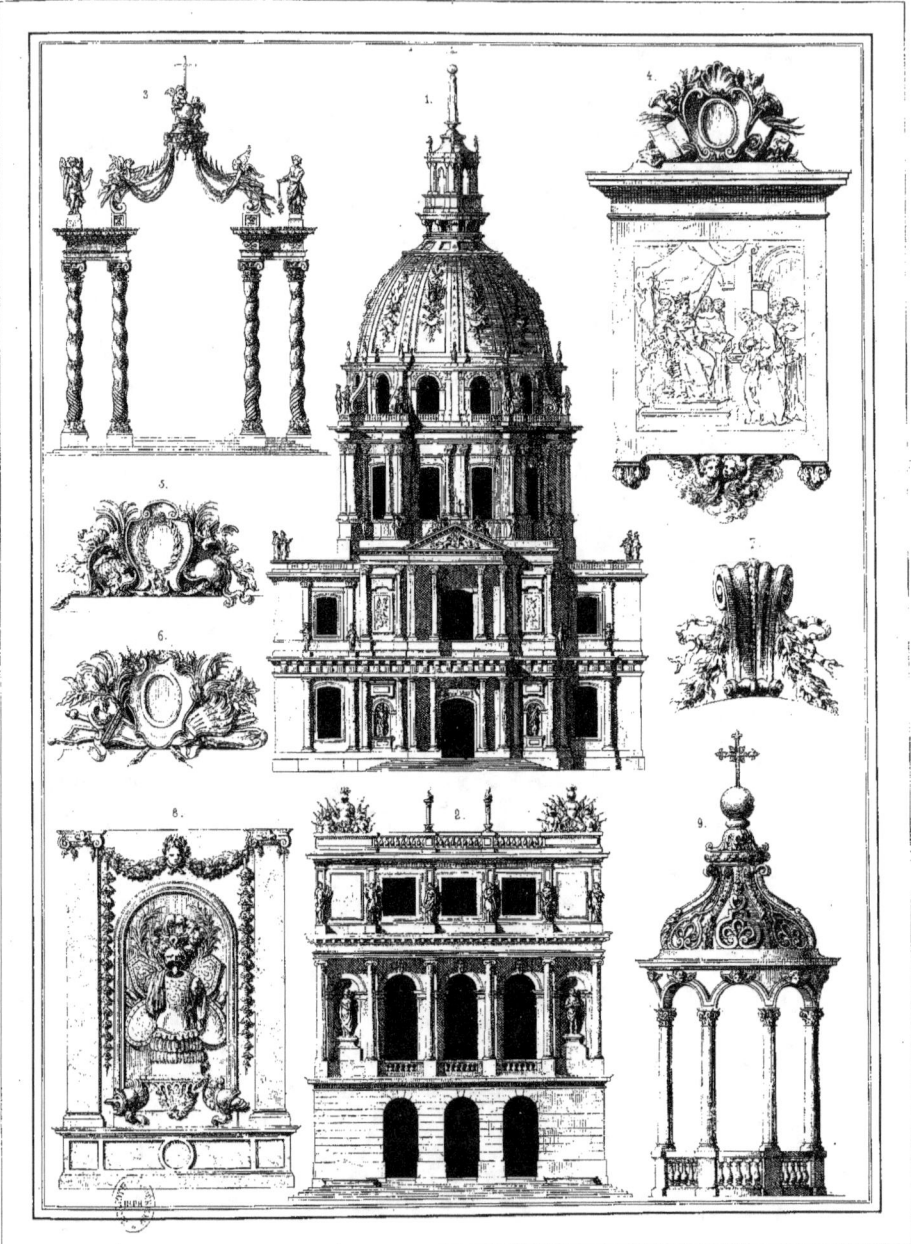

D. Guilmard del.   A. Collette lith.

MONUMENTS.

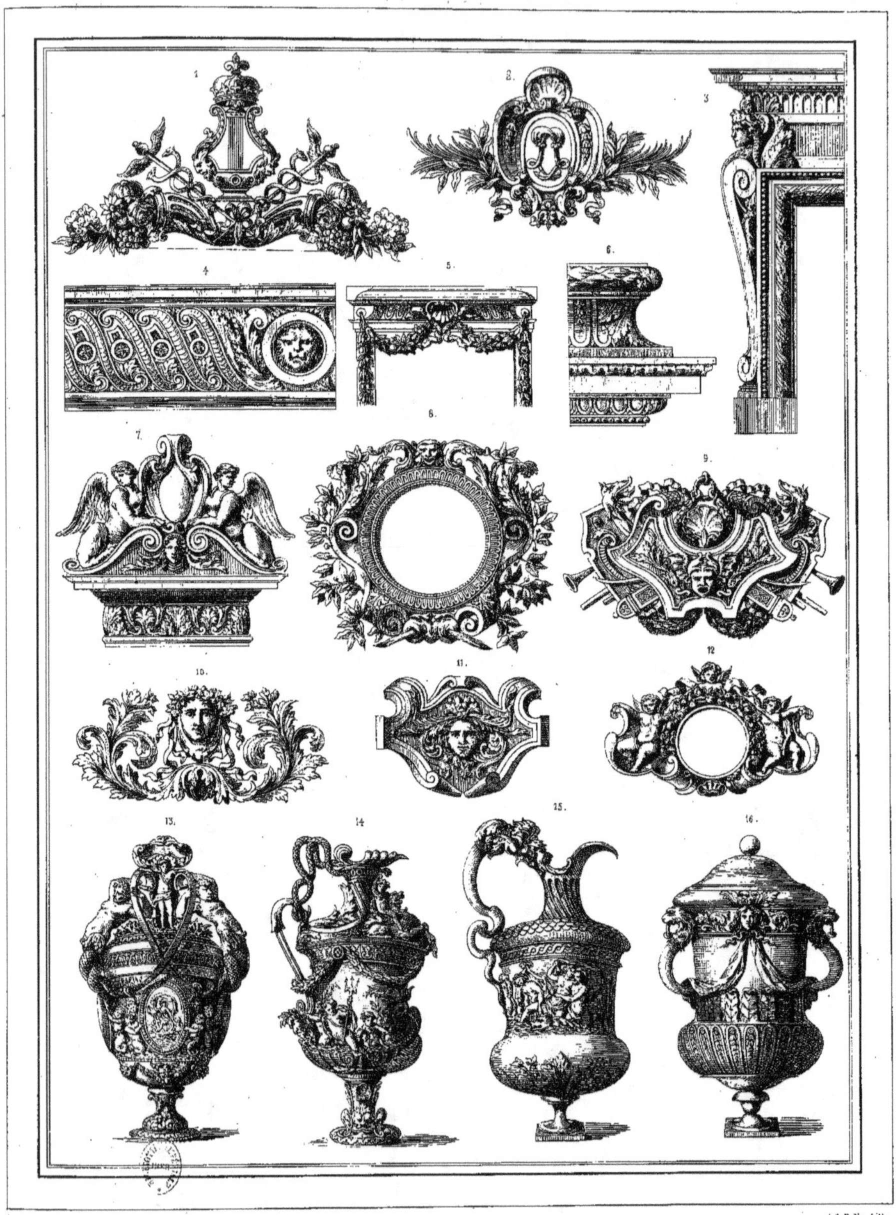

LA CONNAISSANCE DES STYLES DE L'ORNEMENTATION
Depuis l'ère Chrétienne jusqu'à nos jours.
STYLE LOUIS XIV.

GRAVEURS.

LA CONNAISSANCE DES STYLES DE L'ORNEMENTATION.
Depuis l'ère Chrétienne jusqu'à nos jours.
STYLE LOUIS XIV.

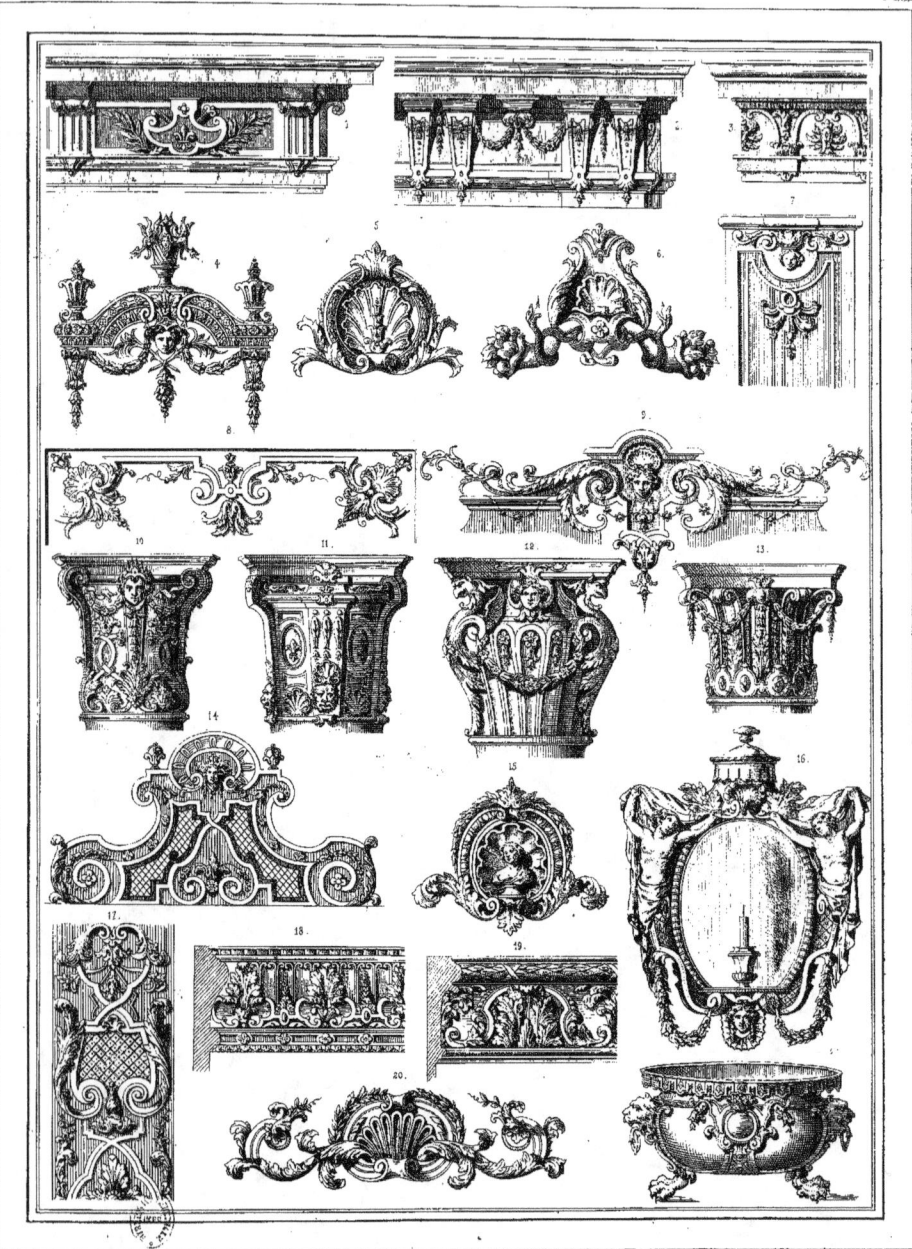

D. Guilmard del.

GRAVEURS.

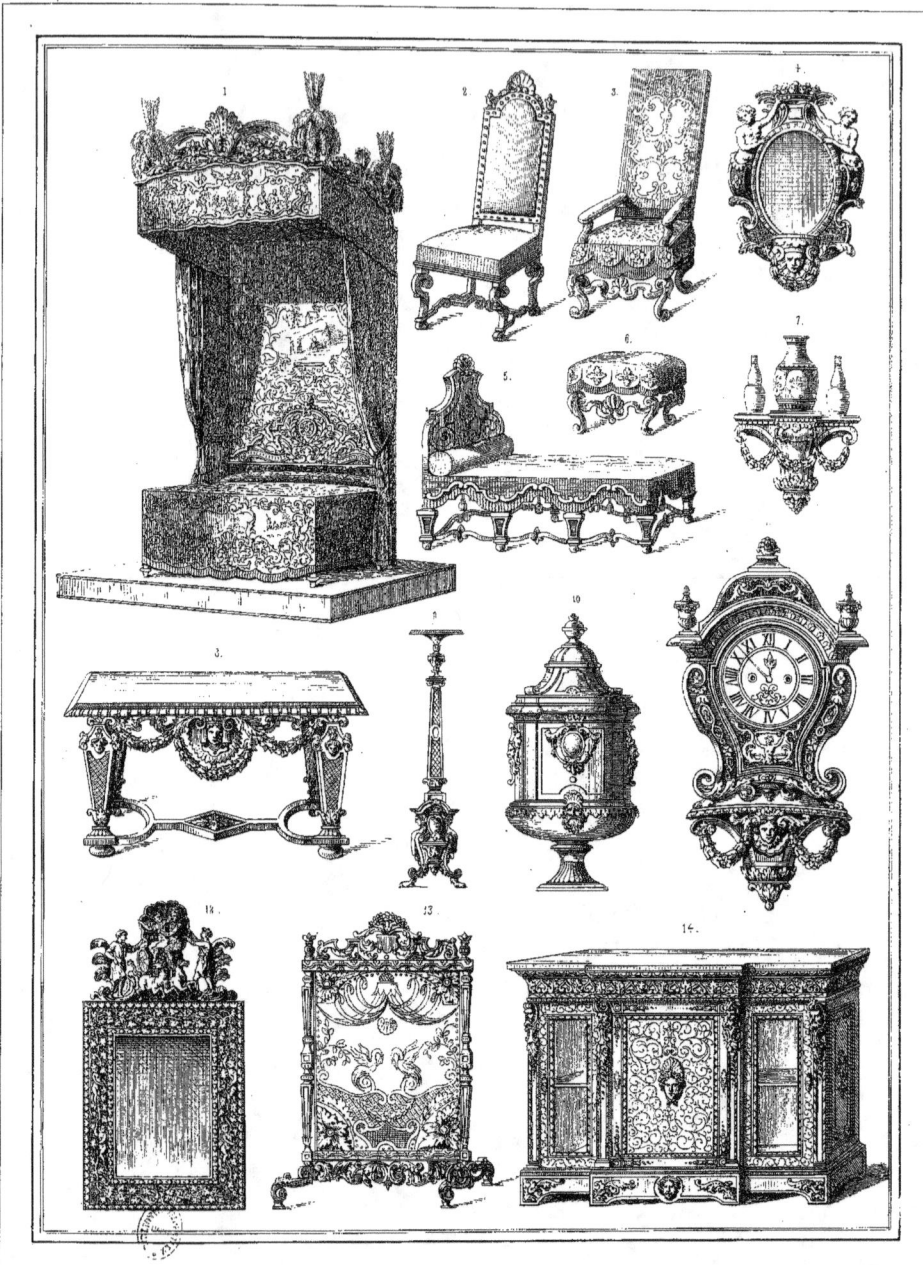

MEUBLES ET OBJETS D'ART.

LA CONNAISSANCE DES STYLES DE L'ORNEMENTATION
Depuis l'ère Chrétienne jusqu'à nos jours.
STYLE LOUIS XV.

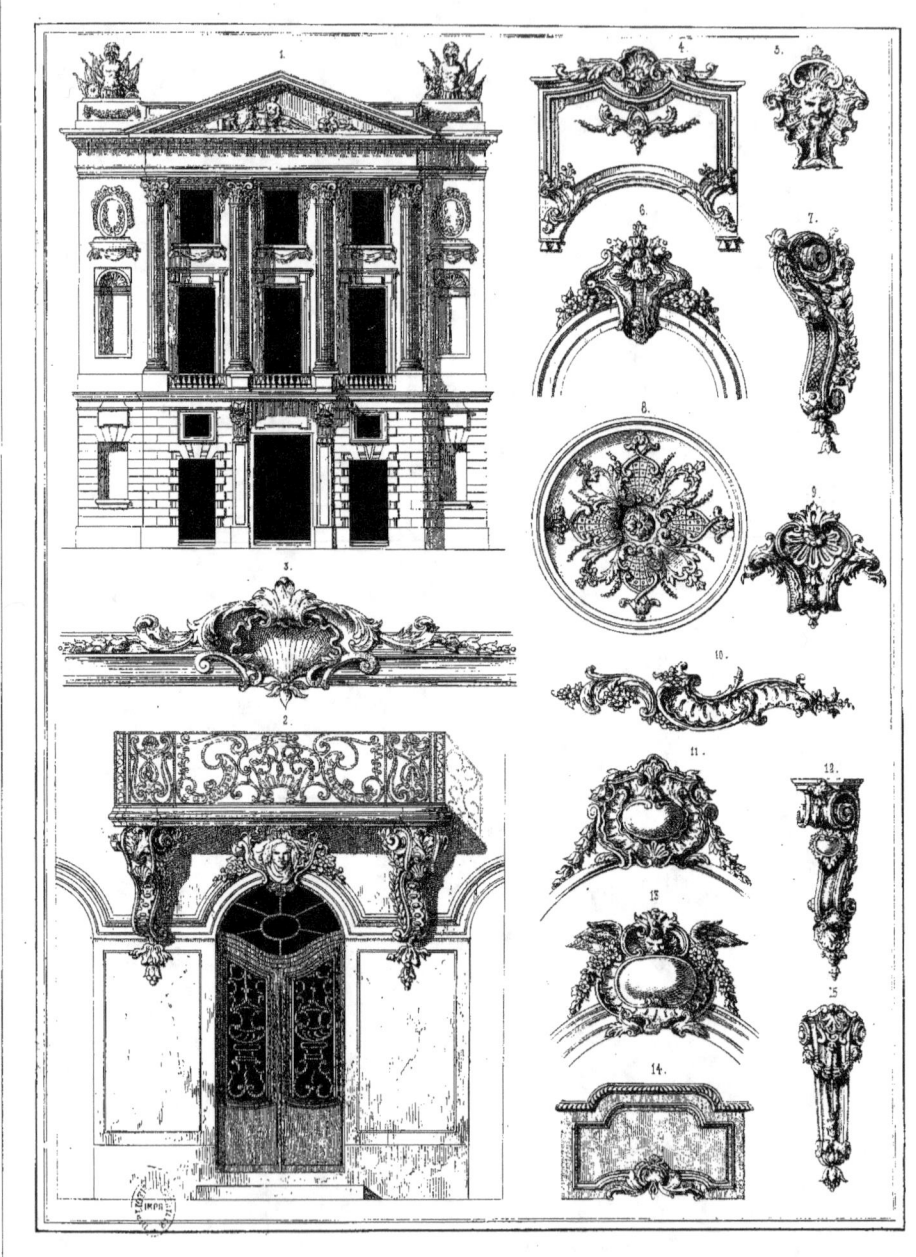

MONUMENTS — DÉTAILS.

LA CONNAISSANCE DES STYLES DE L'ORNEMENTATION
Depuis l'ère Chrétienne jusqu'à nos jours.
STYLE LOUIS XV.

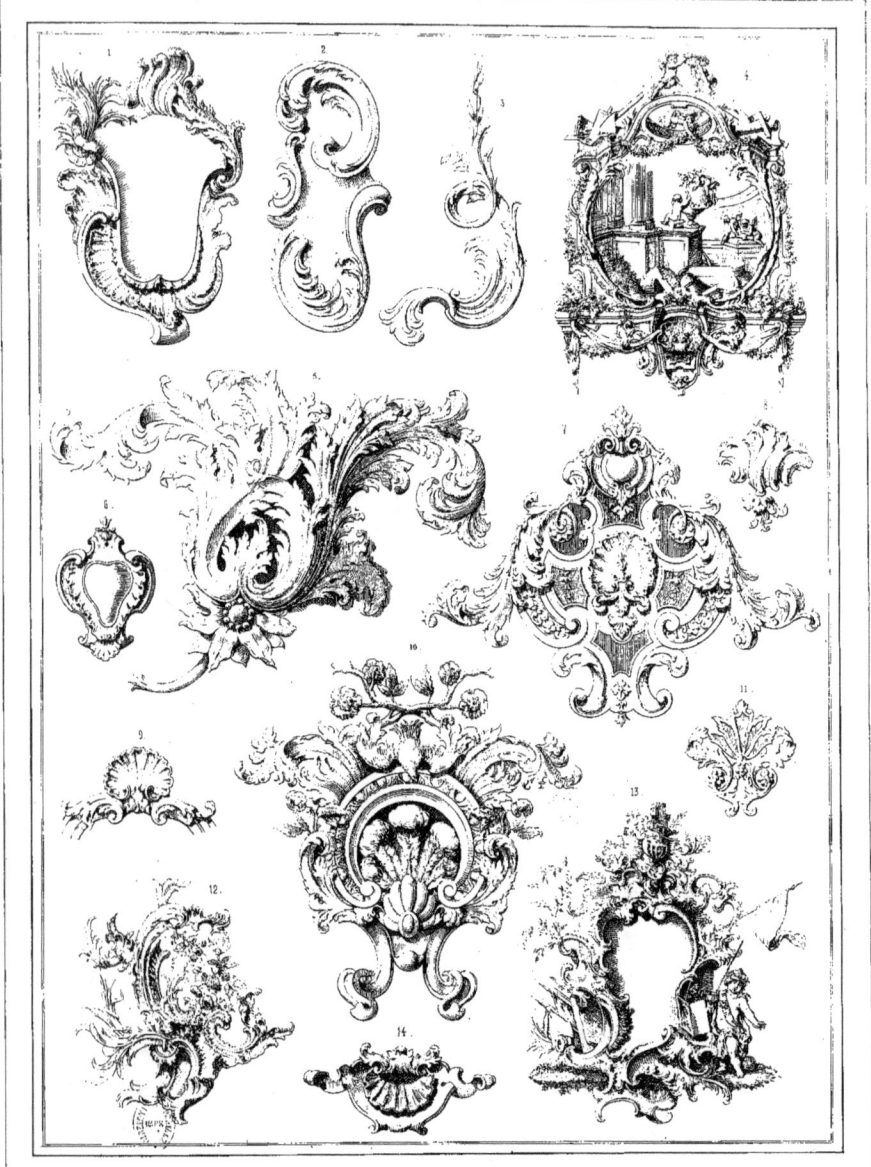

GRAVEURS

LA CONNAISSANCE DES STYLES DE L'ORNEMENTATION
Depuis l'ère Chrétienne jusqu'à nos jours
STYLE LOUIS XV.

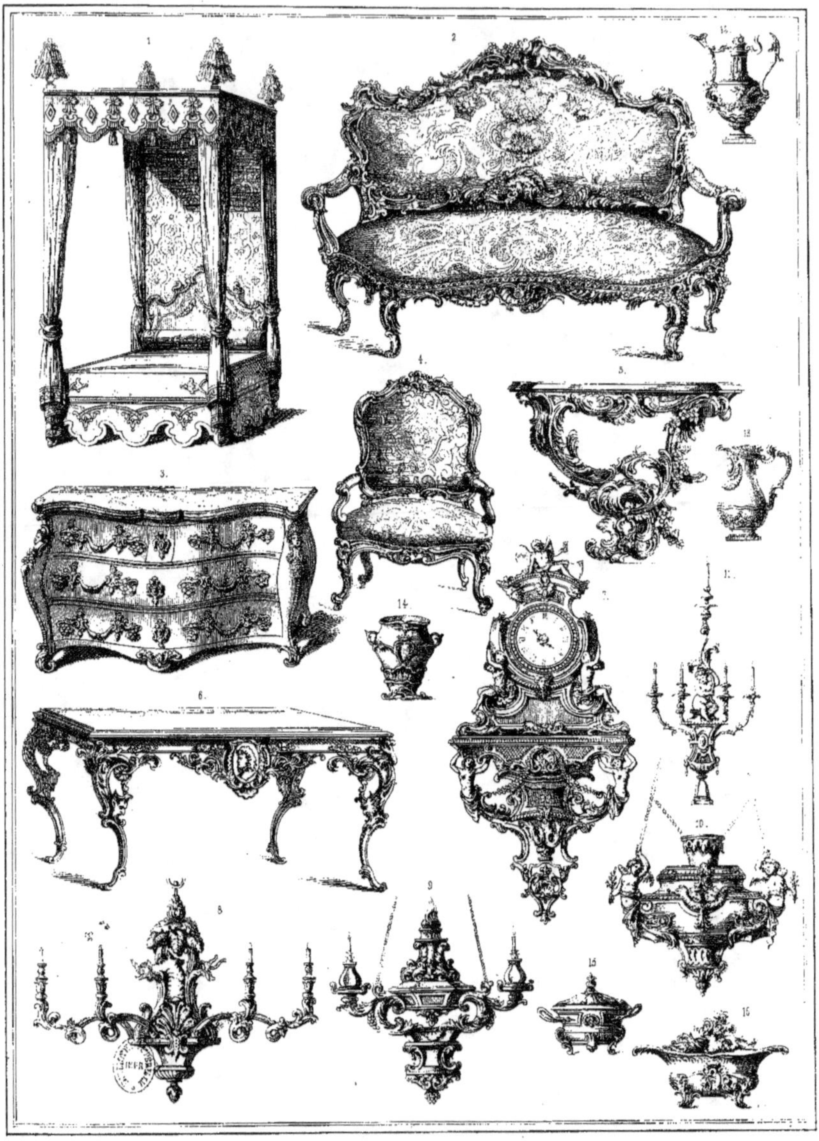

MEUBLES ET OBJETS D'ART.

LA CONNAISSANCE DES STYLES DE L'ORNEMENTATION.
Depuis l'ère Chrétienne jusqu'à nos jours.

STYLE LOUIS XVI.

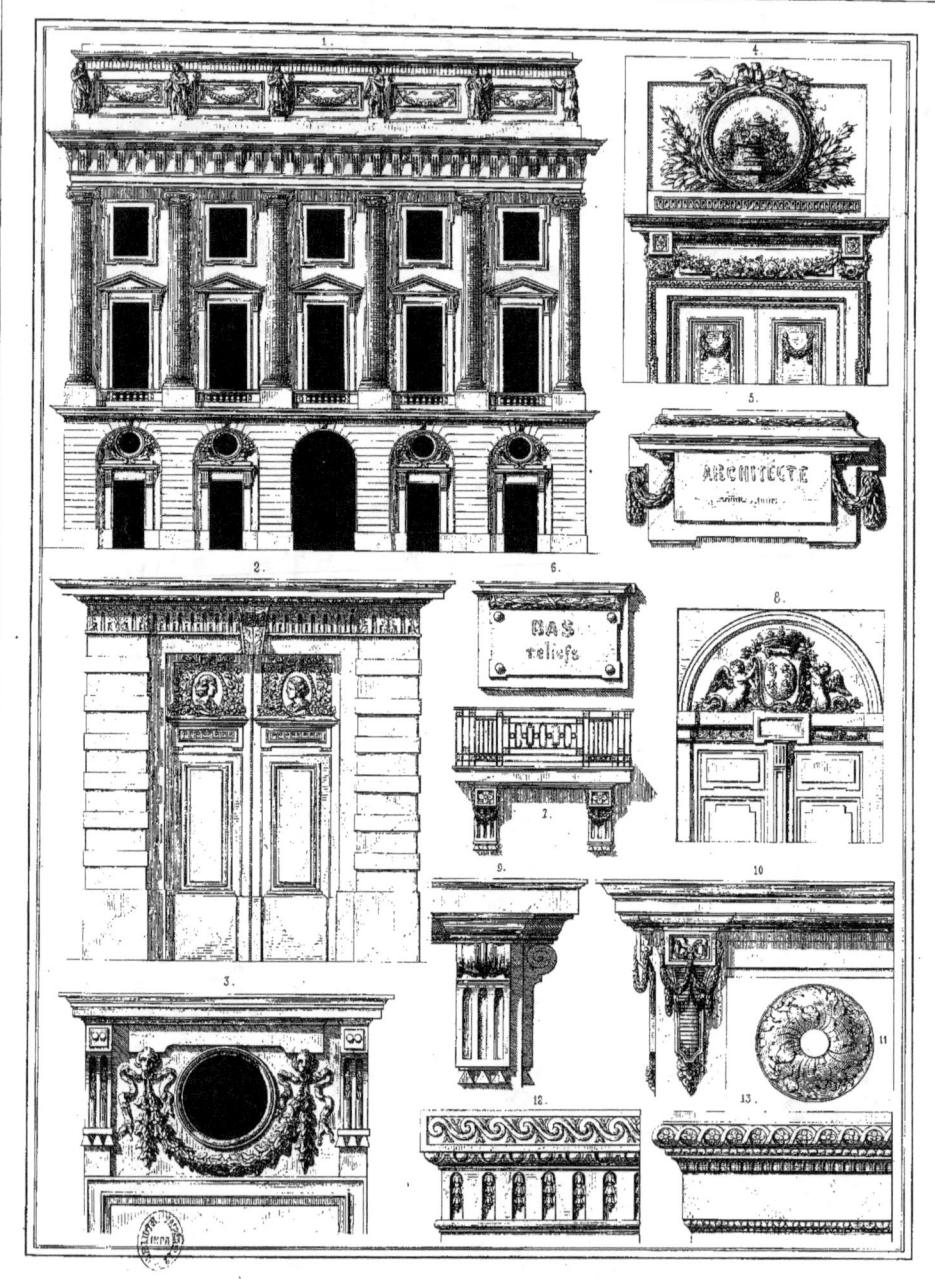

D. Guilmard del.   A. Collette Lith.

MONUMENTS — DÉTAILS.

LA CONNAISSANCE DES STYLES DE L'ORNEMENTATION.
Depuis l'ère chrétienne jusqu'à nos jours.
STYLE LOUIS XVI.

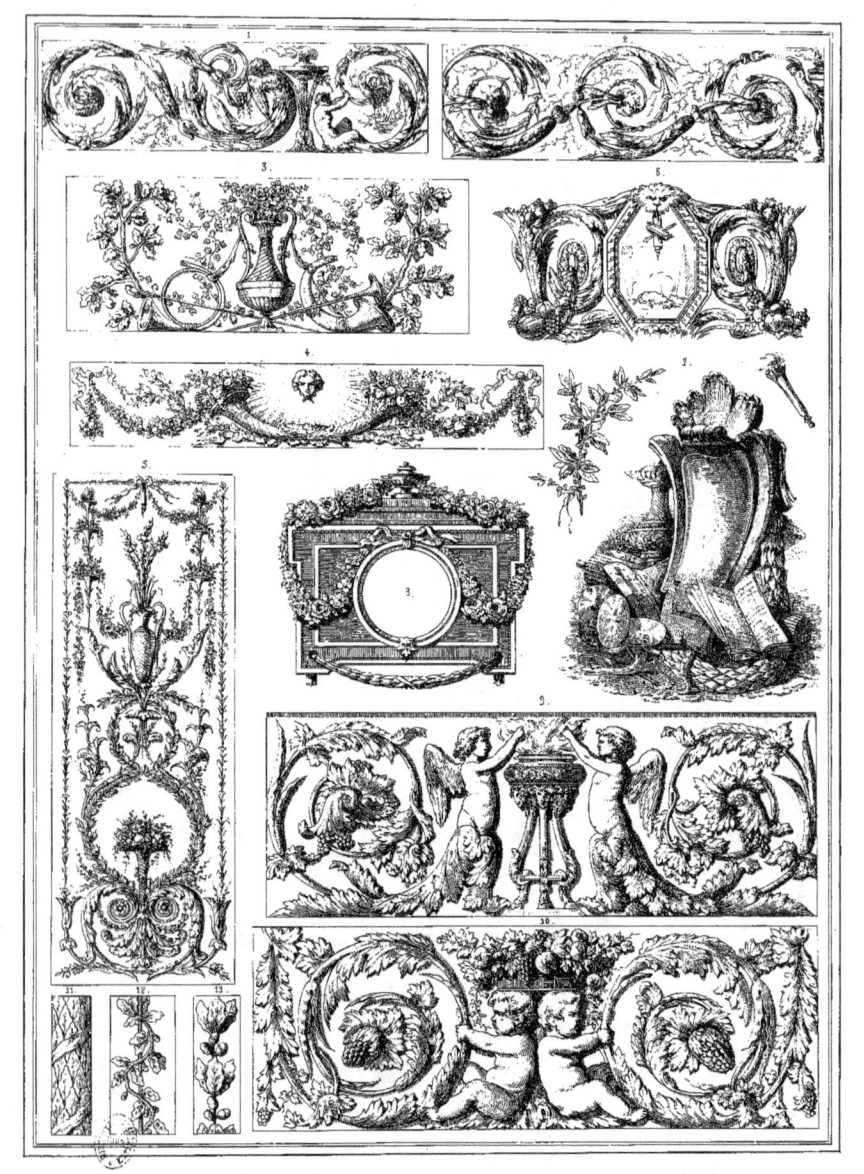

D. Guilmard del.   A. Gellette lith.

GRAVEURS ET DESSINATEURS.

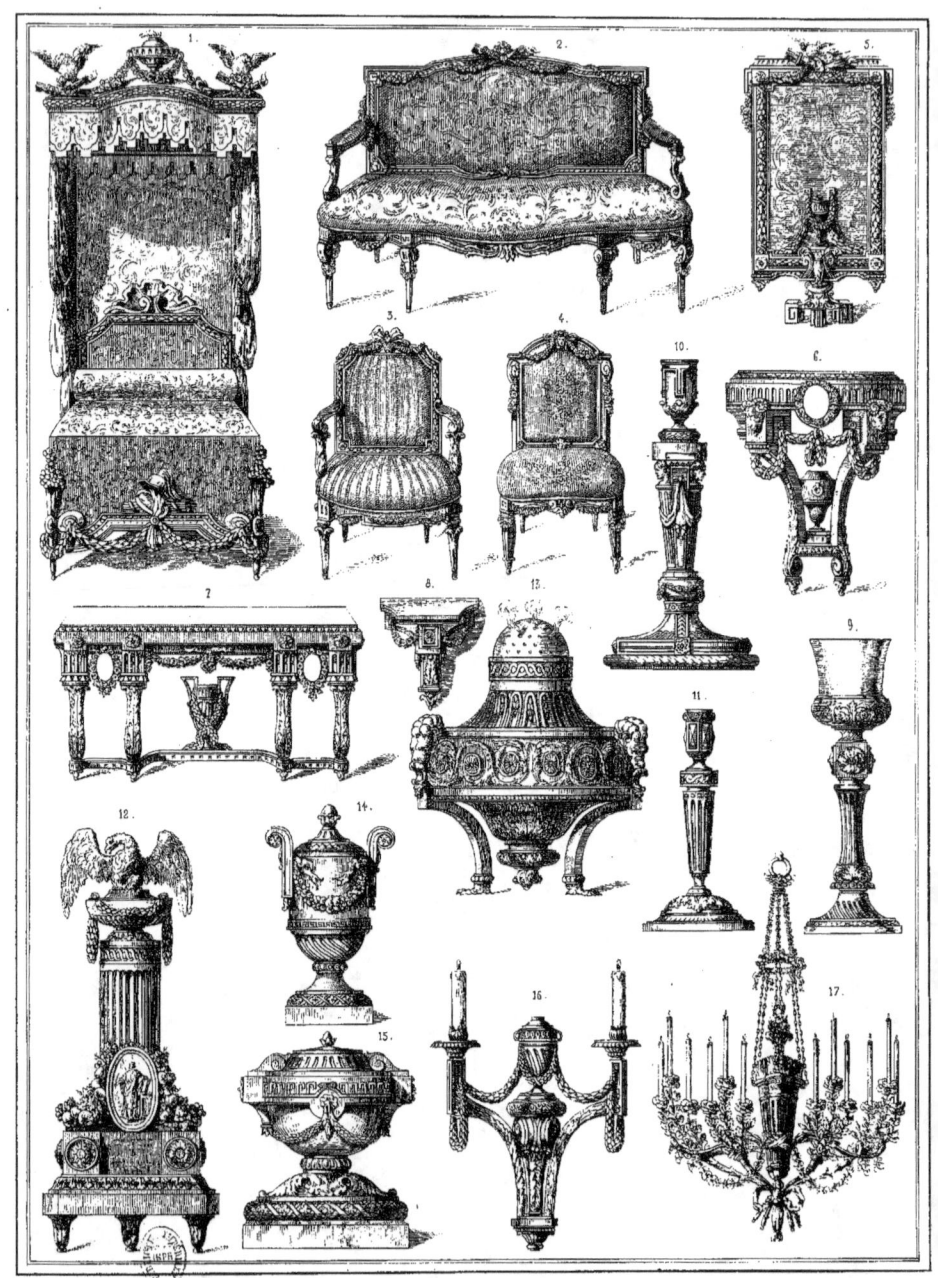

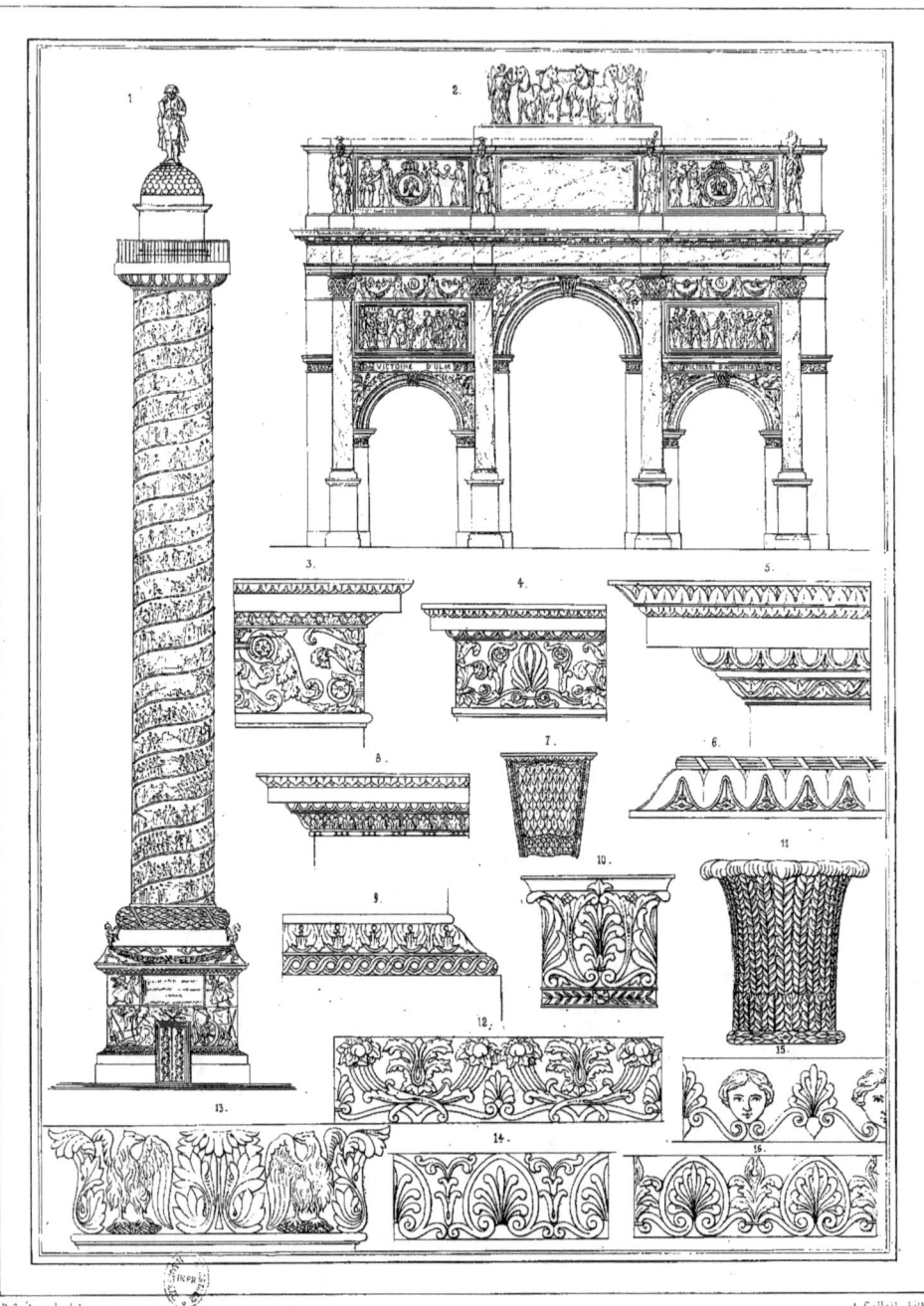

MONUMENTS ET DÉTAILS.

LA CONNAISSANCE DES STYLES DE L'ORNEMENTATION
Depuis l'ère chrétienne jusqu'à nos jours.
STYLE DE L'EMPIRE

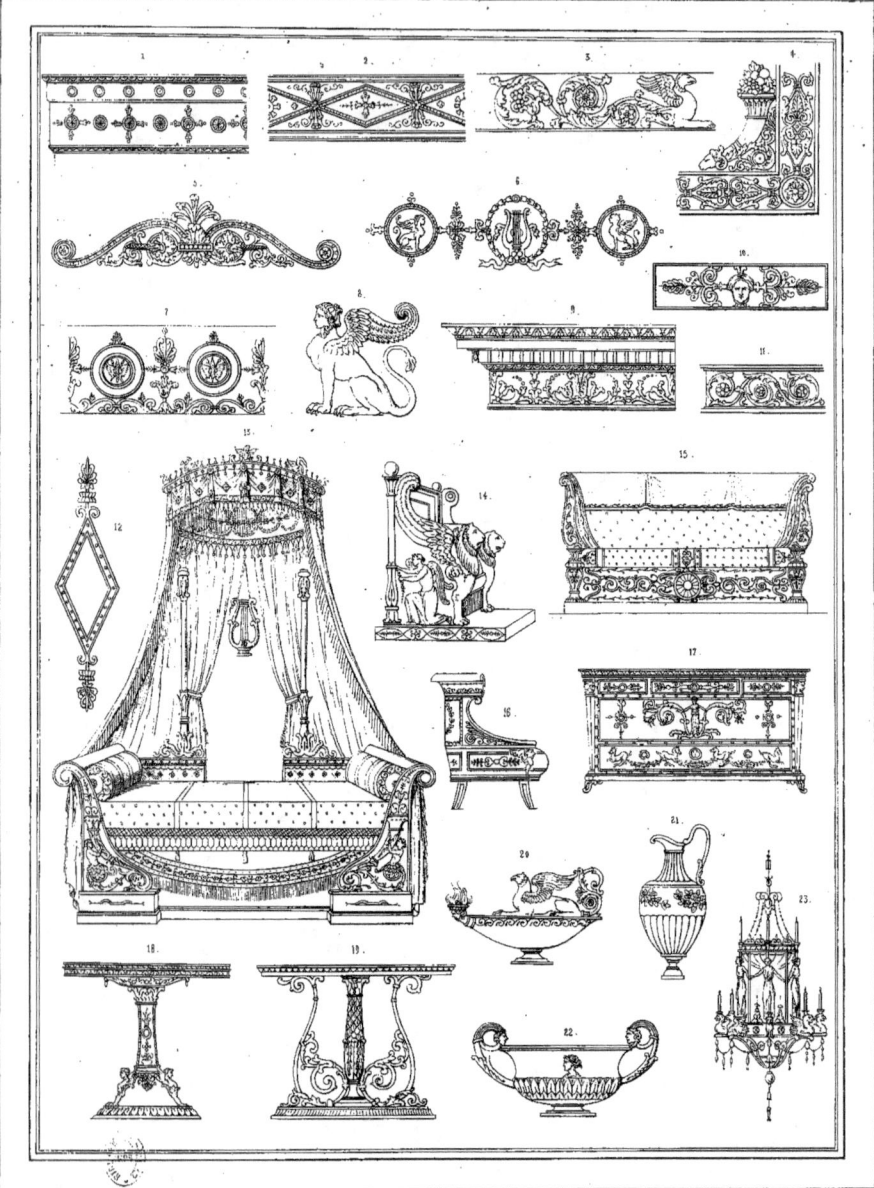

DÉCORS _ MEUBLES _ OBJETS D'ART.

LA CONNAISSANCE DES STYLES DE L'ORNEMENTATION
Depuis l'ère Chrétienne jusqu'à nos jours
STYLE DE LA RESTAURATION

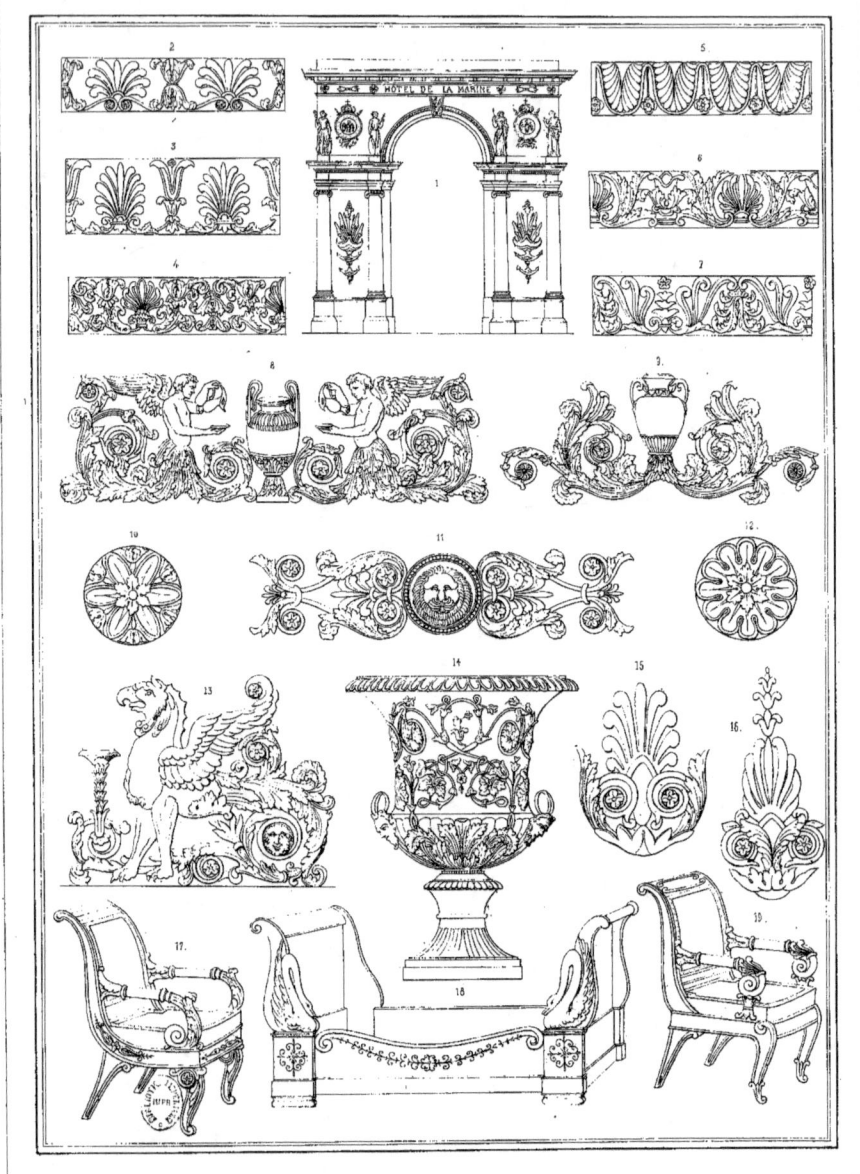

MONUMENT. DETAILS. ORNEMENTS. MEUBLES

www.ingramcontent.com/pod-product-compliance
Lightning Source LLC
Chambersburg PA
CBHW052248220526
45471CB00001B/242